کہے فقیر

دل کی گہرائیوں سے نکلی رُوحانی گفتگو

سرفراز اے شاہ

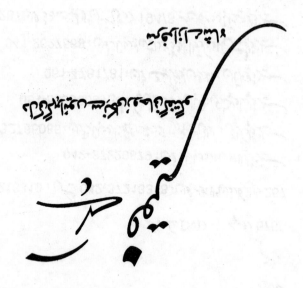

آپ کے قریبی بک سٹال سے رابطہ کریں

سنز تزئین

022-27801128 : فون ڈسٹری بیوٹر: مکتبہ نورِ حق، 194/8، گارڈن ایسٹ، کراچی

041-2627568 : فون ڈسٹری بیوٹر: مکتبہ اسلامیہ، اردو بازار، فیصل آباد

061-4781781 : فون ڈسٹری بیوٹر: مکتبہ رحمانیہ، اردو بازار، ملتان

051-5539609 : فون ڈسٹری بیوٹر: دارالکتب، آبپارہ مارکیٹ، اسلام آباد

021-3276508б : فون ڈسٹری بیوٹر: دارالاشاعت، اردو بازار، کراچی

042-3722087и : فون ڈسٹری بیوٹر: دارالسلام، اردو بازار، لاہور

مطبوعات: 042-3721331۸ : فون 257 اردو بازار لاہور، فون: 042-3721331۹

قیمت :   575/- روپے DvD سمیت

کمپوزنگ :   لیپ

طباعت :   شہزاد

تمام حقوق بحق ناشر محفوظ ہیں

یہ کتاب یا اس کا کوئی حصہ ناشر کی تحریری اجازت کے
بغیر کسی بھی صورت میں شائع نہیں کیا جا سکتا

نوٹ: قیمت میں کمی بیشی کا اختیار ناشر کو حاصل ہے

اپنے مرشد قبلہ

سیّد یعقوب علی شاہ صاحب

کے نام

پیش لفظ

یہ کتاب نہیں بلکہ گفتگو کی اُن نشستوں کا احوال ہے جو ہر اتوار کو 212 جہانزیب بلاک لاہور میں منعقد ہوتی ہیں۔ ان نشستوں میں ہونے والی گفتگو کو چند مہربانوں نے ریکارڈ کر کے محفوظ کر لیا اور اب کچھ احباب کے اصرار پر فقیرانہ رنگ میں لپٹی ہوئی یہ گفتگو کتابی شکل میں پیشِ خدمت ہے۔

اللہ تعالیٰ نے انسان کو احسن تقویم پر بنایا اور اس تخلیق کے شاہکار ذہن کو تین قوتیں عطا کیں۔ قوتِ متخیلہ، قوتِ اِدراک اور قوتِ حافظہ۔ انسان کی گفتگو اور عمل کا تعلق قوتِ اِدراک سے اور قوتِ اِدراک کا تعلق قوتِ تخیل یا سوچ سے ہے۔ تخیل ہی وہ زاویہ ہے جو سیدھا ہو تو مستقیم راہوں کا سراغ پانا آسان ہو جایا کرتا ہے۔

میں پڑھا لکھا انسان ہوں نہ کوئی ادیب، خطیب یا مقرر، لفظوں سے جادو جگانے کے فن سے قطعی نا آشنا۔۔۔ یہ کتاب تو بس ایک فقیر کی دل کی گہرائیوں سے نکلنے والی آواز ہے جو الفاظ میں ڈھل کر آپ کے سامنے ہے۔ اس کا مقصد خود نمائی ہے، نہ ہی رُوحانی مسائل پر کوئی نئی جہت یا نظریہ پیش کرنا۔۔۔ یہ تو محض ایک اُمی کے تخیل کی پرواز اور دل سے نکلی ہوئی بات ہے جو شاید کہ کسی دل میں اُتر جائے۔ وَمَا عَلَيْنَا اِلَّا الْبَلٰغُ الْمُبِيْن

سرفراز اے شاہ

دیباچہ

اِس کتاب کے مصنف سرفراز اے شاہ صاحب دانشور بھی ہیں اور رُوحانیت کے بھی اعلیٰ مقام پر فائز ہیں۔ رُوحانیت کے مقام کا تو مجھے ادراک نہیں البتہ دانشوری کی کچھ سوجھ بوجھ ہے۔ حالانکہ یہ دعویٰ بھی شاہ صاحب کے تعلق سے بہت ہی بے معنی ہے اس لیے کہ فقیر کی دانشوری کا مقام بھی بہت اُونچا ہوتا ہے جس تک پہنچنا ہم جیسوں کے بس کی بات نہیں۔

شاہ صاحب کے ایک مرید زبیر شیخ صاحب اُسی ہاؤسنگ سوسائٹی میں رہتے ہیں جس میں میں رہتا ہوں۔ وہ ہماری ٹیک سوسائٹی کے رابطہ افسر ہیں۔ کہتے ہیں کہ درخت اپنے پھل سے پہچانا جاتا ہے۔ زبیر صاحب بہت ہی اچھے آدمی ہیں۔ اُنھوں نے چند ہی مہینے پہلے مجھے شاہ صاحب سے متعارف کرایا۔ یہ اُن کی مہربانی تھی۔ اس طرح میرا تعارف شاہ صاحب سے بہت ہی حالیہ ہے۔

رہی کتاب سو وہ میری عقل کے مطابق دانشوری کی سطح سے لکھی گئی ہے گو اس کا نام ''کہے فقیر'' رکھا گیا ہے۔ جب فقیر دانشوری کی بات کرے تو اسے خالصتاً دانشوری سمجھنا بھی غلطی ہے۔ حدیث میں آیا ہے کہ اتقو فراسة المؤمن فانه ینظر بنور الله۔ فقیر کی فراست عام انسان کی فراست سے مختلف ہوتی ہے البتہ ایک دانشور بھی، جس کا رُوحانیت سے کوئی تعلق نہیں، اس کتاب کو اپنی توفیق کے مطابق سمجھ سکتا ہے۔ یہ اس کتاب کی بہت سی خوبیوں میں سے ایک ہے۔ سو میں یہ کہہ سکتا ہوں کہ یہ کتاب ہر ایک کے پڑھنے کی ہے۔ اس کتاب پر تبصرہ میرے بس کی بات نہیں۔ نہ جانے کیوں شاہ صاحب نے مجھے دیباچہ لکھنے کے لیے کہا۔ شاید از راہِ التفات ـــــ بڑی عنایت بڑا کرم ـــــ سو جو کچھ میری سمجھ میں آیا وہ میں نے لکھ دیا۔ آگے پڑھنے والا جانے۔ البتہ شاہ صاحب سے التجا ہے کہ ہر پڑھنے والے پر نظرِ کرم رکھیں۔ میری دانست میں مرید مرشد کو نہیں پکڑتا بلکہ مرشد مرید کو پکڑتا ہے۔ ہو سکتا ہے کہ اس طرح کچھ پڑھنے والے خوش نصیب شاہ صاحب کے حلقۂ ارادت میں آ جائیں۔ اس کتاب کی افادیت اس لحاظ سے بھی ہے۔

جسٹس (ر) کے ایم اے صمدانی

فہرست

14

نشست نمبر 1

کھے فقیر

شرک کئی طرح کا ہے۔ اللہ کے ساتھ غیر اللہ کو شریک ٹھہرانا، غیر اللہ کو لائق عبادت اور حاجت روا گردانا شرک کی معروف قسم ہے۔ اس کے علاوہ بھی اس کی مختلف اقسام ہیں۔ جیسے جھوٹ کے بارے میں کہا جاتا ہے کہ یہ شرک کے زمرے میں آتا ہے۔ اِسی طرح بعض اوقات ذرا سی کوتاہی سے انسان شرک میں داخل ہو جاتا ہے۔ سجدۂ تعظیمی سے اِسی لیے منع کیا گیا ہے کیونکہ اس میں انسان عقیدت سے عبادت کے سجدہ میں داخل ہو سکتا ہے۔

رب تعالیٰ نے فرمایا کہ

"بے شک تم گناہ نہ کرو لیکن جہاں گناہ ہو رہا ہو وہاں بھی نہ جاؤ۔"

انسان یہ سوچتا ہے کہ میں تو گناہ کی جگہ پر عبرت کے حصول کے لیے جا رہا ہوں لیکن گناہ کی لذت اور دیکھنے کی حد تک اس کی کشش کی وجہ سے رفتہ رفتہ وہ گناہوں میں ملوّث ہو جاتا ہے۔ شروع میں تو وہ سوچتا ہے ایک بار میں اس کا ذائقہ چکھ لوں پھر نہیں کروں گا۔۔۔ اگلی بار کہتا ہے ایک بار مزید یہ گناہ کر لوں پھر توبہ کر لوں گا اور یوں وہ گناہوں میں اُترتا چلا جاتا ہے۔

اِسی طرح آج ہم کسی کا ہاتھ چومتے ہیں تو کل ہاتھ کو آنکھوں سے لگائیں گے۔ اگرچہ ہاتھوں کو عقیدت سے بوسہ دینا صحابہ کرامؓ سے ثابت ہے۔ ایک صحابیؓ نے تابعین کے درمیان جا کر اعلان کیا کہ میں نے اپنے ان ہاتھوں سے آپ صلی اللہ علیہ وسلم کے دستِ مبارک پر بیعت کی تھی۔ تب وہاں موجود تابعین نے عقیدت سے اُن کے ہاتھوں کو بوسہ دیا تھا لیکن چونکہ اس میں یہ احتمال موجود ہے کہ کہیں عقیدت سے ہاتھوں پر بوسہ دیتے دیتے انسان تعظیمی سجدہ تک نہ چلا جائے اور شرک میں داخل نہ ہو جائے اس لیے از راہِ احتیاط دست بوسی سے بھی منع کر دیا جاتا ہے۔

ہم عموماً کسی بھی ولی اللہ کے ساتھ اپنی عقیدت میں بہت آگے چلے جاتے ہیں حتیٰ کہ معاملہ شرک تک پہنچ جاتا ہے۔ اس سے بچنے کے لیے ضروری ہے کہ ہم اپنے مرشد کو اپنے جیسا انسان سمجھیں اور جان لیں کہ ہماری مانند وہ بھی خطا کا پُتلا ہے۔ ہمارے اس طرزِ عمل کے دو فائدے ہوں گے:۔

1۔ اگر ہمارے مرشد سے کوئی غلطی یا کوتاہی سرزد ہوتی ہے تو ہمارے دل میں کوئی بُرا خیال نہیں آئے گا اور عقیدت میں کمی واقع نہیں ہوگی۔

2۔ ہم اپنے مرشد سے کوئی ایسی اُمید وابستہ نہیں کریں گے جو انسانی بس سے باہر ہو۔ نتیجتاً ہم نہ صرف مایوسی سے بلکہ شرک کے دائرے میں داخل ہونے سے بھی بچ جائیں گے۔

یہ سوچنا کہ جب تک میرے مرشد سلامت ہیں مجھ پر کوئی مشکل یا پریشانی نہیں آسکتی، غلط ہے کیونکہ سب طاقتیں، قوتیں اور اختیارات اللہ ہی کے لیے ہیں۔ مرشد بھی ہماری طرح اللہ کے محتاج ہیں۔۔۔ یہ سمجھنا کہ وہ ہماری حاجت روائی کر سکتے ہیں اور ہر طریقے سے ہماری مدد کر سکتے ہیں، عقیدت میں اس حد تک چلے جانا شرک ہے۔ مرشد بھی ہماری طرح اللہ کے محتاج انسان ہیں۔ فرق محض یہ ہے کہ وہ تقویٰ، توکّل اور پارسائی کے بلند مقام پر فائز ہیں اور اُن کی انہی خصوصیات کی وجہ سے رب تعالیٰ اُنھیں عزیز رکھتا ہے۔ مرشد قطعی طور پر ہماری مشکل حل کرنے اور حاجت روائی پر قادر نہیں۔ وہ صرف ہمارے لیے اللہ کے حضور گڑگڑا کر دعا کر سکتے ہیں کہ

> ''اے اللہ! میرے پاس آنے والا تیرا یہ بندہ مشکل میں ہے، تو رحیم و کریم ہے، مشکل کُشا اور حاجت روا ہے، تُو اس پر مہربانی فرمادے اور اپنی رحمت کے صدقے اس کی مشکل حل فرمادے۔''

اللہ تعالیٰ بے حد مہربان، وضع دار اور حیا والا ہے۔ وہ جن بندوں کو عزیز رکھتا ہے اُن کی دعائیں قبول کر لیتا ہے۔

رُوحانیت کے ضمن میں ایک اور بات بے حد اہم ہے کہ ہم اپنے دلوں کو ہر قسم کے کینہ، بُغض، حسد، نفرت اور انتقام سے پاک رکھیں۔ اس کا آسان طریقہ یہ ہے کہ ہم یہ عادت اپنا لیں کہ کسی انسان سے غلطی سرزد ہونے سے پہلے ہی ہم اُسے معاف کر دیا کریں۔ یہ درحقیقت اس چیز کی مشق ہوگی کہ جب بھی کوئی شخص ہمیں نقصان پہنچائے گا، جڑیں کاٹے گا، تہمتیں لگائے گا تو ہمیں بُرا نہیں لگے گا بلکہ ہم دھیرے سے مُسکرا دیں گے۔ یوں جب دل میں کوئی ملال ہی نہیں آئے گا تو کینہ، کدورت، حسد یا بُغض کا جذبہ بھی نمو نہیں پا سکے گا۔ جس طرح ایک باپ اپنے بیٹے کو ڈانٹ ڈپٹ کرتے وقت بناوٹی غصہ دکھاتا ہے درحقیقت اس کے دل میں غصہ نہیں ہوتا، چند لمحوں بعد یہ بناوٹی غصہ اُتر جاتا ہے اور اس کے دل میں سوائے بیٹے سے محبت کے کچھ نہیں رہتا۔

حضرت نظام الدین اولیاء رحمۃ اللہ علیہ اپنے وقت کے بلند پایہ ولی اللہ ہونے کے ساتھ ساتھ علم کے اعلیٰ مقام پر بھی فائز تھے۔ اُن کے پاس عقیدت مندوں اور دعا کی درخواست کرنے والوں کا ہمہ وقت تانتا بندھا رہتا تھا۔ عقیدت مندوں کے برعکس ایک صاحب ایسے بھی تھے جو حضرت نظام الدین اولیاء رحمۃ اللہ علیہ کے خلاف پراپیگنڈہ کرنے کا کوئی موقع ہاتھ سے جانے نہ دیتے حتیٰ کہ بادشاہِ وقت کے کان بھی بھرتے رہتے۔ حضرت نظام الدین اولیاء رحمۃ اللہ علیہ اس بات سے بخوبی واقف تھے۔ ایک روز ایک شخص نے آکر بتایا کہ وہ صاحب وفات پا گئے

ہیں۔حضرت نظام الدین اولیاء رحمۃ اللہ علیہ نے اظہارِ افسوس کرنے کے بعد فرمایا"چلو چل کر اُس کے کفن دفن کا انتظام کریں۔"وہ شخص بولا"وہ تو آپ کے ساتھ ہمیشہ بُرا سلوک کرتے رہے ہیں۔" آپ نے فرمایا"ہاں مجھے معلوم ہے لیکن اللہ اُس کی مغفرت کرے۔"پھر حضرت نظام الدین اولیاء رحمۃ اللہ علیہ گئے اُسے غسل دیا اور اپنے ہاتھوں سے اُسے قبر میں اُتارا۔

الغرض جب انسان اپنا دل صاف کر لیتا ہے تب وہ ہر شخص سے محبت کرنے لگتا ہے خصوصاً اُن لوگوں سے جن سے اُسے دُکھ پہنچتا ہے۔اس کا فائدہ بھی فقیر کی اپنی ذات کو پہنچتا ہے، اُسے نعمتیں عطا ہوتی ہیں اور اُس کے درجات بلند کر دیئے جاتے ہیں۔آپ صلی اللہ علیہ وسلم کی سنت بھی یہی ہے۔آپ صلی اللہ علیہ وسلم کی پیشانی پر کبھی ناروا رویوں پر بَل نہیں آیا۔۔۔سنت کی ادائیگی باعثِ رحمت ونعمت ہوا کرتی ہے۔حضرت بایزید بسطامی رحمۃ اللہ علیہ فرماتے ہیں۔

"جس شخص نے ایک سنت بھی ترک کی وہ ولی اللہ نہیں ہوسکتا۔"

انتقام یا بدلہ نام کی چیز کبھی آپ صلی اللہ علیہ وسلم کے قریب سے بھی نہیں گزری تھی۔اگر ہم تقویٰ اور اللہ کی راہ پر چلنا چاہتے ہیں تو ہمیں اپنے دلوں کو صاف کرنا ہوگا اور دلوں میں خلقِ خدا کی محبت رکھنا ہوگی۔ہم اپنی گفتگو میں اکثر بہت غیر محتاط ہوتے ہیں۔دانستہ یا نادانستہ طور پر غیر موجود لوگوں کے بارے میں ایسی باتیں کہہ جاتے ہیں جن سے اُن کی عزت پر حرف آتا ہے، اُن کی توہین ہوتی ہے۔یاد رکھیئے! یہ غیبت ہے جو اللہ کے نزدیک بہت بڑا گناہ ہے۔اگر ہم علم کی راہ پر چلنا چاہتے ہیں، اللہ کا قرب حاصل کرنا چاہتے ہیں تو ہمیں اس معاملے میں انتہائی محتاط رہنا ہوگا۔ہماری زبان سے نکلنے والے کسی لفظ سے کسی کی بے عزتی نہ ہو۔۔۔توہین نہ ہو، اُس کی شہرت خراب نہ ہو۔ہماری زبان سے ہمیشہ ایسے الفاظ ادا ہوں جو دوسروں کی عزت میں اضافہ کا موجب ہوں۔یہ بھی سنت ہے آپ صلی اللہ علیہ وسلم کی زبانِ مبارک سے اپنے مخالف کے لیے بھی کبھی کوئی توہین آمیز لفظ ادا نہ ہوا۔

تیسری نمایاں سنت جو تقویٰ اور پرہیز گاری میں بہت مدد دیتی ہے وہ درگزر اور برداشت کی صفت ہے۔ آپ صلی اللہ علیہ وسلم کے اندر درگزر اور عفو کی صفت انسانی حدوں سے کہیں آگے تھی۔اولیائے کرام میں بھی یہ صفت نمایاں دکھائی دیتی ہے۔اِسی صفت کی بنا پر انسان دوسروں کی زیادتیاں ہنس کر برداشت کر لیتا ہے۔ایسا انسان جب ٹھوکر کھاتا ہے تو اللہ تعالیٰ بڑھ کر اُس کو تھام لیتا ہے کیونکہ وہ جانتا ہے کہ یہ وہ شخص ہے جو میرے بندوں کو میری خوشنودی کے لیے دل سے معاف کر دیتا ہے۔

نیک اور متقی لوگوں میں تین صفات بہت نمایاں نظر آتی ہیں۔

1۔ درگزر اور معاف کرنے کی صفت

2۔ اپنی ضروریات پسِ پشت ڈال کر دوسروں کے کام آنے کی صفت

3۔ دسترخوان وسیع رکھنے کی صفت

اِن خصوصیات کے حامل لوگ تقویٰ اور علم کی راہ پر بہت آگے نکل جاتے ہیں۔ اللہ اور اُس کے رسول ﷺ کی سنّت کی ادائیگی اور اُن کے قرب کے حصول کے لیے ضروری ہے کہ ہم اپنا دسترخوان وسیع کرلیں۔ اپنی ضروریات پر دوسروں کی ضروریات کو ترجیح دیا کریں اور دوسروں کو معاف کردیا کریں۔ بغیر ماتھے پر کوئی بل ڈالے حتیٰ کہ اگر کوئی معافی مانگنے آجائے تو ہم کہہ دیں کہ

''مجھے تو یاد تک نہیں کہ آپ سے کوئی غلطی بھی ہوئی تھی۔''

اگر ہم اِن صفات اور خصوصیات کو اپنالیں گے تو ہمیں اللہ کا قُرب حاصل ہوجائے گا اور جسے اللہ کا قرب حاصل ہوجاتا ہے، علم اُسے ہی عطا ہوتا ہے۔

نشست نمبر 2

تصوف اور رُوحانیت

جب ہم تصوّف کا ذکر کرتے ہیں تو جس طرح ایک عمارت تعمیر کرنے کے لیے بنیادیں رکھنی پڑتی ہیں اِسی طرح تصوّف کی راہ میں آگے بڑھنے کے لیے بھی کچھ بنیادی شرائط ہیں۔ اگر تصوّف کی تعلیم خواہ اعلیٰ درجے کی ہی کیوں نہ ہو اسے حاصل کرنے کے لیے جب تک ہم اسے بنیادیں فراہم نہیں کریں گے تصوّف کی عمارت کھڑی نہیں ہوسکتی۔ علم کے حصول سے تصوّف کے بارے میں ہمیں محض معلومات حاصل ہوں گی کہ تصوّف کیا ہے اور کام کیسے کرتا ہے مگر تصوّف میں مقام حاصل کرنے کے لیے بنیادی شرائط کو پورا کرنا پڑتا ہے۔

تصوّف کی راہ پر چلنے کے لیے ایک بات پختگی سے ہمیں ذہن میں بٹھا لینی چاہیے کہ

بقول حضرت بایزید بسطامی رحمۃ اللہ علیہ

''ایک بھی سنّت ترک کرنے والا انسان کبھی اہلِ تصوف میں سے نہیں ہوسکتا۔''

آپ کے ہاں سنت کی پابندی انتہا درجہ کی تھی۔ ایک بار حضرت بایزید بسطامی رحمۃ اللہ علیہ ایک شخص کے پاس تشریف لے گئے جو صاحبِ علم اور صاحبِ تصوّف کے طور پر معروف تھا۔ کیا دیکھتے ہیں کہ وہ صاحب ِتصوف پاؤں پھیلائے بیٹھے ہیں اور اُن کے پاؤں کا رُخ خانہ کعبہ کی طرف ہے۔ آپ کوئی بھی بات کیۓ بغیر واپس لوٹ آئے۔ ساتھیوں نے وجہ پوچھی تو آپ نے فرمایا ''وہ شخص صاحبِ علم اور صاحبِ تصوف نہیں کیونکہ وہ قبلہ کی طرف پاؤں پھیلائے بیٹھا تھا اور جو شخص باادب نہیں وہ اہلِ تصوف میں سے ہو ہی نہیں سکتا۔''

حضرت بایزید بسطامی رحمۃ اللہ علیہ نے ایک روایت کے مطابق 105 ، دوسری کے مطابق 110 اور تیسری روایت کے مطابق 102 صاحبانِ تصوّف سے اکتسابِ فیض کیا۔ اتنے جیدّ صاحبانِ تصوّف سے اکتسابِ فیض کرنے والی ہستی کا یہ عالم ہے کہ کسی شخص کے پھیلے ہوئے پاؤں کا رُخ خانہ کعبہ کی طرف (خواہ بے خیالی کے باعث ہی ہو) دیکھ کر اُسے اہلِ تصوف میں سے ماننے سے انکار کردیا۔ اس لیۓ میں عرض کیا کرتا ہوں کہ آپ تصوّف کا علم ضرور حاصل کیجیے لیکن ہم اس طریقہ سے یہ علم حاصل کریں کہ اس کا کچھ فائدہ بھی ہو۔ تصوّف کی راہ میں جن مقامات، مشاہدات اور وارداتوں سے واسطہ پڑتا ہے وہ سب فقیر کی راہ میں آتی ہیں۔ ان میں سے ایک چیز جو ابتدائی وارداتوں میں سے ایک ہے وہ یہ ہے کہ انسان پانی کے شاور (Shower) کے نیچے کھڑا

ہے اور پانی پوری رفتار و مقدار کے ساتھ گر رہا ہوتا ہے لیکن سارا جسم خشک رہتا ہے۔ یہ مقام بہت مختصر عرصہ کے لیے ہوتا ہے اور بڑی جلدی گزر جاتا ہے۔

اگر بنیاد پر کام کیۓ بغیر ہم علم حاصل کریں گے تو ہماری حالت وہی ہوگی کہ جسم پر پانی تو گر رہا ہے لیکن پھر بھی جسم خشک ہے۔ یوں ہم علم تصوّف حاصل تو کرتے چلے جائیں گے لیکن وہ ہم پر طاری نہیں ہوگا۔ اس لیے عرضِ مکرّر ہے کہ بنیادیں ٹھیک کرلیں۔ تصوّف کی بنیاد پر پہلے کام کرلیں۔ اس سلسلے میں مختصراً یہ کریں کہ زندگی کے ہر پہلو میں سنّت کی پیروی کرنے کی کوشش کریں اور جہاں تک ممکن ہو اتباعِ سنّت کرتے چلے جائیں۔ علاوہ ازیں ایک اور چیز کو عادت بنالیں اس حد تک کہ وہ ہماری فطرت میں شامل ہو جائے۔ تصوّف کی راہ میں ''انا'' سب سے زیادہ تنگ کرتی ہے۔ انسان بار بار اِس دھوکے میں آتا ہے کہ میں نے تو اَنا کو کچل دیا ہے۔ یہ ''انانیت'' دراصل ''تکبر'' ہے۔ اس کا آسان حل یہ ہے کہ اگر ہم اس پر عمل کرلیں کہ کوئی شخص ہمیں کتنا ہی بُرا کیوں نہ لگے، ہمارے سامنے ہمیں بدترین لفظوں سے نوازے، ہم پر کتنی ہی تہمتیں لگا دے، ہم اپنے دل میں اُس کے بارے میں بُرا خیال نہ آنے دیں بلکہ پہلے سے بھی زیادہ اُس کا بھلا چاہنے لگیں۔ میرے خیال میں انا کو کچلنے کے لیے ایک یہی فعل کافی ہے۔

ہماری زندگی میں جہاں جہاں تعلقات میں تلخی اور بدمزگی پیدا ہوتی ہے اِس کی وجہ ان تینوں میں سے ایک ہوتی ہے۔ لہٰذا ہم اپنی ذات میں اس کو کنٹرول کرلیں بغیر یہ دیکھے کہ کسی کا ہمارے ساتھ سلوک کیا ہے۔۔۔ ہم ہمیشہ اُس کا بھلا ہی سوچیں اور چاہیں۔ اُس کے لیے قربانی ہی دیتے رہیں۔ تصوّف کی سیڑھی پر یہ پہلا قدم ہے۔

جس زمانے میں خانقاہی نظام رائج تھا اور کوئی شخص جب کسی فقیر کی خدمت میں حاضر ہوتا اور عرض کرتا۔ حضور! مجھے رب کی راہ پر چلنا ہے۔ قربِ الٰہی کا رستہ دِکھا دیجیے۔ تو اُس کو خانقاہ پر رہنے کی جگہ مل جاتی۔ دو چار دن رہنے کے بعد اگر وہ بندہ امتحان میں پاس ہو جاتا تو وہ بزرگ اس شخص کے ساتھ سب سے پہلا سلوک یہ کرتے کہ اُس کے سر پر اُسترا پھروا دیتے۔ اُسترا پھرنے سے عاجزی پیدا ہوتی اور انا کچلی جاتی۔ اِس کے بعد اُس کی دوسری ڈیوٹی وہاں پر حاضری دینے والے لوگوں کے جُوتے سیدھے کرنے کی لگا دی جاتی۔۔۔ ہندو معاشرے میں کچھ پیشوں کو بہت حقیر سمجھا جاتا ہے اور ان میں سب سے حقیر کام دوسروں کے جُوتے سیدھے کرنا ہے لہٰذا اس طالب کو نہ صرف جُوتے سیدھے کرنے کا فرض سونپا جاتا بلکہ وہ گرد و غبار سے اٹے جُوتے صاف بھی کرتا اور بعد ازاں اُن کا رُخ باہر کی طرف کر کے اُن کو رکھتا تھا تاکہ مہمانوں کو جوتے پہننے میں آسانی رہے۔

دو چار سال جوتے سیدھے کرنے کے بعد اُس کی ڈیوٹی خانقاہ میں جھاڑو دینے پر لگا دی جاتی۔ یہ کام بھی ہندو معاشرے میں حقیر جانا جاتا ہے۔ دو، چار سال جھاڑو لگانے کے بعد لنگر کے جُھوٹے برتن دھونے پر اُس کو مامور کر دیا جاتا۔

یہ ڈیوٹی مجھ پر بھی عائد کی گئی تھی۔ میرے مرشد سید یعقوب علی شاہ صاحب میرالحاظ کر جاتے اور جھوٹے برتن مجھے دھونے نہ دیتے تھے۔ چونکہ میری رُوحانی تربیت (Training) میں یہ کمی تھی کہ نہ تو میں نے کھانا ہاتھ سے پکا کر کھلایا، نہ پیش (Serve) کیا اور نہ ہی برتن دھوئے لہٰذا ایک بار حالات و معاملات ایسے ہو گئے اور مجھے ایسی جگہ رہنا پڑا جہاں کھانا خود پکانے کے سوا چارہ ہی کوئی نہ تھا۔ اُوپر سے اٹھارہ بیس مہمان بھی میرے ذمے لگا دیئے گئے۔ اب کھانا تو مجھے پکانا آتا نہ تھا لہٰذا سوچا کہ مرشد صاحب کی پیروی کی جائے۔ اندازے سے سارے مصالحہ جات ڈال کر کھانا تو تیار کر ہی لیا البتہ پکنے کے بعد پہچاننا قدرے مشکل تھا کہ یہ گوشت ہے یا کچھ اور لیکن میرے مہمان بہت بھلے انسان تھے۔ میرا دل رکھنے کو بہت کھل کر تعریف کرتے کہ بہت مزے کا کھانا ہے۔

اب اگلا مرحلہ درپیش تھا۔ کھانا پکانے اور مہمانوں کو کھانا پیش کرنا بھی مجھے اس قدر دشوار نہ لگا جس قدر استعمال شدہ جھوٹے برتن اُٹھانا اور پھر اُن کو دھونا۔۔۔ یہ اَنا کو کُچلنے کی بات بتا رہا ہوں۔ میں نے ٹشو پیپر (Tissue Paper) سے پلیٹ کو ایک کونے سے پکڑا۔ پورے پریشر سے ٹونٹی کھول کر پانی اُس پر ڈالا اور اس طریقہ سے اُسے صاف کیا۔ یوں اٹھارہ آدمیوں کے برتن کوئی چھ سات گھنٹوں میں دھونے کے بعد مجھے حقیقتاً اندازہ ہوا کہ خانقاہ میں جھاڑو پھروا کر اور جھوٹے برتن دُھلوا کر کس طرح انا کچلی جاتی تھی۔

خیر! ذکر ہو رہا تھا خانقاہ پر مرید کی تربیت کا کہ لنگر پر جھوٹے برتن دھونے کے بعد اُس کی ڈیوٹی مہمانوں کو کھانا پیش (Serve) کرنے پر لگائی جاتی۔ جب وہ تین یا چار سال لنگر تقسیم کرنے کی ڈیوٹی کر لیتا تو پھر اُسے مجاہدوں پر لگایا جاتا اور بعد ازاں خلافت عطا کر دی جاتی۔۔۔ ان سارے مراحل میں سب سے زیادہ وقت انا کو کچلنے میں لگتا۔

ایک بار میں نے عرض کیا تھا کہ علم کا دے دینا مرشد کے لیے دشوار نہیں۔ وہ علم عطا کر دے گا اور یہ ''عطائے مرشد'' کہلائے گا۔ لینے والا اُس سے استفادہ بھی کر لے گا لیکن وقت کے ساتھ ساتھ اگر مرشد اس عطا کی تجدید (Renewal) نہیں کر رہا تو وہ بتدریج کمزور ہوتے ہوتے ختم ہو جائے گا۔ عطائے مرشد کو سنبھالنا بہت دُشوار ہے۔ اس کو صرف ایک صورت میں سنبھالا جا سکتا ہے کہ بنیادیں مضبوط ہوں ورنہ دو ڈھائی سال بعد انسان اُس علم کو کھو دے گا۔

مرشد بہت صاحبِ ظرف ہوتا ہے۔ وہ آپ کو یہ بات کبھی نہیں بتائے گا کہ ''لو! میں نے تمھیں علم عطا کر دیا'' کیونکہ یہ اس کی اعلیٰ ظرفی کے خلاف ہے۔ دوسری طرف لینے والا اگر علمی لحاظ سے چھوٹا ہے، چھوٹا اس لحاظ سے کہ جس کے پاس علم نہیں اُس کے پاس عقل نہیں کیونکہ عقل علم سے آتی ہے اور عقل کی معراج (Essence of Wisdom) خود رب ہے۔ علم ملے گا تو عقل آئے گی اور عقل آئے گی تو رب ملے گا۔ چونکہ کم علم انسان کے پاس عقل نہیں ہوتی اس لیے وہ بھانپ ہی نہیں پائے گا کہ مجھے کیا عطا کیا گیا ہے۔ لیکن اگر اُس کی بنیاد مضبوط ہے اور تب مرشد اُسے کچھ عطا کرتا ہے تو وہ نہ صرف اُس کو سنبھال لے گا بلکہ اُسے بہتر

(Develop) بھی کرے گا۔ مثال کے طور پر اگر آپ کو کاروبار کرنا آتا ہے اور آپ کو اس کے بنیادی اُصول معلوم ہیں اور کوئی عزیز آپ کو سرمایہ یا چلتا ہوا کاروبار دے دیتا ہے تو آپ آسانی سے اُسے چلالیں گے جب کہ کوئی کاروبار سے انجان شخص اس کو تباہ کر دے گا۔ یہی مثال تصوّف میں مرشد کی طرف سے مرید کو عطا کردہ علم پر منطبق ہوتی ہے۔

ہماری بنیادیں اُس وقت بن پائیں گی جب ہماری اَنا ختم ہو جائے گی۔ ورنہ شیطان ہمیں وقتاً فوقتاً ورغلاتا رہے گا اور ہمیں خوش فہمی میں مبتلا کرتا رہے گا۔ جیسا کہ ایک بار شیطان فرشتہ کے روپ میں پیرانِ پیر حضرت شیخ عبدالقادر جیلانی رحمۃ اللہ علیہ کے پاس آیا اور کہا کہ اللہ نے مجھے آپ کے پاس بھیجا ہے۔ آپ کو خوش خبری ہو کہ پروردگار نے آپ کی عبادت سے خوش ہو کر آپ کو نماز معاف کر دی ہے۔ حضرت پیرانِ پیر صاحب رحمۃ اللہ علیہ نے **لا حول ولا قوۃ** پڑھی اور فرمایا ''دُور ہو جا مردود! تو شیطان ہے اور مجھے بہکانے آیا ہے۔ نماز تو آپ صلی اللہ علیہ وسلم کو معاف نہیں تھی تو پھر مجھے معاف کیسے ہو سکتی ہے۔'' اب شیطان نے اگلا وار کیا اور کہا ''شکر کریں آپ کے علم نے آپ کو بچالیا۔'' آپ رحمۃ اللہ علیہ نے پھر **لا حول ولا قوۃ** پڑھی اور فرمایا ''مجھے میرے علم نے نہیں بلکہ میرے رب نے بچایا ہے۔''

تو یہ ''علم نے بچالیا'' والی بات غرور پیدا کرسکتی ہے۔

اس سے بچنے کا ایک ہی طریقہ ہے کہ ہماری بنیادیں مضبوط ہوں۔ بنیادیں مضبوط ہوں گی سنّت پر عمل کرنے سے۔۔۔ اور سنت پر عمل کرنے کے لیے پہلا قدم یہ ہے کہ ہم اپنی انا کو کچل دیں اور انا کو کچلنے کا آسان طریقہ یہی ہے کہ ہم کسی شخص کو بُرا نہ سمجھیں۔ اس کے بارے میں ہماری رائے میں سُوئی برابر بھی فرق نہ آئے۔ خواہ وہ ہمارے خلاف جتنا بھی پراپیگنڈہ کرے۔ ہمارا طریقہ آپ صلی اللہ علیہ وسلم کی سنت کے مطابق ہو۔ آپ صلی اللہ علیہ وسلم ساری زندگی اُس پر عمل کرتے رہے۔ آپ صلی اللہ علیہ وسلم کی سیرتِ مُبارکہ کی نمایاں خصوصیات میں سے تحمّل، بردباری اور درگزر بھی ہیں۔ ہم بھی ان کو اپنی زندگی میں اپنالیں۔

سوال: اَنا کچھ حد تک انسان کی حفاظت بھی کرتی ہے تو کیا تھوڑی بہت ''انا'' کا ہونا ضروری بھی ہے؟

جواب: دینِ اسلام کے مطابق انسان کی تخلیق رب نے کی۔

حضرت علیؓ کا قول ہے۔

''انسان کی زندگی کی حفاظت خود اُس کی موت کرتی ہے۔''

انسان کو متعیّن وقت سے پہلے موت آ ہی نہیں سکتی۔ رب ہماری زندگی و موت کا مالک ہے۔ ہم ''انا'' کے ذریعے اپنی زندگی کی حفاظت نہیں کر سکتے تاہم یہ مختصر ضرور ہو جائے گی۔ ''انا'' ایک منفی رویّہ اور جذبہ ہے۔ آپ غالباً ''خودداری'' کی بات کرنا چاہ رہے ہیں۔ ''خودداری'' بہت اچھی اور مثبت چیز ہے۔ فقیر ہو یا مومن دونوں بہت خوددار ہوتے ہیں۔ کبھی کسی کے سامنے ہاتھ نہیں پھیلاتے۔

سوال: قانونِ فطرت (Law of Nature) اور ڈیزائن آف نیچر (Design of Nature) سے کیا مراد ہے؟

جواب: آپ اسلام آباد کے لیئے لاہور سے روانہ ہوتے ہیں، گاڑی میں پٹرول چیک کرتے ہیں۔ گاڑی کی حالت کا جائزہ لیتے ہیں۔ گاڑی کی درست حالت کے متعلق مکمل تسلی کر لینے کے بعد راستے کے حالات اور روٹ (Route) کا جائزہ لیتے ہیں۔ اب اگر آپ اپنے ارادہ اور رویہ کو تبدیل نہ کریں تو آپ چند گھنٹوں بعد اسلام آباد پہنچ جائیں گے۔ یہ قانونِ فطرت (Law of Nature) ہے کہ جس چیز کے لیے آپ نے ارادہ کیا، تدابیر کیں، کوشش کی وہ چیز آپ کو مل جائے گی۔ مثلاً آپ سیب کا درخت لگائیں گے تو سیب ہی کھانے کو ملے گا۔

لیکن دوسری طرف یہ بھی ہوسکتا ہے کہ آپ نے لاہور سے اسلام آباد جانے کی مکمل تیاری کر لی ہے لیکن رب جانتا ہے کہ تین گھنٹے بعد گھر میں آپ کی ضرورت پڑ جائے گی لہٰذا جیسے ہی آپ گاڑی میں بیٹھنے لگتے ہیں ایک قریبی دوست آ جاتا ہے کہ صاحب کئی روز سے آپ کی طرف آنے کا ارادہ تھا لیکن نہ آ سکا۔ آج رہ نہ سکا۔

کیا یہ اتفاقیہ ملاقات (Coincidence) ہے؟

اب ہوتا یہ ہے کہ آپ اسلام آباد جانے کی بجائے اُس دوست کے ساتھ ڈرائنگ روم میں آ بیٹھتے ہیں اور گپ شپ کرنے لگتے ہیں۔۔۔ حتیٰ کہ تین گھنٹے گزر گئے اور وہ وقت آ گیا جس کے باعث آپ کو اسلام آباد جانے سے روک دیا گیا تھا۔ ایک ایسا واقعہ پیش آتا ہے، جس میں آپ کو اپنا کردار ادا کرنا ہے۔۔۔ اس مرحلہ پر آپ چونک اُٹھتے ہیں اور سوچتے ہیں کیا یہ اتفاقی امر (Coincidence) ہے؟ نہ دوست آتا۔۔۔ نہ میں رُکتا۔۔۔ نہ اس موقع پر دستیاب ہوتا؟

اب ہمیں تو یہ سب ایک اتفاق (Coincidence) لگ رہا ہوتا ہے کیونکہ ہم پوشیدہ حالات سے واقف نہیں۔۔۔ لیکن رب تو سب جانتا ہے۔ پسِ پردہ (Behind the Curtain) رب ان سب معاملات کو چلا رہا ہے لیکن ہماری عقل و سوچ سے چونکہ یہ سب بالاتر ہے اس لیے ہمیں یہ سب ایک اتفاقی واقعہ (Coincidence) لگتا ہے۔ میں اس کو ڈیزائن آف نیچر (Design of Nature) کہتا ہوں۔

ایک قانونِ فطرت (Law of Nature) ہے جو بظاہر ہمیں سمجھ آ رہا ہوتا ہے۔ ایک پسِ پردہ (Behind the Curtain) ڈیزائن آف نیچر (Design of Nature) ہے جس کو تکمیل تک پہنچانے کے لیے قدرت خود کام کر رہی ہے۔ خود پلان (Plan) کر رہی ہے جب کہ قانونِ فطرت (Law of Nature) کو ہم انسان آپریٹ (Operate) کر رہے ہیں۔

مثال کے طور پر الیکٹریشن وائرنگ کر کے اور بلب لگا کے ہمیں دے دیتا ہے۔ ہم بوقتِ ضرورت آن آف (On/Off) کر کے بلب جلاتے بجھاتے ہیں۔۔۔ یہ سب ہم خود تو نہیں کر رہے بلکہ ہم تو شکر گزار ہیں

اُس الیکٹریشن کے جس نے ہمیں یہ نظام (System) سیٹ (Set) کر کے دیا ہے۔ لہٰذا اتفاقات (Coincidence) دراصل قانونِ فطرت (Law of Nature) اور ڈیزائن آف نیچر (Design of Nature) کا امتزاج (Combination) ہیں۔

لاءآف نیچر (Law of Nature) یہ ہے کہ سب کچھ رب نے پلان (Plan) کر کے ہمیں دے دیا جب کہ ڈیزائن آف نیچر (Design of Nature) جس کو ہم پسِ پردہ (Behind the Curtain) کہتے ہیں اس کو رب خود چلا رہا ہے۔

———————

نشست نمبر 3

تصوّف کا دوسرا قدم

گزشتہ نشست میں تصوف کے پہلے قدم پر بات ہوئی تھی۔ دوسرے قدم پر آج ہم بات کریں گے۔

اللہ کو تین چیزیں بہت پسند ہیں۔

1۔ کسی کو قرض سے نجات دلانا

2۔ کسی غلام کو آزاد کرانا (چونکہ اب غلامی کا زمانہ نہیں رہا لہٰذا غلام کی جگہ کسی قیدی کو رہا کرانا)

3۔ بھوکے کو کھانا کھلانا

پہلے دو کاموں کے بارے میں تو مجھے نہیں معلوم کہ ہم میں سے کتنے لوگ کر پائیں گے البتہ تیسری بات ہم سب کے لیے ممکن ہو جائے گی۔ اگر آپ فقیر کا رویہّ دیکھیں تو وہ عام لوگوں سے دو ہاتھ آگے نظر آئے گا۔ وہ خود بھوکا رہ کر دوسروں کو کھانا کھلاتا ہے۔ اس پر عمل مشکل ہے۔ ہم اپنی زندگی میں اس بات کو معمول بنالیں کہ روزانہ دو آدمیوں کو کھانا کھلایا کریں۔ یہ آپ پر مالی بوجھ نہیں بنے گا وہ یوں کہ گھر میں جو کھانا بنتا ہے اس میں سے سب سے پہلے اللہ کے نام پر دو آدمیوں کے لیے کھانا نکال لیا کریں۔ یوں ہم پر اضافی بوجھ بھی نہیں آئے گا اور اللہ کو راضی کرنے کا کام بھی ہو جائے گا۔

حضرت علیؓ کا قول ہے کہ مصیبت کا مقابلہ صدقہ وخیرات سے کرو۔ اللہ کی راہ میں خرچ کر کے ہم اللہ کو قرض دے رہے ہوتے ہیں۔ تجربہ و مشاہدہ تو یہی ہے کہ جس نے اس پر عمل کیا اللہ نے اُس کا رزق بڑھا دیا اور اُس کی عزت میں بھی اضافہ ہو گیا۔۔۔ لیکن نیّت رزق میں اضافہ نہ رکھیے گا بلکہ نیت اللہ کو راضی کرنا ہو ورنہ وہ مقصد جس کے لیے میں آپ کو یہ کرنے کو کہہ رہا ہوں، فوت ہو جائے گا۔ ہم کسی کام کی تکمیل کے لیے وظائف پڑھتے ہیں یا پھر نوافل کی نیت کرتے ہیں تو یہ مزدوری ہے۔۔۔ ہم نے گویا اللہ کے ساتھ سودا طے کیا کہ یا اللہ! تُو میرا فلاں کام کر دے میں 100 نوافل پڑھوں گا۔ یہ تو بالکل ایسے ہی ہے جیسے کسی مزدور نے آپ کا کام کر دیا اور آپ نے اُسے اُجرت دے دی۔ نہ اُس کا آپ پر کوئی احسان اور نہ ہی آپ کا اُس پر کوئی احسان۔

رب کے ساتھ ایسے سودے ہم نہ کریں تو بہتر ہے تا کہ رب ہمیں اس کا بہترین اجر عطا فرمائے اور بہترین اجر، میرے خیال میں، رب کا قرب اور دوستی ہے۔

ہم اس نیت سے دوسروں کو کھانا کھلائیں کہ میرا رب مجھ سے راضی ہو جائے اس کے علاوہ اپنی ضروریات کو روک کر دوسروں کی اس انداز میں خدمت کریں کہ خدمت لینے والے شخص کو احساس تک نہ ہو کہ آپ اس کی کوئی مدد (Favour) کر رہے ہیں۔ مثلاً فرض کیجیے آپ کے پاس صرف سواری کے کرایہ کے پیسے ہیں۔ کسی صاحب کی ضرورت کے پیشِ نظر آپ نے وہ رقم کسی طریقہ سے اُن کو دے دی۔ بعد میں آپ پیدل گھر کو چلے جا رہے ہیں۔ اُن صاحب نے دیکھ لیا کہ آپ خود تو پیدل جا رہے ہیں اور پیسے مجھے دے دیئے۔ آپ اُسے کہتے ہیں ایسی بات نہیں۔ دراصل اے سی (AC) میں بیٹھ کر جسم اکڑ گیا تھا تو سوچا پسینہ آنے سے طبیعت بہتر ہو جائے گی۔ یوں وہ صاحب بھی مطمئن ہو گئے اور آپ بھی نفس کے بہکاوے میں آنے سے بچ گئے۔ ساتھ ہی اپنی ذات کی نفی بھی ہو گئی۔

لہٰذا دوسروں کی خدمت کے وقت ذہن میں خیال یہی ہو کہ میرا رب مجھ سے راضی ہو جائے۔۔۔ رب کو اپنی ساری مخلوق بے حد عزیز ہے۔ وہ اس سے بے پناہ پیار کرتا ہے۔ اُس سے بھی جو اُسے مانتا نہیں ہے اور اُس کے ساتھ شریک ٹھہراتا ہے۔ اُن کو بھی پالتا ہے جو اُس کو بُرا بھلا کہتے ہیں۔۔۔ یہ اُس کی شانِ ربوبیت ہے۔ جب ہم اُس کے کسی بندے کی اس نیت کے ساتھ خدمت کرتے ہیں کہ یہ میرے رب کا بندہ ہے اور اُس کی خدمت میرا فرض ہے اور اُس کی خدمت کرنے سے میرا رب مجھ سے راضی ہو جائے گا۔ تو اس نیت کے تحت کیا گیا عمل رب کے قرب کا باعث بنے گا اور جن کو رب کا قرب مل جاتا ہے اُن کو علم بھی عطا ہو جاتا ہے۔ یہ جو دوسرا قدم ہے کہ اپنی ضروریات اور آرام پر دوسروں کی ضروریات اور آرام کو ترجیح دی جائے۔ اپنا وقت ضائع کر کے دوسروں کا وقت بچالیں۔۔۔ یہ قدم بڑی جلدی ولائیت کی طرف لے جاتا ہے بشرطیکہ نیّت رب کی رضا کا حصول ہو۔۔۔ پس کوشش کیجیے کہ دوسروں کی خدمت کرتے وقت اس کو خود اپنی ذات سے بھی چھپائیں ورنہ تکبّر آ جائے گا۔

اس صورت میں سب سے پہلے ہم خود ہی اپنے دشمن ہو جائیں گے کیونکہ جہاں نیکی اور خدمت کا یہ فخر ہمارے اندر اُترے گا وہاں نیکی، نیکی نہیں رہے گی، ''تکبر'' بن جائے گا۔۔۔ پھر حد جاری ہو جائے گی تکبر کے بارے میں۔ لہٰذا نیکی اور خدمت کو اپنے آپ سے بھی چھپائیں۔۔۔ پہلے اسے ''عادت'' بنا لیجیے۔ رفتہ رفتہ یہ ''عادت'' آپ کی فطرتِ ثانیہ (Second Nature) بن جائے گی۔ اس کے ساتھ ساتھ اگر ایک اور بات سے ہم بچ جائیں وہ یہ کہ دوسروں کی غیر موجودگی میں ہم اُن کو زیرِ بحث نہ لائیں۔ کوشش کریں اور اپنے آپ کو مجبور کریں کہ کسی بھی شخص کے بارے میں بُرے الفاظ، آپ کی زبان سے ادا نہ ہوں اور کسی کا کوئی عیب آپ کے ذریعہ سے دوسروں کے علم میں نہ آنے پائے۔ بلکہ کوشش کریں کہ جس کی بُرائی کی جا رہی ہے اُس کے بارے میں کوئی اچھا کلمہ، کوئی اچھی بات کہہ دیں۔ رب راضی ہو جائے گا ورنہ یہ تمام نیکیاں اور اچھے رویّے ضائع ہو جائیں گے۔

غیبت کرنے کی بُرائی کچھ یوں ہمارے اندر در آئی ہے کہ ہمیں اس کا احساس تک نہیں ہوتا۔ اگر کوئی

انسان اپنے شریکِ حیات (لائف پارٹنر) کے ساتھ وفادار نہ رہے تو اس کی سزا سنگسار کر دینا ہے۔

ایک صحابی بہت آزردہ اور رنجیدہ تھے۔ دیگر صحابہ کرامؓ نے وجہ پوچھی تو اُنھوں نے کہا کہ مجھ سے اپنی بیوی کے حقوق کے سلسلے میں کچھ بے وفائی ہوگئی ہے۔ صحابہؓ نے فرمایا! آپ کی حالت دیکھ کر تو ہم پریشان ہو گئے تھے کہ کہیں آپ سے کسی کی غیبت تو سرزد نہیں ہوگئی۔ غیبت کی سنگینی کا اندازہ اِس واقعہ سے لگایا جا سکتا ہے۔ لہٰذا بہتر ہے کہ ہم غیبت نہ کریں اور دوسروں کے بارے میں ہمیشہ اچھے الفاظ ہی کہیں۔ اُمید تو ہے کہ اگر ہم ان تین باتوں پر عمل کر لیں تو انشاء اللہ آنے والے دو چار سالوں میں ہم ایک بڑے مقام تک پہنچ جائیں گے۔ اللہ تعالیٰ ہمیں توفیق بھی عطا فرمادے، ہماری اس کوشش کو قبول بھی فرمالے، اس میں برکت عطا فرمائے اور اس پر عمل کرنا ہمارے لیے آسان فرمادے۔ (آمین)

سوال: یہ تمیز کیسے کی جا سکتی ہے کہ مانگنے والا حق دار بھی ہے یا نہیں؟

جواب: ایک حدیث کا مفہوم ہے کہ دستِ سوال دراز کرنے والے کو خالی ہاتھ نہ لوٹاؤ۔ خواہ خاک کی ایک چٹکی ہی ہو، دے دو۔

اِس حدیث کے بعد تو واضح ہو گیا کہ جس نے سوال کر دیا اُس کو خالی ہاتھ نہ لوٹایا جائے۔۔۔ تصوّف اور فقر کے حوالے سے ابھی کچھ دیر پہلے بات ہو رہی تھی کہ رب کو وہ بندہ بھی عزیز ہے جو اُسے مانتا ہی نہیں۔ رب سب کے لیے رزّاق اور رحمٰن ہے۔ دوسروں کو چھوڑ دیجیے کہ وہ منکر ہیں یا مشرک۔۔۔ خود اپنے اُوپر نظر ڈالیے کہ صبح سے لے کر اب تک مجھ سے کوئی اچھا کام نہیں ہوا۔ میرے گناہوں کا کوئی شمار نہیں۔۔۔ نافرمان اوّل درجہ کا ہوں۔ سرکشی بھی کر جاتا ہوں۔ کون سا عیب ہے جو میرے اندر نہیں لیکن ان سب باتوں کے باوجود میرے رب نے مجھے کبھی یہ نہیں کہا کہ تمھارے بن مانگے میں تمھیں رزق دیتا ہوں۔ تم پر رحمتیں نازل کرتا ہوں۔ کبھی یہ نہ کہا۔۔۔ کہ تم تو میرے نافرمان ہو، میں تمھیں کیوں رزق دوں۔

وہ رب جو سارے خزانوں کا مالک ہے، مجھے دیتے وقت کبھی میرا حق دار ہونا نہیں دیکھتا، نہ ہی اس پر نظر رکھتا ہے کہ اُس کے عطا کردہ رزق کو میں صحیح جگہ خرچ بھی کرتا ہوں یا نہیں۔۔۔ پھر میں اُس کے بندوں کو اُسی کا رزق دیتے ہوئے یہ کیوں دیکھوں کہ وہ شخص حق دار بھی ہے یا نہیں۔۔۔ وہ تو اپنے رب کے مال میں سے لے کر جا رہا ہے جو میرے پاس پڑا ہے۔

یہ فقیر کا جواب ہے ورنہ حدیث تو بالکل واضح ہے کہ مانگنے والے کو خالی ہاتھ نہ لوٹاؤ۔

سوال: کیا پرندوں کو آزاد کرنا بھی قیدی کو آزاد کرنے کے زمرے میں آتا ہے؟

جواب: جس طرح خیرات کے حوالے سے حکم ہے کہ پہلے قریبی رشتے دار پھر دوسرے عزیز، احباب اور دیگر مساکین و محتاج وغیرہ اسی طرح اگر اتنے پیسے ہوں کہ ہم کسی قیدی کا جرمانہ ادا کر کے اُسے جیل سے رہا کروا سکتے ہیں تو پرندے کی بجائے بندہ آزاد کرا لیجیے کیونکہ اُس کے بیوی بچے اُس کے جیل میں ہونے کے

باعث سخت زندگی گزار رہے ہیں۔ آپ کے اس عمل سے اُن کی زندگی میں سکون آجائے گا۔ اگر قیدی کو رہا کرانے کی رقم نہیں ہے تو پھر پرندے کو رہا کرا لیجئے۔

سوال: حضرت سلیمان علیہ السلام نے جب ملکہ بلقیس کا تخت لانے کا کہا تو جن کی نسبت ایک انسان پلک جھپکنے میں وہ تخت لے آیا۔ وہ کون سی طاقت تھی جس کی بنا پر وہ اس عمل پر قادر ہوا۔

جواب: حدیثِ قدسی میں رب نے واضح طور پر کہا ہے کہ جو میرا ہو جاتا ہے، میں اُس کا ہو جاتا ہوں، اُس کی زبان بن جاتا ہوں، اُس کے کان بن جاتا ہوں، اُس کی آنکھیں بن جاتا ہوں۔

ایک اور حدیث ہے

اتقو فراسته المؤمن فانه ينظر بنور الله (جامع ترمذی)

''مومن کی فراست سے ڈرو کیونکہ وہ اللہ کے نور سے دیکھتا ہے۔''

بات یہ ہے کہ جب کوئی شخص اپنے رب کا ہو گیا تو رب اُس کا ہو گیا لہٰذا اللہ کے وعدہ کے مطابق اُس کی زبان رب کی زبان ہو گئی ہے اور رب کے یہاں امر ہے۔ رب صرف سوچتا ہے اور وہ کام ہو جاتا ہے پلک جھپکنے میں۔

حضرت سلیمان علیہ السلام کے دربار میں پلک جھپکنے میں تخت لانے والا شخص رب کا ہو گیا تھا اور رب اُس کا ہو گیا تھا لہٰذا اُس شخص کی زبان رب کی زبان ہو گئی اور اُس کی زبان سے نکلا لفظ امر تھا جو پلک جھپکنے میں ہونا تھا اور وہ ہو گیا۔

اس کا دوسرا جواب یہ ہے کہ رب نے اُس شخص کو ''علم الاسماء'' عطا فرمایا تھا جسے عرفِ عام میں ''اسمِ اعظم'' کہتے ہیں۔ اُس شخص نے اسمِ اعظم استعمال کیا اور وہ تخت لے آیا۔ لیکن یہ بات میں قرآن کی زبان میں نہیں کر سکتا۔

سوال: پارلیمنٹ اور ٹی وی چینلز کے ٹاک شوز میں ملکی و دیگر اُمور پر ہونے والی بحث اور گفتگو بھی کیا غیبت کے زمرے میں آتی ہے؟

جواب: وہاں قومی معاملات اور پالیسیوں پر بحث ہوتی ہے اس لیے یہ غیبت نہیں۔ ورنہ سب سے بڑی غیبت دان تو پارلیمنٹ کہلائے گی۔ لیکن چونکہ وہاں شخصیات نہیں بلکہ پالیسیاں زیرِ بحث ہرتی ہیں اس لیے ہم اِس کو غیبت نہیں کہہ سکتے۔

سوال: اگر کسی جج کے بارے میں منفی رائے دی جائے تو کیا یہ غیبت ہے؟

جواب: اگر جج صاحب کو بطور شخصیت Discuss کیا جا رہا ہے تو یہ غیبت ہے لیکن اگر اُن کا رویہ (Conduct) بطور جج زیرِ بحث ہے تو یہ غیبت نہیں۔

سوال: کیا تخت لانے والے شخص کا درجہ حضرت سلیمان علیہ السلام سے بلند تھا؟

جواب: نہیں، حضرت سلیمان علیہ السلام تو پیغمبر تھے۔ درجات اس طرح متعین نہیں کیے جاتے کہ کسی شخص کی دعا قبول ہو رہی ہے یا نہیں۔ یہ تو ہندوازم کے طریقے ہیں۔ اگر اسی اُصول پر پرکھا جائے تو ہندوؤں کے سادھو اور پنڈتوں کی دعائیں قبول ہو جاتی ہیں لیکن پانچ وقت کے مسلمان نمازی کی سال ہا سال تک بعض اوقات دعا قبول نہیں ہوتی۔۔۔ اس کا ہرگز یہ مطلب نہیں کہ سادھو کا مقام اُس مسلمان سے زیادہ ہے۔ ایسا نہیں ہے یہ معاملات اور ہیں۔ تقویٰ کی بنیاد پر انسانوں کو پرکھا جاتا ہے۔ تقویٰ کے لحاظ سے جو مقام متعین (Determined) ہوگا اُس سے پتا چلے گا کہ کس کا کیا مقام ہے کوئی ولی کسی پیغمبر کے تقویٰ کے مقام تک کبھی نہیں پہنچ پائے گا۔ اس لیے اُس شخص کو پیغمبر سے اعلیٰ قرار نہیں دیا جا سکتا۔

ایسا پہلے بھی ہو چکا۔ حضرت موسیٰ علیہ السلام سے ایک خاتون نے اولاد کے لیے دعا کی درخواست کی۔ اللہ تعالیٰ نے فرمایا۔ اے موسیٰ علیہ السلام! اس کی قسمت میں اولاد ہے ہی نہیں۔ حضرت موسیٰ علیہ السلام کا گزر کچھ عرصہ بعد اُس عورت کے گھر کے سامنے سے ہوا تو وہاں بچوں کو کھیلتے پایا۔ حیران ہو کر اللہ سے ماجرا دریافت کیا۔ اللہ تعالیٰ نے فرمایا۔ اے موسیٰ علیہ السلام! اُس نے میرے فلاں بندے سے دعا کرائی تھی جو میں ٹال نہ سکا۔ اگر میرے اُس بندہ کی خصوصیت دیکھنا چاہتے ہو تو اُس کے پاس جا کر کہو کہ رب نے تمھارے جسم سے گوشت کا ایک ٹکڑا مانگا ہے۔ حضرت موسیٰ علیہ السلام نے جب جا کر اُس شخص تک اللہ کی یہ فرمائش پہنچائی تو اُس نے جسم کے ہر حصے سے گوشت کاٹ کر دے دیا کہ نہ جانے رب کون سے حصہ سے ٹکڑا مانگ رہا ہے۔ تب رب نے موسیٰ علیہ السلام سے فرمایا کہ یہ فرق ہے۔

اب اس کا مطلب یہ نہیں کہ اُس شخص کا مقام حضرت موسیٰ علیہ السلام سے بڑھ گیا تھا۔ ایسا نہیں ہے کیونکہ درجات کا تعین تقویٰ سے ہوگا۔ جب کہ یہ علم اور اس کے استعمال کا مقام ہے۔ پیغمبر علم کے اتنے بڑے مقام پر فائز ہوتا ہے کہ وہ ان چیزوں کے ایسے استعمال سے کہیں بلند ہو جاتا ہے۔

ذرا یاد کیجیے کہ جب بچپن میں ہم نے بائیسکل نئی نئی چلانا سیکھی تھی تو ہم سڑک پر اُسے اس قدر تیز چلاتے تھے کہ ٹریفک پولیس ہمیں انتباہ کرتی تھی کہ ''آہستہ چلاؤ، کنارے پر ہو جاؤ، ایکسیڈنٹ ہو جائے گا۔'' لیکن ہمارا تو بس نہ چلتا تھا کہ اپنے بیڈ (Bed) سے باتھ روم تک بھی بائیسکل پر ہی چلے جائیں۔ اِسی طرح جب نیا نیا علم ملتا ہے تو صاحب علم میں تیزی اُس نوعمر شو آف کرنے والے لڑکے کی مانند ہوتی ہے لیکن جوں جوں وہ آگے بڑھتا چلا جاتا ہے اس میں ٹھہراؤ آتا جاتا ہے۔ ایک وقت آتا ہے کہ وہ علم کو شاذونادر ہی استعمال کرتا ہے۔۔۔ ہوسکتا ہے سال میں ایک بار۔ جس طرح تیز رو پہاڑی نالہ راستے میں آنے والی تمام اشیا کو بہا کر لے جاتا ہے اس کے برعکس نہر میں مقابلتاً ٹھہراؤ ہوتا ہے۔ دریا اُس سے بھی زیادہ پُرسکون ہوتا ہے۔ اس میں دو چار کشتیاں چل رہی ہوں تو تلاطم پیدا نہیں ہوتا اور سمندر میں طوفان کبھی کبھار ہی آتا ہے۔ حتیٰ کہ جس کو تیرنا بھی نہیں آتا وہ

بھی شاید ہی کبھی ڈوبے کیونکہ سمندر کا پانی اپنی مخصوص کشش ثقل (Specific Gravity) اور کثافت (Density) کے باعث اس کو اُٹھائے رکھتا ہے۔ اِسی طرح بڑے سے بڑا عالم کہتا ہے کہ میں تو کچھ نہیں جانتا۔ یہ اُس کا ظرف ہے کہ دوسروں کو بڑا کرتا ہے اپنے آپ کو چھوٹا ظاہر کر کے۔۔۔ یہ علم کا اعجاز ہے۔

اگر حضرت سلیمان علیہ السلام کے دربار میں اُس شخص کی بجائے کوئی پیغمبر ہوتا تو کبھی نہ کہتا کہ پلک جھپکنے سے پہلے تخت لے آؤں گا۔ وہ یہ سوچ کر خاموش رہتا کہ یہ تو خودنمائی ہو جائے گی۔ اِسی بات سے واضح ہو جائے گا کہ حضرت سلیمان علیہ السلام بڑے تھے یا وہ شخص۔

سوال: دفاتر میں رفقائے کار (Colleagues) اگر ایک دوسرے کی کارکردگی کو زیرِ بحث لاتے ہیں تو کیا یہ بھی غیبت ہے؟

جواب: ہر شخص کی مختلف حیثیتیں ہیں۔ ایک ہی شخص بیک وقت ماتحت، افسر، شوہر، بیٹا، بھائی اور باپ ہے۔ اس کی ایک حیثیت اور بھی ہے...... وہ اس کی اپنی ذات ہے۔ ایک شخص روزانہ کمرے میں بند ہو کر شراب پیتا ہے۔ وہ شراب پر خرچ ہونے والا پیسہ ضائع کر رہا ہے۔ اب اگر میں کہوں کہ فلاں شخص شرابی ہے تو یہ غیبت ہے لیکن اگر کوئی شخص ملازم ہے اور نشہ میں آفس آتا ہے، دفتری اُمور درست طور پر سرانجام نہیں دے سکتا کیونکہ اُس کے ہاتھ کانپتے ہیں۔ ایسے میں اگر آپ کہتے ہیں کہ فلاں شخص شرابی ہونے کے باعث کام ٹھیک نہیں کرتا تو یہ غیبت یوں نہیں کیونکہ اس سے آپ کی فیکٹری کی کارکردگی متاثر ہو رہی ہے۔

اگر آپ کسی شخص کی پروفیشنل پرفارمنس (Professional Performance) کو ڈسکس کر رہے ہیں اور اس میں ایسی عادات کا ذکر ہے جو ادارے کی کارکردگی پر بُرے اثرات ڈال رہی ہیں۔ اور اُس کی ناقص کارکردگی کے باعث دیگر ملازمین بھی متاثر ہو رہے ہیں جس کی وجہ سے فیکٹری خسارہ کا شکار ہو سکتی ہے تو پھر یہ بحث غیبت میں نہیں آئے گی۔

سوال: تہجد کا وقت کب سے کب تک ہوتا ہے۔۔۔؟

جواب: تہجد کے لیئے وقت کے تعین کا تعلق موسم کے ساتھ ہے۔ ایک مخصوص وقت متعیّن نہیں کیا جا سکتا کیونکہ وقت تو ہر ہفتے تبدیل ہوتا چلا جائے گا۔

ایک سادہ اُصول یاد رکھ لیجیئے۔ صبحِ صادق سے ایک گھنٹہ پہلے صبحِ کاذب شروع ہو جاتی ہے۔ تہجد صبحِ کاذب سے شروع ہو جاتی ہے اور صبحِ صادق سے کچھ دیر پہلے تک قائم رہتی ہے۔۔۔ یہ دورانیہ تقریباً ایک گھنٹہ کا ہوتا ہے۔ یا یوں کہہ لیجیئے کہ فجر کی جماعت سے تقریباً ڈیڑھ گھنٹہ پہلے تہجد کا وقت شروع ہو جاتا ہے۔ البتہ وتر۔۔۔ تہجد کی نماز سے پہلے پڑھ لیجیے اِس کے بعد تہجد پڑھ لیجیے کیونکہ عشاء کا وقت صبح صادق سے پہلے تک قائم رہتا ہے۔

سوال: اللہ کے بارے میں تخیلات کیا شرک کے زمرے میں آتے ہیں؟

جواب: انسانی نفسیات (Human Psychology) کے اِسی پہلو نے ہندومت میں بت پرستی کو جنم دیا۔ 5000-7000 سال پہلے جب یہ مذہب رائج ہوا تو اس میں بت پرستی کو دخل نہ تھا۔ ہندوؤں کی مذہبی کتابوں میں آپ صلی اللہ علیہ وسلم کے دونوں ذاتی ناموں کا ذکر ہے۔ آپ صلی اللہ علیہ وسلم کے حالات زندگی سے متعلق خاص خاص چیزوں کا خاصا ذکر ہے لیکن گزرتے وقت میں ذہنی ارتقاء کے ساتھ ساتھ ہندو مذہبی راہنماؤں نے انسانی نفسیات کے اِسی پہلو کو سامنے رکھا کیونکہ انسانی فطرت میں ہے کہ وہ کسی نہ کسی تصور کی پوجا ضرور کرتا ہے جو چیز دیکھی نہ ہو محض سنی سنائی ہو یا پڑھی ہو اُس کا تصور وہ ضرور قائم کرتا ہے۔۔۔ ہندو مذہبی راہنماؤں کا خیال یہ تھا کہ رب کی صفات (Attributes) سے اُبھرنے والے تصور کی شکلیں گھڑ لی جائیں اور اُن کو سامنے رکھ لیا جائے تو زیادہ یکسوئی سے بندہ رب کو یاد کر پائے گا۔ یہ دراصل اُن کی غلط فہمی تھی۔۔۔ گزرتے وقت کے ساتھ وہ تصورات اور شکلیں بت کا روپ دھار گئیں اور یوں بت پرستی عام ہو گئی۔

بہت سے لوگ قرآن پاک کے ترجمہ کے حوالے سے کہتے ہیں کہ انگریزی کی بجائے فارسی ترجمہ ہی مقابلتاً کیوں بہتر ہے؟ میرا جواب ہمیشہ یہی ہوتا ہے کہ پہلی الہامی کتابوں میں تحریف و ترمیم (Addition and Alteration) کی ایک بڑی وجہ یہ بھی تھی کہ اُن الہامی کتابوں کا ترجمہ دنیا کی مختلف زبانوں میں ہوا۔ مترجم خواہ کتنا ہی دیانت دار، قابل اور دانشور کیوں نہ ہو کبھی بھی ترجمہ اصل شکل کے مطابق نہیں کر پائے گا اور اگر ترجمہ در ترجمہ ہو تو مفہوم بدلتے بدلتے کچھ کا کچھ ہو جائے گا۔

قرآن پاک کو رب نے محفوظ رکھنے کا جو وعدہ فرمایا ہے، اس کو اصل حالت میں رکھنے کا ایک ذریعہ یہ بھی ہے کہ اس کو عربی میں پڑھا جائے اور پھر اس کا ترجمہ پڑھا جائے تا کہ اس کی اصل رُوح اور مفہوم تبدیل نہ ہونے پائے۔ زیر زبر تک کے فرق سے بچنے کا اہتمام کیا گیا ہے تا کہ وہ اصل حالت میں قائم رہے۔ اس لیے الحمدللہ 1400 سال گزر جانے کے بعد بھی قرآن پاک اپنی اصلی حالت میں ہے۔ اسلام میں بت پرستی اور بتوں کو حتیٰ کہ بطور مجسمہ (Statue) اور ڈیکوریشن پیس (Decoration Piece) بھی گھروں میں رکھنے سے منع کر دیا گیا کہ کہیں اللہ کی مختلف صفات (Attributes) کو شکل میں ڈھالا نہ جانے لگے کہ ہمارا رب اتنا خوبصورت ہے۔۔۔ شروع میں تو وہ ایک آرٹ کا نمونہ (Piece of Art) ہو گا لیکن بعد میں بت پرستی میں بدل جائے گا۔ چونکہ اِن صفات کو ایک خیالی شکل دینا بھی رفتہ رفتہ بت پرستی کی طرف مائل کر دے گا اس لیے اُس سے پرہیز کرنا چاہیے۔

سوال: گھروں میں بزرگانِ دین کی تصاویر لگانا جائز ہے؟

جواب: حضرت بایزید بسطامی رحمۃ اللہ علیہ نے فرمایا تھا ''وہ شخص ولی نہیں ہو سکتا جو ایک بھی سنت کا تارک ہو۔'' حتیٰ کہ وہ دُور دراز کا سفر طے کر کے ایک صاحبِ علم و تصوف کے پاس جاتے ہیں لیکن کوئی بات کیے بغیر محض اس

وجہ سے واپس آگئے کیونکہ وہ صاحب تصوف خانہ کعبہ کی طرف پاؤں پھیلائے بیٹھے تھے۔

جن چیزوں سے اسلام نے منع کیا ہے اگر اُن کو ہم اللہ اور اُس کے رسول صلی اللہ علیہ وسلم کے حکم کے خلاف رائج کریں گے تو گناہ گار ہوں گے۔

رب اور انسان

ایک جملہ ہم بچپن سے پڑھتے آئے ہیں کہ ضرورت ایجاد کی ماں ہے۔ رُوحانیت میں ہم ضرورت کو ایجاد کی ماں نہیں کہتے بلکہ محبت اور لگن کو ایجاد کی ماں کہتے ہیں۔ ایجاد کا بنیادی طور پر مطلب ہے کسی نئی چیز کا پیش کیا جانا لیکن اس کے اصطلاحی معنی ہیں کسی نئی چیز کو متعارف کرانا۔ معنی تو تقریباً دونوں لحاظ سے یکساں ہیں۔ فرق وہاں آتا ہے جب ہم کسی شے کی ضرورت سمجھتے ہیں تو اس کو ایجاد کر لیا جاتا ہے جب کہ رُوحانیت میں ضرورت نہیں بلکہ محبت اور لگن کسی نئی چیز کے تعارف کا سبب بنتی ہے۔۔۔ انسان کی تخلیق رب نے کسی ضرورت کے تحت نہیں بلکہ اپنی محبت کی وجہ سے کی۔ عبادت کے لیے تو فرشتے بہت تھے۔ انسانوں کی اکثریت تو عبادت سے گریزاں ہے یہاں تک کہ انسانوں میں ایک گروہ ایسا بھی ہے جو رب کو مانتا ہی نہیں، اس کے وجود سے ہی منکر ہے۔ ایک گروہ وہ ہے جو رب کے ساتھ دوسروں کو شریک ٹھہراتا ہے اور ایک گروہ وہ ہے جو عبادات کرتا ہے۔ اگر بات ضرورت کی ہوتی تو فرشتے جو اتنی بڑی تعداد میں ہیں کہ عالمِ بالا میں جو بیت المعمور (خانہ کعبہ) ہے وہاں ایک فرشتے کی دوسری بار طواف کرنے کی باری نہیں آتی۔ سبھی فرشتے بڑی پابندی سے رب کی عبادت اور تسبیح کرتے ہیں۔ اس کے احکامات کی بہت خوش دِلی سے پیروی کرتے ہیں لہٰذا رب کو عبادت کی ضرورت نہ تھی۔ رب نے تو انسان کو محبت سے پیدا کیا۔ اِسی لیۓ تو اُسے زمین پر اپنا خلیفہ بنایا۔ انسان کو خلیفہ اس کی خوبیوں کے باعث نہیں بنایا۔ اگر خوبیاں ہی معیار ہوتیں تو فرشتے جتنے فرماں بردار ہیں انسان اتنا فرماں بردار نہیں کیونکہ انسان میں اپنا مائنڈ اپلائی (Apply) کرنے کی جبلّت ہے جب کہ فرشتے اپنا ذہن اپلائی (Apply) نہیں کرتے صرف اندھی تعمیل کرتے ہیں۔

اللہ نے انسان کو زمین پر خلیفہ محبت اور لگن کی وجہ سے (Out of Love and Affection) بنایا ہے اور اسے اپنی جگہ، اپنے انداز اور مقام پر صفات میں یکتا پیدا کیا۔ جس کو عربی میں ہم ''واحد الصفات'' کہتے ہیں۔ چونکہ رب نے انسان کو اپنا خلیفہ قرار دینا تھا اس لیۓ ہر انسان اپنے استحقاق کے اعتبار سے اپنی صفات میں یکتا ہے۔ رب نے خود فرمایا کہ میں نے اسے بہترین میزان، بہترین انداز اور توازن میں پیدا کیا۔ ''احسن تقویم'' کا لفظ انسان کے لیۓ استعمال ہوا۔ اگر انسان اُن صفات پر قائم رہتا ہے جن پر رب نے اُسے پیدا کیا اور رب کی فرماں برداری کرتا ہے تو وہ تقویٰ کی طرف چلا جاتا ہے۔ تقویٰ انسان کو رُوحانیت کی طرف اور

رُوحانیت انسان کو رب کے قریب لے جاتی ہے اور پھر انسان رب کی دوستی کے دائرے میں شامل ہونے لگتا ہے۔ یہی وہ مقام ہے جہاں انسان کشف کے ذریعے کائنات کے اسرار کی سیر کرنے لگتا ہے اور اِس کائنات کے اسرار و رُموز پر اس کی نگاہ جانے لگتی ہے لیکن اُسی قدر جس قدر رب چاہتا ہے اور اُسی مقام سے پھر اُسے امر حاصل ہوتا ہے۔

امر بمعنی ''دائم'' کے نہیں بلکہ رُوحانی اصطلاح میں صاحبِ امر وہ ہے کہ اُس کی زبان سے کوئی بات نکلتی ہے تو رب اس کو پورا فرما دیتا ہے۔۔۔ یہاں ''امر'' سے مراد حکم ہے۔ اِس مقام سے انسان ''صاحبِ امر'' ہوتا ہے۔ مختصر الفاظ میں یہ کہیے کہ انسان کے لیے روحانیت اختیار کرنا یا اس کو حاصل کرنا اُس وقت تک ممکن نہیں ہوگا جب تک کہ وہ رب کی فرماں برداری اختیار نہ کرلے اور فرماں برداری اختیار کرنے کے بعد جب تک وہ متقی نہ ہوجائے رُوحانیت حاصل نہ ہوگی۔

اگر ہم روحانیت کی راہ پر چلنا چاہتے ہیں تو ہمیں اللہ کے قائم کردہ احکام اور اوامر و نواہی پر عمل کرنا ہوگا اور ہمیں تقویٰ اختیار کرنا ہوگا۔

اللہ نے انسان کی پیدائش کا ایک مخصوص عمل رکھا ہے۔ قرآن میں ارشاد ہے جس کا مفہوم ہے کہ انسان زمین پر اکڑ کر چلتے ہوئے بھول جاتا ہے کہ اس کی اصل کیا ہے۔۔۔؟ ایسا نہیں کہ رب اُسے کوئی طعنہ دے رہا ہے، رب ایسا نہیں کرتا۔ اُس نے تو ہمیں یاد دلایا ہے کہ جس کو تم بھول رہے ہو اور جس کی زمین پر تم اکڑ کر چلتے اور سرکشی سے کام لیتے ہو۔۔۔ وہ رب کتنا بڑا ہے۔ خالق تو ہے تمھارا لیکن ہے کتنا عظیم۔

کہیں تو رب انسان کو یاد دلاتا ہے کہ میں نے تمھیں ایک قطرے سے پیدا کیا۔ کہیں وہ یاد دلاتا ہے کہ میں نے تمہیں کھنکھناتی مٹی سے پیدا کیا۔ لفظ ''صلصال'' استعمال ہوا ہے۔ کہیں اُس نے ہمیں خاکی کہا۔۔۔ یوں اُس نے ہمیں ہماری اصلیت یاد دلائی۔ انسان کی پیدائش کے عمل کو اگر ہم دیکھ لیں تو ہماری اصل کا انسانی شکل میں تبدیل ہونے کا جو عمل ہے جس کی طرف رب کا اشارہ ہے کہ انسان اپنی اصل کو بھول جاتا ہے، سمجھ میں آنے لگتی ہے۔

انسان محض ایک نجس اور ناپاک قطرہ ہوتا ہے جو چالیس دن بعد لہو کی شکل اختیار کرتا ہے اور اُس سے اگلے چالیس دن میں وہ ایک لوتھڑے کی شکل اختیار کرلیتا ہے۔ اب اس میں رب تعالیٰ کوئی مشین، کسی پٹرول، کسی کیمیکل یا بجلی کا کوئی استعمال نہیں کر رہا۔ کہیں بھی کوئی کمپیوٹرائزڈ کنٹرول پینلز (Computerised Control Panels) نہیں لگے ہوئے۔ کوئی سائنس دان اس تمام ٹرانسفارمیشن (Transformation) کی نگرانی نہیں کر رہا۔

کہیں کوئی دخل نہیں دے رہا لیکن یہ تمام عمل خود بخود دن رات چوبیس گھنٹے جاری رہتا ہے۔ اس سے اگلے چالیس دن میں وہ لوتھڑا گوشت کے ایک ٹکڑے کی شکل اختیار کر جاتا ہے اور اُس کے بعد از خود جسم کے

مختلف اعضاء وجود میں آنے لگتے ہیں۔ حتیٰ کہ وہ ایک بُت کی شکل اختیار کر جاتا ہے۔۔۔ یہی وہ مرحلہ ہے جہاں بنیادی چیزیں لکھنے پر مامور فرشتہ اُس کے ماتھے پر چند چیزیں لکھ دیتا ہے کہ وہ کس قدر فرماں بردار یا پھر نافرمان اور سرکش ہوگا۔۔۔ رزق کی مقدار کتنی ہوگی، کہاں سے آئے گا کس قسم کا ہوگا اور اس کی عمر کتنی ہوگی۔

جب یہ چار چیزیں بچے کے ماتھے پر لکھ دی جاتی ہیں تو اس کے بعد اس میں رب تعالیٰ حرکت پیدا کر دیتا ہے اور آخر میں جب اُس کا دنیا میں آنے کا وقت آتا ہے تو اس مرحلہ پر اس کی رُوح اُس کے جسم میں داخل کر دی جاتی ہے اور مزا یہ ہے کہ یہ سارا تخلیقی عمل جس سے وہ گزر رہا ہوتا ہے نہ وہ بچہ خود اُس سے واقف ہو پاتا ہے نہ اُس کی ماں...... یوں یہ بھید قائم رہتا ہے۔

یہ جو انسان کی ٹرانسفارمیشن (Transformation) ہے۔ وہ قطرہ جو انسان کی ریڑھ کی ہڈی (Backbone) سے نکلا۔ وہ قطرہ دراصل ناپاک اور نجس ہے۔ اس قطرے نے کیا شکل اختیار کی۔۔۔ اگر انسان اِسی پر غور کرے کہ میری ٹرانسفارمیشن (Transformation) کہاں سے ہوئی اور کیسے ہوئی تو اُس کی اکڑ، اُس کی سرکشی اور اُس کی ''میں'' ختم ہو جائے گی۔

فقیر میں جو عاجزی ہم دیکھتے ہیں وہ عاجزی اس لیئے ہے کیونکہ وہ اپنی حقیقت پر نظر رکھتا ہے کہ میں کچھ بھی نہیں ہوں سوائے ایک نجس قطرہ کے۔۔۔ میری اصل حقیقت وہ ہے اور جس کی اصل حقیقت وہ ہے، وہ اپنے اندر ''میں'' کہاں سے آنے دے گا۔ چونکہ فقیر اپنی اصل حقیقت پر نظر رکھتا ہے اِس وجہ سے اُس میں عاجزی پیدا ہوتی ہے۔ دوسرا جب کوئی فقیر کو بُرا بھلا کہتا ہے تو توجہ دلائے جانے پر کہ فلاں شخص نے تمھیں بُرا کہا۔ فقیر کا جواب ہوتا ہے کہ نہیں بھائی! وہ بہت اچھا ہے کہ اُس نے میرا لحاظ کیا۔ مجھے بس اتنا ہی بُرا کہا۔ میں تو درحقیقت اس سے بھی زیادہ بُرا ہوں۔۔۔ یوں اُس کے دل میں دوسروں کے لیے گلہ شکوہ پیدا نہیں ہوتا۔ جب دل میں کسی کے خلاف شکوہ وشکایت نہیں ہے تو غصہ، کینہ اور عداوت بھی پیدا نہیں ہوگی۔۔۔ یوں فقیر اپنے آپ کو سب سے حقیر سمجھتا ہوا اِس عاجزی میں رب کے قریب چلا جاتا ہے۔

ہم کہتے ہیں کہ رب اپنی ذات میں یکتا ہے۔ سارے خزانے اُسی کے ہیں۔ اُس جیسا دوسرا کوئی نہیں ہے۔۔۔ نہیں۔ اُس کے پاس ایک چیز کی کمی ہے۔ ایک چیز اُس کے پاس نہیں ہے۔۔۔ وہ ہے ''عاجزی''۔ اُس میں ''عجز'' نہیں ہے۔ وہ مالک کُل ہے۔ تکبر اور فخر اُسی کو سزاوار ہے کیونکہ وہ اِس لائق ہے کہ اپنی ذات پر فخر اور تکبر کر سکے۔۔۔ انسان پر لازم ہے عاجز ہونا کیونکہ اس کی اصلیت ناپاک قطرہ کی سی ہے۔ اس لیے عاجز شخص دنیا و آخرت میں پھل پاتا ہے۔ فقیر آخرت میں رب کے لیئے جو تحفہ لے کر جائے گا وہ تحفہ ہے ''عاجزی'' کیونکہ یہی وہ چیز ہے جو رب کے پاس نہیں ہے اور کسی کو تحفہ میں عموماً وہی چیز دی جاتی ہے جو اُس کے پاس نہ ہو۔ اگر ہم رب کے پاس کوئی تحفہ لے کر جانا چاہتے ہیں۔۔۔ وہ یہی عاجزی ہے کیونکہ رب اتنا بڑا ہے کہ اُس کے پاس عجز ہو نہیں سکتا۔

سوال: ابلیس فرشتہ تھا یا جن؟

جواب: ابلیس خواہ جن تھا یا فرشتہ لیکن تھا بہت ہی عبادت گزار۔ کسی نے ابلیس سے پوچھا تم اللہ کے بہت برگزیدہ اور فرماں بردار تھے پھر کس وجہ سے راندۂ درگاہ ٹھہرے؟

ابلیس نے کہا واقعی میں اللہ کا بے حد فرماں بردار تھا لیکن آپ ایک بات بھول گئے کہ ہوتا سب کچھ قادرِ مطلق کی مرضی سے ہے۔ اُس کے حکم کے بغیر پتا تک نہیں ہل سکتا۔۔۔ اُس نے میرے کان میں کہا نافرمانی کرلو اور یوں میں نے نافرمانی کر لی اور اِسی جرم میں پکڑا گیا۔ تو اصل بات اور بحث اُس کے فرشتہ یا جن ہونے کی نہیں بلکہ یہ ہے کہ وہ ہر لحہ انسان کو بہکانے اور بھٹکانے پر لگا ہوا ہے کسی نہ کسی بہانے سے۔

سوال: وسیلہ سے کیا مراد ہے؟

جواب: ''وسیلہ'' کے معنی ہم عموماً غلط مراد لیتے ہیں۔ قرآن پاک میں اللہ کی رسی کو مضبوطی سے تھامے رکھنے کی جو بات ہے اس میں رسی سے مراد اللہ کے احکامات ہیں اور جو شخص سختی سے ان احکامات کی پابندی کرتا ہے، سختی سے اللہ پر ''بھروسے'' کرتا ہے وہ کبھی بھٹکتا نہیں۔ میرے خیال کے مطابق تو ''رسی'' اللہ کے احکامات اور اُس پر ''بھروسے'' کا استعارہ ہے۔

فقر اور شرع میں بھی کسی غیر اللہ سے اُمید وابستہ کرنا اور یہ سوچنا کہ یہ میری مشکلیں آسان کر دے گا، شرک میں آتا ہے۔ صرف رب ہے جو ہماری مشکلیں ہم سے دُور کر سکتا ہے اور جس سے ہم اُمید اور توقع وابستہ کر سکتے ہیں۔ ایسے میں یہ سوچنا کہ ہمارا مرشد ہمارے کام آئے گا، ہماری مشکلیں حل کر دے گا، ہماری ضرورتیں پوری کرنے کا سبب بن جائے گا اور ہمیں بھٹکنے سے بچا لے گا۔ یہ خیال اور تصور مرشد کے بارے میں گویا غیر اللہ سے توقع وابستہ کرنے کے مترادف ہے۔

اپنے مرشد کو بھی اپنے جیسا انسان گردانیئے۔ فرق صرف یہ ہے کہ اللہ نے اُسے علم عطا فرمایا ہے۔ وہ اپنے تقویٰ اور اللہ کی فرماں برداری کے باعث اللہ کے قریب ہو کر سمجھ اور فراست حاصل کر چکا ہے۔ اب وہ اس علم، سمجھ اور فراست کو آپ تک منتقل کر سکتا ہے۔ آپ اُس سے علم کی راہنمائی (Guidance) لے سکتے ہیں۔ علم کے حصول میں وہ وسیلہ کا کام کر سکتا ہے لیکن یہ سمجھنا کہ وہ آپ کی حاجت روائی کرے گا یا مشکلیں حل کر دے گا۔۔۔ یہ غلط ہے۔

وہ بھی ہم جیسا رب کا محتاج بندہ ہے۔ جتنا ہم رب کے محتاج ہیں، اتنا وہ بھی ہے۔ اُس کا پاؤں بھی پھسل سکتا ہے۔ اُس میں بھی لالچ اور حرص آ سکتا ہے۔ غلطیاں اور خطائیں اُس سے بھی سرزد ہو سکتی ہیں۔ جب ہم مرشد کے بارے میں ایسا سوچیں گے تو اُس میں خامی دیکھ کر ہم اُس سے بدگمان نہیں ہوں گے اور ہم اُس سے وہ توقعات وابستہ نہیں کریں گے جو ایک سُپر ہیومن (Super Human) سے رکھتے ہیں۔

مرشد کا مرتبہ اُس کے علم کے باعث ہے جو اللہ نے اُسے عطا کیا۔ وہ علم جو اُس کو رب نے اُس کی فرماں برداری اور تقویٰ کے انعام کے طور پر دیا ہے۔ مرشد وہ علم آپ کو منتقل کرنے کا وسیلہ بنتا ہے۔ ورنہ رب آپ کا بھی اُتنا ہی ہے جتنا آپ کے مرشد کا۔۔۔ وہ آپ کی دعائیں بھی اتنی ہی سنے گا جتنی آپ کے مرشد کی۔

رب کے نزدیک اُس کے سارے بندے برابر ہیں۔ فرق ہے تو تقویٰ کا۔ اگر کوئی تقویٰ میں بڑھ کر ہو تو وہ رب کے زیادہ قریب ہے۔ بس اُس کے احکامات کی رسی کو مضبوطی سے تھامے رکھیئے۔ پاؤں نہیں پھسلے گا۔

نشست نمبر5

مرشد اور مرید

سوال: کیا مرشد دلوں کا حال جان سکتا ہے؟

جواب: میری انڈرسٹینڈنگ (Understanding) کے مطابق دلوں کا حال صرف اللہ ہی بہتر جانتا ہے۔ علام الغیوب صرف اللہ ہے۔ البتہ جس کو وہ چاہتا ہے اور جس قدر چاہتا ہے اُتنا علم عطا فرما دیتا ہے۔ کوئی شخص خواہ کتنے ہی بلند مقام پر کیوں نہ ہو، کتنے ہی اعلیٰ رُوحانی مرتبے پر فائز کیوں نہ ہو، وہ دوسروں کے دلوں کا حال نہیں دیکھ اور جان سکتا تاوقتیکہ رب نہ دکھانا چاہے اور اس میں بھی حد ہے کہ جس حد تک دوسروں کے دلوں کا حال وہ اُس پر کھولنا چاہے اور جب کھولنا چاہے، کھول دے۔۔۔ لیکن یہ کیفیت اُس پر ہمیشہ طاری نہیں رہ سکتی کہ اُس کے سامنے آنے والے ہر شخص کا حال ہمیشہ اُس پر افشا ہو جائے۔

اللہ تعالیٰ ستار ہے۔ وہ جہاں لوگوں کے عیب چھپاتا ہے وہاں لوگوں کی سوچوں کو بھی ہم سے محفوظ رکھتا ہے۔ ہم نے کیا کھایا، کیا پیا۔۔۔ اس کو بھی پوشیدہ رکھتا ہے کہ ہم کسی کے معدے کے احوال نہیں جان سکتے کہ اُس نے کیا کھایا۔

میرے نزدیک تو مرشد اپنے مریدوں کے دلوں کے احوال سے ہمیشہ واقف نہیں ہوتا۔۔۔ کبھی کبھار ضرور ہو جاتا ہے اور وہ بھی تب جب رب تعالیٰ کسی کے دل کا حال اُس پر وا کر دے۔ اس ضمن میں مجھے ایک اور چیز یاد آئی کہ لوگ مرشد سے کچھ دینے کی بات کرتے ہیں یا پھر مرشد کہتا ہے کہ میں تمھیں فلاں چیز دے دوں گا۔۔۔ کوئی کسی کو کچھ نہیں دے سکتا اس لیئے کہ کسی کے پاس اپنا کچھ ہے ہی نہیں۔۔۔ سب رب کا عطا کردہ ہے اور رب ہی کسی کے دل میں یہ ڈالے گا کہ میرے فلاں بندے کو کچھ دے دو اور یوں وہ دے دے گا ورنہ کون اپنے پاس پڑی ہوئی چیز سے جدا ہوتا ہے۔ یہ رب ہے جو دلوں میں عطا کرنے اور دینے کا خیال ڈالتا ہے۔ تو کسی شخص کا یہ دعویٰ کہ میں تمھیں فلاں چیز دے دوں گا یہ غلط ہے۔

دے تو وہ سکتا ہے جو کسی چیز کا مالک ہو۔ ہم تو کسی چیز کے مالک نہیں۔ حتیٰ کہ اپنی جان اور اپنے جسم تک کے مالک نہیں۔ یہ بھی اللہ کا عطا کردہ اور اُسی کی ملکیت ہے اور جب چاہے وہ واپس لے سکتا ہے۔۔۔ کیا کوئی جان دینے سے انکار کر سکتا ہے؟ اس لیے میری فہم کے مطابق مرشد کو ایک انسان کے درجہ پر ہی دیکھیں، رکھیں

اور پرکھیں۔ کیونکہ آپ کا مرشد صاحبِ علم تو ہے وہ صاحبِ کشف و کرامات، مستجاب الدعوات اور صاحبِ امر بھی ہوسکتا ہے لیکن اس سب کے باوجود رہے گا وہ بہرحال ایک انسان ہی اور جب تک کوئی شخص انسان ہے اُس سے غلطی اور کوتاہی بھی سرزد ہوسکتی ہے، گناہ بھی سرزد ہوسکتا ہے اور اُس کا پاؤں بھی پھسل سکتا ہے۔

مرشد اور مرید کے تعلق کی وضاحت کرتے ہوئے میں نے عرض کیا تھا کہ اپنے مرشد کو ہمیشہ آپ ایک انسان ہی جانیں تاکہ اُس سے سرزد ہونے والی کسی کوتاہی، غلطی یا گناہ کو دیکھ کر مرید کا دل مرشد سے میلا نہ ہو جائے۔

جب تک ہم اپنے مرشد کو انسان سمجھتے رہیں گے، تب تک ہم اُس سے غلطی، کوتاہی اور گناہ کی توقع رکھیں گے اور کبھی کسی موقع پر کچھ ایسا دیکھ لینے کے بعد ہمارے دلوں میں مرشد کے بارے میں کوئی میل نہیں آئے گا، اُس کی عزت میں کمی نہیں آئے گی۔ یہ ایک احتیاط کیجیے اگر مرشد سے کچھ سیکھنا چاہتے ہیں تو مرشد سے محبت اور پیار ضرور کیجیے۔

سوال: آپ بہت قریب ہو کر دُور چلے جاتے ہیں؟ ایسا کیوں؟

جواب: یہ سوال میری ذات کے بارے میں ہے۔ میری ایک کوتاہی کی طرف توجہ دلائی گئی ہے۔ میں شکرگزار ہوں۔ میں قطعی طور پر اپنا دفاع نہیں کر رہا لیکن علم کی رُو سے سوال کی وضاحت کرنا چاہتا ہوں۔ اپنی ذات کی نہیں۔۔۔ فقیر کے کئی مزاج ہوتے ہیں۔

1۔ کچھ فقیر مجلسی ہوتے ہیں۔ وہ پسند کرتے ہیں کہ خلقِ خدا اُن کے پاس موجود رہے۔ یہ نہیں کہ اس سے اُن کی ''انا'' کو تسکین ملتی ہے۔۔۔ لیکن چونکہ مجلسی ہوتے ہیں اس لیے کثیر تعداد میں مخلوق کے ساتھ گھلنا ملنا انھیں پسند ہوتا ہے اس لیے اُن کے مزار، اُن کے ڈیرے اور اُن کے حجرے پر خلقِ خدا کا ہجوم رہتا ہے۔

یہ وضاحت بھی کر دوں کہ فقیر کا جیسا مزاج اُس کی زندگی میں ہوتا ہے اُس کے دنیا سے رُخصت ہو جانے کے بعد بھی اُس کی قبر پر اُسی مزاج کی جھلک ملے گی۔۔۔ ایسے فقیر جو زندگی میں مجلسی ہوتے ہیں اور خلقِ خدا اُن کے ہاں جمع رہتی ہے۔۔۔ ایسے اولیائے کرام کے مزارات پر بھی خلقِ خدا کا ہجوم رہتا ہے۔ یہ سب سخی، دیالو اور بہت ٹھنڈے دل و دماغ کے فقیر ہوتے ہیں۔ خلقِ خدا کے لیے بہت مہربان۔۔۔ خلقِ خدا کی تمام اٹھکیلیوں اور ان کے نتیجے میں سرزد ہونے والی تمام چیزوں کو خندہ پیشانی سے برداشت کرتے چلے جاتے ہیں۔ اس قسم کے فقیروں میں حضرت داتا گنج بخش رحمۃ اللہ علیہ اور حضرت شاہ جمال رحمۃ اللہ علیہ وغیرہ شامل ہیں جن کے مزاروں پر ہر وقت ہجوم رہتا ہے۔

2۔ فقیروں کی ایک اور قسم وہ ہوتی ہے کہ جب اُن کا موڈ ہوگا تو اُن کے گرد خلقِ خدا کا ہجوم ہوگا۔ وہ اُن میں بیٹھ کر خوش ہو رہے ہوں گے۔۔۔ پھر اچانک مزاج میں تبدیلی آئی تو تنہائی کی طرف

راغب ہو گئے۔۔۔ایسے لوگوں کے دنیا سے چلے جانے کے بعد اُن کے مزاروں پر بھی ایسی ہی کیفیت ہوتی ہے۔۔۔ایک مخصوص وقت میں وہاں بہت ہجوم ہوتا ہے اور پھر وہاں اچانک ایک بندہ بھی نظر نہیں آتا۔

3۔ فقیروں کی ایک قسم وہ ہے جو بہت Choosy ہوتے ہیں۔ وہ آدم بیزار تو نہیں ہوتے لیکن گنے چُنے، اپنی مرضی کے لوگوں سے ملاقات رکھتے ہیں۔ان کے اِردگرد بہت زیادہ لوگ دکھائی نہیں دیں گے نہ وہ ہر ایک سے گھلیں ملیں گے۔ بس چند ایک لوگ جن کے ساتھ وہ آرام دہ (Comfortable) محسوس کرتے ہیں اُن سے گھل مل جاتے ہیں۔ مثال کے طور پر حضرت میاں میر رحمۃ اللہ علیہ ،حضرت پیر مکی صاحب اور حضرت شاہ ابوالمعالی رحمۃ اللہ علیہ ۔

4۔ کچھ فقیر ایسے ہیں کہ اگر کوئی آ گیا تو بہت محبت سے ملیں گے لیکن اُسے اِس طرح انٹرٹین (Entertain) نہیں کریں گے کہ وہ خوش ہو کر زیادہ دیر وہاں بیٹھ سکے۔ وہ محبت کا اظہار بھی کریں گے۔۔۔اخلاق سے بھی ملیں گے لیکن اس کے بعد کسی نہ کسی طریقہ سے اظہار کر دیں گے کہ اب تمھارا کام ہو گیا تم جاؤ۔

ایسے ہی ایک صاحب میانی صاحب رحمۃ اللہ علیہ میں ہیں۔ میرے مرشد صاحب سید یعقوب علی شاہ صاحب کا بھی یہی مزاج ہے۔۔۔اُن کے مزار پر کوئی زیادہ دیر نہیں بیٹھ سکتا۔ وہ فاتحہ پڑھے گا اور چلا جائے گا۔

5۔ کچھ لوگ خلقِ خدا کو اپنے قریب نہیں آنے دیتے۔۔۔ یہ نہیں کہ اُنھیں خلقِ خدا سے پیار نہیں ہوتا کیونکہ کوئی فقیر ایسا ہو نہیں سکتا جسے مخلوق سے محبت نہ ہو۔ لیکن یہ مزاج کی بات ہے کہ اپنے قریب کسی کو نہیں آنے دیتے۔

کلیر شریف میں حضرت علاؤالدین صابر رحمۃ اللہ علیہ صاحب، ترکی میں حضرت شاہ شمس تبریز رحمۃ اللہ علیہ اور پانی پت میں حضرت بوعلی قلندر رحمۃ اللہ علیہ صاحب اس کی مثال ہیں۔ان سب کے مزارات پر سناٹا ہوتا ہے۔ وہاں لوگ نہیں ملیں گے۔ بدقسمتی سے جہاں رُوحانیت کی بات آتی ہے وہاں میری مجبوری بھی یہ ہو جاتی ہے۔

یہ سنت ہے اور آپ صلی اللہ علیہ وسلم کا حکم بھی کہ جب آپ کے پاس کوئی شخص آئے تو ایسے رویے کا مظاہرہ کریں کہ وہ سمجھے کہ سب سے زیادہ آپ اُس سے پیار کرتے ہیں۔اس سنّت پر فقیر تو عمل کرے گا۔۔۔کچھ فقیر ایسے ہوتے ہیں کہ اپنے پاس آنے والے کی خدمت میں اُس کی توقع سے زیادہ ہدیہ پیش کیا اور پھر اُسے کہا ''اب تم جاؤ''۔ مقصد یہ ہوتا ہے کہ اس کو میرے پاس لوٹ کر آنے کی ضرورت ہی نہ رہے۔ ایک ہی بار اتنا کچھ یہاں سے لے جائے کہ دوبارہ لوٹ کر نہ آئے۔ایسے لوگوں کو شاید یہ محسوس ہوتا ہے کہ میں شاید کسی کے بہت قریب ہو کر دُور ہو گیا۔۔۔ یہ ایسی کوتاہی ہے جو مزاج میں داخل ہو گئی ہے اور کوشش کے باوجود ختم نہیں ہو پائی۔۔۔

حالانکہ میری دفتری اور ذاتی زندگی میں ایسی صورتِ حال نہیں لیکن جیسا کہ رُوحانیت میں پڑھائیوں کے نتیجے میں ایک مزاج ڈویلپ (Develop) ہوتا ہے چونکہ میری زیادہ تر پڑھائیاں جلالی ہیں، جمالی بہت کم ہیں، اس لیے مجھ سے یہ کوتاہی ہو جاتی ہے۔ اس میں میرے مزاج اور ارادے کو تو کیا دخل ہو گا بس یہ تو اندر سے ایک چیز پیدا ہوتی ہے۔

سوال: نورِحق کیا ہے؟

جواب: نورِحق ۔۔۔ جیسا کہ نام سے ظاہر ہے اس سے مراد ہے اللہ کا نور۔ ایک مکتبۂ فکر کے فقراء کے مطابق نورِحق کی شکل ''لَو'' کی سی ہے۔ موم بتی کے اُوپر شعلہ کی مانند۔ ایک اور مکتبۂ فکر کے فقراء کے مطابق اس نور کی شکل ''لہر'' کی ہے۔ میرے نزدیک بھی اُس کی شکل ''لہر'' کی ہے۔

چونکہ نورِحق کا تعلق رب تعالیٰ سے ہے اس لیے انسانی علم و عقل وہاں تک نہیں پہنچ سکتے۔ یہاں ہر فقیر کی کیفیت وہی ہے جو اندھوں کی ہاتھی کو دیکھنے کے بعد تھی۔ جس نابینا کے ہاتھ میں ہاتھی کے جسم کا جو حصہ آیا اُس نے ہاتھی کو ویسا ہی جانا۔ رب تعالیٰ کی جہاں بات آ جائے وہاں پر انسان اُس نابینا ہی کی طرح ہوتا ہے کیونکہ نہ تو عقل اور نہ ہی علم کی وہاں تک رسائی ہے۔ بس جتنا حصہ جس نے، جس طرح دیکھ لیا، اُس نے وہی جانا۔ جس نے ''نورِحق'' کو ''لَو'' کی شکل میں دیکھا وہ اُسے ''لَو'' اور جس نے ''لہر'' کی صورت میں دیکھا وہ اُسے ''لہر'' کے طور پر جانتا ہے۔ اس کی کیفیات بھی دو ہیں۔

اس کی زندگی ''باقیات'' میں ہے اور اس کی موت ''فنا'' میں ہے اور فنا کو اوّلیت حاصل ہے جیسے جب تک انسان زندہ ہے، نورِحق اس میں سمایا ہے، اُس کی زندگی سمانے میں ہے، اُس کی ''فنا'' بمعنی ''منتقلی'' موت میں ہے کہ نورِحق زندگی میں سمایا ہے۔ جب انسان کی موت واقع ہو گئی، اس کی رُوح جسم سے نکل گئی تو یہ نور پرواز کر گیا اور ہمیشہ ہمیشہ کے لیے عالمِ بالا میں چلا گیا، ہمیشہ ہمیشہ کے لیے وہاں قائم ہو گیا۔۔۔ اُس کو موت نہیں آئے گی۔ وہ فنا نہیں ہو گا۔ یوں اس کی کیفیات دو ہی ہیں اور دونوں صورتوں میں یہ زندہ رہتا ہے، ختم نہیں ہوتا کیونکہ اللہ کو زوال نہیں ہے۔ اللہ لازوال ہے۔ یہ نور۔۔۔ نورِحق ہے۔ اللہ کا نور ہے اس لیئے یہ بھی لازوال ہے۔

سوال: آپ کے مقام کے بارے میں جو میرا حسنِ ظن تھا آج وہ پورا ہو گیا۔ آپ کے جلال کے باعث کبھی میں یہ کہنے کی جرأت نہ کر سکا۔ آپ سے سوال ہے کہ ''علمِ غیب'' کیا ہے؟

جواب: صاحب! جلال اور غصہ تو اُن لوگوں کو آتا ہے جو طاقتور ہوتے ہیں۔ پاکستان کو اگر امریکہ پر غصہ آئے گا بھی تو وہ اُس کا کیا بگاڑ سکتا ہے۔ میں آپ پر غصہ کر کے آپ کا کیا بگاڑ لوں گا۔ اس لیئے تو محاورہ ہے قہرِ درویش، برجان درویش۔

فقیر تو بہت عاجز انسان ہوتا ہے اس کو کیا غصہ اور جلال آئے گا۔ فقیر کا غصہ تو اُس کی اپنی ذات پر ہی اُترتا ہے۔ اس لیے دل سے تو نہ مجھے غصہ آتا ہے، نہ میرے اندر جلال ہے یہ اور بات کہ میری شکل سے لگتا ہے کہ جیسے میں ہر وقت غصہ ہی میں ہوتا ہوں۔ جہاں تک علمِ غیب کی بات ہے، اس کے بارے میں، مختصراً عرض کر دیتا ہوں کہ رُوحانی علوم جن کو علومِ باطنی بھی کہتے ہیں، وہ 118 قسم کے ہیں۔ ان میں سے چار اللہ نے اپنے پاس رکھے ہیں علم غیب بھی اِنہی میں سے ہے۔ اصل میں تو وہ چاروں ہی علمِ غیب ہیں۔ علمِ غیب کی چار قسمیں ہیں۔ یہ ایک ہی دریا سے نکلنے والی چار نہریں ہیں۔

1۔ علم الغیب القاء

2۔ علم الغیب الہامی

3۔ علم الغیب امتناعی

4۔ علم الغیب عطائی

یہ چاروں علوم اللہ نے اپنے لیے مخصوص رکھے لیکن وہ انھیں اپنے بندوں پر بھی وا کر دیتا ہے۔ جس بندے سے جس قدر راضی ہوگیا، جس کو جتنا قریب کر لیا، جس شخص پر وہ جتنا مہربان ہوگیا اُس پر اُسی قدر علم اُس نے ظاہر کر دیا۔ علم ظاہر کرنے کا ذریعہ ان چاروں میں سے کوئی بھی ہو سکتا ہے۔ چونکہ ان چاروں ذرائع سے علم اُس پر ظاہر ہوتا ہے اس لیے ان ذرائع کو اقسام کا نام دے دیا گیا۔ دراصل یہ ایک ہی دریا سے نکلنے والی چار نہریں ہیں۔ کسی بھی نہر سے آپ کو کھیتوں کو سیراب کرنے کے لیے پانی دے دیا جائے۔ پانی وہی ہوگا، اُس کی کیمیکل کمپوزیشن (Chemical Composition) وہی ہوگی۔ اگر اس پانی میں آلودگی ہے تو وہ بھی وہی ہوگی، رنگ بھی وہی ہوگا۔۔۔ فرق صرف یہ ہے کہ جس نہر سے پانی آپ کو دیا گیا، نام اُس نہر کا آئے گا۔

درحقیقت پانی اس دریا کا ہے، قسم وہی ہے لہٰذا اثرات بھی وہی ہوں گے جو کسی اور نہر کے پانی کے ہیں کیونکہ منبع ایک ہی ہے۔ جس نہر اور جس ذریعہ سے علمِ غیب کسی شخص پر وا کیا گیا اُس نے اُسی قسم کا اُسے نام دے دیا۔ اس علم کے حصول کا انحصار اس بات پر ہے کہ اللہ کس بندے پر کتنا مہربان ہے۔ کتنا راضی ہے۔ وہ جتنا اُسے قریب اور عزیز رکھتا ہے اُسی قدر اس کو علم عطا کر دیتا ہے۔

اب سوال یہ پیدا ہوتا ہے کہ اللہ جس پر مہربان ہوتا ہے اُس کو علم ہی کیوں عطا کرتا ہے؟

عرض یہ ہے کہ انسان جس کی سوچ، علم، عقل اور محبت کی حد محدود ہے وہ بھی کسی کو جب قریب اور عزیز رکھتا ہے، محبت کرتا ہے تو اُسے تحفہ دیتے وقت چاہتا ہے کہ سب سے اچھی چیز اُس کو دے۔

اللہ چونکہ علم کو بہت عزیز رکھتا ہے، اُسے علم بہت پسند ہے اِس لیے جس سے وہ راضی ہوگا اُسے علم ہی عطا کرے گا کیونکہ علم سے عقل پیدا ہوتی ہے اور عقل و دانائی کا حاصل (Essence of Wisdom) خود رب ہے۔ رب تعالیٰ اس علم کے ذریعے بندے کو خود شناسی کی طرف لے جائے گا اور یہ خود شناسی بندے کو حق شناسی

کی طرف لے جائے گی۔۔۔ لہٰذا جس سے بھی رب راضی ہوگا اُسے علم عطا کرے گا۔

سوال: کیا مرشد کی "عطا" مرید کے "سوال" پر منحصر ہے؟

جواب: کسی مرشد نے اپنے مرید سے یہ کہا تھا کہ جب تک بندہ اپنے رب کے حضور ہاتھ نہ اُٹھائے تو رب بھی نہیں دیتا لہٰذا جب تک تم مجھ سے سوال نہ کرو گے میں تمھیں کچھ کیسے دوں گا؟ اُس مرشد کی یہ بات قطعاً غلط ہے۔ دونوں لحاظ سے کیونکہ میں نے تو اپنے رب کو اس قدر سخی اور دیالو پایا کہ وہ تو بن مانگے عطا کرتا ہے۔ اس کی عطا بے پناہ ہے، وہ ہمیشہ جاری رہتی ہے۔ میرے نزدیک رب کے بارے میں یہ کہنا کہ جب تک اُس سے ہاتھ اُٹھا کر نہ مانگا جائے وہ عطا نہیں کرتا سراسر گستاخی ہے۔ کیونکہ رب تو ہر لمحہ عطا کرتا ہے۔ اُس کی عطا کبھی ختم نہیں ہوتی۔ یہ ہم پر منحصر ہے کہ ہم اگر گھر سے باہر ہونے والی بارش میں بھیگنا چاہتے ہیں تو ہمیں گھر سے باہر خود نکلنا ہوگا۔ سو اُس کی رحمتوں اور عطاؤں کی بارش ہوتی رہتی ہے۔ یہ ہماری ہمت ہے اور ہم پر منحصر ہے کہ ہم کب اس میں سے کچھ لے سکتے ہیں۔ سو یہ کہنا غلط ہے کہ رب بن مانگے نہیں دیتا۔ میرے نزدیک تو مرشد کا یہ کہنا بھی غلط ہے کہ جب تک تم مجھ سے نہیں مانگو گے میں تمھیں کچھ کیسے دے سکتا ہوں؟

مرشد بہت بلند مقام پر ہوتا ہے۔ دوستی کا اچھا معیار یہ ہے کہ کبھی کسی دوست کو اپنی ضرورت کے اظہار کے لیے منہ کھولنے کی نوبت نہ آئے۔ اپنے دوستوں کے حالات اور کیفیات پر نظر رکھی جائے اور اِس انتظار میں نہ رہا جائے کہ وہ خود آ کر مدد مانگے۔ بلکہ ہونا تو یہ چاہیے کہ اِس کی اِس انداز میں اور اتنی عاجزی سے از خود مدد کی جائے کہ وہ سمجھنے لگے کہ شاید اِس نے کبھی مجھ سے کوئی قرض لیا تھا وہ لوٹانے آیا ہے۔ جب دوستی کا یہ معیار ہے تو پھر مرشد تو اس سے کہیں بلند مقام پر ہے۔ اگر مرشد دنیاوی لحاظ سے اس پوزیشن میں ہے کہ اپنے پاس آنے والوں کی دنیاوی مسائل کے حوالے سے مدد کر سکے تو مرشد کا مقام تو اس بات کا تقاضا کرتا ہے کہ عقیدت مند یا مرید کو کبھی اشارتاً بھی اپنی حاجت بیان نہ کرنا پڑے اور اُس کی اس طریقہ سے مدد ہو جائے کہ کسی کو کانوں کان خبر نہ ہو۔

دوسروں کی مدد کے ضمن میں یہ ضرور درخواست کروں گا کہ آپ کی فیملی اور قریبی عزیز مثلاً والدین بیوی، بچے اور دیگر اقرباء جن کی کفالت کی ذمہ داری آپ پر ہے اُن کی ضروریات کا خیال رکھنا آپ کا اوّلین فرض ہے۔ اُن کی ضروریات پوری کرنے کے بعد جو کچھ بھی بچ جائے وہ کُھلے دل سے دوسروں کی خدمت میں پیش کر دیجیے۔ حتیٰ کہ دشمنوں کی بھی۔۔۔ کوشش کیجیے کہ اس میں دشمنوں کو ترجیح دیں۔ جو جتنا بدترین دشمن ہے، اُس کو اتنی ہی عاجزی سے مدد پیش کر دیں۔ یہ عمل اللہ کے بہت قریب لے جائے گا۔ جب ہم اپنے کسی دشمن کو محبت، خلوص اور عاجزی کے ساتھ مدد پیش کرتے ہیں تو رب خوش ہو جاتا ہے کہ میرے اس بندے کے پاس عاجزی ہے اور وہ یہ سمجھ رہا ہے کہ جو کچھ بھی اُس کے پاس ہے، میرا نہیں بلکہ میرے رب کا عطا کردہ ہے اور دیتے وقت یہ میری سنّت پر عمل کر رہا ہے۔

رب کی شانِ ربوبیت بھی یہی ہے کہ وہ نیک لوگوں کی دعا سنتے سنتے تو شاید وقت لے لےلیکن جو منکر، مشرک اور کافر ہیں اُن کی دعا وہ فوراً قبول کر لیتا ہے۔ یہی اُس کی شانِ ربوبیت ہے۔

سوال: آپ کی دعاؤں کے باعث میری شخصیت اور زندگی میں بہت مثبت تبدیلی آئی ہے۔ کیا فقیر کے ڈیرہ پر آنا باعثِ برکت ہوتا ہے؟

جواب: صاحب! یہ آپ کی مہربانی ہے کہ آپ نے ساری کوشش و محنت کا کریڈٹ مجھے دے دیا۔ آپ میں وقت کے ساتھ ساتھ اگر کوئی مثبت تبدیلی آئی ہے تو یہ سب آپ کی محنت اور قربانیوں کا نتیجہ ہے۔ یہ کسی شخص کا بڑا پن ہوتا ہے کہ وہ اپنی محنتوں کا کریڈٹ کسی اور کو دے دے۔ آپ کی بہتری میں میرا کوئی کریڈٹ نہیں۔

فقیر کے ڈیرے پر آنا باعث برکت ہوتا ہے، یقیناً ایسا ہی ہے۔ اگر کوئی صحیح اور اصلی فقیر ہے تو اُس کے پاس بیٹھ کر انسان کے اخلاق و اعمال درست ہوتے ہیں اور سب سے بڑی بات یہ ہے کہ اُس کے تصوّرات (Concepts) واضح (Clear) ہوتے ہیں کیونکہ فقیر کے ڈیرہ پر علم کی بات ہوتی ہے۔ کبھی کسی فقیر کے ڈیرہ پر جاتے ہوئے یہ مت سوچیں کہ میرے دنیاوی معاملات بہتر ہو جائیں گے۔ یہ بالکل ایسے ہی ہے کہ جیسے آپ سمندر پر جا کر اپنے دونوں ہاتھوں سے چلّو بنائیں اور اس میں پانی بھرنے کی کوشش کریں۔ فقیر کے ڈیرہ پر جا کر کچھ لینا ہی ہے تو اُس سے علم حاصل کیجیے تا کہ اُس کے ذریعے سے انسان کی دنیاوی زندگی بھی سنور جائے اور آخرت کی زندگی بھی بہتر ہو جائے۔ بس شرط یہ ہے کہ وہ ڈیرہ اصلی اور صحیح فقیر کا ہو۔

نشست نمبر 6

کشف اور مراقبہ

سوال: کشف اور مراقبہ میں کیا فرق ہے۔۔۔؟ نیز دورانِ کشف و مراقبہ کیفیت کیسی ہوتی ہے؟

جواب: مراقبہ اور کشف میں اتنا ہی فرق ہے جتنا ایک ایم بی بی ایس سٹوڈنٹ اور ایم بی بی ایس ڈاکٹر میں ہے۔ سٹوڈنٹ جب پڑھ رہا ہوتا ہے تو اُس کی نظر اُس منزل پر ہوتی ہے جب وہ ایم بی بی ایس کرنے کے بعد ڈاکٹر بن جائے گا۔

یہی مراقبہ کی مثال ہے۔ مراقبہ دراصل ایم بی بی ایس کے وہ پانچ سال ہیں جب سٹوڈنٹ دن رات محنت کر کے فائنل ائیر کا امتحان پاس کرنے کے بعد اور ہاؤس جاب مکمل کر کے ڈاکٹر بن جاتا ہے۔ جب کہ کشف ڈاکٹری کی وہ حالت ہے جب وہ ڈاکٹری کے لیے کوالیفائی (Qualify) کر چکا ہوتا ہے۔

یہ مراقبہ ہی ہے جو آپ کو کشف کے مقام تک لے جاتا ہے۔ مراقبہ دراصل یکسوئی (Concentration) کا نام ہے۔ جب ہم اللہ کا ذکر کرتے ہیں تو اپنا ذہنی اور جسمانی رشتہ دنیاوی مصروفیات و آلائشوں سے توڑ کر کلی طور پر رب کی طرف متوجہ ہو جاتے ہیں۔ ہمارے جسم کی تمام قوت سمٹ کر ہمارے ذہن میں جمع ہو جاتی ہے اور ذہن مرکوز ہوتا ہے۔ صرف اور صرف ایک نقطہ پر اور وہ نقطہ ہے رب کریم۔۔۔ جب یکسوئی کی یہ کیفیت پیدا ہو جاتی ہے تو ہم اس کو ''مراقبہ'' کہتے ہیں۔ یہی مراقبہ کرتے کرتے جب انسان کی پریکٹس ہو جاتی ہے تو اُس پر اسرار کھلنے لگتے ہیں۔ جسمانی لحاظ سے کہیں ایک انچ بھی حرکت کیے بغیر وہ انجانے اور اَن دیکھے جہانوں کی سیر کرنے لگتا ہے۔ تب وہ حالتِ کشف میں ہوتا ہے۔

آسان لفظوں میں ہم کہہ سکتے ہیں کہ زمان و مکاں (Time and Space) سے Beyond ہو جانے کے قابل ہو جانے تک کی محنت کا نام ''مراقبہ'' ہے۔

جہاں تک کیفیات کا سوال ہے، وہ مختلف افراد کی مختلف ہو سکتی ہیں۔ ایک زمانے میں مجھ پر جنون سوار ہو گیا تھا میں ہر جمعرات کو ایک مخصوص وقت میں ایک صاحبِ مزار کے ہاں جا کر، اُن کے سرہانے بیٹھ کر رب تعالیٰ کے تین نام پڑھتا تھا۔ پہلی جمعرات تو خیریت سے گزر گئی۔ میں ایک نماز سے دوسری نماز کے وقفے کے دوران وہ اسماء پڑھ کر آرام سے بیٹھا رہا۔ دوسری جمعرات کو پڑھائی کے دوران بڑی مشکل سے قہقہے تو کنٹرول

کر لیے لیکن مسکراہٹ کو پھر روک نہ سکا۔ مجھے احساس ہو رہا تھا کہ ہر شخص مجھے دیکھ کر حیران ہو رہا ہے کہ پڑھ تو یہ تسبیح رہا ہے لیکن چہرے پر اس کے Broad مسکراہٹ چھائی ہوئی ہے۔ تیسری جمعرات کو میری کیفیت یہ ہو گئی کہ قہقہے روکنا دُشوار ہو گیا۔ ان قہقہوں کو روکنے کی کوشش میں میرا تمام جسم ہل رہا تھا۔ اگرچہ میں نے نچلا ہونٹ سختی سے دانتوں تلے دبایا ہوا تھا۔ چوتھی جمعرات کو میں اس قدر بے حال ہو گیا کہ اپنی اس کیفیت کے باعث صرف آدھا گھنٹہ مشکل سے وہاں بیٹھ سکا۔ اس کے بعد میرے قہقہے باوجود ضبط کے بلند ہونا شروع ہو گئے۔ لوگ فاتحہ خوانی چھوڑ کر میری طرف متوجہ ہو گئے کہ شاید یہ شخص پاگل ہو گیا ہے اور میں اِسی کیفیت میں وہاں سے اُٹھا اور باہر بھاگ گیا کہ یہ بدتمیزی ہے لیکن ہوا یہ کہ تیسری یا چوتھی بار جب میں وہاں گیا تو اُن صاحبِ مزار سے ملاقات ہوگئی اور اُنھوں نے میرے سر پر دستار رکھ دی اور فرمایا کہ مبارک ہو میں نے سلسلۂ قادریہ میں آپ کو خلافت عطا کر دی ہے۔ تو یہ جو کیفیت ہے یہ کبھی کبھار ایسی بھی ہو جاتی ہے لیکن یہ بھی ممکن ہے کہ کچھ لوگ اپنی کیفیت کو ظاہر ہی نہ ہونے دیں۔ یوں یہ کیفیت ہر انسان کی مختلف ہو سکتی ہے۔ اس کی وضاحت کرنا خاصا مشکل ہے کہ مراقبہ اور کشف کے دوران کیفیت کیا ہوگی۔

سوال: اللہ کے ذکر کے دوران اگر یکسوئی کے باعث ایک مخصوص عدد میں گنتی ممکن نہ ہو تو کیا وقت کے اندازے سے "دورانیہ" شمار کیا جا سکتا ہے؟

جواب: جہاں تک گنتی (Counting) کی بات ہے تو کتنے افسوس کی بات ہے کہ وہ رب جو ہمیں بے حساب اور بغیر گنے عطا کرتا ہے اس کا ذکر ہم گن گن کر کریں۔ مجھ سے کوئی پوچھے کہ آپ نے کتنے عمرے کیے تو مجھے یہ یاد ہو گا لیکن اللہ تو شمار نہیں کرتا اپنی نعمتوں کو یہ تو میری کم ظرفی ہے کہ میں اُسے گن کر یاد کرتا ہوں۔ اِسی طرح تسبیح کرتے ہوئے جب میں اُسے یاد کرتا ہوں تو گن کر یاد کرتا ہوں لیکن وہ مجھے عطا کرتے ہوئے بے حساب دیتا ہے تو پھر کہاں کا گننا اور کہاں کا شمار اور کہاں کا حساب۔ لہٰذا ٹائم والی ترکیب صحیح ہے۔

سوال: کیا اسم اعظم پر سائنس دانوں نے ابھی تک کوئی تحقیق کی ہے؟

جواب: رب تعالیٰ جس طرح اپنے علم لدنی کی خوشبو ہر سُو خود پھیلا دیتا ہے اِسی طرح رب کی قدرت کسی سے مخفی نہیں رہتی۔ اگرچہ کسی نے ازخود تو اس نہج پر کام نہیں کیا کہ ایسی چیزوں کو دریافت کرے لیکن جب بھی کسی محقق یا سائنس دان کے سامنے ایسے واقعات پے در پے آئے ہیں وہ یہ سوچنے پر مجبور ہو گیا کہ آخر یہ ہے کیا؟ جیسا کہ حضرت عمرؓ کے حوالے سے ایک واقعہ بیان کیا جاتا ہے کہ اُنھوں نے جمعہ کے روز خطبہ دیتے ہوئے مسجد نبوی ﷺ میں منبرِ رسول ﷺ پر کھڑے ہو کر دُور دراز کے مقام پر موجود ایک سالار کو ہدایات ارسال کی تھیں۔ جس طرح ہندو قصے (Mythology) یا یونانی دیومالائی قصے (Mythology) ہیں اِسی طرح یہ Islamic Mythology ہے لیکن بعد میں سائنس نے اسے دریافت کیا اور اسے "ٹیلی پیتھی" کا نام دیا۔

اِسی طرح ہمارے ہاں اولیائے کرام کے ایسے بہت سے قصے ہیں جن کو ہم کشف و کرامات کہتے ہیں کہ وہ

اپنی جگہ پر بیٹھے بیٹھے کسی اور مقام کی خبر دے دیتے ہیں کہ وہاں کیا ہو رہا ہے۔ جب عیسائی دنیا اور ترقی یافتہ ممالک میں ایسے قصے پیش آئے تو سائنس دانوں اور ریسرچ سکالرز نے اس پر کام کیا اور اُنھوں نے اسے Distant Viewing (دور بینی) کا نام دیا اور ساتھ ہی یہ بھی تسلیم کر لیا کہ ایسا ہونا ممکن ہے۔

اِسی طرح ہمارے ہاں ایک بات کہی جاتی ہے کہ ابدال...... جو ایک رُوحانی مرتبہ ہے۔ اس سے تعلق رکھنے والے لوگ اپنا جسم ایک جگہ سے دوسری جگہ ٹرانسفر کر لیتے ہیں۔ اس بات کو مدنظر رکھتے ہوئے سائنس دانوں نے ایک چیونٹی جو پہلے برازیل اور لاطینی امریکہ کے دوسرے ملکوں میں پائی گئی تھی اُس پر کام کیا۔ اُس چیونٹی کو اُنھوں نے ایک کپ (Cup) میں بند کیا اور اس کو رنگ اور نشان لگا دیا۔ تھوڑی دیر بعد وہ چیونٹی دوسری میز پر پائی گئی۔ پھر شیشے کے گلاس میں اُسے بند کیا گیا تا کہ وہ Transform ہوتی نظر آجائے لیکن دیکھتے ہی دیکھتے وہ وہاں سے بھی غائب ہو گئی اور کسی اور میز پر پائی گئی۔ تب سائنس دانوں نے اس کو Transformation (قلب ماہیت) کا نام دے دیا۔ یوں سائنس دان مان گئے کہ یہ ممکن ہے۔

جہاں تک اسم اعظم پر ریسرچ کی بات ہے تو ایسی کوئی ریسرچ ابھی تک سامنے نہیں آئی۔ کوئی سائنسی تھیوری فی الحال تو اس کو ثابت نہیں کر سکی لیکن سائنس دان ایک ایسا ذرہ اور ایٹم دریافت کرنے میں کامیاب ہو گئے ہیں جو ہر ایٹم کا حصہ ہے۔ اس کی Omnipresence ثابت ہو گئی ہے کہ یہ ہر جگہ موجود ہوتا ہے۔ یوں اللہ کی خدائی اور اس کی Omnipresence تو ثابت ہونے لگی ہے۔ جس طرح ہم رب تعالیٰ کے بارے میں کہتے ہیں کہ وہ ہر شے میں موجود ہے، ہر جگہ موجود ہے یا پھر مختصر لفظوں میں ہم Omnipresence کی بات کرتے ہیں۔۔۔ تو وہ ذرّہ دریافت ہوا ہے جو ٹوٹ نہیں سکتا۔ ایٹم تو ٹوٹ جاتا ہے لیکن دریافت شدہ وہ ذرہ سائنس دانوں سے توڑا نہیں گیا۔ اب اُس پر کام ہو رہا ہے۔

جب کچھ مختلف واقعہ ہوتا ہے تو ریسرچ سکالرز اُسی پر کام شروع کر دیتے ہیں اور یوں اللہ تعالیٰ اپنی کہی باتوں کو ثابت (Prove) کروا لیتا ہے۔۔۔ لیکن اسمِ اعظم پر ابھی تک کوئی کام نہیں ہوا لیکن اُمید ہے ہو جائے گا۔

سوال: رُوح کیا ہے؟ کیا ہر رُوح کا ایک جسم ہوتا ہے؟

جواب: نورِ حق کے حوالے سے فقراء کے دو مکتبہ فکر کا گزشتہ گفتگو میں ذکر ہوا تھا۔ ایک مکتبہ فکر اسے ''لو'' اور دوسرا ''لہر'' کہتا ہے۔ رب کیا ہے؟ نور ہے۔ رب سے تعلق رکھنے والی تمام چیزیں نور کا حصہ ہیں۔

رب مجسم تو ہے نہیں۔ ہندوازم میں جو بت پرستی در آئی یہ درحقیقت اِس کا نتیجہ تھی کہ جب ہندوازم دنیا میں پانچ سات ہزار (5000-7000) سال قبل دریافت ہوا تو انسانی ذہن ارتقاء کے ابتدائی مراحل میں تھا۔ نیک لوگ جن کو ہم اپنے مذہب میں ولی اللہ کہتے ہیں اور ہندومت میں یہ ''سادھو'' اور ''پنڈت'' کہلاتے ہیں۔ اُنھوں نے یہ کہا کہ انسان کی یہ نفسیات ہے کہ وہ جن چیزوں کو دیکھتا ہے اُن پر یقین و ایمان جلدی لاتا

ہے۔ اُن سے ڈرتا بھی ہے اور عزت بھی زیادہ کرتا ہے لہٰذا عبادات میں زیادہ ذوق وشوق اور خشوع وخضوع لانے کے لیے اُنھوں نے اللہ کی صفات (Attributes) رزاق، غنی، رحیم وغفور کو مجسم کر دیا اور ان کی شکلیں ان صفات کے نتیجے میں پیدا ہونے والے تصور کے مطابق کر دیں۔ جیسے ان کی لکشمی دیوی اور کالی ماتا وغیرہ۔ اللہ کے اِسم کو مجسم سمجھنا ہمیں اُسی طرف لے جائے گا۔ اب ایک طرف تو ہم لوگ آ گئے ہیں کہ ہر کام کے حل کے لیۓ وظیفہ چاہتے ہیں۔ اگر اِسم کو ہم نے مجسم کر دیا تو کچھ اور چیزوں کو راہ مل جائے گی تو ہر گز رُوح کا کوئی جسم نہیں ہے۔

نشست نمبر 7

علم لدنی

سوال: (الف) علم لدنی اور رُوحانیت کو مسخر کرنے کے لیے کیا حکمتِ عملی ترتیب دی جائے؟

(ب) کیا زندگی گزارنے اور قربِ الٰہی کے حصول کے لیے علم لدنی کا جاننا ضروری ہے؟

(ج) کیا اِس علم کو اُستاد کے بغیر حاصل کیا جا سکتا ہے؟

جواب: رُوحانیت اور علم لدنّی کے حصول کے لیے کسی بھی حکمتِ عملی کی ضرورت نہیں سوائے اس کے کہ آپ ﷺ کی حیاتِ طیبہ کی نقل کر لی جائے۔ جیسا کہ آپ سب کو علم ہے کہ آپ ﷺ کی حیاتِ طیبہ دراصل عملی قرآن ہے۔ آپ ﷺ کی زندگی میں قطعی طور پر کوئی چیز ایسی نہیں جو خلاف اسلام ہو۔ اسی لیے اُسے عملی قرآن کہا جاتا ہے۔

اگر ہم زندگی کے تمام شعبوں میں آپ ﷺ کی زندگی کی نقل کرنا شروع کر دیں تو رُوحانیت خود بخود حاصل ہو جائے گی۔۔۔ علم لدنّی سیکھنے یا سکھانے سے حاصل نہیں ہوتا بلکہ یہ کلیتاً رب کی عطا ہے۔

سب سے اچھی حکمتِ عملی یہی ہے کہ آپ ﷺ کی حیاتِ طیبہ کی نقل کر لی جائے اس سے رُوحانیت آ جائے گی اور رُوحانیت آ جانے سے علم لدنّی خود بخود عطا ہو جائے گا۔

جہاں تک سوال کے دوسرے حصہ کا تعلق ہے، شریعت پر عمل کرنے کے لیے جس مستقل مزاجی کی ضرورت ہے وہ عام آدمی میں ذرا مشکل سے آتی ہے۔۔۔ اس کے قدم کہیں نہ کہیں ڈگمگاتے ضرور ہیں۔ اس راہ کو آسان کرنے کے لیے تصوف کا راستہ اپنایا جاتا ہے۔ طریقت دراصل ٹریننگ (Training) ہے۔ طریقت میں انسان لینا نہیں بلکہ دینا سیکھتا ہے۔۔۔ قربانی دینا سیکھتا ہے اور جب انسان قربانی دینا سیکھ لیتا ہے تو پھر اس کے لیۓ شریعت پر عمل کرنا بہت آسان ہو جاتا ہے۔

جب خانقاہی نظام رائج تھا تو اولیاء اللہ اپنے شاگردوں کو اللہ کے فرمودات اور اللہ کے اوامر و نواہی کے مطابق زندگی گزارنا سکھاتے تھے۔ دورانِ تربیت شاگرد یا مرید کو جوتے سیدھے کرنے اور جھاڑو دینے پر مامور کیا جاتا تھا اور یوں رفتہ رفتہ اس کی تربیت کا سلسلہ جاری رہتا۔

سب سے پہلے اُس کے سر پر اُسترا پھروایا جاتا۔ بعد ازاں خانقاہ میں جھاڑو دینے پر اُس کی ڈیوٹی لگائی

جاتی۔ سر پر اُسترا پھروانا اور جھاڑو دلوانا...... باقاعدہ ایک مشق (Excercise) تھی۔ ان شاگردوں میں اکثر ایسے رئیس لوگ بھی شامل ہوتے جن کے ہاں نوکر چاکر عام تھے۔ اُن کی ''میں'' اور ''انا'' کو ختم کرنے کے لیے اُسترا پھروایا جاتا تھا اور جھاڑو دلوایا جاتا۔ جب اُس کی انا کچھ حد تک ختم ہو جاتی تو جوتے سیدھے کرنے پر اُس کی ڈیوٹی لگا دی جاتی۔ وہ نہ صرف جوتے سیدھے کر کے باہر کے رُخ اُنھیں رکھتا بلکہ اُن کی مٹی اور کیچڑ بھی صاف کرتا۔ یہ ایک ایسی مشق (Excercise) تھی کہ جس میں اُسے ان لوگوں کے بھی جوتے سیدھے اور صاف کرنا پڑتے جو معاشی لحاظ سے اُس سے کم مقام رکھتے تھے۔ یوں اُس کی رہی سہی انا بھی کچلی جاتی۔ اس کے بعد کھانا پیش کرنے پر اُس کی ڈیوٹی لگائی جاتی اور اُسے آداب سکھائے جاتے کہ پانی اور کھانا مہمان کے سامنے کیسے پیش کرنا ہے۔ جب وہ اس میں طاق ہو جاتا تو اُسے لنگر تقسیم کرنے پر مامور کیا جاتا۔ جہاں اُسے خود پر کنٹرول (Control) کرنا سکھایا جاتا۔۔۔ اور اس کے ساتھ وہ یہ بھی سیکھتا کہ لنگر لینے والوں کے ساتھ اُس کا لہجہ اور اُس کا رویہ کیسا ہونا چاہیے۔ نظریں جھکی ہوں اور وہ منہ سے ایسے الفاظ ادا نہیں کرے گا جس سے لنگر لینے والے کی عزتِ نفس مجروح ہو۔ مزید وہ یہ بھی سیکھتا کہ بھوک کے باوجود اور کھانا سامنے ہونے کے باوجود وہ خود کھانا نہیں کھائے گا، اقربا پروری اور احباب نوازی نہیں کرے گا۔۔۔ یہ سب آداب سیکھنے کے بعد وہ اُس مقام پر پہنچ جاتا جہاں مرشد اُسے خرقۂ خلافت عطا کر دیتا تھا۔

مرید اس سارے مرحلے (Process) کے دوران جو کچھ سیکھتا تھا اس کے نتیجہ میں اُس کی زبان اور باڈی لینگویج (Body Language) میں عجز آجاتا تھا اور وہ دوسرے کا احترام کرنا سیکھ جاتا تھا۔ وہ خود کو سب سے کم تر اور دوسروں کو خود سے برتر سمجھتا تھا۔ یہ وہ آداب ہیں جو عام زندگی گزارنے میں بھی بڑے معاون ہیں۔

یہ ہماری غلط فہمی ہے کہ ایک فقیر دنیاوی لحاظ سے شاید اتنا کامیاب انسان نہیں ہوتا۔ حقیقت تو یہ ہے کہ ایک فقیر دنیاوی لحاظ سے بھی ایک پسندیدہ، کامیاب اور نفیس انسان ہوتا ہے کیونکہ اس کی عادات واطوار اس قدر پسندیدہ ہوتے ہیں کہ ہر آدمی اُسے پسند کرتا ہے اور یوں دنیاوی زندگی میں کامیابی کے لیے ''فقر'' معاون ثابت ہوتا ہے۔

سوال کا تیسرا حصہ کہ کیا فقر یا علم لدنی اُستاد کے بغیر حاصل کیا جا سکتا ہے؟

اس کا جواب میں ایک مثال سے واضح کرتا ہوں۔۔۔ آپ بغیر سکول گئے خود تیاری کر کے میٹرک کا امتحان دے سکتے ہیں گریجوایشن (Graduation) کر سکتے ہیں۔ تیاری کے تین طریقے ہو سکتے ہیں۔

1۔ کتابیں خرید کر گھر میں بیٹھ کر تیاری کریں۔ جتنی سمجھ آجائے اُس کے مطابق امتحان دیں۔ نتیجہ آئے تو عین ممکن ہے کہ آپ فرسٹ ڈویژن میں پاس ہو جائیں۔

2۔ آپ بازار سے سلیبس (Syllabus) لا کر ٹیوٹر کی مدد سے گھر پر تیاری کریں اور امتحان دے کر

پاس ہو جائیں۔

3۔ آپ باقاعدہ سکول میں داخلہ لیں اور باقاعدہ پڑھائی کے بعد امتحان دیں اور پاس ہو جائیں۔

اب تینوں صورتوں میں آپ پاس تو ہو جائیں گے اور یہ بھی ممکن ہے کہ فرسٹ ڈویژن بھی حاصل کر لیں لیکن جو ڈسپلن، وقت کی پابندی اور سپورٹس مین سپرٹ (Sportsman Spirit) سکول میں داخلہ کی صورت میں آپ سیکھیں گے وہ اکیلے بیٹھ کر گھر میں تیاری کرنے سے یا ٹیوٹر کی مدد سے پڑھنے کے بعد حاصل نہیں ہو گی۔ ٹیوٹر سے پڑھنے کے بعد تو پھر بھی شاید آپ کچھ نہ کچھ آداب سیکھ لیں لیکن اکیلے اپنی مدد آپ کے تحت تیاری میں اِن آداب سے واقفیت مشکل ہے۔

یہی حال رُوحانیت میں ہے۔ بغیر مرشد کے بھی اللہ کے راستے پر اگر آپ چلتے جائیں تو یقیناً قربِ الٰہی حاصل ہو جائے گا لیکن آپ کے اطوار فقیرانہ نہیں ہوں گے اور فقر کے راستے میں ترقی بہت سست (Slow) ہو گی کیونکہ ہم رُوحانیت کے مقرر کردہ طریقوں پر نہیں چل رہے ہوں گے۔۔۔ یوں میرے خیال میں رُوحانیت میں اُستاد کی ضرورت مقابلتاً زیادہ ہے۔

سوال: سود پر رقم لینے والا گناہ گار نہیں ہوتا بلکہ جس نے رقم دی ہوتی ہے اور سود وصول کر رہا ہوتا ہے وہ گناہ گار ہے کیونکہ قرض لینے والا تو مجبوری کی حالت میں قرض لے رہا ہے۔ کیا یہ سوچ درست ہے؟

جواب: اِس سلسلے میں رب کے احکامات بہت واضح ہیں کہ سود لینے والا اور سود دینے والا دونوں اللہ کے خلاف جنگ کرتے ہیں۔ اس کاروبار میں مدد دینے والا بھی اللہ کے خلاف جنگ کرتا ہے اور اللہ کے خلاف جنگ کرنے والے کا انجام آپ سوچ سکتے ہیں۔ یہ تو رب کا بالکل واضح فیصلہ ہے۔ لیکن ہوتا یہ ہے کہ ہم دین میں اپنی سہولت اور آسانی کے لیے نئی باتوں کا اضافہ کر لیتے ہیں۔ نتیجہ یہ نکلتا ہے کہ ہم راہِ راست سے بھٹک جاتے ہیں اور یوں ہماری (بصارت) Vision اور ہمارے Concepts (تصوّرات) اسلام کے بارے میں مسخ ہو جاتے ہیں۔ جب اللہ نے فیصلہ کر دیا کہ سود لینے اور دینے والا جہنمی ہیں اور دونوں رب کے ساتھ جنگ کر رہے ہیں تو اب اس پر مزید بات نہیں ہو سکتی خواہ کسی نے کسی بھی مقصد کے لیے قرض لیا ہو۔

قرآن پاک میں دو طرح کی آیات ہیں۔

1۔ بیّنات 2۔ متشابہات

''بیّنات'' وہ آیات ہیں جن کے معنی اور پیغام بالکل واضح ہیں۔

''متشابہات'' وہ آیات ہیں جن میں اللہ نے مثالوں اور اِستعاروں کے ذریعے بات سمجھائی ہے۔

سود کا حکم تو بیّنات میں ہے۔ یاد رہے کہ سود کے بارے میں ایسی کوئی گنجائش (Relaxation) نہیں لہٰذا سود لینے والا اور دینے والا دونوں اللہ کے خلاف جنگ کر رہے ہیں۔

سوال: کیا عورتوں کا قبرستان اور مزاروں پر جانا اور روضہ مبارک پر جانا جائز ہے؟

جواب: آپ ﷺ نے قبرستان میں عورتوں کا جانا منع فرمایا ہے البتہ باہر اور دُور سے فاتحہ پڑھی جا سکتی ہے۔ جہاں تک آپ ﷺ کے روضہ مبارک پر حاضری کی بات ہے تو آپ ﷺ کی آرام گاہ مسجد کا حصہ بن چکی ہے۔۔۔ مسجد نبوی ﷺ میں خواتین کو روضہ مبارک پر حاضری کی جب اجازت دی جاتی ہے تو روضہ مبارک کی جالیوں کے سامنے شیٹ (Sheet) کھڑی کر دی جاتی ہے اور یوں وہ قدرے فاصلے سے سلام پیش کرتی ہیں۔ لہٰذا میرے خیال میں تو عورتوں کا قبرستان جانا جائز نہیں ہے۔

نشست نمبر 8

خواتین کے حقوق

سوال: کیا ایک خاتون مرد مرشد سے بیعت لے سکتی ہے؟

جواب: بالکل ممکن ہے۔ بس بیعت کا طریقہ ذرا سا مختلف ہو جائے گا۔ عموماً بیعت لیتے وقت اور کرتے وقت اپنا ہاتھ مرشد کے ہاتھ میں دیا جاتا ہے۔ لیکن ایسی صورت میں خاتون کا ہاتھ مرد مرشد نہیں پکڑے گا بلکہ خاتون پردے کے پیچھے بیٹھ کر رومال کا ایک کونا یا چھڑی پکڑ کر بیعت کر لے گی۔ مختصراً یہ کہا جا سکتا ہے کہ ایک خاتون پردے کی تمام شرائط کے اندر رہ کر بیعت کر سکتی ہیں۔

سوال: کیا ایک خاتون کا مرشد مرد ہو سکتا ہے؟

جواب: بالکل۔ جس طرح خواتین نمازِ جمعہ مسجد میں ادا کر سکتی ہیں اور وہاں امام مرد ہوتا ہے لیکن مسجد میں خواتین کے لیے پردے کا خصوصی اہتمام کیا جاتا ہے۔ اُن کا اجتماع مردوں کے اجتماع سے ہٹ کر علیحدہ جگہ پر ہوتا ہے تاکہ خواتین کی بے پردگی نہ ہو اور آواز دوسری طرف سنائی نہ دے۔ انہی شرائط کو مدنظر رکھتے ہوئے اپنے مرشد سے تعلیم لی جا سکتی ہے۔

سوال: جنت کیسی دکھائی دیتی ہے؟

جواب: جنت کیسی دکھائی دیتی ہے؟ اُس کا نقشہ کیسا ہے؟ اُس کے باغات کیسے ہیں؟ اُس میں بہنے والی نہریں کیسی ہیں؟ یہ سب تو اُسی وقت بتایا جا سکتا ہے کہ میں اِس جہاں سے سدھاروں اور جنت میں ڈال دیا جاؤں۔ اعمال کے پیشِ نظر تو اس کے امکانات کم ہی ہیں۔ اگرچہ اللہ کی رحمت سے مایوس نہیں۔ لیکن بالفرض اگر وہاں چلا بھی گیا تو دنیا کے ساتھ رابطہ کرنے کا کوئی ذریعہ مجھے نہیں ملے گا کہ جنت کا جغرافیہ اور آرکیٹیکچر آپ کو بتا سکوں۔۔۔ یوں سمجھ لیجیے کہ دنیا کے خوبصورت ترین باغ سے جنت کے باغات کئی ہزار گنا زیادہ خوبصورت ہیں اور وہاں بہنے والی نہریں اتنی شفاف ہیں کہ ہمارے یہاں کا صاف ترین دریا بھی اس کا مقابلہ نہیں کر سکتا۔

سوال: مردوں کے حقوق تو بہت سے ہیں۔ کیا خواتین کے بھی کچھ حقوق ہیں؟

جواب: اسلام کا اگر ہم گہری نظر سے مطالعہ کریں تو خاوند اور بیوی مجموعی طور پر حقوق کے حوالے سے ایک ہی سطح پر نظر آتے ہیں۔ جہاں بیوی کے لیے حکم ہے کہ وہ اپنے خاوند کی تمام جائز باتیں مانے جو اللہ کے احکامات سے نہ ٹکرائیں۔ اپنے شوہر کے آرام و ضروریات اور عزت کا خیال رکھے اور شوہر کی آمدنی میں سے پاکٹ منی (Pocket Money) کے سوا شوہر کی اجازت کے بغیر خرچ نہ کرے۔ وہیں پر خاوند کے ذمہ بیوی کے بھی بہت سے حقوق ہیں۔ بیوی کی جائز ضروریات کا خیال رکھنا، اُس کو وسائل بہم پہنچانا، اُس کے جسمانی آرام و صحت کا خیال رکھنا خاوند کی ذمہ داری ہے۔ اگر وہ اس میں کوتاہی کرتا ہے تو وہ اس دنیا میں بھی اور آخرت میں بھی اللہ کو جواب دہ ہے۔

آپ ﷺ نے تاکید فرمائی ہے کہ بیوی کا عزت و احترام کیا جائے۔ ایک حدیث ہے کہ ایک شخص کے تین باپ ہوتے ہیں۔ ایک بائیولوجیکل فادر (Biological Father)، دوسرا اُستاد اور تیسرا بیوی کا والد۔ یوں بیوی کے رشتے داروں کا احترام بھی خاوند کے ذمہ ہے۔ بیوی سے سرزد ہونے والی کوتاہی، تلخ گوئی اور اُس کی تند خوئی کو خندہ پیشانی سے برداشت اور معاف کرنے کی آپ ﷺ نے تاکید فرمائی ہے۔ ہم مرد بات بات پر بیوی کو طلاق کی دھمکی دیتے ہیں اس کو سخت ناپسند فرمایا گیا ہے۔ تعلیمات تو یہاں تک ہیں کہ اگر بیوی کا پاؤں پھسلتا ہے اور کوئی لغزش سرزد ہو جاتی ہے اور وہ ندامت و معافی کا اظہار کرتی ہے تو شوہر اس کو اس طرح بھلا دے اور معاف کر دے کہ جیسے بیوی سے زندگی میں کبھی کوئی خطا ہوئی ہی نہیں تھی۔

اگر خدانخواستہ کسی طرح مصالحت نہ ہو پائے اور بیوی شوہر کی حرکتوں سے تنگ آ کر علیحدگی چاہے تو رب تعالیٰ کا حکم یہ ہے کہ نہایت خوش اُسلوبی سے علیحدگی اختیار کی جائے۔ بیوی کو اُس کے حق سے زیادہ دے کر رُخصت کر دیا جائے تاکہ وہ اپنی بقیہ زندگی سہل انداز میں بسر کر سکے۔ بظاہر ایسا لگتا ہے کہ مرد کو اسلام میں بالادستی (Upper Hand) حاصل ہے مگر حقیقتاً ایسا نہیں۔۔۔ حقیقت تو یہ ہے کہ ہم تو بیوی کو محکوم (Dominate) نہیں کرتے، محکوم تو یورپ میں بنایا جاتا ہے جہاں بیوی سے گدھے کی طرح کام لیا جاتا ہے۔ صرف زبانی ستائش (Lip-service) سے کام لے کر عورت کو مشقت کرنے والا گھوڑا (Working Horse) بنا دیا گیا ہے۔ یورپ میں آج بھی مرد و عورت ایک ہی عہدے پر کام کرنے کے باوجود یکساں تنخواہ وصول نہیں کرتے۔ مرد و عورت تعلیمی قابلیت میں برابر ہوں گے لیکن یکساں پوزیشن ہونے کے باوجود عورت کو مرد کی نسبت چالیس فیصد کم معاوضہ دیا جائے گا۔ یورپ میں اس وجہ سے احتجاج بھی ہو رہا ہے۔

ہمارے ہاں اگر بس سٹاپ پر قطار ہو تو خاتون کو قطار میں کھڑے ہونے سے مستثنیٰ قرار دے کر بس میں پہلے سوار کروا دیا جاتا ہے۔ بس میں اگر کوئی خاتون کھڑی ہو تو مرد اُسے اپنی جگہ دے دے گا جب کہ یورپ میں ایسا نہیں ہے۔ وہاں خواتین دفاتر سے کام کر کے آتی ہیں تو کوکنگ (Cooking) اُنھیں خود کرنا پڑتی ہے۔ گھر

کی صفائی ستھرائی بھی اُنہی کو کرنا پڑتی ہے۔ اِن بے چاری خواتین کو صرف مساوی حقوق کا چکمہ دے کر کمانے پر بھی لگایا گیا ہے۔ گھر کا کام کاج بھی کروایا جا رہا ہے اور بچے بھی ان کو سنبھالنا پڑتے ہیں۔ انھیں ہر مرحلے میں مرد کی طرح سختیوں سے گزرنا پڑتا ہے۔۔۔ اسلام میں ایسا نہیں ہے۔ اسلام میں عورت کی کفالت کرنا، اُس کی ضروریات اور آرام و آسائش کا خیال رکھنا، اُس کی دیکھ بھال کرنا مرد پر فرض ہے اور ناکامی کی صورت میں وہ اللہ کو جواب دہ ہے۔ یوں اسلام میں حقوق اور آسانی کے حوالے سے عورت کو ترجیح حاصل ہے۔

سوال: کیا بیوی پر شوہر کی عزت کرنا لازم ہے؟ اور کیا والدین سے زیادہ شوہر کی بات ماننی چاہیے؟

جواب: دنیا میں میاں بیوی کا رشتہ بہت قربت کا رشتہ ہے لیکن ایک چیز یاد رکھیئے کہ دنیا کا کوئی رشتہ یا تعلق ایسا نہیں جو باہمی احترام کے بغیر چل جائے۔ جب تک ہم ایک دوسرے کو عزت نہیں دیں گے تعلقات آگے نہیں بڑھیں گے۔ میاں بیوی کے تعلق میں جب تک عزت و احترام دو طرفہ نہ ہو تب تک معاملات نبھتے نہیں۔ صرف بیوی پر ہی یہ لازم نہیں کہ وہ شوہر کی عزت کرے بلکہ شوہر پر بھی اتنا ہی لازم ہے کہ وہ بیوی کی عزت کرے۔

جہاں تک اس سوال کا تعلق ہے کہ کیا والدین سے زیادہ شوہر کی بات مانی جائے؟ تو جب ایک عورت اپنے والدین کا گھر اس دعویٰ (Claim) کے ساتھ چھوڑ آئی کہ میں اب رُخصت ہو کر اپنے گھر جا رہی ہوں تو اپنے گھر میں مرضی تو عورت اور اُس کے شریکِ حیات کی چلنی چاہیے نہ کہ والدین کی۔ والدین کا احترام اور اُن کی کفالت کرنا اولاد پر فرض ہے۔ خواہ اولاد شادی شدہ ہو یا غیر شادی شدہ۔ اگرچہ ہماری سوسائٹی میں مرد بالادست ہیں لیکن میری سمجھ کے مطابق شوہر کی کمائی پر بیوی کا اتنا ہی حق ہے جتنا خاوند کا اپنا۔۔۔ اور اگر بیوی اپنے شوہر کی کمائی سے اپنے والدین کی خدمت اور مدد کرنا چاہتی ہے تو شوہر کو خوشدلی سے خود اس کی پیشکش کرنی چاہیے اور بیوی کو اپنے طور پر بھی یہ احساس دلانا چاہیے کہ والدین کی مالی معاونت اور خدمت اُس کا فرض ہے اور اُن کی کفالت میں کوتاہی کر کے وہ اللہ کے ہاں گناہ گار ہو رہی ہے۔ اُمید ہے کہ شوہر کے اس رویّے سے نہ صرف اُس کے رزق میں وسعت ہوگی بلکہ عزت میں بھی اضافہ ہوگا۔۔۔ لیکن اس کے ساتھ ساتھ یہ بات بھی یاد رکھنے کی ہے کہ والدین کو اپنے گھریلو اُمور میں دخل انداز نہ ہونے دیا جائے کیونکہ اس سے گھر خراب ہوتے ہیں۔

سوال: اگر عورت خود طلاق مانگے تو شوہر کا رویہ کیا ہونا چاہیے؟

جواب: شوہر کو چاہیے کہ وہ نرم لہجے میں بیوی سے دریافت کرے کہ اُسے اُس سے کیا کیا شکایات ہیں اور پھر وہ اُن شکایات کو دُور کرنے کی حتی الامکان کوشش کرے۔ اُمید ہے اس طرح معاملات درست ہو جائیں گے لیکن اس کے باوجود اگر خاتون طلاق لینے پر بضد ہو تو شوہر خوش اُسلوبی سے اُسے علیحدہ کر دے اور بڑے دل کا ثبوت دیتے ہوئے وہ حقوق جو بیوی کو قانوناً اور شرعاً حاصل ہیں، وہ حقوق اُسے دے دے تا کہ اُس کے

مستقبل کا کچھ عرصہ بہتر انداز میں گزر سکے۔شوہر کے اس عمل سے رب تعالیٰ راضی ہو جائے گا۔

ہم اکثر گناہِ کبیرہ کے مرتکب ہو رہے ہوتے ہیں۔ جب بیوی طلاق مانگتی ہے تو شوہر ضد میں آکر طلاق نہیں دیتے جس پر بیوی مجبوراً خلع کے حصول کے لیے عدالت سے رُجوع کرتی ہے۔ تب شوہر عموماً غیر اخلاقی الزامات اُس پر لگاتے ہیں۔ یاد رکھیے کسی پاک باز خاتون پر اس طرح کا الزام لگانا بہت بڑا گناہ ہے۔ مسلمان مرد سے تو یہ توقع کی جاتی ہے کہ اگر کسی خاتون سے کوئی ایسی لغزش ہو بھی جائے تو خاوند اس کو کبھی زبان پر نہ لائے......اعلیٰ ظرفی یہی ہے۔

سوال: قرآن پاک میں ارشاد ہوتا ہے کہ اللہ کی رسی کو مضبوطی سے تھامے رکھو اور تفرقہ میں نہ پڑو۔ لیکن جب ہم کہتے ہیں کہ فلاں دیوبندی، وہابی یا اہل سنت ہے تو کیا یوں ہم تفرقہ پیدا نہیں کر رہے؟

جواب: بالکل درست۔اس قسم کی بات نہیں کرنی چاہیے۔ تمام مکاتبِ فکر ایک ہی دریا سے نکلنے والی نہریں ہیں۔ان کا منبع ایک ہے۔آپ کسی بھی نہر میں سفر کریں، پہنچیں گے ایک ہی دریا تک۔ جب سبھی راستے ایک ہی منزل تک لے جاتے ہیں تو غلط کوئی راستہ نہ ہوا۔کسی بھی مسلک کو اپنا لیں۔ سب ایک ہی جگہ پہنچائیں گے۔ جب راستے سبھی درست ہیں تو کسی کو بُرا کیوں کہا جائے۔ایسی بات کرنا کھلا تفرقہ ہے۔

سوال: (الف) قیامت کے روز 72 میں سے ایک فرقہ جنت میں جائے گا۔

(ب) تفرقہ بندی کے باعث مختلف مسالک کے لوگوں نے اپنی علیحدہ مساجد بنالی ہیں اور وہ دوسرے مسلک سے تعلق رکھنے والے لوگوں سے منسوب مسجد میں نماز ادا کرنے سے گریز کرتے ہیں؟

جواب: میرے نزدیک تو پوری زمین ہی مسجد ہے اگر وہاں کوئی بت اور ظاہری گندگی نہیں۔ قیامت کے روز ایک فرقہ کے جنت میں جانے کا جہاں تک تعلق ہے تو جب تک ہم کسی بھی فرقہ کو محض ایک مکتبہ فکر کے طور پر لیتے ہیں تو ہم کسی دوسرے مکتبہ فکر کو بُرا نہیں کہتے اور جب بُرا نہیں کہتے تو کوئی تفرقہ بھی پیدا نہیں ہوتا۔ لیکن جب ہم ذاتی اختلافات کی بنیاد پر ایک دوسرے کو بُرا بھلا کہنے لگتے ہیں اور دوسروں کو اسلام سے ہی خارج کرنے لگتے ہیں اور اس انتہا پر پہنچ جاتے ہیں جو آج کل اپنے اردگرد دیکھ رہے ہیں تو پھر وہ حدیث صادق آتی ہے کہ ایسے لوگ جنت سے دُور ہو جاتے ہیں اور اُن کے ہاتھوں دوسروں کی عزت اور جان و مال محفوظ نہیں رہتے۔

اس لیے میں نے لفظ ''مکتبہ فکر'' استعمال کیا ہے۔ جب تک ہم کسی علمی اختلاف کو محض علمی اختلاف تک ہی رہنے دیتے ہیں تو وہ اختلاف رائے (Difference of Opinion) کہلاتا ہے اور یہ اختلاف رائے علمی اجتہاد کو جلا بخشتا ہے کیونکہ جب تک سوالات ذہن میں پیدا نہیں ہوں گے، ہم ان سوالات کی بنیاد پر تحقیق (Research) نہیں کریں گے۔ یوں اختلاف رائے (Difference of Opinion) علم

کو بڑھانے کا ذریعہ بنتا ہے۔ لیکن اگر یہ اختلاف رائے ذاتیات کی طرف چلا جائے تو دلوں میں فرق آ جاتا ہے اور انسان تفرقہ بندی میں گھر جاتا ہے جو سخت ناپسندیدہ ہے۔

یاد رکھیے! اسلام میں اس قدر پابندی ہے کہ ہم کسی کے جھوٹے خدا کو جھوٹا نہیں کہہ سکتے تا کہ وہ ہمارے سچے خدا کو جھوٹا نہ کہے۔ غیر مسلموں کی عبادت گاہوں کا احترام ہم پر لازم ہے۔ ہم کسی کے عقائد کو بُرا نہیں کہہ سکتے۔۔۔ ذرا سوچیں کہ جب غیر مسلموں کے لیے یہ احکامات ہیں تو اپنے ہم مذہب مسلمان بھائیوں کے لیے ہمیں کس قدر فراخ دل ہونا چاہیے۔

سوال: توہین ناموسِ رسالت ﷺ کرنے والے کی کیا سزا ہے؟

جواب: ایک بات طے شدہ ہے۔ علماء کا اس پر اتفاق ہے کہ کوئی بدنصیب جو آپ ﷺ کے بارے میں اپنی زبان پر کنٹرول نہ رکھے وہ واجب القتل ہے اور اس پر کوئی دورائے نہیں۔

نشست نمبر 9

ماہِ رجب کی اہمیت وفضیلت

ہم میں سے ہر انسان کی خواہش ہوگی کہ وہ ماہِ رجب کی برکات زیادہ سے زیادہ سمیٹ سکے۔ اللہ تعالیٰ نے جب سے یہ کائنات تخلیق کی ہے وقت بارہ مہینوں میں تقسیم ہے۔ یہی وجہ ہے کہ دنیا کے تمام مشہور کیلنڈروں میں مہینے بارہ ہی ہیں خواہ اُن کا تعلق کسی بھی خطۂ زمین یا قوم سے ہے۔

اللہ تعالیٰ نے ان بارہ ماہ میں سے چار مہینوں کو حرمت والے قرار دیا ہے۔ یہ چار مہینے رجب، ذیقعد، ذی الحجہ اور محرم ہیں۔ ان میں سے تین مہینے تو ایک تسلسل میں آتے ہیں۔ ذیقعد، ذی الحجہ اور محرم جب کہ رجب علیحدہ ہے۔

رجب دراصل عربی لفظ ''ترجیب'' سے نکلا ہے جس سے مراد ''تعظیم کرنا'' ہے۔

ظہورِ اسلام سے قبل بھی کفار میں یہ مہینہ قابلِ تعظیم سمجھا جاتا تھا۔ اس مہینے کو شہر صابر، شہر اصیب، شہر اُصم اور اِسی طرح کے مختلف ناموں سے پکارا گیا ہے لیکن عجیب بات یہ ہے کہ اس کا ہر نام تعظیم ہی سے متعلق ہے۔

یہ رحمتوں کا مہینہ ہے اسے ''بہرہ مہینہ'' بھی کہتے ہیں کہ یہ سنتا ہی نہیں۔ اِس سے مراد یہ نہیں کہ باقی 12 مہینوں کے کان ہیں اور وہ سنتے ہیں۔ اصل میں اِس سے مراد یہ ہے کہ اِس مہینے کی بہت سی برکات میں سے ایک برکت یہ ہے کہ رب تعالیٰ نے اِس مہینے کی گواہی کو انسان پر ساقط کر دیا ہے۔ جب کوئی شخص اپنی جان پر ظلم کرتا ہے تو یہ مہینہ اُسے سنتا نہیں، دیکھتا نہیں۔ لہٰذا روزِ حساب جب ہمارے مختلف اعضا گواہی دیں گے کہ اِس شخص نے ہمارے ذریعے اپنی جان پر ظلم کیا تھا تو یہ مہینہ گواہی نہیں دے سکے گا کیونکہ رب تعالیٰ نے اپنی رحمت کے صدقے اس مہینے کو بہرہ کر دیا، اس کی گواہی کو رب تعالیٰ نے ساقط کر دیا۔

اہلِ علم نے ماہِ رجب کے 15 روزوں کی مختلف فضیلتیں بیان کی ہیں مثلاً جس نے اِس ماہ ایک روزہ رکھا اُسے 30 سال کے روزوں کے برابر ثواب عطا کیا جائے گا۔ ایک فضیلت یہ ہے کہ جب کوئی شخص رجب کا ایک روزہ رکھتا ہے تو جہنم کا ایک دروازہ اُس پر بند کر دیا جاتا ہے حتیٰ کہ سات روزے رکھنے پر جہنم کے ساتوں دروازے اُس پر بند کر دیئے جاتے ہیں۔ مقصد یہ ہے کہ جو شخص ماہِ رجب کے سات روزے رکھے وہ دوزخ میں داخل نہیں ہوگا۔

اِسی طرح ایک فضیلت یہ بیان کی گئی ہے کہ جنت کے آٹھ دروازے ہیں اور جو شخص ماہِ رجب میں ایک روزہ رکھتا ہے، اللہ کی خوشنودی اور ثواب کے حصول کی نیت سے، اُس پر جنت کا ایک دروازہ کھل جاتا ہے حتیٰ کہ آٹھ روزے رکھنے پر آٹھوں دروازے بھی اُس پر وا کر دیئے جاتے ہیں۔ مراد یہ ہے کہ جس شخص نے رجب کے آٹھ روزے رکھے وہ جنت میں جائے گا۔

لیکن میں جس فضیلت کا ذکر کر رہا ہوں مجھے نہیں معلوم کہ وہ آپ کے لیے کیا اہمیت رکھے گی لیکن وہ فضیلت مجھے بہت بھائی۔ پہلے روزے کا اپنا اجر ہے، دوسرے کا بھی بہت اجر ہے اور تیسرے روزے کا اجر یہ ہے کہ جس شخص نے رجب کا تیسرا روزہ بھی رکھا اُسے اللہ کا قرب اور دوستی عطا ہو گئی۔

ماہِ رجب میں عبادات کا اجر بہت زیادہ ہے۔ ہم اس اجر پر نظر نہ رکھیں کیونکہ اجر تو بہر حال ملتا ہی ہے اِس لیے کہ اللہ تعالیٰ کسی کی نیکی اور محنت کا قرض اپنے ذمہ نہیں رکھتا، اُس کا اجر بندے کو عطا فرما دیتا ہے۔ اگر ہم رجب کے مہینے میں روزے رکھیں اور نیت اللہ کے قرب اور دوستی کی کر لیں تو یہ عمل ہر قسم کے اجر پر سبقت لے جاتا ہے کیونکہ اگر رب کی دوستی اور اس کا قرب حاصل ہو گیا تو گویا سب کچھ حاصل ہو گیا۔

اپنے نامہ ٔ اعمال کی سیاہی کو دھونے کے لیے رجب کا تیسرا روزہ بے حد اہم ہے۔ شاید اِسی طرح ہمیں رب کی دوستی اور قرب عطا ہو جائے اور اِسی بہانے ہماری بخشش ہو جائے۔ ہم اِس مہینے میں نفلی عبادات کریں۔ فرض عبادات تو لازم اور ضروری ہیں کہ ساری عمر باقاعدگی اور پابندی سے کی جائیں لیکن اس مہینے میں فرض اور نفلی عبادات کے ساتھ ساتھ رب تعالیٰ کی بزرگی کا ذکر اور وحدانیت کا اقرار بھی جتنا زیادہ ہو سکے، کریں۔ رب تعالیٰ کی رحمٰن و کریم ہونے کی صفت اور اُس کی رحمت سے اُمید ہے کہ وہ اِس ذکر کے صدقے آپ پر اپنی رحمتیں نازل فرمائے گا اور آپ پر اپنا فضل و کرم کرے گا۔ جس انسان پر رب تعالیٰ کا کرم اور فضل ہو گیا اُسے پھر کسی شے کی حاجت نہیں رہتی کیونکہ پھر بندہ اُس مقام پر جا پہنچتا ہے جہاں وہ کہتا ہے کہ

"میرے لیے میرا رب ہی کافی ہے۔"

ماہِ رجب میں جہاں نیکی اور اچھے کاموں کا اجر بے پناہ ہے وہاں اس مہینے میں بالخصوص ہمیں چاہیے کہ گناہوں سے دُور رہیں اور اللہ کو پکارتے رہیں۔ اللہ کی رحمت سے پوری اُمید ہے کہ وہ ہم پر اپنی رحمتیں نازل فرمائے گا۔ اور ہمیں معاف فرما دے گا۔

رجب کے مہینے میں کی گئی دعائیں بڑی جلدی مستجاب ہوتی ہیں۔ اِس ماہ میں ہم خصوصی طور پر اپنے اور اپنے اہلِ خانہ کے لیے دعا کریں۔ آپ ﷺ سے بڑھ کر کوئی عبادت گزار نہیں ہو سکتا۔ ہم جانتے ہیں کہ آپ ﷺ ساری ساری رات جانماز پر کھڑے ہو کر اللہ کے حضور دعائیں مانگا کرتے تھے حتیٰ کہ کھڑے کھڑے آپ ﷺ کے پاؤں سوج جاتے اور آپ ﷺ کی ریش مبارک آنسوؤں سے تر ہو جاتی۔ ہمیں ایک بات یاد رکھنی چاہیے کہ اِس کثرت سے دعائیں مانگنے کے باوجود آپ ﷺ نے کبھی دنیاوی حاجات کے پورا ہونے کی

دعا نہیں فرمائی کیونکہ آپ ﷺ کو معلوم تھا کہ اِس دنیا کی حقیقت اور قیمت اللہ کے نزدیک ایک مری ہوئی گلی سڑی بکری کے ایک بال کے برابر بھی نہیں۔ اِس لیے آپ ﷺ وہ چیز مانگتے رہے جو اللہ کے نزدیک قدر و قیمت رکھتی ہو۔

بدقسمتی سے جب ہم لوگ اللہ سے دعائیں مانگتے ہیں تو اس میں عموماً سوائے دنیا کے کچھ نہیں ہوتا جب کہ اللہ سے اور بہت سی چیزیں مانگی جاسکتی ہیں۔ مثال کے طور پر ہم اللہ سے رزق مانگتے ہیں جب کہ رزق دینے کا اُس نے نہ صرف وعدہ کیا ہے بلکہ دعویٰ بھی کیا۔ جب رب تعالیٰ یہ کہتا ہے میں رازق ہوں تو اس میں دونوں ہی چیزیں ہیں، وعدہ بھی اور دعویٰ بھی۔ رب تعالیٰ سے بہتر اپنا وعدہ پورا کرنے والا کوئی نہیں۔ اُس نے اپنی مہربانی کو واضح (Explain) کیا کہ وہ ماں سے ستر گُنا زیادہ مہربان ہے۔ اپنی مخلوق سے محبت کرتا ہے۔ وہ اس کی نگہداشت کرتا ہے اور اس کا بھلا چاہتا ہے۔

جب رب نے ایک بار یہ فرما دیا تو ہمیں نہ صرف اس پر یقین ہونا چاہیے بلکہ یہ اعتماد بھی ہونا چاہیے کہ رب تعالیٰ اپنے وعدے میں سچا ہے اور وہ اپنا وعدہ پورا کر کے رہتا ہے۔ لہٰذا ہم اُس سے وہ چیزیں کیوں نہ مانگیں جو واقعی مانگنے کی ہیں۔ ہم رب تعالیٰ سے اُس کا رحم مانگیں، اُس سے بخشش مانگیں، ہم اُس سے رحمتیں مانگیں، ہم اُس سے اُس کی دوستی مانگ لیں اور اگر ہمیں وہ توفیق عطا فرمادے اور ظرف عطا کردے تو ہم رب سے خود اُس کی ذات مانگ لیں۔

ایسی ہستی جو سب سے بڑی ہے، جو سب سے زبردست ہے، جس کے قبضے میں پوری کائنات کے خزانے ہیں۔ اتنی بڑی ہستی سے جب ہم کچھ مانگیں تو کم از کم وہ اُس کے شایانِ شان تو ہو اور رب کے شایانِ شان صرف اُس کی ذات ہے۔ ہم اُس سے اُس کی ذات مانگ لیں کہ یا اللہ! تُو اپنا آپ ہمیں عطا فرمادے۔ ہماری باقی دعائیں خود ہی قبول ہو جائیں گی۔

ماہِ رجب میں ہم درج ذیل دعا بھی پڑھ سکتے ہیں جو اُمید ہے کہ رب کے حضور قبولیت پائے گی۔ اِس دعا کے سلسلے میں روایت ہے کہ ایک بار حضرت علی کرم اللہ وجہہ اپنے صاحبزادگانؓ کے ساتھ خانہ کعبہ تشریف لے گئے۔ دورانِ طواف حضرت علیؓ نے جو اُس وقت امیر المومنین تھے کسی شخص کی آہ و بکا اور چیخ پکار سنی جو رب کے حضور فریاد کر رہا تھا اور بہت درد بھرے انداز میں رو رہا تھا۔ حضرت امام حسینؓ سے حضرت علی کرم اللہ وجہہ نے کہا کہ دیکھو یہ کون شخص ہے؟ حضرت امام حسینؓ اُس شخص کے پاس گئے اور کہا کہ آپ کو امیر المومنین یاد فرما رہے ہیں۔ وہ شخص حضرت امام حسینؓ کی معیت میں حضرت علیؓ کے پاس پہنچا تو اُنھوں نے دریافت کیا۔ ''تم کون ہو؟''

اُس شخص نے جواب دیا ''یا امیر المومنین! میں منازل بن لاحق ہوں۔'' پوچھا ''تم اتنے درد سے کیوں رو رہے تھے؟ کیا دکھ ہے؟'' وہ بولا ''دیکھیں میں کس قدر کڑیل جوان ہوں لیکن میری دائیں سائیڈ لکڑی کی طرح اکڑی ہے۔''

حضرت علیؓ نے پوچھا ''یہ کیسے ہوا؟'' کہنے لگا ''چڑھتی جوانی کا دور تھا۔ میں دنیا کے عیش وعشرت میں کھو کر گناہ کرنے لگا۔ میرے والد نے مجھے روکا لیکن میں نے اُن کی ایک نہ سنی جب میں گناہوں میں ڈوبتا چلا گیا تو میرے والد نے ڈانٹ ڈپٹ اور مار سے کام لیا۔ تب میں نے اپنی بدبختی کو آواز دی اور جواب میں اپنے بوڑھے والد کو مارنے لگا۔ وہ میری طاقت کے سامنے بہت ضعیف تھے لہٰذا اُنھیں چوٹیں بہت آتی تھیں۔ مار کھا کھا کر میرے والد آخر تنگ آ گئے اور کہنے لگے میں اب ساری عمر روزے رکھوں گا اور اللہ سے اپنا حق مانگوں گا۔ میرے والد نے مسلسل روزے رکھنا شروع کر دیئے۔ ایک ہی ہفتے بعد حج کا زمانہ آ گیا اور وہ حج پر چلے گئے۔ وہاں خانہ کعبہ کا غلاف پکڑ کر رب کے حضور اُنھوں نے فریاد کی 'یا باری تعالیٰ! تیری ذات سب سے بڑھ کر طاقت ور ہے۔ لوگ تجھ سے اپنی حاجتیں مانگتے ہیں۔ تو جو اس گھر کا مالک ہے جس گھر کی طرف لوگ دُور دُور سے حج کے لیے آتے ہیں، میں آج تجھ سے اپنا حق مانگتا ہوں، تُو منازل بن لاحق سے میرا حق لے لے' جونہی میرے والد کی زبان سے یہ الفاظ نکلے میری دائیں سائیڈ شل ہو گئی اور اُس روز سے میں مفلوج ہوں۔ تب میں نے اپنے والد سے معافی مانگی اور درخواست کی کہ خانہ کعبہ میں اُسی جگہ جا کر میرے لیے دعا کریں کہ اللہ مجھے اس مصیبت سے نجات دے۔ میں اپنے والد کو ایک اُونٹنی پر سوار کروا کر خانہ کعبہ کی طرف روانہ ہوا۔ راستے میں اُونٹنی بدک گئی اور میرے والد اونٹنی سے گر کر انتقال کر گئے۔ اُس وقت سے میں اِسی حال میں ہوں۔''

جناب حضرت علی کرم اللہ وجہہ نے اُسے ایک دعا پڑھنے کو دی اور فرمایا کہ اِسے پڑھو۔ رب تعالیٰ سے اُمید ہے کہ اسے پڑھنے سے تم صحت یاب ہو جاؤ گے۔

منازل بن لاحق کا کہنا یہ ہے کہ اُس رات جب میں سویا تو مجھے آنحضرت ﷺ کی زیارت ہو گئی اور آپ ﷺ نے فرمایا جو دعا تمھیں میرے چچا زاد بھائی علیؓ نے دی ہے اُس کو پڑھو۔ اِس دعا میں اسمِ اعظم پوشیدہ ہے اور جو شخص رب کو اسمِ اعظم سے پکارتا ہے رب اُس کی دعائیں پوری کرتا ہے۔

یاد رکھیں! وہ رجب کا مہینہ تھا لہٰذا رجب کے مہینے میں ہر نماز کے بعد یہ دعا پڑھیں۔ جو بھی آپ کی خواہش اور مراد ہے اُس کا تصور کر کے اللہ کے حضور گڑگڑائیے اور یہ دعا مانگیں۔ آخر میں جہاں یہ الفاظ آتے ہیں کہ تو مجھے میری مراد...... عطا فرما دے۔ بے شک، بلاشبہ حقیقت میں ہر چیز تیرے ہی قابو میں ہے۔ تو میری مراد کے بعد اپنی اُس خواہش، مراد اور حاجت کا نام لے لیں۔

دعا پڑھنے کا طریقہ یہ ہے۔

نماز کا سلام پھیرنے کے بعد تین بار درود پاک پڑھ لیجیے اور اللہ کی طرف رُجوع کریں یہ کہتے ہوئے کہ

''اے اللہ! اے پوشیدہ چیزوں کے جاننے والے

اے وہ ذات جس کی قدرت سے آسمان بنائے گئے ہیں

اے وہ ذات جس کی قوت سے زمین بچھائی گئی ہے

اے وہ ذات جس کے نورِ جلال سے سورج اور چاند روشن، پُر نور ہیں

اے وہ ذات جس کی توجہ ہر پاک، ایمان دار نفس کی طرف ہوتی ہے

اے وہ ذات جو ترساں اور ہراساں لوگوں کو خوف سے تسکین دینے والی ہے

اے وہ ذات جس کے ہاں مخلوق کی حاجتیں پوری کی جاتی ہیں

اے وہ ذات جس نے یوسف علیہ السلام کو غلامی کی ذلت سے نجات دلائی

اے وہ ذات جس کا کوئی دربان ہے، کہ اُس کو پکارا جائے نہ اُس کے علاوہ کوئی رب ہے جس سے دعا کی جائے۔ جس کا کرم اور فضل باوجود کثرتِ حاجات بڑھتا ہی چلا جاتا ہے۔ میں تجھ سے درخواست کرتا ہوں کہ تُو اپنی رحمت آپ ﷺ اور آپ ﷺ کی اولاد پر نازل فرما اور مجھے میری مراد...... عطا فرما دے۔ بے شک، بلاشبہ، حقیقت میں ہر چیز تیرے ہی قابو میں ہے۔"

یہ دعا کے وہ الفاظ ہیں جو آپ ﷺ نے اپنی زبانِ مبارک سے بھی اُس خواب میں ادا فرمائے تھے اور منازل بن لاحق کو تلقین فرمائی تھی کہ اس دعا کو پڑھنے والے کی کوئی حاجت اور دعا رد نہیں ہوتی۔ اِسی میں اسمِ اعظم پوشیدہ ہے کیونکہ یہ آپ ﷺ نے فرمایا ہے اور آپ ﷺ کی زبان مبارک سے نکلنے والا کوئی لفظ حکمت سے خالی نہیں اور اس میں کوئی شبہ نہیں۔

لہٰذا رجب کے مہینہ میں رُبّ تعالیٰ سے یہ دعا مانگیں۔ انشاء اللہ وہ اپنی رحمت کے صدقے آپ کی حاجتیں پوری کرے گا۔

نشست نمبر 10

دعا......حصولِ رحمت کا یک نکاتی منشور

رب تعالیٰ کا فرمان ہے کہ ''تمھارے رب نے حکم دیا ہے کہ مجھ سے دعا کرو۔ میں قبول کروں گا'' (وَقَالَ رَبُّکُمُ ادْعُوْنِیْٓ اَسْتَجِبْ لَکُمْ)۔ دوسری جگہ فرمایا ''جب نماز سے فارغ ہو تو کھڑے ہو جاؤ دعا کے لیے۔'' ایک اور آیت کے ذریعے فرمایا ''جب میرے متعلق میرے بندے تجھ سے دریافت کریں (کہ ہمارا رب کہاں ہے) تو یقیناً میں قریب ہوں۔ دعا کرنے والا جب مجھ سے دعا کرتا ہے تو میں اُس کی دعا قبول کرتا ہوں۔''

رب تعالیٰ نے دعا کے سلسلے میں جو الفاظ استعمال کیۓ ہیں وہ ''قبول کرنے والا'' اور ''سننے والا'' کے ہیں۔ کچھ لوگوں کی دعائیں پوری ہونے میں وقت لگ جاتا ہے، دیر ہو جاتی ہے۔ اس کے پیچھے کوئی نہ کوئی اللہ کی مصلحت ہوتی ہے۔ بعض اوقات کسی شخص کے مانگنے کا انداز رب کو بھاتا ہے اور وہ شخص اللہ کے حضور کافی عرصہ گڑگڑاتا رہتا ہے تب کہیں جا کر دعا قبول ہوتی ہے۔ بعض اوقات کسی دعا کا قبول ہونا ہمارے حق میں نہیں ہوتا چونکہ رب تعالیٰ رحیم و کریم ہے اس لیۓ وہ اپنی رحمت کے صدقے ایسی دعائیں جو ہمارے مفاد میں نہیں ہیں، قبول نہیں فرماتا لیکن اس کے بدلے ہمارے گناہ معاف فرما دیتا ہے یا پھر ہمارے کچھ دوسرے کام سنوار دیتا ہے جن کے لیۓ ہم نے دعا نہیں کی ہوتی۔ ہماری دعاؤں کے قبول نہ ہونے کی بعض اوقات وجہ یہ بنتی ہے کہ ہم آپ ﷺ کو پہچانتے تو ہیں لیکن آپ ﷺ کی پیروی نہیں کرتے۔ ہم جانتے ہیں کہ یہ لقمہ حرام ہے لیکن اُسے کھاتے ہیں۔۔۔ یہ جانتے ہیں کہ یہ گناہ کا کام ہے لیکن وہ کرتے ہیں۔۔۔ یاد رکھیے کہ جو شخص لقمۂ حرام کھاتا ہے اُس کی دعائیں قبول نہیں ہوتیں۔

زندگی کا کوئی شعبہ ایسا نہیں جس کے بارے میں دین میں احکامات واضح طور پر موجود نہ ہوں۔ مختصراً ہم یہ کہہ سکتے ہیں کہ اللہ تعالیٰ نے ہمارے لیے ایک لائحہ عمل ترتیب دیا جو ہمیں کامیابی کی طرف لے جاتا ہے۔ میرے نزدیک انسان پہلے عملی کوشش اور محنت کرے اور پھر اللہ کے حضور دعا کرے کہ یا باری تعالیٰ! میرے اندر جتنی سکت تھی، جتنا عقل و شعور اور قابلیت تھی اس کو پوری طرح بروئے کار لا کر میں نے کوشش کی ہے تو اِس کو قبول فرما لے اور مجھے کامیابی عطا فرما دے۔

اللہ نے ہمیں بالکل واضح (Clear Cut) راستہ بتا دیا ہے لیکن بہت سی دیگر سماجی، ثقافتی اور معاشرتی تبدیلیوں کے ساتھ ساتھ ایک اور تبدیلی ہمارے مزاج میں در آئی وہ یہ کہ ہم میں سستی کا عنصر غالب آ گیا ہے۔ اب ہم دعا کے لیئے پہلے جاتے ہیں۔ پہلے ہم کام کروانے کے لیے دعا کرتے ہیں اس کے بعد عملی کوشش کرتے ہیں۔ نتیجہ یہ نکلتا ہے کہ ہم مشکل کا شکار رہتے ہیں اور گلہ شکوہ کرتے ہوئے یہاں تک سوچتے ہیں کہ شاید کسی نے ہم پر جادو، ٹونہ یا تعویذ کر دیئے ہیں۔ ایک طرف ہم زبان سے تو یہ کہتے ہیں کہ رب تعالیٰ قادرِ مطلق ہے، اپنی مرضی کا خود مالک ہے، کسی آدمی کی مجال نہیں کہ جو چیز رب دینا چاہے وہ اُسے روک لے اور جو شے رب نہ دینا چاہے وہ ہمیں دلا دے۔ اگر ہماری زبان سے ادا ہونے والے یہ الفاظ سچ ہیں تو پھر ہمیں یہ نہیں کہنا چاہیئے کہ کسی نے یہ رشتہ باندھ دیا ہے۔ میں یہ سمجھتا ہوں کہ ایسا کہنا یا سمجھنا بالواسطہ (Indirectly) شرک ہے۔ رب نے تو واضح طور پر کہہ دیا ہے کہ کوئی شخص کسی کو فائدہ نہیں دے سکتا اگر میں نہ چاہوں اور کوئی شخص کسی کو نقصان نہیں پہنچا سکتا اگر میں نہ چاہوں۔

جب یہ بات واضح طور پر موجود ہے اور ہم اس پر صدقِ دل سے یقین بھی رکھتے ہیں تو پھر ہم لوٹا پھیرنے والے اور عملیات کرنے والے کے پاس کیوں جاتے ہیں۔ ہم اگر سال بھر میں قرآن پاک کا ایک لفظ ہی سیکھ لیں اور اس پر عمل کر لیں تو یہ طوطے کی طرح قرآن پاک رٹنے سے کہیں بہتر ہے۔ اگر ہم قرآن پر ایمان رکھتے ہیں تو ہماری زندگی کے چلن سے یہ ظاہر ہونا چاہیے کہ ہم زبانی ہی نہیں بلکہ عملی طور پر بھی اس پر یقین رکھتے ہیں۔ ہم صاحبِ دعا کے پاس جاتے ہیں کہ صاحب! میرا بچہ پڑھتا نہیں، بہت بدتمیز ہے اس کے لیے دعا کر دیجیئے۔

اللہ تعالیٰ نے تو بچے کو کوری فطرت کے ساتھ پیدا کیا ہے بالکل ایسے جیسے آپ کو ایک کورا صاف ستھرا سادہ کاغذ دے دیا جائے۔ اب یہ آپ پر منحصر ہے کہ آپ اس کورے کاغذ پر قرآنی آیات لکھیں، اقوالِ زریں یا کچھ اور۔۔۔ اللہ نے جو بچہ ہمیں عطا فرمایا وہ تو فطرتاً بالکل نیوٹرل اور سادہ تھا۔ اب جیسی ہم اس کی تربیت کریں گے ویسے ہی اس کے رویئے ہوں گے۔ اگر ایک طرف ہم لاپروائی اور کوتاہی کے باعث اس کی تربیت اچھی نہیں کر پاتے۔۔۔ تو دوسری طرف کوشش اور توجہ سے اس کی تربیت کو بہتر بھی کر سکتے ہیں اسی لیے رب تعالیٰ نے راہ دکھائی اور ماں باپ پر بچے کا حق یہ رکھا کہ وہ اپنے وسائل کے مطابق اُسے بہترین تعلیم و تربیت سے نوازیں۔

اب یہ ہمارا فرض ہے کہ ہم اپنی اولاد کی تعلیم و تربیت اپنے وسائل کے مطابق بہترین انداز میں کریں کیونکہ بچے کے روّیہ کا تعلق والدین کی طرف سے دی گئی تربیت پر منحصر ہے۔ لیکن ہم اِس بات کا اِدراک نہیں کرتے اور تربیت کے معاملے میں اپنی کوتاہی کو درست کرنے کی بجائے، بچے کو صاحبِ عملیات و صاحبِ دعا کے پاس لے جاتے ہیں۔ بچوں کے گلے میں تعویذ ڈالتے ہیں اور کبھی تعویذ گھول کر پلاتے ہیں۔ جب رب پر ہمارا پختہ ایمان ہے اور ہم سمجھتے ہیں کہ وہ ہماری والدہ سے ستر (70) گنا زیادہ ہم سے محبت کرتا ہے، وہ ہماری

مدد بھی کرتا ہے، وہی ہماری بگڑی سنوارتا ہے، وہ ہم سب کا رب ہے اور وہ سب کی سُنتا ہے تو رب تعالیٰ پر پختہ یقین رکھنے والے مسلمان کو یہ زیب نہیں دیتا کہ وہ کسی عامل کے پاس جائے۔ اللہ کو تو وہ لوگ پسند ہیں جو مجاہدوں کی طرح عمل کے لیے کمر کس کے رکھتے ہیں اور عملی جدوجہد کے لیے ہر وقت تیار رہتے ہیں۔۔۔ ہم پر وہ سنہرا دور گزرا ہے جس کو ہمارے بدترین دشمن بھی ''سنہرا'' تسلیم کرتے ہیں۔ یہ حضرت عمرؓ کا دور تھا جب ہم 220 مربع میل علاقہ روزانہ سلطنت میں شامل کر رہے تھے۔ آدھا فرانس ہمارے قبضہ میں آچکا تھا۔ رومیوں کا غرور ہم نے توڑ دیا تھا۔ ایرانی تہذیب ہم نے ملیا میٹ کر دی تھی۔ کیا یہ سب ہم نے تعویذوں، وظیفوں اور عملیات کے زور پر کیا؟ یا کیا اس دور کے مجاہد وظائف پڑھ پڑھ کر دشمن کے علاقے کی طرف پیش قدمی کر رہے تھے؟ یا پھر وہ عملی جدوجہد کر رہے تھے؟ ہم وظائف اور عملیات کے پیچھے بھاگتے ہیں۔ اگر ہم غور کریں تو صحابہ کرامؓ نے جو غربت اور زندگی کی مشکلات دیکھیں کیا ہماری غربت اور مشکلات اُن سے زیادہ ہیں؟

ہم کسی ایک صحابیؓ کا نام بھی نہیں لے سکتے جنھوں نے غربت اور مسائل سے تنگ آکر وظائف کا سہارا لیا ہو۔ ہاں اُنھوں نے وظائف ضرور پڑھے لیکن قربِ الٰہی کے حصول کے لیے...... رضائے الٰہی کے لیۓ۔ اپنے خالق کی خوشنودی کے لیے تو صحابہ کرامؓ نے تسبیحات ضرور پڑھیں لیکن مسائل سے چھٹکارا پانے کے لیے نہیں۔

پھر ہم کن چیزوں میں پڑ گئے ہیں؟

ہم ہر مسئلہ کے حل کے لیے عملیات اور وظائف کیوں ڈھونڈتے ہیں؟

اگر ہمیں روشنی چاہیے تو ہمارے لیے بہترین مینارۂ نور اولیائے کرام رحمۃ اللہ علیہ، صحابہ کرامؓ اور سب سے بڑھ کر آپ ﷺ کی حیاتِ طیبہ ہے۔ ہم اکثر کہتے ہیں کہ ہماری تو دعائیں قبول نہیں ہوتیں۔ ہم لمبی لمبی دعائیں کرتے ہیں اور دلیل یہ دیتے ہیں کہ دعا عبادت کا مغز ہے۔ اس میں کوئی شک نہیں کیونکہ یہ آپ ﷺ کا فرمان ہے لیکن اگر ہم ذرا سا غور کریں تو پتا چلتا ہے کہ آپ ﷺ نے ساری ساری رات رو رو کر بہت عاجزی سے گڑ گڑا کر اللہ کے حضور دعائیں مانگیں لیکن سوال یہاں پر یہ پیدا ہوتا ہے کہ کیا کسی بھی موقع پر آپ ﷺ نے کوئی دنیاوی چیز یا آسائش مانگی؟ کیا زندگی کے مسائل سے نجات کی دعا مانگی؟ یقیناً نہیں...... تو پھر ہماری دعائیں دنیا تک محدود کیوں رہتی ہیں۔

آپ ضرور دعا مانگیں اور گڑ گڑا کر مانگیں اور وہ مانگیں جو آپ ﷺ مانگا کرتے تھے اور آپ ﷺ تو وہ چیز طلب فرماتے جس سے ہم نجات کی دعائیں مانگتے ہیں اور وہ دعا یہ ہے کہ

''یا اللہ! مجھے روزِ قیامت مساکین میں سے اُٹھانا۔''

ہم اللہ سے اُس کے رسول ﷺ کی سنت کے مطابق مانگیں۔ ہم اللہ سے اپنے گناہوں کی معافی مانگ سکتے ہیں۔ ہم اللہ سے اُس کی پناہ مانگ سکتے ہیں شیطان کے خلاف۔ اللہ سے ہم اُس کا رحم اور رحمت مانگ سکتے ہیں اور اگر کبھی اللہ ہمیں توفیق دے تو ہم اللہ سے خود اُس کی ذات مانگ سکتے ہیں۔ یہ مانگنا ہی تو ہے۔ یہ

جو ہم کہتے ہیں کہ مانگنے سے رب خوش ہوتا ہے تو ہم یوں بھی تو اُس کو خوش کر سکتے ہیں کہ بجائے یہ مانگنے کے کہ ''یا اللہ! مجھے کرسی اور اقتدار عطا فرما۔'' ہم اُس سے اُس کی ذات مانگ لیا کریں۔

دعا مانگنے کے لیے کسی صاحبِ دعا کے پاس جانے کی ضرورت نہیں۔ وہ تو سب کی سنتا ہے۔ اُن کی بھی جو اُس کو مانتے ہی نہیں۔ اُن کی بھی جو اُس کے ساتھ شریک ٹھہراتے ہیں۔ سرکشوں اور منکروں کی بھی وہ سنتا ہے اور اُن کی بھی وہ سنتا ہے جو گناہ گار ہیں۔ تو پھر ہم پیر صاحب کی طرف کیوں دوڑے چلے جاتے ہیں کہ دعا کریں کہ ہمارا بچہ تعلیم پر توجہ دے۔ ایک طرف تو بچے کی تعلیم و تربیت میں غفلت برت کر ہم نے اپنی ذمہ داری سے روگردانی کی۔ اس پر مستزاد یہ کہ اس غفلت کی نہ صرف پردہ پوشی کر رہے ہیں بلکہ دعا سے اپنی کوتاہی کی تلافی (Compensation) بھی کرانے کی کوشش کر رہے ہیں۔

ہم پیر صاحب سے دعا کرانے کے لیے کئی کئی گھنٹے ضائع کر دیتے ہیں۔ یہ مسلمانوں کی توہین ہے۔ ہم یہ کیوں نہ کریں کہ پہلے اپنا فرض ادا کریں اور پھر رب تعالیٰ کے حضور گڑگڑا کر اُس کی مدد مانگیں کہ ''یا اللہ پاک! تُو اِس کوشش اور محنت میں برکت دے، ہمارے بچوں کو نیک اور فرماں بردار بنا دے۔ ان کو ایسا بنا دے کہ وہ تیرے محبوب صلی اللہ علیہ وسلم کی اُمت کی بہتری کے لیے Contribute (حصہ ڈالنا) کر سکیں۔''

رب تعالیٰ مہربان ہے، رحیم و کریم ہے۔ وہ ہماری محنت سے کئی گنا زیادہ اجر ہمیں عطا فرماتا ہے لیکن کبھی کبھی یوں بھی ہوتا ہے کہ ہماری کوشش کے متوقع اور مطلوبہ نتائج سامنے نہیں آتے۔ ایسے میں عاملوں، پیروں، فقیروں اور اوراد و وظائف کے پیچھے بھاگنے کی بجائے ہمیں اپنے متزلزل یقین کو یہ کہہ کر سہارا دینا چاہیے کہ ''میرا مالک بہت مہربان ہے، وہ ہمیشہ میرا بھلا چاہتا ہے، میری عقل ناقص اور عمل محدود ہے۔ میں اپنی ناک سے پرے نہیں دیکھ سکتا۔ مجھے کل کی خبر نہیں لیکن میرے رب سے تو کچھ بھی پوشیدہ نہیں ہے۔ میں جو کچھ مانگ رہا تھا اور جس چیز کے حصول کے لیے کوشاں تھا وہ شاید میرے لیے بہترین نہیں تھی اس لیے مجھے عطا نہیں ہوئی۔ یہ رویہ اپنا کر انسان مرضی کے خلاف نتائج بھی ہنسی خوشی قبول کر لیتا ہے۔''

جب انسان رب تعالیٰ کے عشق میں ڈوب جاتا ہے تب وہ اپنے رب کے ساتھ مکالمہ کرتا ہے، دعا نہیں کرتا۔ وہ دعا کے لیے ہاتھ اُٹھاتا ہے تو سب کچھ مانگنا بھول جاتا ہے۔ اُسے یاد رہتا ہے تو بس اتنا کہ ''یا رب! تُو مجھے ملے گا کب؟'' وہ دعا کے وقت رب سے صرف اُسی کو مانگتا ہے۔ اُس کا قرب مانگتا ہے اور اُس کے دیدار کی تمنا کرتا ہے۔ وہ رب کو اپنا راز داں، اپنا دوست اور اپنا محبوب جان کر اپنے دل کا حال اُسی سے کہتا ہے اور بڑے مان سے اُسے پُکارتا ہے اور بے شک رب تعالیٰ اپنے بندوں کا مان رکھنے والا ہے۔

سوال: کیا دعائے مشلول اُردو میں بھی کی جا سکتی ہے؟

جواب: یہ دعا اُردو میں بھی کی جا سکتی ہے کیونکہ رب تعالیٰ کے بارے میں میرا یقین ہے کہ وہ ہر زبان سمجھتا ہے۔ اگر کوئی شخص قوتِ گویائی سے محروم ہو تو اُس کو بھی وہ سنتا اور جانتا ہے۔

میں چھ سات سال پہلے ستائیس رمضان کے ختم سے فارغ ہو کر فیصل آباد گیا ہوا تھا۔ ہوٹل کے کمرے پر دستک ہوئی۔ کوئی اجنبی صاحب تھے۔ تعارف کروائے بغیر بولے کہ کل میں ختم پر آیا ہوا تھا۔ میں نے عرض کیا کوئی حکم ہو تو فرمائیے۔ وہ صاحب اِدھر اُدھر کی باتیں کرتے رہے۔ میں نے پھر عرض کیا ''حضور! میرے لائق کوئی خدمت ہو تو بتائیے۔'' بولے ''آپ میری کیا خدمت کر سکتے ہیں۔ آپ سے تو دعا کے لیے بھی نہیں کہا جا سکتا۔'' میں نے کہا ''میں آپ کی صاف گوئی کو پسند کرتا ہوں لیکن پھر بھی بتائیے کہ آپ کے تشریف لانے کا سبب کیا ہے۔'' وہ بے ساختہ بولے ''بابا فرید صاحب سے میری ملاقات کروا دیجیے۔'' میں نے عرض کیا ''حضور! توبہ کیجیے میری کیا مجال۔'' ابھی آپ نے خود فرمایا اور بالکل سچ فرمایا۔ میں اس قابل کہاں کہ کسی شخص کی خدمت کر سکوں اور گناہ گار اتنا ہوں کہ کسی کے لیے کیا دعا کروں گا تو بابا فرید صاحب سے آپ کی ملاقات کیسے کروا سکتا ہوں کیونکہ اُن کا مقام تو بہت بلند ہے البتہ یہ ہو سکتا ہے کہ میں ماہِ رمضان میں جمعہ کے جمعہ بابا فرید صاحب کے ہاں حاضر ہوتا ہوں۔ اگر پرسوں عید بھی ہوئی تب بھی جاؤں گا۔ اگر آپ پسند فرمائیں تو میرے ساتھ چلے چلیئے گا۔'' جمعہ کی صبح وہ صاحب آئے اور ہم بابا صاحب کی خدمت میں حاضر ہو گئے۔ سلام عرض کر کے اور فاتحہ پڑھ کر فارغ ہوئے تو میں نے دیکھا کہ وہ صاحب زار و قطار رو رہے تھے۔ اُن کے آنسو تھمتے نہ تھے۔ گاڑی میں بیٹھتے ہی بولے۔

''شاہ صاحب! بابا صاحب انگریزی بہت اچھی بولتے ہیں۔''

میں نے کہا ''اگلی بار جب آپ یہاں تشریف لائیں تو بابا صاحب سے فرنچ (French) میں گفتگو کیجیے گا وہ فرنچ بھی بہت اچھی بولتے ہیں۔''

اس سارے قصے کے بیان کا مقصد یہ ہے کہ اگر رب کا ایک ادنیٰ بندہ، بابا فرید صاحب جیسا شخص جنھوں نے دنیاوی تعلیم حاصل نہ کی تھی جب وہ اتنی اچھی انگریزی بول سکتے ہیں کہ انگریز افسر کے آنسو نہیں تھمتے تو رب تو پھر رب ہے۔ ہم رب کو اپنی مادری زبان میں جس محبت سے پکار سکتے ہیں، اُس کے حضور گڑگڑا سکتے ہیں۔ رٹی رٹائی دعاؤں کے ذریعے اس کو ویسے نہیں پکار سکتے کیونکہ مادری زبان میں دعا مانگتے ہوئے ہمارا دل بھی شامل ہوتا ہے جب کہ رٹی رٹائی دعاؤں کے وقت عموماً ہم محض لفظ بولتے چلے جاتے ہیں، ان کی رُوح کو سمجھے بغیر۔ لہٰذا دعا کے لیے ضروری ہے کہ ہمارا دل، زبان اور ذہن تینوں ایک ہی وقت میں ایک ہی جذبے کے ساتھ یکسو ہو کر اللہ کے حضور دعا کریں۔۔۔ تا کہ دعا قبول ہو جائے۔

آپ نے دیکھا ہو گا کہ مساجد میں ہم بڑی لمبی دعا مانگتے ہیں۔ گزشتہ باسٹھ سال سے دعا کا وہ سلسلہ جاری ہے لیکن حالات میں کوئی خاص تبدیلی رُونما نہیں ہوتی۔ دوسری طرف ہم نمازِ استسقاء کے بعد جب کسی کھلی جگہ جا کر بارش کے لیے دعا مانگتے ہیں اور رب کے حضور اپنی مادری زبان میں گڑگڑاتے ہیں تب زبان میں ایسا اثر پیدا ہوتا ہے کہ اِدھر دعا مانگی جاتی ہے اور اُدھر چند منٹ بعد بارش ہونے لگتی ہے۔ وجہ کیا ہے؟ باسٹھ سال سے مانگی جانے والی دعائیں رٹی رٹائی دعائیں ہیں۔ مکینیکل دعائیں جیسے ٹیپ ریکارڈ بج رہا ہو۔ اس

میں نہ دل اور نہ ہی دماغ رب کی طرف متوجہ ہوتا ہے لیکن نمازِ استسقاء میں ہماری دعا کا انداز مکینیکل نہیں ہوتا بلکہ ہم مکمل یکسوئی سے دعا مانگ رہے ہوتے ہیں۔ ہمارا دل اور دماغ مکمل طور پر رب کی طرف متوجہ ہوتا ہے۔ یہی وجہ ہے کہ ایسی کیفیت میں جب ہم رب کے حضور گڑگڑاتے ہیں تو ہماری دعا فوراً قبول ہو جاتی ہے۔۔۔ لہٰذا بہتر ہے کہ ہم اس جذبے اور مان کے تحت رب کو پکاریں کہ وہ میرا رب ہے اور میں اس کا بندہ ہوں۔ اس کے علاوہ میں کسی رب کو نہیں مانتا۔ بس وہی وحدہٗ لاشریک ہے۔ جب ہم اُس مان کے ساتھ رب کے حضور جاتے ہیں اور اُس کی بندگی میں ڈوب کر اُس کو پکارتے ہیں تو ہماری دعا قبول ہو جاتی ہے۔

اس ساری بات کا مقصد ہرگز آپ کو عربی سے دُور کرنا نہیں ہے کیونکہ قرآن پاک عربی میں نازل ہوا اور اُسے صرف اور صرف عربی میں ہی پڑھنا چاہیے۔ عربی زبان سے وابستگی اور لگاؤ اپنی جگہ بے حد اہم ہے لیکن جب اللہ کے سامنے میں درخواست کرنا چاہتا ہوں اور گڑگڑانا چاہتا ہوں تو میں اپنی مادری زبان کو ترجیح دوں گا کیونکہ مجھے یقین ہے کہ میرا رب اتنا عظیم ہے کہ وہ محتاج نہیں کہ اُس کے سامنے ایک مخصوص (Specific) زبان میں ہی گڑگڑایا جائے۔

سوال: شب برأت میں اگر آپ ہمیں بھی اپنے ساتھ دعا میں شامل فرما لیں تو مہربانی ہوگی۔

جواب: صاحب! مجھے تو اس پر کوئی اعتراض نہیں بلکہ اس سے تو میرا نفس پھلے پھولے گا کہ لوگوں نے مجھے بڑا سمجھا، گناہوں میں اور اضافہ ہو جائے گا۔ لیکن گزارش یہ ہے کہ ہم ہر کام میں آپ ﷺ کے عمل (Action) کو دیکھیں اور اُس کی نقل کر لیں۔ آسان لفظوں میں اسے سنت پر عمل پیرا ہونا کہتے ہیں جو یقیناً باعث برکت بھی ہے اور باعث ثواب بھی۔ آپ ﷺ عبادت کے سلسلے میں اتنے محتاط تھے کہ مسجد میں صرف فرض نماز باجماعت ادا کرتے، باقی تمام عبادات اپنے حجرے میں بند ہو کر فرماتے تھے۔ اگر ہم اِسی سنت پر عمل کریں اور نفلی عبادات خفی طور پر کریں تو سنت پر بھی عمل ہو جائے گا اور رب بھی راضی ہو جائے گا اور یہ خدشہ بھی ٹل جائے گا کہ لوگ ہمیں نیک سمجھ کر سلام کرنے لگیں کیونکہ یہ بڑا خطرناک مرحلہ ہوتا ہے جب خلقِ خدا کسی شخص کو نیک سمجھ کر سلام کرنے لگتی ہے تو عموماً اپنے نفس کے ہاتھوں انسان مارکھا جاتا ہے اور تکبر کی وجہ سے سر کے بل جا گرتا ہے۔ لہٰذا نفلی عبادات کا جس قدر خفی اہتمام کیا جائے اُسی قدر بہتر ہے۔

سوال: دعائے مشلول اُردو میں بتائی گئی ہے۔ تو کیا اسم اعظم کا بھی ترجمہ کیا گیا ہے؟

جواب: آپ خاطر جمع رکھیئے۔۔۔ اِسم اعظم کا ترجمہ نہیں کیا گیا وہ بعینہٖ اس میں موجود ہے۔

نوٹ:۔ ماہ رجب والے باب میں جو دعا ہے۔ اُسے دعائے مشلول کہا جاتا ہے۔

میں چھ سات سال پہلے ستائیس رمضان کے ختم سے فارغ ہو کر فیصل آباد گیا ہوا تھا۔ ہوٹل کے کمرے پر دستک ہوئی۔ کوئی اجنبی صاحب تھے۔ تعارف کروائے بغیر بولے کہ کل میں ختم پر آیا ہوا تھا۔ میں نے عرض کیا کوئی حکم ہو تو فرمائیے۔ وہ صاحب اِدھر اُدھر کی باتیں کرتے رہے۔ میں نے پھر عرض کیا ''حضور! میرے لائق کوئی خدمت ہو تو بتائیے۔'' بولے ''آپ میری کیا خدمت کر سکتے ہیں۔ آپ سے تو دعا کے لیے بھی نہیں کہا جا سکتا۔'' میں نے کہا ''میں آپ کی صاف گوئی کو پسند کرتا ہوں لیکن پھر بھی بتائیے کہ آپ کے تشریف لانے کا سبب کیا ہے۔'' وہ بے ساختہ بولے ''بابا فرید صاحب سے میری ملاقات کروا دیجیے۔'' میں نے عرض کیا ''حضور! توبہ کیجیے میری کیا مجال۔'' ابھی آپ نے خود فرمایا اور بالکل سچ فرمایا۔ میں اس قابل کہاں کہ کسی شخص کی خدمت کر سکوں اور گناہ گار اتنا ہوں کہ کسی کے لیے کیا دعا کروں گا تو بابا فرید صاحب سے آپ کی ملاقات کیسے کروا سکتا ہوں کیونکہ اُن کا مقام تو بہت بلند ہے البتہ یہ ہو سکتا ہے کہ میں ماہِ رمضان میں جمعہ کے جمعہ بابا فرید صاحب کے ہاں حاضر ہوتا ہوں۔ اگر پرسوں عید بھی ہوئی تب بھی جاؤں گا۔ اگر آپ پسند فرمائیں تو میرے ساتھ چلے چلیئے گا۔'' جمعہ کی صبح وہ صاحب آئے اور ہم بابا صاحب کی خدمت میں حاضر ہو گئے۔ سلام عرض کر کے اور فاتحہ پڑھ کر فارغ ہوئے تو میں نے دیکھا کہ وہ صاحب زار و قطار رو رہے تھے۔ اُن کے آنسو تھمتے نہ تھے۔ گاڑی میں بیٹھتے ہی بولے۔

''شاہ صاحب! بابا صاحب انگریزی بہت اچھی بولتے ہیں۔''

میں نے کہا ''اگلی بار جب آپ یہاں تشریف لائیں تو بابا صاحب سے فرنچ (French) میں گفتگو کیجیے گا وہ فرنچ بھی بہت اچھی بولتے ہیں۔''

اس سارے قصے کے بیان کا مقصد یہ ہے کہ اگر رب کا ایک ادنیٰ بندہ، بابا فرید صاحب جیسا شخص جنھوں نے دنیاوی تعلیم حاصل نہ کی تھی جب وہ اتنی اچھی انگریزی بول سکتے ہیں کہ انگریز افسر کے آنسو نہیں تھمتے تو رب تو پھر رب ہے۔ ہم رب کو اپنی مادری زبان میں جس محبت سے پکار سکتے ہیں، اُس کے حضور گڑگڑا سکتے ہیں۔ رٹی رٹائی دعاؤں کے ذریعے اس کو ویسے نہیں پکار سکتے کیونکہ مادری زبان میں دعا مانگتے ہوئے ہمارا دل بھی شامل ہوتا ہے جب کہ رٹی رٹائی دعاؤں کے وقت عموماً ہم محض لفظ بولتے چلے جاتے ہیں، ان کی رُوح کو سمجھے بغیر۔ لہٰذا دعا کے لیے ضروری ہے کہ ہمارا دل، زبان اور ذہن تینوں ایک ہی وقت میں ایک ہی جذبے کے ساتھ یکسو ہو کر اللہ کے حضور دعا کریں۔۔۔ تاکہ دعا قبول ہو جائے۔

آپ نے دیکھا ہو گا کہ مساجد میں ہم بڑی لمبی دعا مانگتے ہیں۔ گزشتہ باسٹھ سال سے دعا کا وہ سلسلہ جاری ہے لیکن حالات میں کوئی خاص تبدیلی رُونما نہیں ہوتی۔ دوسری طرف ہم نمازِ استسقاء کے بعد جب کسی کھلی جگہ جا کر بارش کے لیے دعا مانگتے ہیں اور رب کے حضور اپنی مادری زبان میں گڑگڑاتے ہیں تب زبان میں ایسا اثر پیدا ہوتا ہے کہ اِدھر دعا مانگی جاتی ہے اور اُدھر چند منٹ بعد بارش ہونے لگتی ہے۔ وجہ کیا ہے؟ باسٹھ سال سے مانگی جانے والی دعائیں رٹی رٹائی دعائیں ہیں۔ مکینیکل دعائیں جیسے ٹیپ ریکارڈ بج رہا ہو۔ اس

میں نہ دل اور نہ ہی دماغ رب کی طرف متوجہ ہوتا ہے لیکن نمازِ استسقاء میں ہماری دعا کا انداز مکینیکل نہیں ہوتا بلکہ ہم مکمل یکسوئی سے دعا مانگ رہے ہوتے ہیں۔ ہمارا دل اور دماغ مکمل طور پر رب کی طرف متوجہ ہوتا ہے۔ یہی وجہ ہے کہ ایسی کیفیت میں جب ہم رب کے حضور گڑگڑاتے ہیں تو ہماری دعا فوراً قبول ہو جاتی ہے۔۔۔ لٰہذا بہتر ہے کہ ہم اس جذبے اور مان کے تحت رب کو پکاریں کہ وہ میرا رب ہے اور میں اس کا بندہ ہوں۔ اس کے علاوہ میں کسی رب کو نہیں مانتا۔ بس وہی وحدہٗ لاشریک ہے۔ جب ہم اُس مان کے ساتھ رب کے حضور جاتے ہیں اور اُس کی بندگی میں ڈوب کر اُس کو پکارتے ہیں تو ہماری دعا قبول ہو جاتی ہے۔

اس ساری بات کا مقصد ہرگز آپ کو عربی سے دُور کرنا نہیں ہے کیونکہ قرآن پاک عربی میں نازل ہوا اور اُسے صرف اور صرف عربی میں ہی پڑھنا چاہیے۔ عربی زبان سے وابستگی اور لگاؤ اپنی جگہ بے حد اہم ہے لیکن جب اللہ کے سامنے میں درخواست کرنا چاہتا ہوں اور گڑگڑانا چاہتا ہوں تو میں اپنی مادری زبان کو ترجیح دوں گا کیونکہ مجھے یقین ہے کہ میرا رب اتنا عظیم ہے کہ وہ محتاج نہیں کہ اُس کے سامنے ایک مخصوص (Specific) زبان میں ہی گڑگڑایا جائے۔

سوال: شب برأت میں اگر آپ ہمیں بھی اپنے ساتھ دعا میں شامل فرمالیں تو مہربانی ہوگی۔

جواب: صاحب! مجھے تو اس پر کوئی اعتراض نہیں بلکہ اس سے تو میرا نفس پھلے پھولے گا کہ لوگوں نے مجھے بڑا سمجھا، گناہوں میں اور اضافہ ہو جائے گا۔ لیکن گزارش یہ ہے کہ ہم ہر کام میں آپ ﷺ کے عمل (Action) کو دیکھیں اور اُس کی نقل کر لیں۔ آسان لفظوں میں اسے سنت پر عمل پیرا ہونا کہتے ہیں جو یقیناً باعث برکت بھی ہے اور باعث ثواب بھی۔ آپ ﷺ عبادت کے سلسلے میں اتنے محتاط تھے کہ مسجد میں صرف فرض نماز با جماعت ادا کرتے، باقی تمام عبادات اپنے حجرے میں بند ہو کر فرماتے تھے۔ اگر ہم اِسی سنت پر عمل کریں اور نفلی عبادات خفی طور پر کریں تو سنت پر بھی عمل ہو جائے گا اور رب بھی راضی ہو جائے گا اور یہ خدشہ بھی ٹل جائے گا کہ لوگ ہمیں نیک سمجھ کر سلام کرنے لگیں کیونکہ یہ بڑا خطرناک مرحلہ ہوتا ہے جب خلقِ خدا کسی شخص کو نیک سمجھ کر سلام کرنے لگتی ہے تو عموماً اپنے نفس کے ہاتھوں انسان مار کھا جاتا ہے اور تکبر کی وجہ سے سر کے بل جا گرتا ہے۔ لٰہذا نفلی عبادات کا جس قدر خفی اہتمام کیا جائے اُسی قدر بہتر ہے۔

سوال: دعائے مشلول اُردو میں بتائی گئی ہے۔ تو کیا اسم اعظم کا بھی ترجمہ کیا گیا ہے؟

جواب: آپ خاطر جمع رکھیئے۔۔۔ اِسم اعظم کا ترجمہ نہیں کیا گیا وہ بعینہٖ اس میں موجود ہے۔

نوٹ:۔ ماہ رجب والے باب میں جو دعا ہے۔ اُسے دعائے مشلول کہا جاتا ہے۔

نشست نمبر 11

توکّل

توکّل کے تین مقام ہیں

1۔ توکّل

2۔ تسلیم

3۔ تفویض

ان تینوں مقامات کی وضاحت اولیائے کرام نے یوں کی ہے کہ

1۔ ''توکّل'' اُس چیز کا نام ہے جو جدوجہد کے بعد انسان کو حاصل ہو۔ اسے وہ اللہ کی طرف سے فیصلہ سمجھ کر خوشی کے ساتھ تسلیم کرلے۔

2۔ ''تسلیم'' وہ مقام ہے جہاں پر اللہ کی طرف سے جو عطا نہ ہو اُس پر بھی شکر اور جو عطا ہو اُس پر بھی شکر ادا کیا جائے۔

3۔ ''تفویض'' وہ مقام ہے جہاں انسان اپنے ارادوں اور خواہشات کو رد کر کے مکمل طور پر اللہ کے ارادوں اور خواہشات کے تابع ہو جاتا ہے۔

کچھ اولیائے کرام نے اس کی مزید وضاحت یوں فرمائی کہ ''توکّل'' وہ مقام ہے جو مومنین کو حاصل ہے۔ ''تسلیم'' وہ مقام جو حضرت ابراہم علیہ السلام کو حاصل ہے اور آپ ﷺ ''تفویض'' کے مقام پر فائز ہیں۔ اس کی توجیہہ یہ پیش کی جاتی ہے کہ مومن اللہ کے فیصلوں کو بڑی خوشی سے تسلیم کرتا ہے۔ وہ محنت کرتا ہے اور اس کے بعد جو کچھ اللہ کی طرف سے عطا ہوتا ہے وہ اُسے بہ رضا و رغبت تسلیم کرتا ہے اور اُس پر رنجیدہ نہیں ہوتا۔

حضرت ابراہیم علیہ السلام کو صاحبِ تسلیم اس لیے کہا جاتا ہے کہ ایک مقام پر آ کر حضرت ابراہیم علیہ السلام سوائے رب تعالیٰ کے کسی کو نہ پہچانتے تھے حتیٰ کہ جب جبرائیل علیہ السلام تشریف لائے تو حضرت ابراہیم علیہ السلام نے اُن کی طرف آنکھ اُٹھا کر بھی نہیں دیکھا اور فرمایا کہ میں تو صرف اپنے رب کو جانتا ہوں۔۔۔ یہ مقامِ تسلیم ہے۔

چونکہ آپ صلی اللہ علیہ وسلم کی زبان سے نکلا ہوا ہر لفظ اور آپ صلی اللہ علیہ وسلم سے سرزد ہونے والا ہر فعل من جانب اللہ تھا اس نسبت سے آپ صلی اللہ علیہ وسلم کو 'صاحبِ تفویض' کہا جاتا ہے۔

حضرت ابراہیم خواص رحمتہ اللہ علیہ خود ایک بڑے ولی اللہ گزرے ہیں۔ آپ ولائیت کے بہت بلند مقام پر فائز تھے۔ صاحبِ کشف و کرامات تھے۔ ایک روز اُنھیں راستے میں ایک شخص ملا جو اصل میں جِن تھا۔ آپ نے پوچھا۔ ''کہاں کا قصد ہے؟'' جواب آیا ''مکہ مکرمہ جارہا ہوں۔'' حضرت ابراہیم خواص رحمتہ اللہ علیہ حیران ہوکر کہنے لگے ''تمھارے پاس کوئی سواری ہے نہ زادِراہ۔'' جِن بولا ''ہم میں سے کچھ لوگ ایسے ہیں جو توکّل پر سواری کرتے ہیں۔'' اس نسبت سے اولیائے کرام نے توکّل کی تعریف یوں کی کہ جب انسان وہ لمحہ جس میں وہ زندہ ہے، اُس پر تکیہ کرے اور اگلے لمحہ کی فکر نہ کرے تو وہ ''متوکّل'' ہے۔

اِسی طرح روایت ہے کہ آپ صلی اللہ علیہ وسلم نے فرمایا ''مجھے دکھایا گیا کہ میری اُمت اِس کثرت سے ہوگئی ہے کہ تمام زمین اور پہاڑ میری اُمت سے بھرے پڑے ہیں۔ رب تعالیٰ نے پوچھا کہ اس کثرت سے خوش ہو؟ آپ صلی اللہ علیہ وسلم نے عرض کیا۔ خوش ہوں۔'' اِسی ہجوم میں اللہ تعالیٰ نے آپ صلی اللہ علیہ وسلم کو ساٹھ ستر ہزار پر مشتمل ایک گروہ دکھایا اور آپ صلی اللہ علیہ وسلم کو بتایا گیا کہ یہ وہ گروہ ہے جو سیدھا جنت میں جائے گا۔ یہ آپ صلی اللہ علیہ وسلم کی اُمت کے وہ لوگ ہیں جو نہ تو تعویذ کراتے تھے، نہ جادو منتر اور نہ ہی کسی شخص سے کوئی اُمید رکھتے تھے بلکہ یہ لوگ صرف اللہ پر توکّل کرتے تھے۔ اس وجہ سے ان کو سیدھا جنت میں داخل کردیا گیا۔

یہ واقعہ سننے کے بعد ایک صحابی حضرت عکاشہ ؓ کھڑے ہوگئے اور آپ صلی اللہ علیہ وسلم سے درخواست کی کہ دعا کیجیے کہ اللہ تعالیٰ مجھے بھی اس گروہ میں شامل کرلے۔ آپ صلی اللہ علیہ وسلم نے دعا فرمادی۔ پھر ایک اور صحابیؓ نے بھی ایسی ہی دعا کی درخواست کی تو آپ صلی اللہ علیہ وسلم نے فرمایا ''عکاشہ ؓ تم سے سبقت لے گئے۔''

دوسری طرف ہم لوگ ہیں جو اپنی خواہشات پوری نہ ہونے پر بے چین ہوجاتے ہیں۔ کبھی تعویذ تو کبھی جادو کرنے والوں اور کبھی دعا کرنے والوں کے پاس جاتے ہیں تاکہ ہماری آرزوئیں پوری ہوجائیں۔

اگر ہم اپنے اندر یہ یقین پیدا کرلیں کہ رب تعالیٰ ہماری والدہ سے ستر گناہ زیادہ ہم سے محبت کرتا ہے، شہ رگ سے بھی قریب ہے، سب سے بڑھ کر سخی ہے تو پھر ہمیں کسی تعویذ، جادو اور دعا کرنے والے کے پاس جانے کی ضرورت نہیں پڑے گی کیونکہ پھر یہ یقین پیدا ہو چکا ہوگا کہ میرا رب سب سے بڑا رحیم ہے۔ سب سے زیادہ بہتر پالنے والا اور اس سے بڑھ کر وعدہ کا پابند اور سچا بھی کوئی نہیں تو وہ کیسے میرا خیال نہیں رکھے گا۔

جب یہ یقین پیدا ہوجاتا ہے تو پھر اللہ کی طرف سے جو بھی مل رہا ہوتا ہے ہم اُس کو اپنے لیۓ بہتر سمجھنے لگتے ہیں۔ پھر اگر آدمی باوجود کوشش کے کوئی کام نہ کر پا رہا ہو تو سمجھ لیجیے کہ اِسی میں ہماری بہتری ہے۔ یہ بھی دیکھا گیا ہے کہ رُکاوٹوں کے باوجود ہم نے کہا کہ ہم تو یہ کام کر کے ہی دم لیں گے تو خواری کے سوا کچھ ہاتھ نہیں آیا۔

جب ہم نے رب کی طرف سے ملنے والی ہر شے کو، خواہ وہ ہماری منشا کے مطابق ہو یا اُس کے خلاف، ہنسی خوشی تسلیم کرلیا تو پھر کوئی غم ہی نہیں رہے گا۔ بات ساری رب پر بھروسے کی ہے لیکن ہوتا کیا ہے کہ ہم رب پر

یقین تو رکھتے ہیں لیکن اُس پر بھروسہ نہیں کرتے۔

"We believe in God but we don't trust Him."

رب تعالیٰ پر یقین اور بھروسہ کا فرق یوں واضح ہو جائے گا کہ کبھی گھر جاتے ہوئے ہمارے ذہن میں یہ خیال نہیں آیا ہو گا کہ گھر پہنچنے پر ہماری والدہ ہمیں کھانا نہیں دیں گی، آرام کا خیال نہیں رکھیں گی، ہمارے لباس کا خیال نہیں رکھیں گی۔ ہمیں ماں کی محبت پر بھروسہ ہوتا ہے۔ ہم اُس کے ہوتے ہوئے کبھی پڑوسی سے یہ نہیں کہیں گے کہ ہماری والدہ سے سفارش کر دیں کہ ہمیں کھانا دے دے۔۔۔ تو رب جس کو ہم ماں سے ستر گنا زیادہ مہربان گردانتے ہیں اُس کے بارے میں یہ کیوں سوچتے ہیں کہ نہ جانے وہ یہ کام کرے گا یا نہیں۔

رب پر بھروسہ پیدا کرنے کا آسان سا طریقہ یہ ہے کہ روزانہ رات کو جب ہم لیٹتے ہیں تو بلا ناغہ ایک مشق کریں۔ یاد کریں کہ زندگی میں کب کب ہم پر کٹھن وقت آیا اور ہم نے سمجھا کہ یہ کام ہمارا نہیں ہو پائے گا لیکن اللہ نے کر دیا۔ کب کب ہم مایوس ہو رہے تھے لیکن اللہ تعالیٰ نے ہمیں مایوسی سے بچا لیا۔ کب کب ہم سمجھ رہے تھے کہ فلاں شے کا بندوبست نہیں ہو پائے گا اور غیب سے انتظام ہو گیا۔

اِس مشق کا یقینی فائدہ یہ ہو گا کہ رب تعالیٰ پر بھروسہ حاصل ہو جائے گا۔ جب انسان متوکّل ہو جاتا ہے تو وہ ہر لمحہ خوشگوار موڈ میں رہنے لگتا ہے۔ اس کی طبیعت میں ایک عجیب سی سرخوشی آ جاتی ہے۔ اُس کی آواز اور حرکات میں گرم جوشی آ جاتی ہے جو سب کو اچھی لگتی ہے۔ وہ ہر ایک سے خوشگوار مزاج کے ساتھ ملتا ہے اور یوں گھر والوں اور دوست احباب میں ہر دل عزیز ہو جاتا ہے۔ اس کے برعکس انسان میں چڑچڑا پن اور غصہ تب آتا ہے جب اُس میں مایوسی اور ناکامی کا عنصر در آتا ہے۔ پھر وہ Short-tempered ہو جاتا ہے، جس کے نتیجہ میں بہت سی قباحتیں پیدا ہونے لگتی ہیں۔

سوال: توکّل میں کوشش کا کس قدر عمل دخل ہے؟

جواب: جب ہم توکّل کی بات کرتے ہیں تو اس کا مطلب یہ نہیں کہ انسان کوشش کرنا چھوڑ دے اور اس اُمید پر رہے کہ اللہ تو پتھر میں کیڑے کو بھی رزق دیتا ہے تو ہمیں بھی پالتا رہے گا۔۔۔ یاد رہے کہ اللہ کو سُست لوگ پسند نہیں۔ وہ ایسے لوگوں کو پسند کرتا ہے جو مجاہدوں کی طرح ہر وقت عمل کے لیے کمر کس کے رکھتے ہیں۔ یہ عالم الاسباب ہے اور یہاں ہر شے کا سبب ہے حتیٰ کہ موت کا بھی۔۔۔ کوشش ہم پر فرض ہے اور وہ بھی یوں کہ ہم اللہ کی طرف سے عطا کردہ تمام جسمانی و ذہنی قوتوں کا بھرپور استعمال کرتے ہوئے بہترین کوشش کریں اور نتیجہ رب تعالیٰ پر چھوڑ دیں۔۔۔ یہ نتیجہ من چاہا ہو یا اس کے برعکس، اسے ہنسی خوشی تسلیم کر لیں۔ مختصراً یہ کہ کوشش بھرپور کیجیے اور نتیجہ اللہ پر چھوڑ دیجیے، یہی توکّل ہے۔

سوال: کچھ بزرگانِ دین معاش کی پابندیوں سے آزاد ہو کر جنگلوں کو نکل گئے۔ تو کیا یہ بھی توکّل ہے؟

جواب: جہاں تک اُن بزرگانِ دین کا تعلق ہے تو اُنھوں نے اپنی ضروریاتِ زندگی کو انتہائی محدود کر لیا جو عام

انسان کے بس اور اختیار میں نہیں۔ ایک برطانوی نوجوان نے بھی ایک بار برطانیہ میں ایسا ہی سوال مجھ سے کیا تھا کہ جب ہمارا رزق مقرر ہے، دینے والا بھی اللہ ہے تو آخر کوشش کرنے کی ضرورت ہی کیا ہے؟ گھر بیٹھے وہ رزق ہمیں ملتا رہے اور ہم کھاتے رہیں تو مضائقہ کیا ہے؟

اُس نوجوان کو سمجھانا آسان تھا کیونکہ وہ ایک فلاحی ریاست کا باشندہ تھا۔ میں نے اُس سے کہا کہ آپ پیدائشی طور پر برطانوی شہری ہیں۔ یہ ویلفیئر سٹیٹ ہے۔ آپ یہاں ساری عمر کام نہ بھی کریں تب بھی گورنمنٹ آپ کو ماہانہ گزارہ الاؤنس دیتی رہے گی۔ اگر آپ شادی نہیں کرتے تو سٹوڈیو فلیٹ بھی دے گی لیکن اگر آپ اس سے بڑھ کر کچھ چاہتے ہیں تو اس کے لیے آپ کو کوشش کرنی ہوگی۔

جہاں تک تعلق ہے اُن درویشوں اور فقراء کا جو جنگلوں میں زندہ رہتے ہیں ضروریاتِ زندگی انتہائی محدود کر لینے کے باعث چند دنوں بعد چند نوالے کھا لیئے، پانی پی لیا، مختصر سا لباس دھویا اور دوبارہ وہی پہن لیا...... یوں یہ لوگ دنیاوی خواہشات سے آزاد ہو چکے ہوتے ہیں۔

جن لوگوں نے ساری زندگی میں کبھی کام نہیں کیا کہیں نہ کہیں ربِ تعالیٰ انھیں رزق عطا فرما رہا ہے۔ اِس کے مختلف مقامات ہیں۔ ایک مقام دستِ غیب کا ہے، کچھ اولیائے کرام کو دستِ غیب حاصل ہوتا ہے لیکن یہ استثنائی معاملہ (Exceptional Case) ہے۔

جو انسان اللہ کی نعمتوں کے نہ ملنے پر صبر اور شکر ادا کرتا ہے، اللہ ایسے لوگوں پر نہ صرف نعمتوں کو بڑھا دیتا ہے بلکہ رحمتیں بھی نازل فرماتا ہے اور جو لوگ اپنے ارادوں اور اپنی آرزوؤں کو اللہ کے ارادوں اور آرزوؤں کے ماتحت کر لیتے ہیں اُن پر اللہ ایسی نعمتیں نازل فرماتا ہے کہ اُنھیں مخلوق میں مقبول کرتا ہے۔ اُن کی دعاؤں سے خشک سالی میں بارشیں ہونے لگتی ہیں اور بنجر زمین زرخیز ہونے لگتی ہے۔ یہی وہ لوگ ہیں جنھیں اللہ غیب سے رزق عطا فرماتا ہے۔ لیکن شرط یہ ہے کہ ہم اپنی خواہشات اور ارادوں کو اللہ کی آرزو اور ارادوں کے ماتحت کر لیں۔ ہم زبان سے تو ایسا کہتے ہیں لیکن حقیقت میں ہم یہ چاہتے ہیں کہ تمام حالات و واقعات ہماری مرضی کے مطابق سرانجام پائیں۔ ہمارا گھر بن جائے، ترقی ہو جائے۔ اس قسم کی خواہشات کی تکمیل کے لیے ہم کبھی تعویذ، جادو اور کبھی دعا کرنے والوں کے پیچھے بھاگتے ہیں۔ ان سب سے چھٹکارا پانے کا ایک ہی طریقہ ہے کہ انسان متوکّل ہو جائے۔

سوال: شکر گزاری کیا ہے؟

جواب: ایک زمانہ میں جب میں اپنے مرشد سید یعقوب علی شاہ صاحب کے پاس جایا کرتا تھا۔ دنیاوی لحاظ سے تو وہ کوئی زیادہ تعلیم یافتہ نہ تھے۔ اُن کی رہائش گاہ ایک ساڑھے تین x پانچ فٹ کے کمرہ پر مشتمل تھی۔ وہی اُن کا ڈرائنگ روم تھا، وہی بیڈ روم، لاؤنج، کچن اور سٹور بھی۔ ایک روز میں جب اُن کے پاس گیا تو وہاں سخت گرمی محسوس ہوئی۔ میرے مُنہ سے بے اختیار نکل گیا۔

''حضور! آج گرمی بہت ہے۔''

یہ سن کر وہ فرمانے لگے ''تمھیں کس نے یہ حق دیا کہ تم اپنے آقا پر اُنگلی اُٹھاؤ۔ یہ گرمی مالک کی طرف سے ہے۔ تم تو ادنیٰ غلام ہو اور ایک ادنیٰ غلام کو کوئی حق نہیں کہ اپنے آقا کی کسی حرکت پر اعتراض کر سکے۔''

ایسا جملہ پھر کبھی میرے منہ سے نہیں نکلا۔

جب بندہ کو یہ احساس ہو جائے کہ رب تعالیٰ مالک اور میں اُس کا ادنیٰ بندہ ہوں، وہ آقا اور میں غلام ہوں تو اپنی پستی اور آقا کی بلندی کا احساس ہر وقت سامنے رہتا ہے پھر اُس کے سامنے نظر نہیں اُٹھتی۔ یہ ہے شکر گزاری۔

سوال: مشکل اور کٹھن حالات میں سے کیسے گزرا جائے؟

جواب: جب زندگی میں مشکل وقت آجائے تو وہاں گائیڈ (Guide) کی ضرورت ہوتی ہے اور وہ یوں کہ جب انسان حالات کی چکّی میں سے گزارا جا رہا ہوتا ہے تو ایسے میں اگر کوئی ایسا انسان مل جائے جو اُسے سمجھا دے کہ یہ وقتی مشکل ہے۔ یہ عرصہ ساڑھے چار سال یا ساڑھے چھ سال ہو سکتا ہے۔ پھر اُس کے بعد ایک بڑا انعام آپ کا انتظار کر رہا ہے اور انعامات کی وہ بارش بے حساب ہے۔ جس طرح فوج میں منتخب ہونے کے بعد سخت ٹریننگ (Training) میں سے گزرنا پڑتا ہے۔ کبھی کبھار آرمی آفیسر یا کیڈٹ موت تک کی دعائیں کرنے لگتا ہے لیکن جب ٹریننگ مکمل ہوتی ہے اور وہ اس مشکل مرحلے سے گزر جاتا ہے تو جو عزت اور انعام اُسے ملتا ہے وہ بے پناہ ہوتا ہے۔

اِس طرح یہ اُمید کہ ایک بہت بڑا انعام میرا منتظر ہے، انسان کے لیے مشکل اور کٹھن وقت ہنسی خوشی گزارنے میں بہت معاون ثابت ہوتی ہے۔

نشست نمبر 12

مقامِ فقر

سوال: نفسِ رحمانی کیا ہے؟

جواب: انسانی ذہن کی دو سطحیں یا دو لیولز (Levels) ہیں۔ ایک کو تصوف کی زبان میں ''عنانِ حسی'' کہتے ہیں اور آسان لفظوں میں ''فطری شعور'' جب کہ دوسری سطح کو ''غیر عنانِ حسی'' یا پھر آسان لفظوں میں ''شعورِ غیر فطری'' کہتے ہیں۔ نفسیات کی زبان میں یہ شعور اور لاشعور کہلاتا ہے۔

عنانِ حسی یعنی ''شعور'' اور غیر عنانِ حسی یعنی ''لاشعور'' جسے ہم انگریزی میں (Subconscious) بھی کہتے ہیں، جہاں ان دونوں کا ایک دوسرے کے ساتھ رابطہ ہوتا ہے، اس نقطۂ ربط یا Coordination Point کو ''نفسِ رحمانی'' کہتے ہیں۔ تصوف میں بھی اسے ''نفسِ رحمانی'' یا پھر ''تجلیٔ نفسِ رحمانی'' کہا جاتا ہے۔۔۔ یہ دراصل ایک ہی چیز کے دو نام ہیں۔

اِسی تسلسل میں جب انسان کے مختلف اعضا اور مربوط کرنے والے اجزاء (Coordinates) کی کارکردگی (Performance) اور فرائض (Duties) کی بات ہوتی ہے تو وہاں بھی نفسِ رحمانی کی اصطلاح بہت زیادہ استعمال ہوتی ہے۔ ہیومن اینا ٹمی (Human Anotomy) میں تو انسان کی پانچ حسیات ہیں لیکن تصوّف میں یہ حسیات سات ہیں۔

سوال: ایک متحرک چیز رُوح کو غیر متحرک جسم میں بند کر دیا گیا ہے اور یہ کہہ دیا گیا کہ دنیا میں رہ کر ان دونوں میں توازن (Balance) رکھو۔ یہ سزا بہت بڑی ہے، اس کے ہوتے ہوئے کسی اور سزا کی کیا ضرورت ہے؟

جواب: یہ سزا ہرگز نہیں ہے بلکہ رب نے ہمیں سہولت (Facility) دی کہ ہم زمین پر گھومیں پھریں، قدرت کا نظارہ کریں، نعمتوں سے استفادہ کریں، حلال چیزوں کو انجوائے (Enjoy) کریں تاکہ رب کی بڑائی کو دیکھیں اور قائل (Convince) ہوں کہ واقعی وہ عظیم ہے اور جب ہم دل سے اُسے تسلیم کر لیں تو پھر اُس کا شکر یہ ادا کریں۔

پنکھا غیر متحرک ہے۔ بوقتِ ضرورت ہم بٹن دبا کر بجلی کے ذریعے غیر متحرک پنکھے کو متحرک کر دیں گے اور

اُس سے فائدہ حاصل کریں گے۔ اِسی طرح غیر متحرک گاڑی کے غیر متحرک انجن کو سٹارٹ کر کے گاڑی کو متحرک کر دیں گے اپنی سہولت اور آسانی کے لیے۔

بعینہٖ انسانی جسم ہے۔ انسانی جسم پیدائش سے پہلے ابتداء میں محض ایک قطرہ ہی ہوتا ہے جو مرد کی پشت سے نکلا ہے۔ وہ چالیس دن میں خون میں اور اُس سے اگلے چالیس دن میں لوتھڑے میں بدلتا ہے۔ مزید چالیس دن میں اس کے مختلف اعضاء بنتے ہیں۔ اِس مقام پر فرشتہ اُس کے ماتھے پر تقدیرِ مبرم (تقدیرِ معین) لکھ دیتا ہے۔ اس کے بعد اُس کے جسم میں رُوح داخل ہوتی ہے اور آخر کار وہ عالمِ وجود میں آتا ہے۔ عالمِ وجود میں لانے کے لیے ضروری ہے کہ غیر متحرک جسم میں متحرک روح داخل کی جائے۔ ورنہ جسم متحرک نہیں ہو پائے گا۔ جب تک وہ عالمِ وجود میں نہیں آئے گا، اللہ کی قدرت کا نظارہ نہیں کر پائے گا اور نہ ہی اُس کی نعمتوں سے استفادہ کر پائے گا اور یوں اُس کا امتحان بھی نہیں ہو پائے گا کہ آیا وہ نعمتوں کے نازل ہونے پر رب کو بھولتا ہے یا اُس کی طرف رُجوع کرتا ہے۔ لہٰذا متحرک رُوح کو غیر متحرک جسم میں داخل کیا جانا سزا ہرگز نہیں ہے۔

سوال: ایک حدیث مبارکہ کا مفہوم ہے کہ اگر ایک ماں اپنے بیٹے سے یہ کہہ دے کہ تم اپنی بیوی کو طلاق دے دو تو بیٹا ماں کے حکم کی پیروی کا پابند ہے؟

جواب: اسلام میں جہاں حقوق کا ذکر ہے وہاں سب سے زیادہ والدین کے حقوق کا ذکر ہے مثلاً اولاد کے فرائض کیا ہیں؟ والدین کے ساتھ اولاد کا روّیہ کیسا ہونا چاہیے؟ اس بارے میں سب سے زیادہ ہدایات ہیں۔ میرے خیال میں آپ ﷺ کی زندگی کا وہ حصہ جو آپ ﷺ کی ازواجِ مطہرات سے متعلق ہے، اس کا ذکر قدرے کم آیا ہے لیکن والدین کے حوالے سے ارشاداتِ خداوندی، صحابہ کرامؓ کے واقعات اور والدین کے ساتھ رویے اور سوالات کا ذکر کافی زیادہ ہے۔ اب آپ نے جو سوال کیا ہے کہ والدہ اگر بیٹے سے کہے کہ بیوی کو طلاق دے دو تو کیا یہ درست ہے؟

اس حوالے سے ایک حدیث ضرور موجود ہے۔

حضرت ابن عمرؓ فرماتے ہیں کہ میرے نکاح میں ایک عورت تھی جسے میں بہت چاہتا تھا مگر میرے والد حضرت عمرؓ اس سے ناخوش تھے۔ اُنھوں نے حکم دیا کہ میں اُسے طلاق دے دوں۔ میں نے انکار کر دیا۔

تب میرے والد نے رسول اللہ ﷺ سے جا کر کہا، رسول اللہ ﷺ نے مجھے حکم دیا کہ اُسے طلاق دے دو۔ (ترمذی، ابوداؤد)

جس حدیث کا آپ نے حوالہ دیا ہے وہ حدیث میری نظر سے نہیں گزری۔ البتہ یہ ضروری ہے کہ والدین کے ہر حکم کو بجا لاؤ تاوقتیکہ وہ کوئی ایسا حکم نہ دے دیں جو احکامِ الٰہی سے ٹکراؤ رکھتا ہو۔ جب والدین کا کوئی حکم اللہ کے حکم کی نفی کرتا ہو تو وہاں اولاد والدین کے حکم کی پیروی کرنے سے آزاد ہے۔ جہاں تک طلاق کی بات ہے تو آپ ﷺ کے فرمان کے مطابق "طلاق" اللہ کے نزدیک حلال چیزوں میں سب سے زیادہ ناپسندیدہ

ہے۔ ہر حدیث کو اس کے اصل سیاق وسباق (Context) میں دیکھنا ضروری ہے۔ جس طرح قرآن پاک کی ایک آیت کا مفہوم سمجھنے کے لیے اس کا پس منظر اور تمام متعلقہ Reference آیات کو جاننا ضروری ہے۔ یہی معاملہ حدیث کا ہے۔ ضرورت اس امر کی ہے کہ پہلے یہ دیکھا جائے کہ وہ کیا حالات تھے اور کیا معاملہ تھا جس کی وجہ سے آپ ﷺ نے یہ فرمایا۔ یہ سب جانے بغیر حدیث مبارکہ پر اظہار خیال باعثِ گناہ ہوگا۔

سوال: حضرت سلطان باہو رحمۃ اللہ علیہ اپنی کتاب ''عین الفقر'' میں ''فقر'' کے مقام کے بارے میں فرماتے ہیں کہ یہ مقام غوث، قطب اور ابدال کے مقام سے کہیں بلند ہے۔ حضرت شاہ رکن عالم رحمۃ اللہ علیہ اور حضرت بہاؤ الدین زکریا رحمۃ اللہ علیہ جیسی ہستیاں بھی باوجود تمام کوشش کے اس مقام تک نہ پہنچ سکیں جب کہ حضرت بی بی رابعہ بصری رحمۃ اللہ علیہا نے خواب میں فقر کو دیکھا اور اس مقام پر فائز ہو گئیں۔

جواب: سب سے اعلیٰ مقام بندگی کا ہے۔ یہ وہ مقام ہے جہاں انسان سوائے یس سر (Yes Sir) کے کچھ نہیں جانتا۔ ہر بات کے جواب میں یس سر (Yes Sir) کہتا ہے۔ کوئی خیال اُس کے ذہن میں نہیں آتا کہ فلاں حکم کے بارے میں دیکھ تو لوں کہ یہ حکم ہے کیا؟ اس کی اصل کیا ہے؟ اس کے ماننے سے کیا ہوگا؟

وہ تو صرف یہ جانتا ہے کہ یہ میرے رب کا حکم ہے اور مجھے یہ ماننا ہے۔ انجام کیا ہوگا؟ نتیجہ کیا رہے گا؟ یہ سب میرے رب کا کام ہے لہٰذا بغیر کسی لالچ اور خوف کے وہ حکم مانتا چلا جاتا ہے۔

ایسا دو صورتوں میں ہو سکتا ہے۔

1۔ بندہ رب سے عشق کرنے لگے

2۔ بندہ رب کو اتنا بڑا مان لے کہ اُس سے کوئی سوال کیا ہی نہ جا سکے

جب وہ رب کو اتنا بڑا مان لے کہ اُس سے سوال نہیں کیا جا سکتا اور سر جھکا کر بس اُس کے ہر حکم کو بجا لانا ہے۔ جب اُس نے رب کو اس بلندی پر بٹھا دیا تو پیچھے ایک ہی بات رہ جاتی ہے کہ میرے لیے میرا رب ہی کافی ہے۔ تب وہ سامانِ زیست سے جان چھڑانے لگتا ہے۔ اور اُسے کسی چیز کی حاجت نہیں رہتی۔ وہ چلّو سے پانی پی لیتا ہے، سالن کو روٹی پر رکھ کر وہ کھانا کھا لیتا ہے، سونے کے لیے زمین پر گھاس پھوس کو بچھونا بنا کر بازو کو تکیہ بنا لیتا ہے۔

جب ان دونوں چیزوں کا سنگم (Combination) ترقی (Develop) پا جاتا ہے تو یہ مقامِ فقر ہے۔ جب بندگی کے ساتھ ''میرے لیے میرا رب ہی کافی ہے۔'' شامل ہو جائے تو زندگی کا جو رویہ پروان چڑھے گا وہ ''فقر'' ہے۔ حضرت بی بی رابعہ بصری رحمۃ اللہ علیہا اسی رویے پر عمل پیرا تھیں کہ خالی ہاتھ جاتے مایوس چور کو گھر میں موجود وضو کا واحد لوٹا بھی دے دیا...... یہ فقر ہے۔

ایک بار آپ ایک ہاتھ میں آگ اور دوسرے میں پانی لیے بازار سے تیزی سے گزر رہی تھیں۔ کسی نے سبب پوچھا۔ کہنے لگیں ''میں اُس جنت کو آگ لگانے جا رہی ہوں جس کے لالچ میں لوگ عبادت کرتے ہیں

اور اُس جہنم کو بجھانے جا رہی ہوں جس کے خوف سے لوگ اللہ کو پکارتے ہیں۔"

خالصتاً اللہ کی محبت میں عبادت۔۔۔ بندگی ہے اور یہ فقر تھا۔ اِسی لیے حضرت سلطان باھو رحمۃ اللہ علیہ نے فرمایا کہ حضرت رابعہ بصری رحمۃ اللہ علیہا مقامِ فقر پر فائز تھیں۔

حضرت شاہ رکنِ عالم رحمۃ اللہ علیہ اور بہاؤالدین زکریا رحمۃ اللہ علیہ صاحب خاندانی رئیس تھے۔ اللہ تعالیٰ نے اُنھیں بے پناہ دنیاوی دولت سے نواز رکھا تھا۔ حضرت بہاؤالدین زکریا رحمۃ اللہ علیہ غوث کے مقام پر فائز تھے۔ اُن کے ہم عصر بزرگوں کو اُن پر اعتراض تھا کہ وہ بہت فاخرانہ زندگی گزارتے ہیں۔ وہ انہیں خط لکھ کر بھی یہی اعتراض کرتے کہ آپ کیسے فقیر ہیں کہ اتنے دولت مند ہیں۔ ایک عرصے تک اُنھیں نے بڑے تحمل سے اعتراضات برداشت کیے لیکن جب ان خطوط کی زبان کچھ زیادہ ہی سخت ہونے لگی تو بالآخر اُنھوں نے ایک سطر میں جواب دیا کہ "میرے پاس دولت ضرور ہے لیکن میں نے اُسے اپنے دل میں جگہ نہیں دی۔"

اس بات کے کچھ عرصے بعد ریاست میں قحط پڑ گیا۔ سرکاری گودام سے عوام کو غلّہ دیا جانے لگا حتیٰ کہ وہ ختم ہو گیا۔ تب حضرت بہاؤالدین زکریا رحمۃ اللہ علیہ نے اعلان کر دیا کہ لوگ ضرورت کے مطابق میرے گودام سے مفت غلّہ لے سکتے ہیں۔ یہ سلسلہ چلتا رہا حتیٰ کہ قحط ختم ہو گیا۔ لیکن غلّہ ختم نہ ہوا۔۔۔ یوں ہم عصر اولیائے کرام پر اس فقر کی صداقت واضح ہو گئی کہ حضرت بہاؤالدین زکریا رحمۃ اللہ علیہ واقعی فقیر ہیں۔ گوداموں میں تو دولت جمع ہے لیکن دل میں اس کی محبت نہیں۔ حضرت شاہ رکن عالم رحمۃ اللہ علیہ حضرت بہاؤالدین زکریا رحمۃ اللہ علیہ کے پوتے ہیں اور رئیس ابن رئیس ہیں۔ فاخرانہ لباس تو پیرانِ پیر غوث الاعظم دستگیر حضرت عبدالقادر جیلانی رحمۃ اللہ علیہ نے بھی زیب تن فرمایا ہے۔

ایک بار میرے ایک جاننے والے میرے ساتھ میرے مرشد صاحب کے ہاں تشریف لے گئے۔ مرشد صاحب دنیاوی لحاظ سے تو اتنے تعلیم یافتہ نہ تھے لیکن تھے بہت زیادہ نفیس انسان۔ اُنھیں یہ احساس تھا کہ یہ میرے دوست ہیں لہٰذا اُنھوں نے خاطر مدارت کی۔ چونکہ فقیر آدمی تھے لہٰذا زیادہ اہتمام تو ہو نہ سکتا تھا سنگل ڈش تھی۔۔۔ بھُنا ہوا گوشت جو مہمان کو پیش کر دیا گیا۔

کھانا کھاتے کھاتے ایک دم میرے اُس دوست نے مرشد صاحب سے پوچھا۔ "حضور! سنا ہے کہ فقیر مہمانوں کو تو اچھا کھانا کھلاتے ہیں لیکن خود مرچیں گھول کر اُس کے ساتھ روٹی کھا لیتے ہیں۔" یہ اصل میں سوال نہیں بلکہ طنز تھا کیونکہ بڑے شاہ صاحب خود بھی وہی کھانا کھا رہے تھے۔ بڑے شاہ صاحب کہنے لگے۔ "میاں! مجھے یہ تو نہیں معلوم کہ فقیر کیا کرتے ہیں۔ میں تو بس یہ جانتا ہوں کہ جب میرا رب مجھے بھُنا ہوا گوشت کھلاتا ہے تو میں اُسے ٹھکرا کر مرچیں کیوں کھاؤں۔۔۔ یہ تو ناشکر گزاری ہے۔ لہٰذا اگر میرا رب مجھے اس حال میں رکھنا چاہتا ہے جو دنیا کی نظر میں فقیرانہ نہیں ہے تو میں اُس کی نعمتوں کو ٹھکرا کر ناشکر گزار کیوں بنوں۔"

اگر ہمارا رب ہمیں نعمتیں عطا فرما رہا ہے تو ان نعمتوں کا اظہار آپ صلی اللہ علیہ وسلم کے حکم کے مطابق ہمارے ظاہر

سے ہونا چاہیے۔ یہ شکر گزاری کا ایک ذریعہ ہے۔ یاد رہے کہ اسراف بالکل نہ ہو۔ فقر بہت اچھی چیز ہے لیکن یہ کیا ضروری ہے کہ کم سے کم کپڑے پہنے جائیں اور نہانے کے لیے پانی سال میں ایک ہی بار استعمال ہو۔ جسم پر دو دو انچ موٹی میل کی تہ جمی ہو۔ داڑھی جٹاؤں کی صورت اختیار کر جائے۔ بال بکھرے اور میل سے اٹے ہوں۔ میری سمجھ میں یہ بات نہیں آتی کیونکہ میں نے تو اپنے رب کو بہت ذوق والا پایا۔ بہت صفائی پسند۔ وہ نفاست کو پسند کرتا ہے۔ وہ خود پاک ہے اور پاکیزگی کو پسند فرماتا ہے۔ لہٰذا اُس کا کلام پڑھنے سے انسان میں نفاست، پاکیزگی اور صفائی ہی آئے گی۔ یہ ممکن نہیں کہ رب اور اُس کے کلام سے محبت کرنے والے انسان کی داڑھی میل سے اٹی ہو، چہرہ غبار آلود ہو اور اُس کے جسم سے یوں میل جھڑ رہی ہو کہ دیکھنے والے کو کراہت محسوس ہو۔

آپ ﷺ کا یہ حلیہ تو نہ تھا۔ اگر رب کو ایسا حلیہ ہی پسند ہوتا تو سب سے پہلے آپ ﷺ ایسا فرماتے۔ آپ ﷺ نے تو اپنے وسائل میں رہتے ہوئے بہترین صاف لباس پہنا۔ آپ ﷺ کی ریش مبارک ہمیشہ خط شدہ اور تراشیدہ ہوتی۔ آپ ﷺ کے بال کبھی کسی نے اُلجھے ہوئے نہ دیکھے۔ آپ ﷺ کے جوتے کبھی کسی نے غبار آلود نہ دیکھے حالانکہ آپ ﷺ میلوں پیدل سفر فرماتے تھے۔

لہٰذا میں تو سنّت پر عمل کرنا چاہوں گا۔

نشست نمبر 13

صبر اور رضا

دو الفاظ ہم بہت کثرت سے استعمال کرتے ہیں۔

1۔ صبر

2۔ رضا

قرآن پاک میں صبر کا ذکر بارہا آیا اور اللہ نے فرمایا کہ میں صبر کرنے والوں کے ساتھ ہوں۔ اگرچہ دیگر تمام عبادات کا اجر بھی بہت ہے لیکن ''اللہ کے ساتھ'' کا اجر صرف صابرین کے لیے مخصوص ہے۔

''صبر'' کی تعریف مختلف اولیائے کرام نے مختلف انداز میں کی ہے۔ کچھ اولیائے کرام کے مطابق صبر سے مراد ہے کہ ''انسان اللہ کے بیان کردہ اوامر و نواہی کی پیروی کے دوران آنے والی مشکلات اور دقتوں کو ہنسی خوشی جھیل جائے۔''

ایک اور بزرگ کا فرمان ہے کہ ''اللہ کی طرف سے جو کچھ عطا ہو جائے اُس کو ہنسی خوشی تسلیم کر لینے کا نام صبر ہے۔ خواہ عطا کردہ چیز زحمت ہی کی صورت میں کیوں نہ ہو۔''

حضرت جنید بغدادی رحمۃ اللہ علیہ صبر کی تعریف یوں فرماتے ہیں کہ ''کسی کڑوی چیز کو ناک منہ بنائے بغیر گھونٹ گھونٹ پی جانا صبر ہے۔'' ہم عموماً صبر اور برداشت میں تفریق نہیں کر پاتے۔ اگر ہم نے کڑوی چیز کو ناک منہ چڑھا کر بالجبر پیا تو یہ برداشت ہے لیکن اگر کڑوی چیز کو بغیر ناک منہ بنائے ہنسی خوشی پی گئے تو یہ صبر ہے۔۔۔ برداشت کا انعام نہیں ہے لیکن صبر کا اجر ہے، اللہ کی دوستی اور ساتھ کی شکل میں۔

ہماری زندگی میں ذرا سی کوئی مشکل آتی ہے تو ہم کسی صاحب دعا یا عاملین کی طرف دوڑتے ہیں تا کہ ہماری مشکل حل ہو جائے۔ ہمارا یہ رویہ صبر کے منافی ہے۔ کچھ بزرگوں کے نزدیک صبر سے مراد یہ ہے کہ رب تعالیٰ کی طرف سے آنے والے مصائب کو اپنی تقدیر کا حصہ سمجھ کر شکر کے ساتھ برداشت کر لیا جائے۔

میرے نزدیک صبر وہ مقام ہے جہاں انسان نعمت اور مصیبت کا فرق کرنا چھوڑ دیتا ہے۔ نعمت کے حصول پر اُسے جتنی خوشی ہوتی ہے، اللہ کی طرف سے بھیجی گئی مصیبت کو بھی وہ اُسی خندہ پیشانی کے ساتھ جھیل لیتا ہے۔

صبر کی تین اقسام ہیں۔

1۔ اللہ کے احکامات کی بجا آوری کے دوران درپیش آنے والی دشواریوں اور زحمتوں کو ہنسی خوشی سہنا۔

2۔ مِن جانب اللہ آنے والے شدائد، مصائب اور مشکلات کو برداشت کرتے ہوئے جس زحمت سے گزرنا پڑتا ہے اُس کو ہنسی خوشی جھیل جانا۔

3۔ اِنسان اُس مقام پر جا پہنچے جہاں وہ دیدارِ الٰہی کا منتظر رہنے لگے اور اس انتظار کی راہ میں آنے والی صعوبتوں کو ہنسی خوشی برداشت کر جائے۔ یہ بہت اعلیٰ پائے کا مقامِ صبر ہے اور اس مقام پر بہت کم لوگ فائز ہو پاتے ہیں۔

لیکن یہ بھی حقیقت ہے کہ صبر کے اس مقام تک پہنچنے سے پیشتر دیگر بہت سے مقامات طے کرنا ہوتے ہیں۔ ان میں سے ایک مقام ''مقامِ رضا'' ہے۔ اگرچہ ہم میں سے اکثر لوگ راضی بہ رضا ہونے کا دعویٰ تو کرتے ہیں لیکن عملی طور پر اس دعویٰ پر بہت کم لوگ پورا اُتریں گے۔

دیکھنا یہ ہے کہ ''رضا'' سے مراد درحقیقت ہے کیا؟ بیماری ہو یا پریشانی، جب دل میں یہ جذبہ پیدا ہو جائے اور انسان کی سوچ ایک ہی نقطے پر ٹھہر جائے کہ یہ سب میرے آقا، میرے رب کی عطا کردہ ہے۔ اِس سے گھبرانے کی بجائے میں اِسے اپنے آقا اور مالک کی عطا سمجھ کر سینے سے لگا رکھوں تو یہ مقامِ رضا ہوگا۔

مقامِ صبر تک جانے کے لیے مقامِ رضا سے گزرنا ضروری ہے۔ رضا کے دو درجے یا مقام ہیں۔

1۔ جہاں انسان رب پر راضی ہو جائے۔

2۔ جہاں انسان رب سے راضی ہو جائے۔

اِن میں سے ایک مقام تو مجاہدہ، ریاضت اور محنت سے حاصل ہو جاتا ہے جسے تصوف میں ''حاصلِ کشف'' کہا جاتا ہے۔ دوسرا مقام خالصتاً عطا ہے جو صرف اور صرف رب کی توفیق سے ملتا ہے۔ اسے کسی بھی طور محنت سے کمایا نہیں جا سکتا۔ اس لیے اِن میں سے ایک ''حال'' اور دوسرا ''مقام'' کہلاتا ہے۔

''رب پر راضی ہو جانا'' حاصلِ کشف ہے۔ ہم محنت اور ریاضت کے ذریعے اپنے اندر یہ جذبہ پیدا کر سکتے ہیں اور وہ یوں کہ ہم رب تعالیٰ کے احکامات کی پیروی محض فرض سمجھ کر نہ کریں بلکہ خوشی اور محبت سے ان احکامات کو بجا لائیں...... یہ درجہ ''مقام'' کہلاتا ہے۔

صبر کا دوسرا درجہ یہ ہے کہ ''انسان رب سے راضی ہو جائے''، یعنی رب کی طرف سے جو بھی عطا ہوا اُسے اپنی تقدیر کا حصہ سمجھ کر ہنسی خوشی قبول کر لے، خواہ وہ رحمت ہو یا زحمت۔ یہ ''احوال'' میں سے ہے اور ''عطا'' ہے کیونکہ یہ درجہ یا مقام کمایا نہیں جا سکتا یہ خالصتاً اللہ کی توفیق ہی سے عطا ہوتا ہے۔

ایک بزرگ فضیل بن عیاض محافل میں اکثر فرمایا کرتے کہ ''فقر میرے لیے امارت سے بہتر ہے، بیماری میرے لیے صحت سے بہتر ہے اور موت میرے لیے حیات سے بہتر ہے۔'' کسی شخص نے جا کر حضرت امام

حسینؓ سے عرض کیا کہ فضیل بن عیاض یہ جملے کہتے ہیں۔ حضرت امام حسینؓ نے فرمایا ''اللہ اُن کے حال پر رحم فرمائے...... یہ رضا کا ایک مقام ہے۔''

ایک صحابی نے آپ ﷺ کی خدمت میں عرض کیا ''یارسول اللہ ﷺ پہلے تو میرا مال چلا گیا، اب میرا جسم بیمار ہو گیا۔'' اس کے جواب میں آپ ﷺ نے فرمایا ''تمھارے اندر کچھ نہ کچھ بہتری کا سامان موجود ہے جس کی بنا پر یہ حالات آئے ہیں۔'' اِس پر حضرت ابوبکر صدیقؓ نے تعجب کا اظہار فرمایا تو آپ ﷺ نے فرمایا۔ ''اے ابوبکرؓ! کیا تم کبھی بیمار نہیں ہوئے؟ کیا تم پر کبھی کوئی مصیبت نہیں آئی؟ کیا تم کبھی رنجیدہ نہیں ہوئے؟ کیا تم نے کبھی مشکلیں نہیں سہیں؟۔ اگر تم نے یہ سب زندگی میں جھیل لیا تو اِس سے تمھارے گناہوں کا کفارہ تو یہیں ادا ہو گیا۔ اللہ تمھاری مغفرت فرمائے۔'' پھر آپ ﷺ نے فرمایا ''جب اللہ تعالیٰ کسی کو مشکل میں ڈالتا ہے یا بیمار کرتا ہے تو اُس کو سمجھ لینا چاہیے کہ اللہ کو دراصل اُس کی بھلائی مقصود ہے اور اللہ اُسے کوئی ایسا درجہ عطا کرنا چاہتا ہے جس پر ان مشکلات کو عبور کیے بغیر پہنچنا ممکن نہیں۔'' آپ ﷺ نے فرمایا کہ جب کوئی شخص اللہ کی قربت حاصل کرنا چاہتا ہے تو اللہ تعالیٰ اُسے مشکل میں ڈال کر آزماتا ہے۔

بدقسمتی سے ہم میں سے اکثر لوگ ایسے ہیں جو کوئی مشکل آجانے پر بولائے بولائے پھرتے ہیں۔ ایسے میں کبھی کسی عامل کی طرف بھاگتے ہیں تو کبھی کسی صاحبِ دعا کو تلاش کرتے ہیں۔ ہم اگر اِس مقام پر یہ سوچ لیا کریں کہ اللہ تعالیٰ ہمیں مشکلات میں ڈال کر دراصل ہمارے گناہوں کو دھو رہا ہے۔ یا پھر ہمیں اِس مصیبت سے گزار کر کوئی اعلیٰ درجہ عطا کرنا چاہتا ہے اور یوں یہ مصیبت زحمت نہیں بلکہ رحمت ہے۔ یوں ہم تکالیف کو رحمت سمجھ کر اُن پر راضی ہونا سیکھ جاتے ہیں اور بہت سی پریشانیوں سے بچ جاتے ہیں۔ اس پر مستزاد یہ کہ صبر کا انعام اللہ کے ساتھ کی صورت میں عطا ہو جاتا ہے۔ اگر ہم اللہ کا ساتھ چاہتے ہیں تو پھر اللہ کی طرف سے آنے والی ہر چیز کو اِس جذبے کے تحت قبول کرنا ہو گا کہ یہ ہمارے لیے بہترین ہے۔ رب تعالیٰ مالک ہے، رحمٰن و رحیم ہے، وہ ہمیں بخشنے اور ہم پر اپنی رحمتیں لُٹانے کے بہانے ڈھونڈتا ہے۔

یہ طے ہے کہ ہماری والدہ ہمیں مشکل میں نہیں دیکھ سکتیں تو رب تعالیٰ جو ہماری والدہ سے ستر گنا زیادہ ہم سے محبت کرتا ہے، وہ ہمیں مشکل میں کیسے دیکھ سکتا ہے؟ جب ہماری والدہ ہماری چھوٹی چھوٹی خواہشات کی تکمیل کے لیے بڑی سے بڑی قربانی سے بھی دریغ نہیں کرتیں تو رب تعالیٰ جو تمام خزانوں کا مالک ہے، وہ ہماری خواہشات وضروریات پوری کیوں نہیں کرے گا۔ جب رب کی رحمت پر ہمارا یقین پختہ ہے تو پھر ہمیں صبر کے ساتھ اچھے وقت کا انتظار کرنا چاہیے کیونکہ اپنے مقررہ وقت پر ہماری آرزوئیں ضرور پوری ہوں گی۔ اگر پوری نہ بھی ہوئیں تو ہم مصلحت شناس ضرور ہو جائیں گے۔

معمولی معمولی سی مشکل پیش آنے پر اورادو وظائف، پیروں اور عامل حضرات کے پیچھے بھاگنا مسلمان کے شایانِ شان نہیں۔ اِسی طرح قرآن پاک رب تعالیٰ نے نازل کیا ہے کہ ہم اِس سے ہدایت پا جائیں،

صراطِ مستقیم پا جائیں اور اس کے ذریعے دنیا کی محبت ہمارے دل سے نکل جائے اور رب تعالیٰ کی محبت اس کی جگہ لے لے۔ لیکن کیسی عجیب بات ہے کہ ہم نے اس قرآن پاک کو دنیا کے حصول کا ذریعہ بنالیا ہے اور اس کی آیات کو دنیا کے حصول کے لیے بطور وظیفہ استعمال کرتے ہیں۔ اللہ کے قرب اور رضا کے خواہش مند دنیا کو دل میں جگہ نہیں دیتے۔ حضرت بہاؤالدین زکریا رحمۃ اللہ علیہ نہ صرف ولی اللہ تھے بلکہ اپنے دور کے انتہائی امیر شخص بھی تھے۔ آپ غوث کے مقام پر فائز تھے۔ اس دور کے دیگر اولیائے کرام اکثر حضرت بہاؤالدین زکریا رحمۃ اللہ علیہ کو چٹھیاں لکھا کرتے کہ آپ کیسے ولی اللہ ہیں جن کے پاس اِس قدر مال وزر اور دنیا کی دولت ہے۔ آپ اِن چٹھیوں کے جواب میں خاموشی اختیار کر جاتے تاہم جب اِن خطوط کی زبان زیادہ سخت ہوگئی تو حضرت بہاؤالدین زکریا رحمۃ اللہ علیہ نے ایک خط کے جواب میں لکھ بھیجا کہ ''میرے پاس دولت جمع ضرور ہے لیکن میں نے اسے دل میں جگہ نہیں دی۔'' خدا کا کرنا ایسا ہوا کہ کچھ عرصے بعد ریاست میں قحط پڑ گیا۔ حکومت کے گودام جب خالی ہوگئے تو حضرت بہاؤالدین زکریا رحمۃ اللہ علیہ نے اپنے گوداموں کے منہ خلقِ خدا کے لیے کھول دیئے۔ یوں لوگوں کو اناج ملنے لگا اور یہ سلسلہ اُس وقت تک جاری رہا جب تک قحط ختم نہیں ہوگیا۔ اس واقعہ کے بعد معترضین اولیائے کرام کو اس خط کا مفہوم سمجھ میں آ گیا۔

دولت کمانا بُری بات نہیں بلکہ ہمیں زیادہ سے زیادہ دولت کمانی چاہیے۔ تاہم اِس نیت کے ساتھ کہ ہم زیادہ سے زیادہ کمائی کر کے کم سے کم اپنی ذات پر خرچ کریں اور یوں بچ جانے والی دولت اللہ کے دوسرے بندوں پر کھلے ہاتھ سے خرچ کر دیں۔ اللہ کے بندوں پر جب ہم دولت خرچ کرتے ہیں تو یہ اللہ کو قرض دیتے ہیں اور اللہ سے بڑھ کر قرض چُکانے والا کوئی نہیں ہے۔

بعض لوگ سوال کرتے ہیں کہ کیا خوشی سے مصیبت کو برداشت کرنے کا درجہ رضا کے درجہ سے بلند ہے؟ دراصل خوشی تیسرا درجہ اور رضا دوسرا درجہ ہے۔ جب انسان بغیر کسی غم اور اکراہ کے مصیبت پر راضی ہو جائے تو یہ رضا ہے۔ لیکن جب بہت خوش ہو کر، یہ سوچ کر زندگی میں آنے والے دُکھ کو اپنا لیا کہ یہ میرے رب کا عطا کردہ ہے تو خوشی کا یہ احساس رضا سے بلند تر ہے۔

کچھ لوگ دوسروں سے پوچھتے ہیں کہ رب اُن سے راضی ہے یا نہیں۔ اس کے لیے ہمیں دوسروں سے پوچھنے کی ضرورت نہیں پڑتی۔ اگر ہم اپنے اندر جھانک لیں کہ کیا ہمارا دل رب سے راضی ہے۔ اگر ہمارا دل رب سے راضی ہے تو سمجھ لیجیے کہ رب بھی ہم سے راضی ہے۔

سوال: کیا دنیاوی اغراض ومقاصد کے حصول کے لیے ذکر اذکار اور وظائف کیے جا سکتے ہیں؟

جواب: اولیائے کرام رحمتہ اللہ علیہم پریشانیوں سے نجات اور دنیاوی اغراض کے حصول کے لیے کیے جانے والے وظائف کی عموماً حوصلہ شکنی کرتے ہیں تاہم ذکر اذکار، مجاہدے، ریاضت اور وظائف اگر عبادت کے طور پر کر لیے جائیں تو مباح ہیں۔ فرض عبادت کے بعد نفلی عبادات کی بہت فضیلت ہے۔ حضرت علیؓ نے اپنے

ہوش میں کبھی رات کو اپنی پشت بستر سے نہیں لگائی۔ اس کے بدلے میں اللہ نے اُنھیں بلند مقام عطا فرمایا۔ اللہ کو راتوں کو اُس کی یاد میں جاگنے والے لوگ بے حد پسند ہیں۔ ایسے وظائف جو محض رب کے قرب کے حصول کے لیے کیے جائیں وہ نوافل اور عبادات کے زمرے میں آتے ہیں۔

دنیاوی مقاصد کے حصول کے لیے وظیفہ کرنا بالکل ایسے ہی ہے جیسے ایک آجر نے مزدور سے کام لیا اور اُس کو تنخواہ دے دی۔ مزدور نے محنت کی اور اس کا معاوضہ وصول کر لیا۔ اب نہ آجر کا مزدور پر کوئی احسان ہے نہ مزدور کا آجر پر کوئی احسان۔ جب ہم وظیفہ کرتے ہیں اس نیت کے ساتھ کہ یا باری تعالیٰ! میری فلاں مشکل حل کر دے تو گویا ہم رب کے ساتھ معاہدہ (Contract) کر رہے ہوتے ہیں کہ یا اللہ! میں تجھے اتنی بار یاد کروں گا تُو میری فلاں مشکل آسان فرما دینا۔ رب کی یہ بندگی اور غلامی تو ہم نے اپنی غرض کے تحت کی۔ پسندیدہ عمل تو یہ ہے کہ اللہ اور بندے کے درمیان آقا اور غلام کا رشتہ اُستوار ہو جائے۔ آقا کے ساتھ ایسا رشتہ ہو کہ بندہ واقعتاً خود کو دل سے اُس کا غلام سمجھتا ہو اور اپنے آپ کو مکمل طور پر اپنے آقا کی جھولی میں ڈال دیا ہو اور دل سے یہ سمجھے کہ بطور غلام اُس کی تمام ضروریات، تمام اغراض کو پورا کرنا اور اُسے ہر ہر طریقے سے دیکھ بھال (Look after) کرنا کُلی طور پر اُس کے آقا کی ذمہ داری ہے۔

بندے کو یہ یقین ہو کہ رب میرا آقا ہے جو سائبان کی طرح مجھ پر سایہ کیے ہوئے ہے جس کی وجہ سے کوئی دھوپ، آندھی یا مٹی مجھ تک نہیں پہنچ سکتی۔ یوں رب کی بندگی اور غلامی ہو جائے گی۔

اگر اپنے خالق کا قرب اور دوستی کا حصول مقصود ہے تو پھر بغیر گنے ورد کرنا ہوگا اور عبادت بغیر کسی حساب اور گنتی کے کرنا ہوگی۔ وظائف اور ذکر انسان پر کس طرح اثر انداز ہوتے ہیں، اس کی ایک سائنسی توجیہہ یہ ہے کہ ہمارے جسم کے دو قمری (Lunar) سائیکل ہوتے ہیں۔ ایک 24 گھنٹے کا اور دوسرا 29 یا 30 دنوں کا۔ اس لیے جب کسی شخص کو بلڈ پریشر کا مسئلہ ہو تو وقفے وقفے سے اُس کا بلڈ پریشر چیک کر کے چارٹ بنایا جاتا ہے جس سے پتا چلتا ہے کہ دن کے ایک حصے میں بلڈ پریشر سب سے کم ہوتا ہے۔ جب انسان کا دورانِ خون (Blood Circulation) عروج پر ہوتا ہے تو دماغ کو زیادہ خون ملنے کی وجہ سے آکسیجن بھی زیادہ ملتی ہے۔ جب زیادہ آکسیجن ملتی ہے تو اُس وقت انسان سب سے زیادہ حساس (Receptive) ہوتا ہے۔

انسانی جسم کا سب سے حساس مقام تالو (Pallet) ہے۔ جب ایک سگریٹ نوش سگریٹ پیتا ہے تو دھوئیں کی ہلکی سی مقدار بار بار تالو سے ٹچ (Touch) کرنے کی وجہ سے نکوٹین کا اثر دماغ تک جانے لگتا ہے اور انسان سگریٹ نوشی کا عادی ہو جاتا ہے۔ اِسی طرح جب ہم کوئی لفظ ادا کرتے ہیں تو ہماری زبان ہر لفظ کے ساتھ ایک مختلف انداز میں بل کھاتی اور تالو کے ساتھ ٹچ (Touch) کرتی ہے۔ ٹکراؤ کی شدت (Intensity of stroke) بھی ہر لفظ کی ادائیگی کے ساتھ مختلف ہوتی ہے۔ زبان کی نوک یا زبان کے کسی بھی حصے کے تالو سے ٹکرانے کے نتیجے میں لہریں (Vibrations) پیدا ہوتی ہیں اور یہ لہریں (Vibrations) سیدھی دماغ کو جاتی ہیں۔

انسانی دماغ کے چار حصے ہیں۔ دماغ میں کئی لاکھ خلیے (Cells) موجود ہیں۔ انسانی دماغ میں مختلف چھوٹے چھوٹے خانے دکھائی دیتے ہیں جو موڈیولز (Modules) کہلاتے ہیں۔ ہر موڈیول (Module) بہت سارے سیلز (Cells) پر مشتمل ہے۔ ہمارے دماغ کا اگلا حصہ مختصر المیعاد یادداشت (Short-term Memory) پر مشتمل ہے جو معاملات دیر تک محفوظ رکھنا مقصود ہوں وہ دماغ کے پچھلے حصے میں موجود طویل المیعاد حافظے (Long-term Memory) میں منتقل (Transfer) ہو جاتے ہے۔ ہر سیل (Cell) کا اپنا ایک مخصوص فعل (Function) ہے اور اس کے علاوہ In Conjection with other cells ایک فنکشن ہے جو Module کا فنکشن کہلاتا ہے۔ ہر Module کا اپنا ایک فنکشن ہے پھر اس کا In conjection with other modules ایک فنکشن ہے جو Part کا فنکشن کہلاتا ہے۔ اسی طرح پورے Part کا ایک انفرادی فنکشن ہے اور ایک In conjection with other parts اس کا فنکشن ہے جو دماغ کا فنکشن کہلاتا ہے۔

جب ہم کسی فقیر کے پاس جاتے ہیں کہ میرا باس مجھے بہت تنگ کرتا ہے اور جینے نہیں دیتا اور وہ فقیر آپ کو کوئی لفظ یا وظیفہ پڑھنے کو دیتا ہے اور ہدایت کرتا ہے کہ اسے زبان سے پڑھیں دل میں نہیں۔ فقیر اپنے علم کی وجہ سے فوراً جان لیتا ہے کہ آپ کے لیے کون سا لفظ اور وقت مناسب رہے گا۔ وہ آپ کو وظیفہ کے لیے وہ ٹائم بتائے گا جب آپ کا ذہن سب سے زیادہ Receptive حالت میں ہے۔ دوسرا وہ جانتا ہے کہ وہ مخصوص لفظ پڑھنے سے آپ کی زبان ایک مخصوص انداز میں حرکت کر کے تالو کے ساتھ لگے گی اور لہریں (Vibrations) دماغ تک پہنچ جائیں گی۔ مخصوص جگہ پر بیٹھ کر وظیفہ کرنے کی تاکید کے پیچھے وجہ یہ ہے کہ انسان عموماً شناسا (Familiar) جگہ پر خود کو پُرسکون (Relax) اور اعصابی تناؤ سے محفوظ محسوس کرتا ہے۔ جہاں تک ایک مخصوص تعداد میں وظیفہ کرنے کا تعلق ہے تو اس میں منطق (Logic) یہ ہے کہ جب ہم کوئی لفظ بار بار پڑھتے ہیں تو زبان کی حرکت کی وجہ سے تالو میں جو ارتعاش پیدا ہوتا ہے وہ دماغ کے اُن خلیوں (Cells) کو متحرک (Activate) کر دیتا ہے جو آپ کے اپنے سینئرز (Seniors) کے ساتھ تعلقات کو کنٹرول کرتے ہیں۔ تو چونکہ آپ کے وہ متعلقہ خلیے (Cells) متحرک ہوئے ہیں اور آپ سینئرز کے ساتھ تعلقات کو بہتر طور پر سمجھنے لگے ہیں یوں آپ کے اور باس کے تعلقات میں بہتری پیدا ہو جائے گی۔ کوشش اور محنت خود آپ کی ہے جب کہ آپ سارا کریڈٹ فقیر کو دے رہے ہیں حالانکہ فقیر نے تو صرف آپ کو متعلقہ لفظ پڑھنے کو دیا۔

مثال کے طور پر ایک شخص فقیر کے پاس جا کر کہتا ہے کہ میں اللہ کی دوستی اور قرب کا خواہش مند ہوں، مہربانی فرما کر میرا ہاتھ پکڑ کر مجھے رب تک لے جایئے۔ تو وہ فقیر اُس شخص سے کہتا ہے کہ روزانہ صبح گیارہ بجے گیارہ سو بار ''یا خالق'' پڑھ لیا کرو۔ اب یہ وہ وقت ہے جب وہ شخص اپنے دوستوں کے ساتھ بُرائیوں اور غلط کاموں میں وقت گزارتا ہے لیکن جب وہ وظیفہ شروع کرتا ہے تو اُن دوستوں کو وقت نہیں دے پاتا۔ وظیفے کے اثرات کی وجہ سے رفتہ رفتہ اوامر کو اپنانے لگتا ہے اور نواہی کو ترک کرنا شروع کر دیتا ہے۔ اللہ کا فرماں بردار بن جاتا ہے۔ تبدیلی کا یہ عمل اتنا سُست ہے کہ اُس شخص کو اپنے اندر ہونے والی تبدیلیوں کا خود بھی احساس

نہیں ہوتا۔ اِنسان جب اللہ کا فرمان بردار بندہ بن جاتا ہے تو اس کی غیرمشروط اطاعت(Unconditional Surrender) اور مکمل بندگی (Total Submission) کے نتیجے میں رب اُسے اپنا قرب عطا فرما دیتا ہے اور اس قرب اور دوستی کے نتیجے میں اُسے انجانے جہانوں کی سیر کی صلاحیت و اجازت مرحمت فرماتا ہے۔ اُس کی کہی ہوئی باتوں کو پورا کر دیتا ہے کہ رب سب سے زیادہ حیادار اور وضع دار ہے۔ وہ اپنے دوستوں کی عزت رکھتا ہے۔ بات صرف رب کی رحمت کی ہے کہ وہ اپنی رحمت کے صدقے اپنے دوست کو نوازتا ہے حتیٰ کہ لوگ فقیر کو صاحبِ کشف، صاحبِ دعا اور صاحب امر کہنے لگتے ہیں۔

ہمیں عبادات میں ایک بات نہیں بھولنی چاہیے کہ عبادات میں اوّلین حیثیت فرض عبادات کو ہے کہ اُن کے بارے میں ہم سے جواب طلب کیا جائے گا۔ گو کہ اللہ رحمٰن ورحیم ہے اور اُس کا فرمان ہے کہ میں اپنے حقوق معاف کر دوں گا لیکن ہمیں اپنی کوتاہی پر شرمندگی کتنی ہوگی، اس کا اندازہ بخوبی لگایا جا سکتا ہے۔ فرض عبادات کیجیے لیکن ان کے ساتھ ساتھ نیکی پر کاربند رہیے کیونکہ اللہ کا قرب اور دوستی جیتنے کے لیے نیکی سے بڑھ کر کوئی چیز نہیں اور ہمیں یاد رکھنا چاہیے کہ نیکی کی مختصر ترین تعریف یہ ہے کہ اپنے حقوق، آرام، خواہشات، تمنائیں اور ضروریات پس پشت ڈال دی جائیں اور دوسروں کی ضروریات، خواہشات اور آرام کو ترجیح دی جائے اور اِس کے لیے ہم اپنے آپ کو بھول جائیں۔

نشست نمبر 14

ماہِ شعبان اور شب برأت کی اہمیت وفضیلت

ماہِ شعبان برکات اور رحمتوں کا مہینہ ہے۔ رب تعالیٰ نے اپنی تخلیق کردہ متعدد چار چار چیزوں کو افضل کیا اور پھر ان چار میں سے ایک کو مزید فضیلت بخشی۔ مثلاً پیغمبر تو بے شمار بھیجے (ایک روایت کے مطابق کم وبیش ایک لاکھ چوبیس ہزار پیغمبر دنیا میں آئے) اِن پیغمبروں اور رسولوں میں حضرت ابراہیم علیہ السلام، حضرت موسیٰ علیہ السلام، حضرت عیسیٰ علیہ السلام اور آپ صلی اللہ علیہ وسلم کو فضیلت بخشی پھر ان چاروں میں سے بھی آپ صلی اللہ علیہ وسلم کو امام الانبیاء اور خاتم النبیین صلی اللہ علیہ وسلم ہونے کا اعزاز عطا ہوا۔ آسمانی صحیفوں اور کتب میں سے چار کتب نمایاں ہوئیں اور ان چار میں سب سے زیادہ فضیلت قرآن پاک کو ملی۔ فرشتے بے شمار ہیں اُن کی کثرتِ تعداد کا عالم یہ ہے کہ خانہ کعبہ جو بیت المعمور کی صورت میں عالمِ بالا پر ہے اِس کا طواف فرشتے ہر وقت کرتے رہتے ہیں۔ کثرتِ تعداد کی وجہ سے ایک فرشتہ صرف ایک ہی بار طواف کر پائے گا اور قیامت تک دوبارہ اس کی باری نہیں آئے گی۔ فرشتوں کی اس کثیر تعداد میں سے چار فرشتے نمایاں ہیں اور ان میں زیادہ فضیلت حضرت جبرائیل علیہ السلام کو حاصل ہے۔ اِسی طرح دنیا میں پہاڑ کئی ایک ہیں لیکن ان میں نمایاں چار ہی پہاڑ ہیں اور ان چار پہاڑوں میں کوہِ طور کو فضیلت ہے۔ صحابہ کرامؓ میں سے چار صحابہ کرامؓ حضرت ابوبکر صدیقؓ، حضرت عمر فاروقؓ، حضرت عثمان غنیؓ اور حضرت علیؓ نمایاں ہیں۔ بارہ میں سے چار مہینے زیادہ فضیلت والے کہلائے اور ان چار میں سے بھی اوّلیت ماہِ شعبان کو ملی۔ اِس کی فضیلت کی اصل وجہ یہ ہے کہ جس طرح چاند کی روشنی ٹھنڈی ہے، اس میں ایک رومانس ہے لیکن وہ روشنی اس کی اپنی نہیں۔ یہ سورج کی کرنیں ہیں جو چاند سے ٹکرا کر منعکس (Reflect) ہوتی ہیں اور چاندنی کی صورت میں ہم تک آتی ہیں۔ اس لحاظ سے فضیلت بہرحال سورج ہی کو حاصل ہے کیونکہ روشنی کا اصل منبع سورج ہے۔ بعینہٖ وہ برکات اور خیر جو ہم تک ماہِ رمضان کے ذریعے سے پہنچتی ہے، وہ سب ماہِ شعبان کا فیض ہے۔ رجب اللہ کا مہینہ ہے جب کہ شعبان آپ صلی اللہ علیہ وسلم کا مہینہ ہے اور رمضان اُمت رسول صلی اللہ علیہ وسلم کا مہینہ ہے کیونکہ اس ماہ میں اُمت کے گناہ دُھل جاتے ہیں۔

جس طرح آپ صلی اللہ علیہ وسلم رحمت کا منبع ہیں، رحمت للعالمین صلی اللہ علیہ وسلم ہیں۔ آپ صلی اللہ علیہ وسلم کے یہاں صرف رحمت ہی رحمت اور خیر ہی خیر ہے، تمام خلقِ خدا کے لیے بغیر اس تفریق کے کہ کوئی مسلمان ہے یا غیر مذہب، مشرک ہے یا کافر۔ اِسی طرح شعبان جو آپ صلی اللہ علیہ وسلم سے منسوب ہے وہ باعث خیر و برکت ہے۔

شعبان کے روزوں کی فضیلت بھی بہت زیادہ ہے لیکن ایک بات یاد رکھنے کی ہے کہ اگر چہ شعبان کے روزوں کی فضیلت و برکت اپنی جگہ مسلّم ہے لیکن اس کے باوجود آپ ﷺ نے رمضان کے علاوہ کسی مہینے میں پورے روزے نہیں رکھے کیونکہ ہم پر صرف رمضان کے روزے فرض ہیں۔ شعبان کے روزوں کی فضیلت بہت ہے تاہم شعبان کے آخری سوموار کے روزے کی اہمیت وفضیلت سوا ہے۔ علاوہ ازیں پورے کے پورے ماہِ شعبان میں تلاوتِ کلام پاک کی برکات بے شمار ہیں۔ راتوں میں بھی چار راتیں فضیلت کی ہیں اور ان چار میں سے شبِ قدر بلند تر ہے۔ ماہِ شعبان کی پندرہ تاریخ کو شب برأت ہوتی ہے۔ یوں تو ہر شب اللہ کو یاد کرنا بے حد پسندیدہ عمل ہے جیسا کہ قرآن پاک میں ارشاد ہوتا ہے۔

''اے جھرمٹ مارنے والے! رات میں قیام فرما سوا کچھ رات کے، آدھی رات یا اس سے کچھ کم کرو۔'' (سورۂ مزمل: آیات ۱ تا ۳)

تاہم شب برأت میں شب بھر کی عبادت ہمارے لیے باعث نجات بھی ہے اور باعث برکت بھی۔ عربی میں ''برأت'' کا لفظ ''رہائی'' کے لیے استعمال ہوتا ہے۔ اولیائے کرام کے مطابق رہائی سے مراد یہ ہے کہ اس رات نیک لوگوں کے گناہ اور نامرادی اُن سے دُور کر دی جاتی ہے اس لیے اس کو رہائی والی رات یعنی ''شب برأت'' کہا جاتا ہے۔

یہ وہ رات ہے جس کو اللہ تعالیٰ نے مبارک رات کہا۔ اس رات میں وہ تمام لوگ جو آئندہ سال حج کی سعادت حاصل کریں گے اُن کے نام حاجیوں کی فہرست میں لکھ دیئے جاتے ہیں۔ اِسی طرح وفات پانے والوں کے نام رُخصت ہو جانے والوں کی فہرست میں لکھ دیئے جاتے ہیں۔ کس شخص کو کتنا رزق ملے گا اور وہ کتنا بامراد ہوگا...... یہ بھی اِسی رات لکھ دیا جاتا ہے۔ آپ ﷺ نے فرمایا کہ اگر میرا نام اُس سال انتقال کرنے والوں کی فہرست میں شامل ہو تو میں چاہتا ہوں کہ میں اُس وقت روزے کی حالت میں ہوں۔

جیسے ہی شعبان کا چاند نظر آئے، غسل کر کے اور باوضو ہو کر تلاوت کلام پاک کثرت سے کرنی چاہیے اور یہ معمول تمام مہینہ جاری رہنا چاہیے۔ آپ ﷺ کا یہی معمول رہا ہے۔ جو شخص شبِ برأت میں صلوٰۃ الخیر پڑھتا ہے اُس کے آئندہ شبِ برأت تک کے گناہ بخش دیئے جاتے ہیں۔ صلوٰۃ الخیر سو (100) رکعات پر مشتمل ہے۔ ان سو رکعات میں ایک ہزار (1000) بار سورۂ اخلاص پڑھی جاتی ہے یوں ہر رکعت میں دس (10) بار سورۂ اخلاص پڑھی جاتی ہے۔

شبِ برأت میں اللہ تعالیٰ سے مغفرت کی دعا کی جائے اور رب تعالیٰ کے حضور عرض کی جائے کہ اللہ تعالیٰ ہمیں اِس دنیا میں بھی اور آخرت میں بھی باعزت کر دے۔ اللہ تعالیٰ سے جسمانی ورُوحانی بیماریوں سے نجات کی دعا مانگیں۔ اللہ سے اُس کی دوستی اور قرب مانگیں رزق میں وسعت مانگیں کہ ہمارے اخراجات پورے ہونے کے بعد ہمارے پاس رزق بچ رہے اور ہم اُس سے اللہ کے دوسرے بندوں کی خدمت کر سکیں۔ (یاد رہے کہ یہاں رزق سے مراد مال ہے۔)

اس رات آپ ﷺ نصف شب کے قریب نماز کے لیے کھڑے ہوتے تھے۔ آپ ﷺ کا قیام مختصر اور سجدہ طویل ہوتا۔ آپ ﷺ سورۂ فاتحہ کے بعد کوئی چھوٹی سی سورۃ تلاوت فرماتے۔

ایک مرتبہ حضرت بی بی عائشہؓ نے محسوس کیا کہ آپ ﷺ بستر پر نہیں ہیں۔ آپ ﷺ کو وہاں نہ پا کر حضرت عائشہؓ کو گمان ہوا کہ شاید آپ ﷺ کسی دوسری زوجہ محترمہ کے پاس تشریف لے گئے ہیں۔ حضرت عائشہؓ نیم اندھیرے میں ہاتھوں سے راستہ ٹٹولتے ہوئے آگے بڑھ رہی تھیں کہ اچانک اُن کے ہاتھ آپ ﷺ کے پاؤں سے ٹکرائے۔ اُنھوں نے دیکھا کہ آپ ﷺ سجدے میں ہیں اور یہ دعا مانگ رہے ہیں۔

اللھم اعوذ برضاك من سخطك وبمعا فاتك من عقوبتك
واعوذبك منك لا احصی ثناء علیك انت كما اثنیت علی نفسك

''اے اللہ میں تیری ناراضگی سے تیری رضا اور تیری سزا سے تیری معافی کی پناہ چاہتا ہوں۔ میں تیری تعریف کا احاطہ نہیں کرسکتا۔ تو ویسے ہی ہے جیسا تو نے خود اپنی تعریف فرمائی۔''

صبح جب حضرت عائشہؓ کی آپ ﷺ سے ملاقات ہوئی تو آپ ﷺ نے فرمایا۔ ''اے عائشہؓ! کیا تمھیں شک گزرا کہ میں دوسری زوجہ محترمہ کے پاس چلا گیا ہوں؟'' اس کے بعد آپ ﷺ نے فرمایا۔ ''ایسا نہیں تھا میں تو شب برأت کی برکات سمیٹ رہا تھا۔۔۔ تمھیں پتا ہے کہ میں سجدہ میں کیا دعا مانگ رہا تھا؟'' حضرت عائشہؓ نے عرض کیا۔ ''جی ہاں!'' آپ ﷺ نے فرمایا ''مجھے جبرائیل علیہ السلام نے یہی دعا پڑھنے کے لیے کہا تھا۔''

آپ ﷺ سے روایت ہے کہ اس رات جنت کے تین سو (300) دروازے کھول دیئے جاتے ہیں۔ آخری پہر میں آپ ﷺ نے دیکھا کہ جنت کے دروازے کھلے ہیں اور ہر دروازے سے فرشتہ آواز لگا رہا ہے کہ

1۔ ہے کوئی آج کی رات بخشش مانگنے والا تا کہ اُس کو بخش دیا جائے۔

2۔ ہے کوئی آج کی رات رزق مانگنے والا تا کہ اُس کو رزق عطا کر دیا جائے۔

اِسی طرح ہر دروازے سے فرشتہ صدا لگا رہا تھا۔ آپ ﷺ نے حضرت جبرائیل علیہ السلام سے پوچھا کہ یہ 300 دروازے کب تک کھلے رہیں گے؟ حضرت جبرائیل علیہ السلام نے عرض کیا۔ ''اوّل شب سے طلوعِ آفتاب تک یہ دروازے کھلے رہیں گے۔''

''مبارک ہے وہ شخص کہ جس نے اس رات میں قیام کیا، جس نے اس رات میں سجدہ کیا۔ اس رات میں رکوع و سجود کرنے والے پر اللہ کی رحمتیں نازل ہوتی ہیں۔''

اس رات اگر ہم اُس طریقے پر عمل کر لیں جو آپ ﷺ کا معمول رہا تو اس کا دوہرا ثواب ہو جائے گا۔

ایک تو سنت کی پیروی ہو جائے گی اور دوسرا اللہ کی بے پایاں رحمت بھی حاصل ہو جائے گی۔

1۔ سجدے میں گر کر ہم وہ دعا مانگ لیں جو حضرت جبرائیل علیہ السلام نے آپ ﷺ کو تاکید فرمائی تھی۔

2۔ اِس رات ہم نوافل ادا کریں اور اُس کے بعد اللہ سے دعا کریں۔

3۔ شب برأت میں کثرت سے تلاوت کلام پاک کرنے سے اللہ کی رحمتیں نازل ہوتی ہیں۔

آپ ﷺ معصوم تھے اور آپ ﷺ سے کسی گناہ کے سرزد ہونے کا تصوّر بھی نہیں کیا جا سکتا پھر بھی آپ ﷺ گناہوں کی بخشش مانگتے رہے۔ اگر آپ ﷺ کا یہ عالم تھا تو پھر ہم جیسے عاصی اور گناہ گار ساری رات رب تعالیٰ سے اپنے گناہوں کی معافی کے سوا اور کیا مانگ سکتے ہیں۔

ایک شب برأت لوگوں نے دیکھا کہ جناب حضرت حسن بصری رحمۃ اللہ علیہ رات بھر عبادت کے بعد صبح اس حالت میں حجرے سے باہر نکلے کہ گویا مُردے کو قبر سے نکالا گیا ہو۔ لوگوں نے پوچھا۔ ''آپ کو کیا ہو گیا کہ آپ کی حالت مُردوں کی سی ہے۔'' حضرت حسن بصری رحمۃ اللہ علیہ بولے۔ ''ہاں! میں مُردوں ہی کی حالت میں نکلا ہوں کیونکہ مجھے یہ تو یقین ہے کہ مجھ سے بہت سے گناہ سرزد ہوئے ہیں لیکن مجھے اپنی نیکیوں کے بارے میں معلوم نہیں اور اگر میں نے کوئی نیکی کی بھی ہے تو یہ یقین نہیں کہ وہ قبول کر لی گئی ہو گی یا رب تعالیٰ وہ نیکی میرے منہ پر دے مارے گا۔ اس خوف نے مجھے مُردوں کے سے حال کو پہنچا دیا ہے۔''

ہم اکثر عبادت کو کل پر ٹالتے رہتے ہیں۔ اگر شب برأت یا ماہِ شعبان میں کسی بھی شب شیطان ہمیں اُکسائے کہ آج کی عبادت کل پر ڈال دو تو ہمیں اس خیال سے لڑنا چاہیے کیونکہ یوم صرف دو ہی ہیں...... ایک گزرا ہوا کل اور ایک آج جس میں سے ہم گزر رہے ہیں کیونکہ آنے والے کل کی خبر نہیں کہ ہم دیکھ پائیں یا نہیں۔

1۔ گزرا ہوا کل نصیحت ہے جو کل ہم نے کیا، جو کچھ ہمارے ساتھ پیش آیا اور جو ہم نے اس گزرے کل سے سیکھا، عقل مند کے لیے اِس میں نصیحت ہے۔

2۔ آج کا دن......جس میں سے ہم گزر رہے ہیں۔ یہ غنیمت ہے کہ اللہ تعالیٰ نے ہمیں یہ دن نصیب کر دیا۔ اگر گزشتہ رات ہمارا سانس رُک گیا ہوتا تو آج کا یہ دن ہم دیکھ ہی نہیں پاتے۔

3۔ آنے والا کل......خیال ہے، اُمید ہے۔ کون جانے کل ہم زندہ ہوں بھی یا نہیں۔

4۔ اِسی طرح رجب کا مہینہ گزر چکا۔ اس میں ہم نے کیا کیا، ہمارے ساتھ کیا پیش آیا، ہم نے اس سے کیا سیکھا۔ یوں رجب کا مہینہ ماہِ شعبان میں نصیحت ہو چکا۔

5۔ شعبان میں سے ہم گزر رہے ہیں۔ یہ غنیمت ہے کہ رب تعالیٰ نے ہمیں یہ مبارک مہینہ دکھا دیا۔

اگر چہ اس مہینے میں نیکی کی طرف رغبت اور گناہوں سے اجتناب ویسے نہیں ہو پایا جیسا کہ حق تھا۔ اس مہینہ میں رب تعالیٰ نے ہمیں زندہ رکھا تا کہ ہم موقع سے فائدہ اُٹھائیں۔

6۔ رمضان کے مہینہ میں نیکی کا اجر بہت ہے۔ یہ سوچ کر اگر ہم اپنی نیکی اور عبادت کو رمضان کے مہینہ کے لیے اُٹھا رکھیں تو یہ خیال اور اُمید ہے جو نا معلوم کہ بر آئے یا نہیں۔ لہٰذا بہتر یہی ہوگا کہ آج کو ہم غنیمت جان کر اِس سے بھر پور فائدہ اُٹھالیں۔

شعبان کا جو مہینہ ہم دیکھ پائے، اس کو غنیمت جانیں اور اللہ سے اپنے گناہوں کی معافی اور مغفرت کی دعا کرتے رہیں۔ آپ صلی اللہ علیہ وسلم کا فرمان ہے کہ

''بے شک ماہِ شعبان میں، خواہ انسان کے گناہ بنی کلب قبیلے کی بکریوں کے بالوں کے برابر ہی کیوں نہ ہوں، اللہ معاف فرما دیتا ہے۔''

لیکن یہ یاد رکھیے کہ

- دل میں کینہ رکھنے والا
- عادی شراب خور اور
- غیر خواتین کے پاس جانے والا شخص

اِن سب کو تب تک معاف نہیں کیا جائے گا جب تک وہ گناہوں سے توبہ نہ کرلیں۔۔۔ اِن کی بخشش مشروط ہے توبہ کے ساتھ۔ اُمید ہے کہ شب برأت اور ماہِ شعبان میں ہم رحمتِ الٰہی کی بارش سے بھر پور فائدہ اُٹھا سکیں گے اور اپنے گناہوں کی معافی مانگ سکیں گے۔

نشست نمبر 15

ماہِ رمضان......اُمت کا مہینہ

عربی میں ماہِ رمضان کو''شہرِ رمضان'' یا ''ماہِ صیام'' کہتے ہیں۔ ''شہر'' شہرت سے نکلا ہے۔ مشہور چیز کو ''شہر'' کہا جاتا ہے۔ رمضان ''رمض'' سے نکلا ہے جس کا مطلب ہے ''جلا دینا''۔ رمض سے لفظ ''رمضہ'' ہے جس کا مطلب ہے گرم پتھر۔ جب مسلمانوں پر روزے فرض کیے گئے اُس وقت موسم گرما تھا۔ عرب کے صحرا کی گرمی قیامت کی ہوتی ہے۔ شدید تپش کی وجہ سے اُونٹنی کا بچہ جسے عرب معیشت میں خاص اہمیت حاصل ہے، جھلس جاتا تھا۔ اس لیے اس مہینے کو''شہرِ رمضان'' کہا گیا جب کہ ''صیام'' سے مراد ہے کسی چیز کو ترک کر دینا یا کسی چیز سے رُک جانا اور''ماہ'' جیسا کہ آپ جانتے ہیں کہ مہینے کو کہتے ہیں۔

آپ صلی اللہ علیہ وسلم پر نبوت کے ابتدائی دور میں ایامِ بیض کے تین روزوں کے علاوہ دس محرم کا روزہ فرض تھا بعد ازاں جنگ بدر سے ایک ماہ اور چند روز پیشتر مسلمانوں پر تیس (30) روزے فرض کیے گئے۔ چنانچہ جنگِ بدر کے دوران آنے والا وہ مسلمانوں کا پہلا ماہِ رمضان تھا۔

قرآن پاک میں روزوں کی فرضیت کے حکم میں اہلِ اسلام کو ''یاایھاالذین اٰمنو'' کہہ کر مخاطب کیا گیا۔ یہ الفاظ تنبیہ اور ندا کے معنوں میں استعمال ہوتے ہیں۔ حضرت امام جعفر صادقؒ نے فرمایا ''اس ندا سے عبادت کی گلفت اور مشقت لذّت میں بدل جاتی ہے۔''

قرآن پاک میں ارشاد ہوتا ہے۔

> ''اے ایمان والو! تم پر روزے فرض کیےُ گئے جیسا کہ تُم سے پہلی اُمتوں پر فرض کیے گئے تھے تاکہ تم متقی اور پرہیزگار بن جاؤ۔''

گویا پچھلی تمام قوموں پر روزے فرض کیےُ گئے۔ حضرت آدم علیہ السلام کو جب جنت سے زمین پر روانہ کیا گیا تو زمین کی تپش سے حضرت آدم علیہ السلام کی جلد جھلس گئی۔ ایک روز حضرت جبرائیل علیہ السلام اُن کے پاس تشریف لائے اور فرمایا کہ اِس جھلسی ہوئی سیاہ رنگت کو سفیدی میں بدلنے کے لیے میں آپ کو ایک نسخہ بتاتا ہوں اور وہ یہ ہے کہ آپ ہر قمری مہینے کی 13، 14 اور 15 تاریخ کو روزہ رکھ لیا کریں۔ حضرت آدم علیہ السلام نے حضرت جبرائیل علیہ السلام کے تجویز کردہ نسخہ کے مطابق جب 13 تاریخ کو روزہ رکھا تو اُن کی جلد

کی ایک تہائی سیاہی دُور ہوگئی۔ 14 تاریخ کو روزہ رکھنے پر آدھی سے زیادہ سیاہی ختم ہوگئی اور 15 تاریخ کو روزہ رکھنے کے بعد اُن کی تمام جلد مکمل طور پر سُرخ وسفید ہوگئی۔ اِسی نسبت سے اِن تاریخوں کے روزوں کو ''ایامِ بیض کے روزے'' بھی کہا جاتا ہے۔ حضرت آدم علیہ السلام کے بعد دیگر تمام انبیاء کرام اور اُن کی اُمتوں پر بھی روزے فرض ہوتے رہے۔

ایک روز حضرت علیؓ آقا صلی اللہ علیہ وسلم کی خدمتِ اقدس میں حاضر ہوئے اور سلام عرض کیا۔ آپ صلی اللہ علیہ وسلم نے سلام کا جواب دے کر فرمایا ''علیؓ! تمھیں جبرائیل علیہ السّلام سلام کہتے ہیں۔'' پھر آپ صلی اللہ علیہ وسلم نے فرمایا ''میرے قریب آؤ۔ جبرائیل علیہ السّلام تمھیں کچھ کہنا چاہتے ہیں۔'' حضرت علیؓ قریب ہوئے تو آپ صلی اللہ علیہ وسلم نے فرمایا ''جبرائیل علیہ السلام فرماتے ہیں کہ میں تمھیں تین روزوں کے بارے میں بتاتا ہوں جن میں سے پہلے روزے کا ثواب 10 ہزار سال کے روزوں کے برابر ہے، دوسرے روزے کا ثواب تیس ہزار سال کے روزوں کے برابر اور تیسرے روزے کا ثواب ایک لاکھ سال کے روزوں کے برابر ہے۔'' حضرت علیؓ نے دریافت کیا کہ وہ تین روزے کون سے ہیں؟ آپ صلی اللہ علیہ وسلم نے فرمایا ''یہ روزے ہر قمری مہینے کی 13، 14 اور 15 تاریخ کے ہیں۔''

نبوت کے ابتدائی ایام میں فرض ہونے والے یہ تین روزے ماہِ رمضان کے روزوں کی فرضیت کے بعد نفلی روزوں میں تبدیل ہوگئے۔ اِسی طرح 10 محرم کے روزہ کے حوالے سے جب مسلمانوں نے عرض کیا کہ یارسول اللہ صلی اللہ علیہ وسلم! یہودی بھی دس محرم کا روزہ رکھتے ہیں تو آپ صلی اللہ علیہ وسلم نے فرمایا ''تم نو محرم کا روزہ ساتھ ملالیا کرو تاکہ یہودیوں سے مشابہت نہ ہو۔''

مسلمانوں کی طرح عیسائیوں پر بھی ماہِ رمضان ہی کے روزے فرض کیے گئے تھے لیکن گرمی کی شدت سے گھبرا کر حضرت عیسیٰ علیہ السلام کے بعد اُن کے پیروکاروں نے جہاں اور معاملات میں سہولت ڈھونڈی وہاں روزوں میں بھی آسانی تلاش کی۔ عیسائیوں کے علماء اور مذہبی اکابرین نے اس بات پر اجتہاد کیا کہ چونکہ گرمی کے روزے رکھنے سے صحت اور کام کاج میں حرج ہوتا ہے لہٰذا روزے تو رکھے جائیں لیکن وقت موسم گرما کی بجائے موسم بہار کر دیا جائے۔ یوں روزوں کو سن عیسوی کے ساتھ منسلک کر دیا گیا۔ اس سہولت کے پیش نظر روزے تیس سے بڑھا کر چالیس کر دیئے گئے۔ پھر ایک عیسائی بادشاہ نے اپنے کسی کام کے لیے منت مانی کہ کام ہو جانے کی صورت میں میں سات روزے زائد رکھوں گا یوں روزے چالیس کی بجائے سینتالیس ہو گئے۔ بعدازاں ایک اور بادشاہ نے اپنے کام کے لیے مزید تین روزوں کی منت مانی جس کی وجہ سے روزے سینتالیس سے بڑھ کر پچاس ہوگئے، اِسی لیے مسلمانوں کو یاد دلایا گیا ہے کہ پہلی اُمتوں کی طرح تم پر روزے فرض کیے گئے۔

ماہِ رمضان کی اوّل تا آخری شبِ صوم رب تعالیٰ اپنی مخلوق سے فرماتا ہے۔

1- ہے کوئی بخشش کا طلب گار کہ میں اُسے معاف کردوں

2- ہے کوئی تم میں سے میری رحمت کا طلب گار کہ میں اُس پر اپنی رحمت کروں

3- ہے کوئی تم میں سے جو نادار کو قرض دے تا کہ اُس کو پورا بدلہ اور اجر دیا جائے۔

رب تعالیٰ یکم سے آخری روزے تک اپنی رحمت کے صدقے روزہ دار کے تمام گناہ ماسوائے شرک کے معاف کر دیتا ہے۔ اس مبارک مہینے میں روزہ افطار کرانے کی فضیلت بھی بے پناہ بیان کی گئی ہے۔ ایک شخص سارا دن بھوکا پیاسا رہ کر نفس پر جبر کی مشقت برداشت کرتا ہے اور شام کو ایک شخص اُس کو روزہ افطار کروا کے اُس کے روزے کے برابر ثواب سمیٹ لیتا ہے۔

یہ سخاوت کا مہینہ ہے۔ آپ صلی اللہ علیہ وسلم کی سخاوت اس ماہِ مبارک میں تمام حدود پار کر جاتی تھی۔ اس مہینے میں مساکین کی ضروریات پوری کرنا، روزہ داروں کی روزہ کشائی کروانا، مقروض لوگوں کو قرض سے رہائی دِلانا اور غلام یا قیدی کو آزاد کرانا، ان سب کا بہت زیادہ اجر ہے۔ آپ صلی اللہ علیہ وسلم کا فرمانِ مبارک ہے کہ اِس مہینے میں اللہ تعالیٰ اپنی رحمت کے صدقے لوگوں کے گناہ معاف فرما دیتا ہے اور اُنھیں جہنم سے رہائی عطا فرماتا ہے ماسوائے مندرجہ ذیل چار اقسام کے لوگوں کے:۔

1۔ عادی شراب خوری

2۔ قطع رحمی کرنے والا شخص

3۔ مسلمانوں سے قطع تعلق کرنے والا شخص

4۔ وہ شخص جو دل میں کینہ اور بغض رکھے

یہ بات یاد رکھنے کی ہے کہ جس شخص نے دل کو کینہ اور بغض سے پاک نہیں کیا وہ کبھی رُوحانیت کے کسی مقام پر نہیں پہنچ پائے گا۔ ہمیں اپنے دل کو اس چیز سے پاک رکھنا ہے ورنہ اللہ کی راہ پر ہم نہیں چل پائیں گے۔ یہ وہ بنیادی شرط (Prerequisite) ہے جس پر فقراء بہت زور دیتے ہیں۔ اسے ''دل کی صفائی'' کہا جاتا ہے۔ قلب کی صفائی کے بعد اس میں کینہ، بغض، حسد اور انتقام ختم ہو جاتا ہے۔ فقیر کبھی مدعی نہیں بنتا، کبھی کسی کی شکایت نہیں کرتا۔ فقیر کا کسی پر گلہ شکوہ اور شکایت مناسب نہیں۔ جس نے ایسا کیا وہ رُسوا ہو گیا۔ اگر فقیر کبھی مدعی بنے گا یا شکایات کرے گا تو شرمندگی کے علاوہ کچھ اُس کے ہاتھ نہیں آئے گا۔

گلے شکوے سے دُور رہنے کے لیے ضروری ہے کہ جونہی کوئی شخص ہمیں دُکھ دے، ہمارے خلاف سازشیں کرے یا ہمارا نقصان کرے اُس کے یہ حرکت کرنے سے پہلے ہی ہم اُسے معاف کر دیا کریں۔ شروع میں شعوری طور پر ہم یہ کوشش کرتے ہیں لیکن پھر رفتہ رفتہ ہمیں اس کی عادت ہو جاتی ہے اور ہم روٹین میں دوسروں کو معاف کرنے لگتے ہیں حتیٰ کہ وہ وقت بھی آ جاتا ہے کہ ہمیں یاد ہی نہیں رہتا کہ کس نے ہمارا کتنا دل دُکھایا تھا؟ کس نے تہمت لگائی تھی؟ کس نے ہماری جڑیں کاٹی تھیں؟ اور کس نے ہم پر کیا الزام لگایا تھا؟

اہلِ فقر کے پاس آ کر اگر کوئی شخص یہ کہتا ہے کہ فلاں نے آپ پر یہ الزام یا تہمت لگائی تو وہ کہتے ہیں۔

''وہ آدمی تو بہت اچھا ہے، وہ بھلا جھوٹ کیوں بولے گا۔ اُس نے میرے بارے میں جو کچھ کہا وہ سچ ہی ہو گا۔'' یہ رویہ اپنا کر اہلِ فقر اپنے دل کو کینہ، بغض اور انتقام سے پاک کر لیتے ہیں۔ ماہِ رمضان میں ہم بھی یہ رویہ اپنا کر اپنے نفس اور اپنے کردار کی تربیت کر سکتے ہیں۔

نشست نمبر 16

ہزار مہینوں سے بہتر رات

حضرت مالک بن انسؓ سے روایت ہے کہ آپ صلی اللہ علیہ وسلم نے فرمایا۔

''میں نے مختلف اُمتوں کے لوگوں کی عمریں اور اُن کے اعمال نامے دیکھے۔ مجھے ان میں اپنی اُمت کی عمریں کم دکھائی دیں۔ میں نے محسوس کیا کہ عمر کی کمی کے باعث میری اُمت کے لوگ پہلے لوگوں کے برابر عمل نہ کرسکیں گے چنانچہ اللہ تعالیٰ نے انھیں شب قدر عنایت کردی جو ہزار مہینوں سے بہتر ہے۔''

لیلۃ القدر بہت برکتوں اور رحمتوں والی رات ہے۔ اِس شب اللہ تعالیٰ کی کرم نوازی بہت زوروں پر ہوتی ہے۔ اللہ تعالیٰ اس رات پہلے آسمان پر اُتر آتا ہے۔ حضرت جبرائیل علیہ السلام بھی دوسرے فرشتوں کے جلو میں ایک سبز پرچم لے کر زمین پر اُترتے ہیں اور وہ پرچم خانہ کعبہ کی چھت پر گاڑتے ہیں پھر فرشتوں کو حکم دیتے ہیں کہ زمین پر پھیل جاؤ۔ حضرت جبرائیل علیہ السلام کے کُل چھ سو (600) پَر ہیں۔ اِس قدر والی رات میں جب وہ اپنے تمام پَر زمین پر پھیلاتے ہیں تو وہ زمین کی حدود سے باہر نکل جاتے ہیں اور محوِ عبادت لوگوں پر چھا جاتے ہیں۔ جب لوگ اُس رات دعا کرتے ہیں تو فرشتے آمین کہتے ہیں۔

آپ صلی اللہ علیہ وسلم نے فرمایا ''شبِ قدر میں جبرائیل علیہ السلام آسمان سے اُتر کر ہر مسلمان کو سلام کرتے ہیں اور اُس سے مصافحہ کرتے ہیں۔ اس کی علامت یہ ہے کہ آدمی کے بال کھڑے ہوجاتے ہیں اور آنکھوں سے آنسو جاری ہوجاتے ہیں۔''

ایک سوال جو اکثر ذہنوں میں اُبھرتا ہے کہ ایک طرف تو کہا جاتا ہے کہ قرآن پاک پورے کا پورا شب قدر میں نازل کیا گیا اور دوسری طرف قرآن پاک آپ صلی اللہ علیہ وسلم کی نبوت کے 23 سالوں میں چھوٹے چھوٹے حصوں میں وحی کے ذریعے آپ صلی اللہ علیہ وسلم پر نازل ہوتا رہا۔ درحقیقت یہ دونوں باتیں ہی بالکل ٹھیک ہیں۔ سورۂ قدر میں ارشاد ہوتا ہے۔

انا انزلنه فی لیلة القدر

اس سے دو معنی مراد ہیں۔ ایک تو یہ کہ حضرت آدم علیہ السلام کے دنیا میں تشریف لانے سے قبل ہی قرآن

پاک کو لوحِ محفوظ میں محفوظ کر دیا گیا تھا۔ شب قدر میں یہ قرآن پاک لوحِ محفوظ سے آسمان دنیا (بیت العزت) پر پورے کا پورا نازل کر دیا گیا۔ پھر اِس آسمان سے حسبِ حکم حضرت جبرائیل علیہ السلام قرآن کو چھوٹے چھوٹے حصوں میں آیات کی صورت میں وحی کی صورت میں آپ ﷺ تک پہنچاتے رہے اور یہ عمل 23 سال میں مکمل ہوا۔

اِس ضمن میں ایک اور بات بھی بے حد اہم ہے کہ ایک شب قدر سے دوسری شب قدر کے دوران جتنا بھی قرآن پاک آپ ﷺ پر نازل ہوتا، اِس رات حضرت جبرائیل علیہ السلام اُس تمام وحی کو اکٹھا کر کے آپ ﷺ کو سنا دیا کرتے تھے۔

اِسی طرف اشارہ کرتے ہوئے پیرانِ پیر حضرت شیخ عبدالقادر جیلانی صاحب رحمۃ اللہ علیہ فرماتے ہیں کہ شبِ قدر کی بزرگی میں اللہ تعالیٰ نے سورہ ''انا انزلنہ'' نازل فرمائی جس میں قرآن پاک کے نزول کا ذکر ہے یعنی اللہ تعالیٰ نے قرآن مجید کو لوحِ محفوظ سے اُتار کر سَفَرہ کے فرشتوں کے پاس نازل کیا۔ سَفرہ کے فرشتے وہ ہیں جو محرری اور خط و کتابت پر مامور ہیں۔ اِس رات میں اللہ تعالیٰ نے آنحضرت ﷺ پر صرف اُسی قدر قرآن نازل فرمایا جس قدر اُس سال میں بھیجنا مقصود تھا۔ قرآن کریم آپ ﷺ پر جبرائیل علیہ السلام نازل فرمایا کرتے تھے۔ شب قدر تک تھوڑا تھوڑا کر کے نازل کرتے رہتے۔ یہ صرف وہی حصہ ہوتا تھا جو بارگاہِ الٰہی سے نازل ہو چکا تھا۔

قرآن پاک کے نزول کے علاوہ دیگر صحیفے اور الہامی کتابیں بھی ماہِ رمضان ہی میں نازل ہوئیں۔ شہاب بن طارق نے ابوذر غفاریؓ سے روایت کی ہے کہ آپ ﷺ نے فرمایا:۔

1- حضرت ابراہیم علیہ السلام پر صحیفے ماہِ رمضان کی تین راتوں میں نازل ہوئے۔
2- حضرت موسیٰ علیہ السلام پر ماہِ رمضان کی چھ راتوں میں تورات اُتاری گئی۔
3- حضرت داؤد علیہ السلام پر رمضان کی اٹھارہ راتوں میں زبور اُتاری گئی۔
4- ماہِ رمضان کی تیرہ راتوں میں حضرت عیسیٰ علیہ السلام پر انجیل اُتری۔
5- رسولِ خدا ﷺ پر رمضان کی چوبیس راتوں میں پورا قرآن نازل ہوا۔

شب قدر، ماہِ رمضان کے آخری عشرے کی طاق راتوں میں تلاش کرنے کی تاکید کی گئی ہے۔ اس حوالے سے مختلف روایات ملتی ہیں۔ حضرت امام شافعی رحمۃ اللہ علیہ کے مطابق ''شبِ قدر 21 رمضان المبارک کو ہوتی ہے''۔ حضرت عمر فاروقؓ کو یہ گمان تھا کہ ''تیئسویں شبِ رمضان شب قدر ہوتی ہے۔'' آپ ﷺ سے ایک حدیث روایت کی جاتی ہے جس کے مطابق ستائیسویں رات شبِ قدر ہوتی ہے۔ حضرت عائشہؓ کے مطابق 23 ویں رات کو شب قدر ہوتی ہے اور کچھ روایات کے مطابق شبِ قدر 29 ویں رات کو ہوتی ہے۔

یہ سب روایات اپنی جگہ بے حد اہم ہیں لیکن بہتر یہی ہے کہ کسی ایک مخصوص رات کی بجائے آخری

عشرے کی تمام طاق راتوں میں شب بیداری کا اہتمام کرلیا جائے تاکہ شبِ قدر کے فیوض و برکات کو بھرپور طریقے سے سمیٹا جاسکے۔

روایت ہے کہ آپ صلی اللہ علیہ وسلم اپنی اُمت کے لیے بہت فکرمند رہا کرتے تھے اللہ نے فرمایا کہ اے حبیب صلی اللہ علیہ وسلم! فکر نہ کرو، میں تمھاری اُمت کو دنیا سے اُس وقت تک نہ اُٹھاؤں گا جب تک اُسے پیغمبروں کا درجہ نہ عطا کردوں اور سردار نہ بنادوں اور وہ یوں کہ پیغمبروں کے پاس تو فرشتے وحی اور پیغام لاتے تھے اور تیری اُمت کے افراد پر ہر شب قدر میں فرشتے بھیجوں گا۔

شب قدر میں ہم رب تعالیٰ سے دو چیزیں مانگیں۔

یا اللہ! تو مجھ پر رحم فرمادے۔

یا اللہ پاک! تو ہم پر اپنی رحمت نازل فرما۔

کہنے کو تو ''رحم'' ایک لفظ ہے لیکن اس میں بہت سے معانی پوشیدہ ہیں۔ جب کوئی شخص اللہ سے اُس کا رحم مانگتا ہے تو گویا وہ اپنے عاجز اور بے بس ولاچار ہونے کا اقرار کر رہا ہوتا ہے۔ اللہ کے حضور اپنی خواہشات، ارادے اور مرضی سے دست بردار ہونے کا اقرار کر رہا ہوتا ہے۔ اِس کے ساتھ ہی ساتھ وہ اپنے گناہوں کا بھی اعتراف کر رہا ہوتا ہے۔ رب تعالیٰ سے رحم کی بھیک طلب کرنا گویا اپنے گناہوں اور کوتاہیوں کا اقرار بھی ہے اور اظہارِ ندامت بھی۔ یہ دراصل ایک عاجز اور لاچار بندے کا اقرار ہے کہ ''اے اللہ! تو زبردست قوت والا ہے جب کہ میں عاجز اور کمزور ہوں۔ میں نے تیرے حکم کی جو خلاف ورزی کی، میں اس کا دفاع نہیں کرتا۔ سچ تو یہ ہے کہ تیرے حکم سے سرتابی نہیں ہونی چاہیے تھی پھر بھی مجھ سے غلطی سرزد ہوگئی۔ میں اپنے گناہ گار ہونے کا اعتراف کرتا ہوں اور ندامت کا اظہار کرتا ہوں۔ یا اللہ پاک! تو مجھ پر رحم فرما۔'' جب ہم اُس غفور الرحیم سے اُس کا رحم مانگتے ہیں تو عاجزی کے اُس مقام پر چلے جاتے ہیں جہاں وہ اپنے بندوں کو دیکھنا پسند فرماتا ہے۔ جس طرح اللہ کا رحم بے حد وحساب ہے اِسی طرح اُس کی رحمت بھی بے کنار ہے۔ اُس کی رحمت کی کوئی حد ہے نہ حساب۔ جب ہم مکمل طور پر ہتھیار ڈال کر اللہ سے اُس کا رحم اور پھر رحمت طلب کرتے ہیں تو اُس کی رحمت جوش میں آتی ہے۔ وہ اپنے بندوں کو خواہ وہ کتنے ہی فاسق وفاجر کیوں نہ ہوں، نہ صرف معاف فرمادیتا ہے بلکہ اُن پر اپنی رحمتیں بھی نازل فرماتا ہے اور اُن کو وہ کچھ عطا فرماتا ہے جس کے باعث وہ دین و دنیا میں با عزت ہوتے ہیں۔

ہم شبِ قدر میں جو کچھ اپنے رب تعالیٰ سے مانگتے ہیں وہ ہمیں عطا کرتا ہے۔ دنیا کی جو چیز ہم مانگتے ہیں اُس کو بھی اللہ اپنی نظر میں رکھتا ہے اور جس کو اللہ اپنی نظر میں رکھتا ہے وہاں وہ اپنی رحمت ضرور نازل فرماتا ہے۔

اس ہزار مہینوں سے بہتر رات میں عبادت مندرجہ ذیل طریقے سے کی جاسکتی ہے:۔

1۔ نمازِ عشاء سے لے کر شب ایک بجے تک نوافل ادا کیے جائیں۔

2۔ ایک بجے سے تین بجے تک تلاوتِ کلام پاک کی جائے۔

3۔ تین بجے کے بعد مزید نوافل اور نمازِ تہجد ادا کر لیں۔

4۔ نمازِ فجر ادا کریں اور اس کے بعد دوبارہ تلاوتِ قرآن مجید کر لیں۔

اُمید ہے کہ اللہ تعالیٰ اپنی رحمت کے صدقے ہمیں بخش دے گا اور ہمارے گناہوں سے صرفِ نظر فرمائے گا۔ اگر چہ یہ ہمارا استحقاق نہیں کہ ہمیں معاف کر دیا جائے تاہم پروردگار کی رحمت بے پایاں سے اُمید ہے بخشے جانے کی۔ ضرورت صرف اِس امر کی ہے کہ ہم رب کے حضور ندامت سے سر جھکائیں اور عاجزی سے عرض گزار ہوں کہ ''یا باری تعالیٰ! اگر چہ میرے گناہ بے حساب ہیں لیکن تیری رحمت بھی تو بے پایاں ہے تُو اپنے غفور الرحیم ہونے کے صدقے مجھے معاف فرما دے۔ اپنے رحیم و کریم ہونے کے صدقے ہم پر اپنی رحمت نازل فرما۔''

جہاں تک شب قدر کی علامت کا تعلق ہے اِس رات میں نہ سردی ہوتی ہے نہ گرمی۔ روایت ہے کہ اِس میں کُتے کی آواز بھی سنائی نہیں دیتی۔ اِس رات کی صبح کو جب آفتاب طلوع ہوتا ہے تو یوں لگتا ہے گویا اس میں ذرا سیاہی نہ ہو وہ طشت دکھائی دیتا ہے۔ اِس رات کی عجیب باتیں اور اسرار اہلِ دل، اہلِ اطاعت، اہلِ ولائیت اور اُن لوگوں پر منکشف ہوتے ہیں جنھیں اللہ تعالیٰ یہ سب دکھانا چاہتا ہے اور ہر شخص کو اُس کے مقام، مرتبے، حال اور اللہ تعالیٰ کے ساتھ قرب کے مطابق اِس رات کا مشاہدہ ہوتا ہے۔

نشست نمبر 17

سوال: اللہ اور آپ صلی اللہ علیہ وسلم کے قرب اور محبت کے حصول کا بہترین طریقہ کیا ہے؟

جواب: آپ کے گھر میں تین ملازم ہیں۔ ایک ملازم کام اچھا کرتا ہے۔ جاب شروع کرنے سے پہلے وہ اپنی تنخواہ اور جاب کی Terms and Conditions اچھے طریقہ سے Settle کرتا ہے۔ آپ اُس کے کام سے خوش ہیں۔ مہینے کے اختتام پر وہ آپ کے پاس آتا ہے اور تنخواہ کا تقاضا کرتا ہے۔ چھٹی ہونے پر آپ کے پاس آکر بتاتا ہے کہ میں کل چھٹی پر چلا جاؤں گا۔ یونیفارم لینے کا وقت آیا تو آپ کے پاس آکر اُس کا سوال کرتا ہے۔ وہ آپ سے کچھ زیادہ نہیں مانگ رہا بلکہ صرف اُس چیز کا تقاضا کر رہا ہے جو ملازمت کے آغاز میں طے ہو چکی ہے۔

ایک اور ملازم ہے جو کام اپنی مرضی سے کرتا ہے۔ آپ جب بھی کام کا کہتے ہیں وہ بہانے تراشتا ہے کہ پہلے میں فلاں کام کرلوں پھر یہ کرتا ہوں۔ ہر روز ایک نئی Demand کے ساتھ وہ آپ کے پاس آجاتا ہے۔ اِن دونوں کے علاوہ ایک تیسرا ملازم بھی ہے۔ جب آپ نے اُسے ملازم رکھا تو کہنے لگا، آپ جتنی تنخواہ چاہیں دے دیں۔ آپ نے کہا علیحدہ سرونٹ کوارٹر نہیں ہے۔ وہ بولا کوئی بات نہیں کسی دوسرے ملازم کے ساتھ Share کرلوں گا یا کسی کونے میں بستر ڈال لوں گا۔ آپ نے کھانا دیا تو اُس نے کھالیا۔ نہیں دیا تو آپ کو احساس تک نہیں ہونے دیا کہ وہ بھوکا ہے۔ آپ کپڑے دینا بھول گئے تو وہ پرانے کپڑوں کو دھو کر اور پیوند لگا کر پہنتا رہا۔ سال ہا سال سے کبھی چھٹی یا تنخواہ میں اضافہ کا تقاضا نہیں کیا۔ آپ رات ایک بجے بھی اُس کے کوارٹر میں گھنٹی بجا کر اُسے کام کے لیے آواز دیتے ہیں تو وہ آنکھیں ملتا ہوا نہیں بلکہ انتہائی مستعدی اور چستی سے آتا ہے اور ''جی سر'' کہتا ہے۔

اب اِن تینوں ملازمین میں سے کس ملازم کو آپ اپنے دل کے قریب محسوس کریں گے؟ اگر کوئی شخص اِس تیسرے ملازم کی طرح رب تعالیٰ کی بندگی کر رہا ہے، زبان پر کوئی گلہ شکوہ نہیں، جو مل گیا اُس پر اللہ کا شکر ادا کرتا ہے، جو نہیں ملا اُس کا ذکر نہیں کرتا، کوئی تقاضا نہیں سوائے اس دعا کے کہ ''یا اللہ! تو مجھے اپنے محبت کرنے والے بندوں میں شامل فرمالے اور مجھے قیامت کے روز اُن لوگوں میں سے اُٹھا جو تجھ سے محبت کرتے ہیں۔''

ذرا سوچیں۔ کیا یہ شخص اللہ کے قریب نہیں ہوگا۔ یہی رویہ اُس کا آپ صلی اللہ علیہ وسلم کے ساتھ ہے تو کیا آپ صلی اللہ علیہ وسلم

کی رحمتیں اُس پر نازل نہ ہوں گی۔ یہی حصولِ قرب کا طریقہ ہے۔ہم گلے شکوے سے اپنی زبان بند کرلیں۔ ہم عموماً سارے الزامات شیطان کو دے دیتے ہیں کہ اُس نے ہمیں بہکا دیا تھا۔ ہم گرمی میں دفتری اُمور سر انجام دیتے ہوئے اپنے Hat کو پنکھا بنا لیتے ہیں اور ساتھ کہتے ہیں ''آج گرمی بہت ہے۔'' یہ بھی رب کے ساتھ شکوہ ہے۔

میں ایک بار جب اپنے مرشد صاحب کے حجرہ میں داخل ہوا تو سخت گرمی کا احساس ہوا۔ بے اختیار میری زبان سے یہ جملہ پھسل گیا ''حضور! آج گرمی بہت ہے۔'' مرشد صاحب میری اِس بات پر غصہ میں آ گئے اور ڈپٹ کر بولے ''تمھیں کس نے یہ حق دیا ہے کہ تم اپنے مالک اور آقا پر اُنگلی اُٹھاؤ۔ اُس کی مرضی ہے جب چاہے گرمی بڑھا دے جب چاہے سردی گھٹا دے۔''

اس ڈانٹ کا نتیجہ یہ نکلا کہ اس واقعہ کو 35 سال گزر گئے ہیں لیکن میری زبان پر کبھی دوبارہ یہ جملہ نہیں آیا۔ لہٰذا یہ کہنا بھی کہ آج گرمی بہت ہے، گلہ اور شکوہ ہے۔ اہلِ علم تو اس قدر باریکی سے سوچتے ہیں جب کہ ہم معمولی باتوں پر فکر مند رہتے ہیں۔ ایک طرف ہم یہ کہتے ہیں کہ رب تعالیٰ کو اپنی مخلوق سے ایک ماں سے ستر گنا زیادہ محبت ہے، وہ انتہائی مہربان ہے، اپنی مخلوق کا بے حد خیال رکھتا ہے۔ لیکن دوسری طرف اِن سب باتوں کے باوجود ہم پریشان رہتے ہیں، بولائے بولائے پھرتے ہیں۔ صاحبِ دعا کے پاس اپنے دنیاوی مسائل کے حل کے لیے جاتے ہیں۔

جب ہم جاب کرتے ہیں پرائیویٹ یا پبلک سیکٹر میں تو بخوشی ایک Contract سائن کرتے ہیں جس میں واضح طور پر تحریر ہوتا ہے کہ حکومتِ پاکستان آپ کو پورے پاکستان میں کہیں بھی ٹرانسفر کرسکتی ہے۔ یوں یہ حق ہم گورنمنٹ کو دے دیتے ہیں لیکن جب ٹرانسفر ہماری پسند کی جگہ پر نہیں ہوتی تو ہم صاحبِ دعا کے پاس بھاگتے جاتے ہیں اپنی ٹرانسفر رکوانے کے لیے۔ یوں ہم گورنمنٹ کے ساتھ کیے گئے اپنے وعدہ کی لاج نہیں رکھتے۔

جب ہم ایسی حرکتیں کرتے ہیں تو Indirectly رب تعالیٰ کی ناشکر گزاری کررہے ہوتے ہیں۔ الغرض رب تعالیٰ کی طرف سے آنے والی ہر شے ہمیں خوشی اور شکر گزاری کے ساتھ قبول کرنی چاہیے۔ قربِ الٰہی کے حصول کے لیے ہم اُس تیسری قسم کے ملازم جیسا رویہ اپنا لیں تو اللہ کی دوستی اور قرب خود بخود حاصل ہو جائے گا۔

سوال: ہماری بڑی آرزو ہے کہ آپ بڑے شاہ صاحب کے بارے میں ہمیں کچھ بتائیں جو ہمارے لیے باعث راہنمائی ہو۔

جواب: اپنے مرشد سید یعقوب علی شاہ صاحب کے ساتھ تین طرح کا تعلق قائم ہونے کے باوجود میں اُن کے بارے میں کچھ زیادہ نہ جان سکا۔ یہ اُن کا بڑا پن اور اعلیٰ ظرفی تھی کہ اُنھوں نے انتہائی گہرائی سے مجھے جانا،

نشست نمبر 17

سوال: اللہ اور آپ ﷺ کے قرب اور محبت کے حصول کا بہترین طریقہ کیا ہے؟

جواب: آپ کے گھر میں تین ملازم ہیں۔ ایک ملازم کام اچھا کرتا ہے۔ جاب شروع کرنے سے پہلے وہ اپنی تنخواہ اور جاب کی Terms and Conditions اچھے طریقہ سے Settle کرتا ہے۔ آپ اُس کے کام سے خوش ہیں۔ مہینے کے اختتام پر وہ آپ کے پاس آتا ہے اور تنخواہ کا تقاضا کرتا ہے۔ چھٹی ہونے پر آپ کے پاس آ کر بتاتا ہے کہ میں کل چھٹی پر چلا جاؤں گا۔ یونیفارم لینے کا وقت آیا تو آپ کے پاس آ کر اُس کا سوال کرتا ہے۔ وہ آپ سے کچھ زیادہ نہیں مانگ رہا بلکہ صرف اُس چیز کا تقاضا کر رہا ہے جو ملازمت کے آغاز میں طے ہو چکی ہے۔

ایک اور ملازم ہے جو کام اپنی مرضی سے کرتا ہے۔ آپ جب بھی کام کا کہتے ہیں وہ بہانے تراشتا ہے کہ پہلے میں فلاں کام کر لوں پھر یہ کرتا ہوں۔ ہر روز ایک نئی Demand کے ساتھ وہ آپ کے پاس آ جاتا ہے۔ اِن دونوں کے علاوہ ایک تیسرا ملازم بھی ہے۔ جب آپ نے اُسے ملازم رکھا تو کہنے لگا، آپ جتنی تنخواہ چاہیں دے دیں۔ آپ نے کہا علیحدہ سرونٹ کوارٹر نہیں ہے۔ وہ بولا کوئی بات نہیں کسی دوسرے ملازم کے ساتھ Share کر لوں گا یا کسی کونے میں بستر ڈال لوں گا۔ آپ نے کھانا دیا تو اُس نے کھا لیا۔ نہیں دیا تو آپ کو احساس تک نہیں ہونے دیا کہ وہ بھوکا ہے۔ آپ کپڑے دینا بھول گئے تو وہ پرانے کپڑوں کو دھو کر اور پیوند لگا کر پہنتا رہا۔ سال ہا سال سے کبھی چھٹی یا تنخواہ میں اضافہ کا تقاضا نہیں کیا۔ آپ رات ایک بجے بھی اُس کے کوارٹر میں گھنٹی بجا کر اُسے کام کے لیے آواز دیتے ہیں تو وہ آنکھیں ملتا ہوا نہیں بلکہ انتہائی مستعدی اور چُستی سے آتا ہے اور ''جی سر'' کہتا ہے۔

اب اِن تینوں ملازمین میں سے کس ملازم کو آپ اپنے دل کے قریب محسوس کریں گے؟ اگر کوئی شخص اِس تیسرے ملازم کی طرح رب تعالیٰ کی بندگی کر رہا ہے، زبان پر کوئی گلہ شکوہ نہیں، جو مل گیا اُس پر اللہ کا شکر ادا کرتا ہے، جو نہیں ملا اُس کا ذکر نہیں کرتا، کوئی تقاضا نہیں سوائے اس دعا کے کہ ''یا اللہ! تو مجھے اپنے محبت کرنے والے بندوں میں شامل فرما لے اور مجھے قیامت کے روز اُن لوگوں میں سے اُٹھا جو تجھ سے محبت کرتے ہیں''۔

ذرا سوچیں۔ کیا یہ شخص اللہ کے قریب نہیں ہوگا۔ یہی رویہ اُس کا آپ ﷺ کے ساتھ ہے تو کیا آپ ﷺ

کی رحمتیں اُس پر نازل نہ ہوں گی۔ یہی حصولِ قرب کا طریقہ ہے۔ ہم گلے شکوے سے اپنی زبان بند کرلیں۔ ہم عموماً سارے الزامات شیطان کو دے دیتے ہیں کہ اُس نے ہمیں بہکا دیا تھا۔ ہم گرمی میں دفتری اُمور سر انجام دیتے ہوئے اپنے Hat کو پنکھا بنا لیتے ہیں اور ساتھ کہتے ہیں "آج گرمی بہت ہے۔" یہ بھی رب کے ساتھ شکوہ ہے۔

میں ایک بار جب اپنے مرشد صاحب کے حجرہ میں داخل ہوا تو سخت گرمی کا احساس ہوا۔ بے اختیار میری زبان سے یہ جملہ پھسل گیا "حضور! آج گرمی بہت ہے۔" مرشد صاحب میری اِس بات پر غصہ میں آگئے اور ڈپٹ کر بولے "تمھیں کس نے یہ حق دیا ہے کہ تم اپنے مالک اور آقا پر اُنگلی اُٹھاؤ۔ اُس کی مرضی ہے جب چاہے گرمی بڑھا دے جب چاہے سردی گھٹا دے۔"

اس ڈانٹ کا نتیجہ یہ نکلا کہ اس واقعہ کو 35 سال گزر گئے ہیں لیکن میری زبان پر کبھی دوبارہ یہ جملہ نہیں آیا۔ لہٰذا یہ کہنا بھی کہ آج گرمی بہت ہے، گلہ اور شکوہ ہے۔ اہلِ علم تو اس قدر باریکی سے سوچتے ہیں جب کہ ہم معمولی باتوں پر فکرمند رہتے ہیں۔ ایک طرف ہم یہ کہتے ہیں کہ رب تعالیٰ کو اپنی مخلوق سے ایک ماں سے ستر گنا زیادہ محبت ہے، وہ انتہائی مہربان ہے، اپنی مخلوق کا بے حد خیال رکھتا ہے۔ لیکن دوسری طرف اِن سب باتوں کے باوجود ہم پریشان رہتے ہیں، بولائے بولائے پھرتے ہیں۔ صاحبِ دعا کے پاس اپنے دنیاوی مسائل کے حل کے لیے جاتے ہیں۔

جب ہم جاب کرتے ہیں پرائیویٹ یا پبلک سیکٹر میں تو بخوشی ایک Contract سائن کرتے ہیں جس میں واضح طور پر تحریر ہوتا ہے کہ حکومتِ پاکستان آپ کو پورے پاکستان میں کہیں بھی ٹرانسفر کرسکتی ہے۔ یوں یہ حق ہم گورنمنٹ کو دے دیتے ہیں لیکن جب ٹرانسفر ہماری پسند کی جگہ پر نہیں ہوتی تو ہم صاحبِ دعا کے پاس بھاگتے جاتے ہیں اپنی ٹرانسفر رکوانے کے لیے۔ یوں ہم گورنمنٹ کے ساتھ کیے گئے اپنے وعدہ کی لاج نہیں رکھتے۔

جب ہم ایسی حرکتیں کرتے ہیں تو Indirectly رب تعالیٰ کی ناشکر گزاری کر رہے ہوتے ہیں۔ الغرض رب تعالیٰ کی طرف سے آنے والی ہر شے ہمیں خوشی اور شکر گزاری کے ساتھ قبول کرنی چاہیے۔ قربِ الٰہی کے حصول کے لیے ہم اُس تیسری قسم کے ملازم جیسا رویہ اپنا لیں تو اللہ کی دوستی اور قرب خود بخود حاصل ہو جائے گا۔

سوال: ہماری بڑی آرزو ہے کہ آپ بڑے شاہ صاحب کے بارے میں ہمیں کچھ بتائیں جو ہمارے لیۓ باعث راہنمائی ہو۔

جواب: اپنے مرشد سید یعقوب علی شاہ صاحب کے ساتھ تین طرح کا تعلق قائم ہونے کے باوجود میں اُن کے بارے میں کچھ زیادہ نہ جان سکا۔ یہ اُن کا بڑا پن اور اعلیٰ ظرفی تھی کہ اُنھوں نے انتہائی گہرائی سے مجھے جانا،

میری تمام خامیوں پر نظر رکھی، کبھی کبھار دورانِ گفتگو اس کا اظہار بھی ہوا۔ لیکن بڑے شاہ صاحب کا ظرف اتنا وسیع تھا کہ میری تمام خامیوں اور کمزوریوں سے آگاہ ہونے کے باوجود ہمیشہ وہ بڑی شفقت اور مہربانی کا مظاہرہ کرتے۔ اُن کے ساتھ تین طرح کا تعلق یوں بن گیا کہ ایک روز بیٹھے بیٹھے وہاں موجود لوگوں سے کہنے لگے "آج میں نے اپنی جیب سرفراز کو دے دی۔" سب نے مجھے مبارک باد دی یوں ایک تعلق بن گیا۔ پھر ایک روز فرمایا کہ "سرفراز میرا بیٹا ہے۔" تیسرا تعلق آپ کے پردہ فرمانے سے کچھ عرصہ پہلے کا ہے۔ آپ نے حاضرین کو مخاطب کر کے فرمایا "میرے مرشد صاحب کا ایک ہی خلیفہ تھا اور میرا بھی ایک ہی خلیفہ ہو گا......سرفراز۔"

لیکن حقیقت یہ ہے کہ اُن کے ساتھ تین طرح کا تعلق ہونے کے باوجود میں اُن کے بارے میں کچھ زیادہ نہ جان سکا۔ میں نے کبھی اُن سے سوال نہ پوچھا۔ کبھی اُنھوں نے خود کچھ بتا دیا تو اُسی کو کافی جانا۔ ایک روز کوئی قصہ سناتے ہوئے اُنھوں نے بتایا کہ میں انبالہ میں پیدا ہوا۔ اِسی طرح گوجر خان کا ذکر اکثر فرمایا کرتے۔ ایک روز ہتھیاروں کا ذکر ہو رہا تھا تو فرمانے لگے کہ گن میں جو سٹرائیگر ہوتا ہے اس کو ایسے Harden کیا جاتا ہے اور اس کی Grace Hardening اِس طریقے سے کی جاتی ہے۔ پھر فرمایا "کسی شخص کے پاس تھل پور گن ہوگی؟" ایک صاحب کے پاس وہ گن (Gun) موجود تھی۔ اُنھوں نے وہ Gun لی اور سٹرائیگر کے End پر جو چھوٹا سا Ball بنا ہوتا ہے اُس Gun کے سٹرائیگر کی ٹوٹی ہوئی پن (Pin) کو Grace Hardening کے ذریعے جب اُنھوں نے ٹھیک کر دیا تو ہمیں اندازہ ہوا کہ وہ لوہار کا کام بھی کرتے رہے ہیں۔

ایک بار بات ہو رہی تھی ذکر اذکار کے Time کی کہ Right on dot ذکر شروع کر دیا جائے جو مرشد نے کہا ہے۔ (ہم لوگ تو وہ ہیں جو عصر کی نماز تہجد میں پڑھ کر کہتے ہیں کہ شکر کریں پڑھ تو لی۔ اب کسی نے اگر کہہ دیا کہ میاں وقت پر نماز پڑھ لیا کرو تو ہم مرشد صاحب کے پاس پہنچ جاتے ہیں کہ حضور! میں عصر کی نماز عصر کے وقت نہیں پڑھ سکتا کیونکہ وہ وقت میرے سونے کا ہے۔ کیا یہ نہیں ہوسکتا کہ میں عصر کی نماز مغرب کی نماز کے ساتھ پڑھ لیا کروں۔)

مرشد صاحب فرمانے لگے کہ میرے مرشد صاحب نے مجھے حکم دیا تھا کہ رات گیارہ بجے فلاں ذکر تم نے شروع کرنا ہے لیکن اپنے پاس لوگوں کی آمدورفت کے باعث میں وہ ذکر ٹھیک گیارہ بجے شروع نہ کر پاتا۔ اِس کا حل یہ نکالا کہ تب گوجر خان میں ایک سینما ہوتا تھا جس میں رات کو ایک مخصوص فلم کا شو ہوتا۔ میں ٹکٹ لے کر وہ شو دیکھتا اور جب ایک مخصوص سین مجھے پونے گیارہ بجنے کا اشارہ دیتا تو میں دس منٹ کی Walk کے بعد گھر پہنچ جاتا اور اگلے پانچ منٹ میں وضو سے فارغ ہو کر ٹھیک گیارہ بجے وظیفہ شروع کر دیتا۔ یوں لوگوں سے بھی بچار ہا اور وقت کی پابندی بھی ہوگئی۔

ایک روز مرشد صاحب کی طبیعت خاصی خراب تھی، فرمانے لگے کہ میرا جانے کا وقت آگیا ہے۔ اُس روز Disclose کیا کہ اُن کی شادی بھی ہوئی تھی اور اُن کے ہاں ایک بیٹے کی ولادت بھی ہوئی جو چند دن بعد

ہی وفات پا گیا تھا۔ اُس کے کچھ عرصے بعد اُن کی اہلیہ بھی انتقال فرما گئی تھیں۔ یہ بتانے کے بعد مرشد صاحب نے فرمایا کہ اللہ کے ہر کام میں مصلحت ہے ورنہ شاید میں اس مقام تک نہ پہنچ پاتا۔

اُن کی عُمر کا اندازہ مجھے یوں ہوگیا کہ آخری ایامِ عمر میں اُن کا عمرے کا فارم پُر کرتے ہوئے ولدیت اور عمر کے بارے میں چونکہ معلومات درکار تھیں، تب اُنھوں نے سرسری سا بتایا۔

میں اپنے مرشد صاحب سے سوال نہ پوچھ سکا، کبھی ایسا کرنے کی ہمت نہ ہوئی تھی۔ روزانہ آفس جانے سے پہلے خواہ پانچ منٹ کے لیے ہی سہی میں اُن کے پاس ضرور جاتا تھا۔ اُن کے پاس بیٹھ کر چائے پیتا۔ ایک صبح جب گیا تو اُن کی طبیعت ناساز تھی۔ میں کھٹکا کہ ضرور مجھ سے کوئی کوتاہی سرزد ہوئی ہے۔ اب میں چاہتا تھا کہ گرج برس لیں تاکہ ان کا بوجھ ہلکا ہو اور مجھے بھی اپنی غلطی کا پتا چل جائے اور میں آئندہ سے محتاط رہوں لہٰذا میں نے طریقے سے پوچھا۔ ''حضور! آج طبیعت خراب معلوم ہوتی ہے۔ خیریت تو ہے؟'' اب میں ڈانٹ کا منتظر تھا لیکن خلافِ توقع بہت دھیمے لہجے میں گویا ہوئے کہ رات میری ڈیوٹی ترکی کے قریب سمندر کی تہ میں تھی اور سمندر کی تہ سے زلزلہ برآمد ہونا تھا۔ تمام زلزلہ میری آنکھوں کے سامنے برآمد ہوا جس کی وجہ سے مجھے بہت چکر آرہے ہیں اور قے کی سی کیفیت ہے۔

میں نے کہا ''سمندر کی تہ سے زلزلہ؟''

فرمانے لگے ''ہاں اور اس کی شدت اتنی ہے کہ جاپان میں پانچ دنوں بعد فلاں مقام پر یہ زلزلہ آئے گا۔''

مغربی تعلیم کے زیرِ اثر میں نے قدرے بے یقینی سے سوچا کہ نہ جانے کس موج اور لہر میں ایسا فرما رہے ہیں لیکن حیرت تو تب ہوئی جب چھٹے روز اخبار میں خبر پڑھی، جاپان کے اُسی مقام پر زلزلہ کی اور حیرت انگیز طور پر زلزلے کی شدت بھی وہی تھی جو بڑے شاہ صاحب نے بیان کی تھی اور زلزلہ کا Origin ترکی کے قریب سمندر کی تہ بتایا گیا تھا۔

اِس طرح مرشد صاحب جو کچھ خود بیان فرمادیتے تھے وہ پتا چل جاتا تھا لیکن چونکہ کبھی اُن سے سوال نہ کیا تھا لہٰذا اُن کے بارے میں میرے پاس زیادہ معلومات نہیں ہیں۔ لیکن میں نے اُن کی عادات واطوار اور رہن سہن کو بہت غور سے Study کیا ہے کیونکہ مرشد نہ تو اپنا علم انجیکشن (Injection) کے ذریعے منتقل کرتا ہے نہ فارمل کلاسز (Formal Classes) کے ذریعے اور نہ ہی لیکچرز کے ذریعے۔ یہ علم تو مرشد کی Magnetic Field کی Range میں رہتے ہوئے Through Observation سیکھنا پڑتا ہے۔ مرشد کے اطوار، رہن سہن، اندازِ گفتگو سب بہت گہرائی سے مشاہدہ کر کے نقل کر لیئے جاتے ہیں۔ غرضیکہ زندگی کے ہر پہلو میں مرید اپنے مرشد کے نقشِ قدم (Footprints) کو Follow کرتے ہوئے لامحالہ اُس مقام پر پہنچ جاتا ہے جہاں مرشد گیا ہے۔ جب آپ انہی راہوں سے گزریں گے اور اُس مقام پر پہنچیں گے جہاں مرشد گیا ہے تو علم بھی وہی ہوگا آپ کے پاس...... یوں علم کا حصول ہو جائے گا۔

میرے پاس بڑے شاہ صاحب کے بارے میں کچھ زیادہ معلومات نہیں۔ جب میں نے اُن کے پاس جانا شروع کیا تو اُنھیں سنت پور کی ایک گلی میں 5x3½ فٹ کے ایک مختصر سے کمرے میں رہتے دیکھا۔ یہ کمرہ اُن کا ڈرائنگ روم، کچن، بیڈروم اور لاؤنج تھا۔ ہم وہیں بیٹھتے تھے۔ لمبائی کے رُخ جو پانچ فٹ لمبی دیوار تھی اُس کے ایک کونے میں مرشد صاحب والی سائیڈ پر میری جگہ مخصوص تھی۔ میرے برابر دو آدمی اور بیٹھ جاتے۔ کمرے کی Width والی سائیڈ جو 3½ فٹ تھی۔ وہاں بڑے شاہ صاحب تشریف فرما ہوتے۔ اُن کے قریب ایک گول ہیٹر (Heater) رکھا ہوتا جس پر کھانا اور چائے تیار ہوا کرتی۔ بڑے شاہ صاحب کے مخالف سمت 3½ فٹ والی دیوار کے ساتھ دو آدمی قدرے تنگ ہو کر بیٹھ جایا کرتے۔ یوں اِس مختصر سے کمرہ میں بڑے شاہ صاحب کے علاوہ پانچ آدمی بیٹھ جایا کرتے۔ وہیں چائے بنتی اور وہیں Serve ہو جایا کرتی۔ شاہ صاحب بے حد صفائی پسند تھے۔ اُنھوں نے فرش پر روئی کا گدا اور چادر بچھا کر اُس کے اُوپر پلاسٹک شیٹ ڈال رکھی تھی جس پر ذرا سا دھبا بھی فوراً صاف ہو جاتا۔ برتنوں کے لیے دیوار کے اندر سے اینٹیں نکال کر شیلف بنالی گئی تھی۔

وہ کمرہ کا کرایہ ہر کیم کو ادا کر دیتے۔ بجلی کا بل مقررہ تاریخ سے پہلے ادا کر دیتے۔ پہناوے میں ہلکا کریم رنگ کا شلوار قمیض اور کندھے پر سلسلہ وارثیہ کا رومال ہوتا۔ پاؤں میں پلاسٹک کی چپل ہوتی۔ اِس سے زیادہ میں اپنے مرشد سید یعقوب علی شاہ صاحب کے بارے میں کچھ عرض نہیں کر سکوں گا۔

نشست نمبر18

سوال: کیا موسیقی جائز ہے؟

جواب: اصل میں اپنے اپنے عقیدے کی بات ہے۔ میرے عقیدے کے مطابق موسیقی جائز ہے۔ اگر یہ جائز نہ ہوتی تو ایک پیغمبر کو عطا نہ ہوتی اور اولیائے کرام کی ایک بڑی تعداد آلاتِ موسیقی کی تھاپ پر سماع منعقد نہ کرواتی۔ اس سلسلے میں البتہ ایک گزارش ہے کہ اگر موسیقی اور اس میں استعمال ہونے والی شاعری سے انسان رب سے دُور نہیں ہوتا تو یہ جائز ہے ورنہ ناجائز ہے۔

شاعری کا اپنا ایک مزاج ہے۔ اس میں قافیہ، ردیف اور وزن کا شعراء کو خیال رکھنا پڑتا ہے۔ بعض اوقات شعر کو موزوں کرنے کے لیے شعراء ایسے ایسے الفاظ استعمال کر جاتے ہیں جو گستاخی کے زمرے میں آتے ہیں۔

آپ صلی اللہ علیہ وسلم کے ادب کا تقاضا یہ ہے کہ آپ صلی اللہ علیہ وسلم کا اِسم مبارک زبان پر نہ لایا جائے حتیٰ کہ ''آپ'' بھی نہ کہا جائے۔ صرف ''صلی اللہ علیہ وسلم'' کہنا ادب کے قرینہ کے مطابق ہے۔

لہٰذا جہاں ''آپ'' کہنا بھی گستاخی شمار ہوتا ہے وہاں یہ کہا جائے ''کملی والے! تو مجھے مدینہ بُلا لے۔''

جہاں آپ صلی اللہ علیہ وسلم کو ''تُو'' کہہ کر مخاطب کیا جائے وہاں ادب کا قرینہ کیا ہوگا۔ اِسی وجہ سے میں اِس قسم کی شاعری نہیں سنتا۔

مختصراً یہ کہ شاعری اور آلاتِ موسیقی اگر رب کی طرف متوجہ کریں تو جائز ہیں اور اگر رب سے دُور کرنے کا باعث بنیں تو ناجائز ہیں۔

سوال: رُوح اور تقدیر کی وضاحت فرما دیجیے۔

جواب: آپ صلی اللہ علیہ وسلم نے دو چیزوں پر گفتگو کرنے سے منع فرمایا ہے۔

1۔ رُوح

2۔ تقدیر

ایک بار صحابہ کرام تقدیر پر بحث کر رہے تھے کہ آپ صلی اللہ علیہ وسلم تشریف لے آئے۔ یہ دیکھ کر آپ صلی اللہ علیہ وسلم کا چہرۂ مبارک سرخ ہوگیا۔ آپ صلی اللہ علیہ وسلم نے فرمایا ''تم سے پہلی قومیں اِسی لیے تباہ و برباد ہوگئیں کیونکہ وہ تقدیر پر بحث کیا

کرتی تھیں۔"

قضاوقدر کومحض اِس حد تک Discuss کیا جاسکتا ہے کہ تقدیر دوطرح کی ہے:

1۔ تقدیرِ معیّن (جونہیں بدلتی اور یہ کل تقدیر کا بہت تھوڑا حصہ ہے)

2۔ تقدیرِ معلق (جس کوانسان خود بناتا ہے۔یہ دعاؤں سے بدل بھی جاتی ہے)

جہاں تک قضاوقدر کا تعلق ہے تو چھوٹی سی بات عرض کردوں کہ موت برحق ہے۔کوئی بھی دعا موت کوختم نہیں کرسکتی لیکن دعا سے موت کا وقت رب تعالیٰ تبدیل کرسکتا ہے۔موت کا وہ حصہ جہاں رب تعالیٰ اپنی رحمت کے صدقے اس کا وقت تبدیل کرلے یہ قضا ہے۔

آج کل ہم نے ہر چیز کا حل دعا اور وظیفہ کوسمجھ لیا ہے جب کہ رب کے قانون کے مطابق ایسانہیں۔اُس نے ہم پرفرض کیا ہے کہ ہم پہلے کوشش، بھرپور جدوجہد اور محنت کریں، اس کے بعد دعا کریں۔کہ"اے اللہ تعالیٰ! تونے جوبھی ذہنی اور جسمانی صلاحیتیں مجھے عطافرمائیں۔اپنی سمجھ کے مطابق اُن سے بہترین کامِ لے کرمیں نے محنت کی۔اب تواس میں برکت دے، اس کا وہ نتیجہ مجھے عطافرما جو میرے حق میں بہترین ہے۔"

رب تعالیٰ مہربان ہے، رحیم وکریم ہے۔وہ ہماری محنت سے کئی گنا زیادہ اجر ہمیں عطافرمادیتا ہے۔بعض اوقات ہماری کوشش کے مطلوبہ نتائج حاصل نہیں ہوتے۔ایسے میں انسان پیروں، فقیروں اور وظائف کے پیچھے بھاگنے کی بجائے یہ یقین رکھے کہ میرا مالک بہت مہربان ہے وہ ہمیشہ میرا بھلا چاہتا ہے۔چونکہ میری عقل وعلم ناقص ونامکمل ہے، میں اپنی ناک سے پرے (Beyond) نہیں دیکھ سکتا۔مجھے کل کی خبرنہیں لیکن میرے رب سے تو کچھ بھی پوشیدہ نہیں۔یقیناً میں جو کچھ مانگ رہا تھا اور جس کے لیے کوشش کررہا تھا وہ میرے وسیع تر مفاد میں نہیں تھا اس لیے مجھے عطانہیں ہوا۔یوں انسان مرضی کے خلاف نتائج بھی ہنسی خوشی قبول اور تسلیم کرلیتا ہے۔اس طرح کوشش اور دعا سے ہم اپنی تقدیر خود لکھتے ہیں۔یہ تقدیرِ معلق ہے جسے ہم تقدیر کا بڑا حصہ کہتے ہیں۔رب نے ہمیں مقررہ پیمانے (Certain parameters) اور مقررہ حدود بتا کرفرمادیا کہ ان کے اندر رہ کرزندگی بسرکرو۔اُس نے تین قسم کے اختیارات انسان کوعطا کیے۔

1۔ خیال کی آزادی (Freedom of Thought)

2۔ فیصلہ کرنے کی آزادی (Freedom of Decision)

3۔ عمل کی آزادی (Freedom of Action)

اگرکوئی شخص خودکشی یا چوری کا ارادہ کرتا ہے تو اللہ تعالیٰ اس کومنع کرنے کے لیے آسمان سے فرشتے نہیں بھیجے گا۔رب نے انسان کو آزادی دی ہے کہ وہ جو چاہے کرے۔

اگرمیں خودکشی اور چوری کے لیے سوچوں گا۔فیصلہ کروں گا اور پھراس پرعمل کرلوں گا تو فرشتہ مجھے روکنے نہیں آئے گا۔تاہم مجھے چوری کرنے کی سزا مل جائے گی۔

یوں انسان اپنی تقدیر کے معاملے میں آزاد ہے اور وہ اپنی تقدیر خود لکھ سکتا ہے۔ یہ میرا آپشن (Option) ہے کہ میں چاہوں تو ولی بنوں اور چاہوں تو چور بنوں۔

یہ الگ بات ہے کہ ایک اگلی Dimension آ جاتی ہے۔ وہ یہ ہے کہ کائنات کے نظام کا جو کینوس ہے اُس پر میرا یہ ارادہ وعمل فٹ (Fit) ہوتا ہے یا نہیں کیونکہ اگر یہ وہاں رخنہ ڈال دے گا تو رب میرے اُس عمل کو نہیں ہونے دے گا کیونکہ رب کے اپنے لائحہ عمل (Plans) اور ڈیزائن ہیں۔ اگر میرا کوئی منصوبہ یا ارادہ اُس بڑی منصوبہ بندی (Greater scheme of things) میں رخنہ ڈالتے ہیں تو رب اُس کو پایۂ تکمیل تک نہیں پہنچنے دے گا۔ یہ ایک الگ جہت (Dimension) ہے کہ میں تو ڈاکو بننا چاہتا ہوں لیکن رب نے میرے ذمہ سرجری کا کام لگانا ہے۔ اب ہوگا یہ کہ ڈاکے کے دوران میں پکڑا جاؤں گا اور میرا راستہ تبدیل کر دیا جائے گا۔ یہ جہت (Dimension) تقدیرِ معلق کے ماتحت آتی ہے۔

سوال: قرآن پاک کی آیات کی تفسیر وتشریح کا طریقۂ کار کیا ہے؟ مزید قرآن پاک کی اصل رُوح کو کیسے سمجھا جا سکتا ہے؟

جواب: قرآن پاک کی دو ترتیبیں ہیں۔

1۔ ترتیب نزولی

2۔ ترتیب کتابی

ترتیب نزولی: یہ ترتیب کتابی سے بالکل مختلف ہے۔ مختلف آیات مختلف حالات کے پس منظر میں نازل ہوئیں۔ کسی آیات کی تشریح کے وقت قرآن پاک میں سے کسی دوسری آیات کو بطور حوالہ استعمال کیا جاتا ہے۔ مثلاً ایک مستند عالم ہوسکتا ہے کہ سورۂ بقرہ کی ایک آیت کی تفسیر وتشریح کے وقت پہلے اٹھائیسویں پارے، پھر پانچویں پارے کی کسی آیت کا ریفرنس (Reference) دے۔ کیونکہ بہت ساری آیات اپنے پس منظر کے باعث ایک دوسرے کے ساتھ ربط اور تعلق رکھتی ہیں۔ لہٰذا آیات کی تشریح کے وقت دیگر آیات کے حوالہ جات (Links) کے ذریعے مفہوم کی وضاحت کی جاتی ہے۔ اور ان Links کے بغیر ترجمہ تو ٹھیک ہو جائے گا لیکن تشریح تشنہ رہ جائے گی۔

ہمارے لیۓ ضروری ہے کہ ہم قرآن پاک کی رُوح کو سمجھیں۔ قرآن پاک حفظ کرنے کی اہمیت سے انکار نہیں کیا جا سکتا لیکن معاملہ وہ نہ ہو جیسا کہ ایک صاحب اپنے بیٹے کو محض اس لیے قرآن پاک حفظ کروانا چاہتے تھے کیوں کہ اُنھوں نے سُن رکھا تھا کہ حافظِ قرآن کے والدین جنت میں جائیں گے۔

لہٰذا کوشش یہ بھی کریں کہ آپ کی اولاد قرآن پاک حفظ کرنے کے ساتھ ساتھ اُس کی رُوح کو بھی سمجھے اور آپ کے ساتھ ساتھ اُس کے بھی جنت میں جانے کا اہتمام ہو جائے۔ ذرا غور کیجیے کہ کتنے لوگ ہیں جنھیں قرآن پاک حفظ ہے اور ان میں سے کتنے ہیں جو قرآن پاک کو سمجھتے اور اُس پر عمل کرتے ہیں؟

میرا مقصد صرف یہ ہے کہ آپ اپنے بچوں کو تلقین کریں کہ ''بیٹا! چاہے آپ قرآن کا ایک لفظ زندگی میں سیکھو لیکن اُس کی رُوح کو سمجھ کر اُس پر عمل ضرور کرو۔''

آج کل گلی گلی، محلے محلے قرآن پاک کی تفسیر بیان ہو رہی ہوتی ہے۔ کافی ہجوم وہاں ہوتا ہے لیکن یہ تو فرمائیے کہ پاکستان میں نیکی کی ترقی کی رفتار کیا ہے؟ وجہ یہ ہے کہ ہم قرآن پاک پر عمل نہیں کر رہے۔ علم تفسیر، علم فقہ یا دیگر دینی علوم ہم اس لیے حاصل کرتے ہیں تا کہ لوگوں میں بیٹھ کر اپنی قابلیت کا سکہ جما سکیں، اپنا علم Quote کر سکیں تا کہ لوگ ہمیں جھک جھک کر سلام کریں۔ اگر ہم قرآن پاک کی رُوح کو سمجھ کر اُس پر عمل کرنا شروع کر دیں تو پھر اصل میں تبدیلی آئے گی۔ آپ سے گزارش ہے کہ قرآن کی تفسیر کے لیے ایسے مفسرین کو پڑھیں جو آیات کی تشریح کے وقت پس منظر اور حوالوں کا ذکر کرتے ہیں۔

ایک بار ذکر ہوا تھا کہ دعا کے بارے میں رب نے جگہ جگہ فرمایا ''اللہ دعا کو سننے والا ہے۔'' ''اللہ دعا کو قبول کرنے والا ہے۔'' ''سمیع'' اور ''استجیب'' کے الفاظ استعمال ہوئے ہیں۔ مزے کی بات یہ ہے کہ دعا کے بارے میں جہاں بھی یہ آیات نازل ہوئیں وہاں ہر بار Situation مختلف ہے۔ کہیں صحابہؓ نے سوال کیا تو آیت نازل ہوئی۔ کہیں یہودیوں نے سوال پوچھا تو آیت نازل ہوئی۔ کہیں کفار نے سوال کیا تو آیات نازل ہوئیں الفاظ اور بیک گراؤنڈ (Background) مختلف ہے۔

آپ جب بھی قرآن پڑھیں تو اُس کی رُوح کو سمجھنے کے لیے تفسیر کو پڑھنے کی کوشش کریں۔ وہ علماء کرام اور مفسرین جنھوں نے ایک آیت کی تشریح کے وقت تمام Situations کے حوالہ جات نقل کیے ہوں، ان کی بیان کردہ تفسیر پڑھنے کے بعد قرآن کے معنی مختلف اور بہت وسیع نظر آئیں گے۔

یہاں عرض کر دوں کہ قرآن پاک کے ایک معنی تو وہ ہیں جو عموماً ترجمہ کے وقت سب کو سمجھ آتے ہیں۔ اس کے علاوہ قرآن پاک کے دس مخفی معنی ہیں۔ اِسی لیے بعض لوگ کہتے ہیں کہ قرآن پاک کو جتنی بار پڑھا جائے نئے معنی سمجھ آتے ہیں۔

ولائیت کے بھی 10 درجات ہیں۔ جو ولی ولائیت کے جس درجہ پر فائز ہوتا ہے اُس کو اُسی درجہ کے معنی سمجھ آتے ہیں۔ اور ولائیت کے اعلیٰ ترین درجہ پر فائز ولی اللہ قرآن پاک کے دس کے دس مخفی معنوں سے واقف ہوتا ہے۔

یہاں ایک بار پھر وہی بات آجاتی ہے کہ اصل بات قرآن کی رُوح کو سمجھنا ہے۔ چونکہ ولی قرآن پاک کی تعلیمات پر عمل کر رہا ہوتا ہے اور اس طرح عمل کر رہا ہوتا ہے کہ کچھ لوگوں کو حیرت ہوتی ہے کہ یہ کس طرح عمل کر رہا ہے۔ جس طرح اشفاق صاحب کے مرشد بابا نور والے کے پاس مہمان آیا کرتے تھے۔ اکثر وہ نماز نہ پڑھ پاتے یا پھر کبھی نماز کے لیے کھڑے بھی ہوتے تو اِدھر نیت باندھی اُدھر مہمان آ گیا تو اُنھوں نے نماز توڑ دی۔

اشفاق احمد نے کہا۔ ''بابا جی! آپ نماز تو پڑھ لیا کریں۔'' وہ بولے ''بچہ! میں کس کی نماز پڑھوں؟ جب میرا رب بندے کی شکل میں چل کر میرے پاس آ گیا تو میں کس کی نماز پڑھوں۔ لہذا پہلے میں رب کے بندے

کو Attend کروں گا۔ پھر نماز پڑھوں گا۔"

اب یہ بات ہمارے ذہن میں گھنٹیاں بجائے گی کہ یہ کیا کہہ دیا اُنھوں نے۔ یہ کیسے ہوسکتا ہے؟ کیونکہ جو پسندیدہ طریقہ ہے وہ تو میرا ہے کہ گھر میں تو چاہے میں نماز کی پابندی نہ کروں لیکن جب آپ کے گھر جاتا ہوں تو نماز کا وقت شروع ہوتے ہی شور مچا دیتا ہوں۔ بھائی صاحب! جانماز ہے آپ کے گھر میں؟" حالانکہ میں جانتا ہوں کہ آپ بھی مسلمان ہیں لیکن میرا مقصد آپ کو احساس دلانا ہے کہ میں کس قدر پکا نمازی ہوں۔ حالانکہ نمازِ ظہر کا وقت عصر تک ہے۔ لہٰذا یہ بھی تو ہوسکتا ہے کہ میں آپ کے ہاں سے جلدی فارغ ہوکر چپکے سے کہیں راستہ میں موجود مسجد میں نماز پڑھ لوں اور کسی کو پتا تک نہ چلنے دوں۔

یہ فرق ہے فقیر اور ایک عام آدمی کی نماز میں۔ فقیر کو تو نماز کے لیے تنہائی چاہیے، جہاں وہ اپنی پوری دل جمعی کے ساتھ اپنے رب کے ساتھ دل کی باتیں کرسکے۔ یہ بات تب پیدا ہوتی ہے جب ہم نماز کی رُوح کو سمجھ جاتے ہیں۔ گزشتہ دنوں امریکہ سے کسی خاتون کا فون آیا۔ اُنھوں نے عشق کی بات کی۔ میں نے بلاسوچے سمجھے کہہ دیا۔ "ابھی تو عشق میں آپ کچی ہیں۔ آپ نے تو عشق کیا ہی نہیں۔" وہ بولیں "شاہ صاحب! آپ مجھے Hurt کررہے ہیں۔" میں نے کہا "ایسی بات نہیں۔ آپ نے مجھ سے ذکر کیا کہ آپ رب کے عشق میں مبتلا ہوگئی ہیں تو میں نے اس لیئے وضاحت کردی کہ کہیں آپ غلط فہمی میں مبتلا نہ ہوجائیں۔ لہٰذا اس غلط فہمی سے نکل کر آپ اور زیادہ رب کے عشق میں ڈوب جائیں۔"

کہنے لگیں "بات سمجھ میں نہیں آئی۔" میں نے گزارش کی "آج کل چھ نمازیں پڑھ رہی ہیں آپ؟" بولیں "جی ہاں۔" میں نے کہا "ماشاء اللہ! اب ایک کام یہ کرلیجئے کہ یہ ایک تسبیح رات کو کرکے نماز کے بعد میرے لیئے دعا کردیجئے گا کہ اللہ تعالیٰ مجھے سمجھ عطا فرمادے۔" وہ خاتون کہنے لگیں "ضرور کردوں گی۔" میں نے کہا "پکڑی گئیں آپ۔ آپ کو رب سے عشق ہے ہی نہیں۔ دعا کے لیے اس لیے کہا تھا۔ کیونکہ سمجھانا چاہتا تھا کہ آپ کو عشق ہے ہی نہیں۔"

اگر انسان یہ سمجھ گیا کہ نماز رب اور میرے درمیان ایک ملاقات اور مکالمہ ہے۔ دوطرفہ گفتگو ہے۔ تو اس Two-way conversation (دوطرفہ گفتگو) تک جانے اور اس مقام تک پہنچنے کے لیے عشق کا ہونا بہت ضروری ہے۔ جب انسان اپنے رب کے ساتھ مکالمہ کرتا ہے اور وہ اس مکالمے میں ڈوب جاتا ہے تو اُسے دعا یاد ہی نہیں رہتی۔

دعا تو وہاں یاد رہتی ہے جب میں نماز پڑھتا ہوں اور اس فرض کی ادائیگی کے بعد میں اس کا محنتانہ وصول کرنا چاہتا ہوں اور اپنی رٹی ہوئی طویل فہرست دعا کی صورت رب کے حضور پیش کرنے بیٹھ جاتا ہوں۔ یہ لسٹ میری اپنی اور میرے بچوں کی دنیاوی آسائشوں کی فرمائشوں پر مشتمل ہوتی ہے۔

یوں تین منٹ کی مزدوری جو نماز کی ادائیگی کی صورت میں نے سرانجام دی اس کا محنتانہ 15 منٹ کی دعا کے ذریعے وصول کرنا چاہتا ہوں۔ اس کے برعکس اگر میں رب کی محبت اور عشق میں ڈوب جاؤں تو میری تمام

ترمحنت کا صلہ (Reward) مجھے اس سے مکالمے کی صورت میں مل جائے گا۔اپنے رب کے ساتھ میری گفتگو ہو جائے گی۔رب کے ساتھ تعلق کا معاملہ ایسا ہے کہ میں تو اُسے اپنا دوست بنالوں گا۔لیکن وہ آزمائے بغیر، ٹیسٹ (Test) لیے بغیر مجھے دوست نہیں بنائے گا۔پہلے وہ مجھے پرکھے گا کہ آیا میں اُس کی دوستی کے قابل ہوں بھی یا نہیں۔

اب یہ بات نہیں کہ وہ میرا محبوب ہے۔اصل بات تو یہ ہے کہ کیا میں بھی اُس کا محبوب ہوں یا نہیں؟ اُس کا محبوب بننے کے لیے مجھے بہت کچھ کرنا ہوگا۔پہلے میں اُس کے عشق میں ڈوبوں گا، حالت جذب میں جاؤں گا۔پھر وہ مجھے اپنے قریب کرے گا اور حالت جذب میں تو کچھ بھی یاد نہیں رہتا۔ولی دو طرح کے ہوتے ہیں:

1۔ سالک، جو دنیا میں رہتا ہے۔صحیح ہوش وحواس میں ہے اور اپنے فرائض با احسن وخوبی ادا کرتا ہے۔

2۔ مجذوب، جو اللہ کے عشق اور محبت میں اس طرح ڈوبا ہے کہ ہوش وحواس سے بیگانہ ہو گیا۔

سالک کو بد دعا کی اجازت نہیں۔بد دعا کرے گا تو وہ قبول تو ہو جائے گی لیکن خود وہ ولائیت کی فہرست سے خارج ہو جائے گا۔کوئی ولی بد دعا نہیں کرے گا کیونکہ یہ خلاف سنت ہے۔جب کہ مجذوب چونکہ ہوش و خرد سے بیگانہ ہو چکا، دُوئی کے مقام سے نکل کر یک جائی کے مقام پر آ گیا لہٰذا اُس کی زبان سے نکلی ہر بات رب پوری کر دیتا ہے اور بد دعا کرنے کی شکل میں سالک کی طرح وہ مجذوب ولائیت کی فہرست سے خارج نہیں ہوتا۔جیسے اگر کوئی پاگل کسی کو قتل کر دے تو اُسے پھانسی کی سزا نہیں سنائی جاتی بلکہ پاگل خانے بھیج دیا جاتا ہے۔اِسی طرح مجذوب پر حد جاری نہیں ہوتی۔اس پر شریعت کی پابندی نہیں کیوں کہ وہ ہوش وحواس سے عاری ہوتا ہے۔

الغرض جو آدمی رب کے عشق میں ڈوب گیا اس کو نماز کے بعد دعا کہاں یاد رہتی ہے۔وہ دعا کے لیے ہاتھ تو اُٹھاتا ہے یہ سوچ کر کہ رب سے دنیا مانگوں لیکن اُسے سب بھول جاتا ہے۔یاد رہتا ہے تو بس یہ کہ ”رب تو مجھے ملے گا کب......؟“ دراصل وہ نماز کی رُوح کو سمجھ کر نماز ادا کر رہا ہے۔

وہ کلیتاً رب کے حضور نماز میں ڈوب کر کھڑا ہے اور دعا کے وقت وہ رب سے رب کو مانگتا ہے۔اُس کی ملاقات کا سوال کرتا ہے اور ایسی ہی گفتگو کرتا ہے۔قرآن کا بھی یہی معاملہ ہے کہ جس نے قرآن کی رُوح کو سمجھ لیا وہ ولائیت کے اعلیٰ ترین درجہ پر فائز ہو گیا۔

نشست نمبر 19

سوال: حدیث مبارکہ ہے۔

مَنْ تَشَبَّہَ بِقَوْمٍ فَھُوَ مِنْھُمْ

جو شخص جس قوم کے ساتھ ظاہری مشابہت اختیار کرے گا وہ اُنہی میں شمار ہوگا۔

مشابہت سے مراد کیا لباس میں مشابہت ہے یا کردار و اعمال میں؟ کہیں مغربی لباس کے باعث تو اسلامی ممالک زوال کا شکار نہیں؟

جواب: آپ سے میرا ایک سوال ہے کہ آپ ﷺ کون سا لباس پہنتے تھے؟ آپ ﷺ کو پاجامہ پسند تھا لیکن ہمیشہ نہیں پہنا۔ آپ ﷺ نے کبھی تہمد، کبھی پاجامہ، کبھی چغہ پہن لیا۔ جب آپ ﷺ نے لباس کے بارے میں کسی ایک شے کا تعین نہیں کیا تو پھر لباس سے مشابہت کا تعین کیسے کیا جا سکتا ہے؟ یہ بتائیے کہ دنیا میں آپ ﷺ کی اصل پہچان کیا بنی۔ اس کو یوں آسان کر لیتے ہیں کہ جب آپ ﷺ نے زندگی میں سب سے پہلے قریش کو دعوتِ اسلام دی تو آپ ﷺ نے کیا فرمایا؟ کیا اپنے ''صادق و امین'' ہونے کی پہچان یاد نہیں دلائی؟ پھر اس کے بعد عفو و درگزر، صلہ رحمی، سخاوت اور دریادلی کی صفات آپ ﷺ کی پہچان بنیں۔

غیر مسلم جنھوں نے آپ ﷺ کی ہمیشہ مخالفت کی، اُنھوں نے بھی جب آپ ﷺ کو اوّل ترین درجہ دنیا کی بہترین شخصیات میں عطا کیا تو کیا لباس کی بنیاد پر یا پھر آپ ﷺ کے حسن، یا اخلاق و کردار کی بنیاد پر......

میری سمجھ کے مطابق آپ ﷺ سے مشابہت اُس وقت پیدا ہوتی ہے جب ہم آپ ﷺ کے کردار کی خوبیاں نقل کرتے ہیں اور اُسی کے باعث ہم دنیا میں باعزت ہوتے ہیں۔ ضروری ہے کہ مشابہت کے لیے ہم ظاہری چیزوں کی بجائے اُن خصوصیات کو اپنائیں جن کی بنیاد پر دشمنوں کی نظر میں بھی آپ ﷺ دنیا کی عظیم ترین ہستی بن گئے...... میرے خیال میں تو اصل مشابہت یہی ہے۔

سوال: درودِ پاک پڑھنے کے بنیادی آداب کیا ہیں؟

جواب: 1۔ باوضو ہو کر درودِ پاک پڑھیں

2۔ کسی ایسی جگہ پر درودِ شریف نہ پڑھیں جہاں ظاہری گندگی پھیلی ہو یا بد بو ہو

3۔ دوزانو ہو کر پڑھیں تو زیادہ بہتر ہے لیکن چلتے پھرتے ہوئے بھی پڑھ سکتے ہیں۔ اس کی برکات حاصل ہوں گی۔ درودِ پاک پڑھنے کا فائدہ یہ ہوتا ہے کہ انسان میں پاکیزگی آجاتی ہے۔

سوال: بہت سے غیر مسلم بھی نیکی کے کاموں میں بڑھ چڑھ کر حصہ لیتے ہیں جیسے مدر ٹریسا وغیرہ۔ کیا آخرت میں اُن کو اس کا اجر ملے گا؟

جواب: رب نے قرآن میں فیصلہ کر دیا ہے کہ تمام غیر مسلموں کی نیکی کو رب رائیگاں نہیں جانے دیتا۔ اُن کی نیکیوں کا صلہ اور انعام اِسی دنیا میں اُنھیں عطا کر دیا جائے گا۔ آخرت میں اُن کا کوئی حصہ نہیں۔

جب کہ مسلمانوں کے لیے اس دنیا میں بھی نیک اعمال کا اجر ہے اور آخرت میں بھی ایک بڑا حصہ ہے۔ غالباً یہی چیز ہم مسلمانوں کے حلق سے نیچے نہیں اُترتی کہ دنیا میں آخرت کی نسبت ہمارے لیے اجر مقابلتاً کم ہے اور ہم کلمہ گو ہونے کے باوجود مختلف بُرائیوں میں اس قدر مبتلا ہو جاتے ہیں تا کہ اس اجر کو غیر مسلموں کے دنیاوی اجر کے لیول (Level) تک لے جائیں۔

سوال: کیا عشق اور محبت دو مختلف جذبے ہیں؟ نیز سالک اور مجذوب کے درجات میں کیا فرق ہے؟

جواب: عشق محبت سے اگلا درجہ ہے۔ اللہ کے عشق میں انسان اُسی وقت مبتلا ہوتا ہے جب اُس سے بھی پہلے وہ اللہ سے محبت کرے گا۔ محبت کرنے والا اِسی تگ و دو میں رہتا ہے کہ میرے محبوب کی پسند کیا ہے؟ یہ جاننے کے بعد وہ محبوب کی پسند کو پورا کرتا ہے۔ مجذوب بھی کبھی اِسی مقام پر ہوتا ہے جہاں وہ عبادت کے ساتھ ساتھ دوسرے احکامات کی پابندی بھی کر رہا ہوتا ہے لیکن بعد میں وہ رب کی محبت میں اتنا زیادہ آگے چلا جاتا ہے کہ اپنی ہستی ہی کھو دیتا ہے۔

سالک کا مقام مجذوب سے اُونچا ہے کیونکہ وہ بقائمی ہوش وحواس کاروبارِ دنیا میں ملوث ہے جس کی بنا پر دنیاوی آلائشیں اور ترغیبات اُسے مسلسل اللہ کی راہ سے ہٹانے میں لگی رہتی ہیں۔ وہ ساری عمر بُرائی سے لڑتا رہتا ہے اور نیکی کے راستہ پر گامزن رہتا ہے۔ اِسی لیے سالک کو مجذوب پر فوقیت اور فضیلت حاصل ہے۔ سالک اللہ کی محبت میں گم رہتے ہیں لیکن ہوش وحواس سے بیگانہ نہیں ہوتے اور مجذوب کے مقام سے افضل ہیں۔

ایک قسم اُن سالک حضرات کی بھی ہے جنھوں نے ترکِ دنیا کر کے اللہ کو حاصل کیا اور اللہ کے ہو گئے۔ اُن کی نسبت اُن اولیائے کرام کو اوّل وافضل گنا جائے گا جنھوں نے ترکِ دنیا کی بجائے دنیا میں رہتے ہوئے فرائض کی ادائیگی بھی کی اور رب کی راہ پر بھی چلے اور ولائیت کے درجے پر پہنچ گئے۔

یہ تین مختلف درجات ہیں جن میں مجذوب نچلے درجے پر ہے لیکن اس کی بات فوراً پوری ہوتی ہے کیوں کہ وہ دُوئی کے مقام سے نکل چکا ہوتا ہے۔

سوال: آپ نے فرمایا کہ رُوح کو ڈسکس نہیں کرنا چاہیے۔ علامہ حافظ ابن قیم نے ''کتاب الروح'' لکھی ہے۔ کیاایسی کتابیں پڑھنا چاہیے؟

جواب: رُوح پر صرف یہی کتاب نہیں، مولانا مودودی نے بھی اس پر کتاب لکھی اور امام غزالی کی اِس موضوع پر کتاب کا نام ہے ''حقیقت رُوحِ انسانی۔'' اِس موضوع پر جتنی بھی کتابیں لکھی گئی ہیں کسی میں ''رُوح'' کو واضح نہیں کیا جا سکا۔ البتہ امام غزالی کی اِس حوالے سے کتاب مکمل تو نہیں لیکن بہتر ضرور ہے، وہ پڑھی جا سکتی ہے۔ اس کو پڑھ کر انسانی ذہن اُلجھے گا نہیں۔

جہاں تک ''رُوح'' کے موضوع پر کتاب پڑھنے کی بات ہے تو ضرور پڑھیں بس بحث سے منع فرمایا گیا ہے۔ یہاں یہ ضرور عرض کردوں کہ جب ہم اس قسم کے باریک نکتوں کی طرف جاتے ہیں تو اس سے پیشتر اگر موٹے موٹے نکات ہم اپنے ذہن میں واضح کر لیں تو ہمیں سمجھ بھی آجائے گی اور روزِ محشر اپنے رب کے حضور اس سلسلے میں شرمندگی بھی نہیں ہو گی۔

ابھی تو ہم دو بنیادی چیزوں سے ہی نجات حاصل نہیں کر پائے:

1۔ جھوٹ سے نجات۔ ذاتی مفاد کے لیے ہم بڑے سے بڑا جھوٹ بول جاتے ہیں۔

2۔ صبح سے شام تک ہم دوسروں کے حقوق پر ڈاکا ڈالتے رہتے ہیں۔ مثلاً آپ سٹاپ لائن پر کھڑے ہیں۔ ایسے میں کوئی صاحب گاڑی یا موٹر بائیک پر آکر وہاں کھڑے ہو جائیں گے، یہ سوچے بغیر کہ پہلا حق تو میرا نہیں۔

ان دو باتوں کو چھوڑ دینے سے ہماری دنیاوی کے ساتھ آخروی زندگی بھی بہتر ہو جائے گی۔ اس کے بعد یہ بات آجائے گی کہ اس قسم کی کتابیں پڑھی جا سکتی ہیں یا نہیں...... یہ فائنل پوائنٹس (Final points) ہیں۔

سوال: عبادات میں یکسوئی کیسے پیدا کی جاسکتی ہے؟ اچھے کاموں کی انجام دہی کے دوران بھٹکنے یا (Distract) ہو جانے سے بچنے اور تکبر سے بچاؤ کا کیا طریقہ ہے؟

جواب: آپ کسی نئے ملک جاتے ہیں، وہاں کے شاپنگ سینٹر کے ڈسپلے (Display) میں موجود کسی خوبصورت چیز کے دو نمونے خریدتے ہیں...... ایک اپنی بیوی کے لیے اور دوسرا اپنے دوست کی فرمائش پر اُس کی بیوی کے لیے۔ دوست کے لیے چیز خریدتے وقت ہمیں اُس چیز کی قیمت کا بھی احساس ہوتا ہے۔ یہ خیال بھی آتا ہے کہ واپسی میں وزن میں اضافہ ہو جائے گا اور تیسری بات جو آپ سوچتے ہیں کہ یہ اچھی Fatigue (بیگار) پڑ گئی۔ اب بیوی کے لیے چیز خریدتے وقت رقم خرچ کرنے کے باوجود دل میں کہیں خوشی کا احساس ہوتا ہے کیونکہ معاملہ محبت کا ہے۔

اِسی طرح نماز کی ادائیگی اور رب کی عبادت کے وقت اگر محض فرض کی ادائیگی کا خیال ہوگا تو ادائیگی گراں گزرے گی اور گریز کا احساس پیدا ہوگا۔ لیکن اگر محبت کا جذبہ غالب ہوگا تو یہ محبت ہمیں خوشی کے ساتھ رب کے احکامات بجالانے پر مجبور کرے گی اور جب ہمیں رب کے ساتھ ملاقات اور گفتگو کا چسکا لگ گیا تو پھر وہ مقام آجائے گا جہاں مولانا محمد حسن تھے۔ جب اُن کی ٹانگ کاٹنے کے لیے آپریشن سے پہلے اُنھیں بے ہوشی کی دوا (Aanesthesia) دی جانے لگا تو نشہ آور ہونے کے باعث اُنھوں نے اسے لینے سے انکار کردیا اور کہا کہ آپ اپنا کام کیجیے۔ یہ فرما کر وہ اللہ کے ذکر میں اس قدر مشغول ہو گئے کہ آپریشن ختم بھی ہو گیا اور اُنھیں تکلیف کا ذرہ برابر احساس تک نہ ہوا۔ ایسی یکسوئی اور Concentration وہیں ممکن ہے جہاں محبت کی شدت ہو......لہٰذا دیکھنا یہ ہے کہ کیا ہم محض فرض سمجھ کر عبادت کر رہے ہیں یا محبت کے ساتھ فرض کی ادائیگی کر رہے ہیں......محبت ہو تو یکسوئی خود بخود آجاتی ہے۔

نشست نمبر20

سوال: ہندو دیوی دیوتاؤں کو سجاتے ہیں اِسی طرح عرس کے موقع پر اولیائے کرام کی قبروں کو غسل دیا جاتا ہے۔ کیا قبروں کو غسل دینا یا مزارات پر حاضری دینا شرک ہے؟

جواب: برصغیر پاک و ہند میں لوگوں کی ایک کثیر تعداد ہندو سے مسلمان ہوئی تاہم ہندوستان پر ہندوؤں کی بالا دستی رہی ہے۔ نتیجہ یہ ہوا کہ مسلمانوں نے اپنا عقیدہ، مذہب اور دین تو تبدیل کیا لیکن تہذیب وثقافت یا سماجی رہن سہن کی اقدار وہی رہیں۔ اسلامی معاشرہ میں انسان کا ہر عمل دین کے سانچے میں ڈھلا ہوتا ہے۔ سماجی رُسومات اور ہر قسم کے تعلقات اللہ کے حکم کے ماتحت ہوتے ہیں۔ ظہورِ اسلام سے قبل جو مذاہب موجود تھے ان میں عبادات اور سماجی زندگی علیحدہ علیحدہ نظر آنے کی وجہ یہ ہے کہ اُس وقت تک انسان کا ذہنی ارتقاء ابھی مکمل نہیں ہوا تھا۔ گمانِ غالب ہے کہ پانچ ہزار سے سات ہزار سال پیشتر اپنے ابتدائی دور میں ہندو مذہب اپنی درست حالت میں موجود ہوگا لیکن گزرتے وقت کے ساتھ ساتھ حالات اور موسمی تبدیلیوں کے باعث ہندوازم اپنی اصلی شکل کلی طور پر کھو بیٹھا حتیٰ کہ یہ محض رُسومات کا مجموعہ رہ گیا۔

ہندو اپنے دیوی دیوتاؤں کو گنگا جل اور دودھ سے نہلاتے ہیں جب کہ مسلمان عرقِ گلاب سے اولیاء کی قبروں کو غسل دیتے ہیں۔ یہ دراصل ضد اور مقابلہ ہے۔ ورنہ اس کی کوئی شرعی حیثیت نہیں۔ جہاں تک شرک کا سوال ہے جب ہم کسی بھی ولی اللہ کو خواہ وہ کسی بھی اعلیٰ ترین مقام پر فائز کیوں نہ ہو محض اللہ کا بندہ جانتے ہیں اور یقین رکھتے ہیں کہ وہ بھی اللہ کا اُتنا ہی محتاج ہے جتنے ہم ہیں۔ وہ ہماری حاجت پوری کرنے پر قادر نہیں۔ تو یہ شرک نہیں ہے۔ لیکن کسی شخص کو اللہ کے برابر سمجھنا۔ مشکل کشا اور حاجت روا سمجھنا شرک ہے۔ اگر ہم کسی ولی اللہ کے پاس اس نیت کے ساتھ جا رہے ہیں کہ ہم کوئی عمل اور علم سیکھ سکیں تو یہ قابلِ ستائش ہے۔ قبروں پر فاتحہ خوانی کی وجہ یہ ہے کہ آقا ﷺ نے ہمیں اس کی تلقین فرمائی ہے کیونکہ قبرستان جانے سے ہمیں اپنی عاقبت یاد رہتی ہے۔ اگر ہم کسی قبر یا مزار پر فاتحہ خوانی کے بعد اللہ کے حضور دعا کرتے ہیں یا اللہ پاک! یہ تیرا نیک بندہ تھا۔ مخلوق کو اس سے بے حد فائدہ پہنچا۔ تُو بھی اس کے ساتھ احسان فرما۔ اسے جنت میں اعلیٰ درجہ عطا فرما۔''

ہمارا یہ فعل قابل ستائش ہے۔ لیکن مزار پر جا کر صاحبِ مزار سے یہ کہنا کہ آپ ہماری فلاں حاجت پوری

کر دیں یا مشکل حل کر دیں...... یہ شرک ہے۔

عقیدت اور شرک میں بال برابر فرق ہے۔ لہٰذا کسی بھی مزار یا ولی اللہ کے ہاں حاضری کے وقت بہت محتاط رہنے کی ضرورت ہے۔ عرس کے تصور کے پیچھے بھی غالباً ایک خیال یہ رہا ہوگا کہ صاحبِ مزار جو ساری زندگی لوگوں میں علم اور فیض بانٹتے رہے۔ اُن کے عقیدت مند چونکہ سارے ملک اور دنیا کے مختلف گوشوں میں پھیلے ہوئے ہیں لہٰذا اُن عقیدت مندوں نے اُن بزرگ کے وصال کے بعد یہ راہ نکالی کہ ہر سال کسی ایک جگہ اکھٹے ہو کر اُن کے لیے قرآن خوانی کی جائے۔ اظہارِ تشکر کے طور پر فاتحہ خوانی کے ذریعے اُن کی رُوح کو ایصالِ ثواب کیا جائے۔ اُن بزرگ کے اقوال، تعلیمات، علم، مشاہدات اور واردات کا ذکر کیا جائے۔ اپنا علم اور مشاہدہ ایک دوسرے سے شیئر کیا جائے تا کہ علم سینہ بہ سینہ پھیلتا چلا جائے۔ چونکہ گھر پر اتنی بڑی تعداد میں اکٹھے ہونا قدرے مشکل تھا لہٰذا صاحبِ مزار کی قبر پر اکھٹے ہونا زیادہ مناسب سمجھا گیا۔ لیکن بعد ازاں اس میں بھی بہت سی غیر اسلامی چیزیں شامل ہوتی گئیں۔ اگر اصل مقاصد کو سامنے رکھ کر عرس منایا جاتا تو یہ بہت اچھا تھا۔ لیکن افسوس! عرس اب عموماً رُسومات کے مجموعے کے سوا کچھ نہیں۔

سوال: جسم مثالی کیا ہے؟

جواب: ہمارا ایک مادی جسم ہے جو دکھائی دیتا ہے۔ ایسا ہی ایک جسم اُوپر آسمان پر موجود ہے جسے آپ رُوح کہہ لیں یہی دراصل جسم مثالی ہے۔ جب ہم ایسی عبادت کرتے ہیں جو ہمارے جسم کے controlling word سے مطابقت رکھتی ہو تو اس سے ہماری رُوح پروان چڑھتی ہے اور ہمارے مثالی جسم کی پرورش ہوتی ہے۔ لیکن جب ہم ایسی عبادت کرتے ہیں جو ہمارے جسم کے Controlling word سے مطابقت نہیں رکھتی تو جسم مثالی کمزور ہونے لگتا ہے۔

اِسی لیے کہا جاتا ہے کہ وظائف ہمیشہ کسی صاحبِ علم سے پوچھ کر کرنے چاہییں۔ ایک فیشن چل پڑا ہے کہ جہاں کہیں کسی کتاب یا رسالہ میں کوئی وظیفہ دیکھا، بغیر کسی راہنمائی کے شروع کر دیا۔ نتیجہ یہ نکلتا ہے کہ بعض اوقات اس سے فائدہ کی بجائے نقصان ہونے لگتا ہے کیونکہ عام آدمی کو معلوم نہیں ہوتا کہ کون سی تسبیح، وظیفہ یا ورد اُس کی رُوح سے مطابقت رکھتا ہے۔ اس لیے آپ نے دیکھا ہوگا کہ بہت سے لوگ ہمہ وقت وظائف اور تسبیحات میں مشغول رہنے کے باوجود پریشان اور بے سکون نظر آتے ہیں۔ اس کی وجہ ان تسبیحات، وظائف کا اُن کی رُوح سے مطابق نہ ہونا ہے۔ اس کی مثال بالکل ایسے ہے جیسے ایک شخص کو کھڑا کر کے اُس کی دونوں ٹانگیں اور بازو باندھ دیئے جائیں اور گھوڑوں سے باندھ کر مخالف سمتوں میں اُن کو دوڑایا جائے۔ اس کا نتیجہ یہ نکلے گا کہ اُس شخص کا جسم ٹکڑوں میں تبدیل ہو جائے گا۔

میں بھی جوانی میں 42 ,40 اوراد و وظائف صبح اور اتنے ہی شام کو کیا کرتا تھا لیکن اس کے باوجود کسی مقام تک نہ پہنچا تھا۔ جب مرشد صاحب سے ملاقات ہوئی تو اُنھوں نے پہلا حکم یہ دیا کہ جو پڑھتے ہو سب چھوڑ دو۔ میں یہ سن کر پریشان ہو گیا کیونکہ میرے نزدیک یہ بہت اعلیٰ وظائف تھے اور کتابیں ان کی فضیلت کے

بیان سے بھری پڑی تھیں لیکن چونکہ مرشد صاحب کا حکم تھا لہٰذا سب اوراد و وظائف ترک کر دیئے۔ تب مرشد صاحب نے مجھے صرف ایک ''حرف'' بتایا جس کی فضیلت مجھے اُس وقت سمجھ نہیں آئی...... لہٰذا میں نے مرشد صاحب سے کہا ''یہ کیا دے دیا آپ نے؟''

وہ بولے ''ایسا نہیں کہتے۔''

میں نے قدرے حیرت اور اس خیال کے تحت کہ آخر اس کو پڑھنے سے حاصل کیا ہوگا، اُن سے دریافت کیا ''کیا اس حرف کو پڑھنے سے کشف و کرامات حاصل ہو جائیں گی؟ حاجات پوری ہو جائیں گی؟''

''اُنھوں نے فرمایا ''ہاں۔''

میں نے پھر پوچھا ''کیا اس سے امر حاصل ہو جائے گا؟''

وہ بولے ''ہاں۔''

غرض وہ میرے ہر سوال کے جواب میں ''ہاں'' کہتے رہے اور میں حیرت سے سوچتا رہا کہ آخر اس حرف میں ایسا ہے کیا؟ لیکن محض ڈھائی سال کے عرصے میں کشف و کرامات ظاہر ہونے لگیں۔ چھ سات سال کے عرصے میں امر حاصل ہو گیا اور میں مستجاب الدعوات بھی ہو گیا۔ یہ سب کچھ ایک حرف پڑھنے کی برکت سے حاصل ہوا لیکن اس دوران شرط وہی تھی کہ کچھ اور نہیں پڑھنا۔

جب یہ ایک حرف پڑھتے پڑھتے ایک لمبا عرصہ گزر گیا تو مرشد صاحب نے ایک روز بیٹھے بیٹھے ایک ''لفظ'' عطا کر دیا اور فرمایا ''یہ پڑھا کرو...... تمھیں دست غیب حاصل ہو جائے گا'' دست غیب دو طرح کا ہوتا ہے۔

1۔ اتنی رقم مل جاتی ہے جس سے کم از کم ضروریات تو پوری ہو جائیں۔

2۔ دوسری قسم میں دستِ غیب کے ذریعے وافر پیسہ آتا ہے لیکن اگر اس پیسے کو جمع کر لیا جائے اور رات تک خرچ نہ کیا جائے تو اس کی سزا بسا اوقات موت بھی ہو سکتی ہے۔

میں ایک روز پشاور میں تھا۔ عشاء کی نماز کے لیے کھڑا ہونے لگا تب مرشد صاحب نے ایک اور ''حرف'' بتایا اور فرمایا ''یہ حرف ہر جمعہ کی صبح پڑھنا ہے۔ رزق کثرت سے ملے گا۔''

مرشد صاحب نے جو پہلا حرف بتایا تھا شروع میں اُسے پڑھنے میں ساڑھے سات گھنٹے لگتے تھے۔ اب سوا گھنٹہ لگتا ہے کیونکہ زبان رواں ہو گئی ہے۔

تسبیحات اور ذکر اذکار کی تلاش کے پیچھے ہمارا ایک مقصد اپنی زندگی کو سہل بنانا بھی ہوتا ہے۔ اس قدر سہل کہ ہم چاہتے ہیں کوئی ایسا وظیفہ مل جائے جس کے پڑھنے سے میرے جوتے کے تسمے اور قمیص کے کف لنکس خود بخود بند ہو جایا کریں۔

ہمیں دیکھنا ہوگا کہ آپ ﷺ کی اس ضمن میں سنت کیا ہے۔ آپ ﷺ کا مقام اور مرتبہ تو وہ ہے کہ کوئی

لفظ تو دُور کی بات ہے۔ آپ ﷺ کے دل میں کوئی خیال بھی پیدا ہو جائے تو رب تعالیٰ اُس کو پورا کرتا ہے کیونکہ اللہ آپ ﷺ سے پیار کرتا ہے۔ ذرا سوچیں غزوۂ بدر میں اگر آپ ﷺ دعا فرما دیتے کہ ''یا باری تعالیٰ! کفار کو تباہ و برباد کر دے۔'' تو اللہ کے لیے کیا دشوار تھا۔ لیکن آپ ﷺ نے اللہ سے مدد کی درخواست کرنے سے پہلے عملی تیاریاں مکمل کیں...... اِسی طرح غزوۂ اُحد میں اتنا نقصان اُٹھانے کی کیا ضرورت تھی۔ آپ ﷺ دعا فرما دیتے تو کفار کو با آسانی شکست ہو سکتی تھی۔ اِسی طرح آپ ﷺ کو قرض لے کر لوگوں کی ضروریات پوری کرنے کی کیا ضرورت تھی۔ آپ ﷺ کی آنکھ کے ایک ہلکے سے اشارہ سے سارے کا سارا کوہِ اُحد سونے کا ہو سکتا تھا...... لیکن آپ ﷺ نے نہ صرف قرض لے کر لوگوں کی مدد کی بلکہ قرض ادا بھی کیا...... غزوۂ اُحد میں آپ ﷺ زخمی بھی ہوئے...... ان سب واقعات میں ہمارے لیے پیغام اور ترغیب ہے کہ پہلے عملی کوشش اور جدوجہد...... اُس کے بعد دعا۔ محض وظائف کے پیچھے بھاگنے سے ہم بے عملی کی راہ اختیار کر لیں گے۔ عملی جدوجہد کرنے کے بعد ہم اللہ کے حضور یوں دعا کریں کہ

> ''اے اللہ تعالیٰ! تو نے مجھے جو صلاحتیں عطا کیں ان کو استعمال کر کے میں نے بھر پور جدوجہد کی۔ اب تُو مجھے وہ نتیجہ عطا فرما جو تیرے نزدیک میرے حق میں بہترین ہے۔''

اس کے بعد حاصل ہونے والے نتیجے کو ہم رب کا فیصلہ سمجھ کر ہنسی خوشی برداشت کر لیں۔ اِسی طرح دیکھنے میں آیا ہے کہ ہم بچوں کی تعلیم و تربیت پر مناسب دھیان دینے کی بجائے اُن کی اصلاح کے لیے وظائف کے پیچھے بھاگتے ہیں۔ یہ بے عملی کی راہ ہے اور اللہ بے عمل لوگوں کو پسند نہیں فرماتا۔ وہ تو اُن لوگوں کو پسند فرماتا ہے جو مجاہدوں کی طرح عمل کے لیے ہر وقت کمر کس کے رکھتے ہیں اور ایسے ہی لوگوں کو اللہ تعالیٰ کامیابیاں عطا فرماتا ہے۔

نشست نمبر21

سوال: جب رب تعالیٰ ہر چیز پر قادر ہے، معاف فرمانے والا ہے، غفورُ الرّحیم ہے تو پھر کیا وجہ ہے کہ وہ شرک کو معاف نہیں کرے گا؟

جواب: اس میں کوئی شک نہیں کہ رب تعالیٰ قادرِ مطلق ہے۔ ہر چیز پر محیط ہے۔ اس کے ساتھ ساتھ وہ غفور الرحیم بھی بے حساب ہے۔ کسی میں یہ طاقت نہیں کہ اُس سے سوال کر سکے کہ اُس نے ایسا کیوں کیا۔ وہ اپنی مرضی کا خود مالک ہے۔ وہ جس کو جو چیز چاہے بخش دے۔ نہ کسی میں طاقت ہے اور نہ ہی کسی کو یہ حق ہے کہ وہ رب تعالیٰ سے یہ پوچھے کہ اُس نے کسی کو کوئی چیز کیوں عطا فرمائی۔

اس میں کوئی شک نہیں کہ رب تعالیٰ جہاں ہماری لغزشیں اور گناہ معاف فرما دیتا ہے وہاں وہ شرک جیسے گناہِ عظیم کو بھی معاف کرنے پر قادر ہے۔ لیکن رب تعالیٰ نے قرآن پاک میں جہاں یہ واضح کیا کہ میں معاف کرنے والا ہوں، لوگوں کی کوتاہیوں اور گناہوں سے صرف نظر کرتا ہوں، وہیں اُس نے ایک Warning بھی دی کہ میں سب گناہ معاف کر دوں گا لیکن شرک معاف نہیں کروں گا...... یوں یہ رب تعالیٰ کا وعدہ ہے بالکل اُسی طرح جیسے اُس کا وعدہ بھی ہے اور دعویٰ بھی کہ میں رازق ہوں۔ میں ہر جان دار کو اُس کا رزق بہم پہنچاتا ہوں۔ میں ہر ایک کو پالتا ہوں۔ اِسی طرح یہ اُس کا وعدہ ہے کہ میں سب معاف کر دوں گا لیکن شرک معاف نہیں کروں گا۔ یوں اپنے وعدہ کی پاس داری میں وہ شرک معاف نہیں کرتا لیکن اُس کے عفوو درگزر کرنے اور غفور الرحیم ہونے کی صفت اس قدر زبردست ہے کہ توبہ کرنے پر وہ شرک بھی معاف کر دیتا ہے۔ یوں اللہ تعالیٰ نے انسان کے لیے Escape (فرار) رکھا کہ اگر انسان معصیت کا شکار ہو کر شرک کرے پھر اُسے اپنی غلطی کا احساس ہو جائے اور وہ توبہ کر لے تو اللہ اُس کی توبہ قبول کر لیتا ہے۔ رب تعالیٰ نے توبہ کا یہ راستہ بندے کے لیے کھلا رکھا ہے۔

جہاں میں گناہوں کا ذکر کرتا ہوں وہاں یہ بات بھی ہمیشہ گوش گزار کرتا ہوں کہ رب تعالیٰ ہماری لغزشوں، کوتاہیوں اور گناہوں سے صرف نظر کرتا ہے۔ ایسا نہیں کہ اُسے ہمارے گناہوں کا پتہ نہیں چلتا بلکہ وہ تو علیم وخبیر ہے، اُسے ہر شے کا علم ہے، ہر چیز کی خبر ہے۔ ظاہر و پوشیدہ سب اُس کے احاطۂ علم میں ہے لیکن وہ

ہمیں ڈھیل دیتا ہے کیوں کہ وہ بہت مہربان ہے۔ رب تعالیٰ نے ہمارے ساتھ جو دو فرشتے مقرر کیے ہیں کراماً کاتبین ان میں سے دائیں کندھے پر مامور فرشتہ ہمارے ساتھ منسلک تمام 366 فرشتوں کا امام ہے۔ رب تعالیٰ کا ہماری کوتاہیوں سے صرفِ نظر کرنے کا تو یہ عالم ہے کہ دائیں کندھے پر مامور فرشتہ بائیں کندھے والے فرشتہ کو تب تک گناہ نہیں لکھنے دیتا جب تک ہم سے اگلا گناہ سرزد نہیں ہو جاتا۔ ہم سے اگلا گناہ سرزرد ہو جانے کے بعد فرشتہ ہمارا سابقہ گناہ تحریر کرتا ہے۔ وجہ یہ ہے کہ رب تعالیٰ ہمیں موقع دے رہا ہوتا ہے کہ شاید ایک گناہ کرنے کے بعد میں اگلا گناہ کرنے سے باز آ جاؤں اور یوں میرا نامۂ اعمال اُس گناہ سے محفوظ رہ جائے۔

سوال: سورۂ کوثر میں نماز اور قربانی کا ذکر ہوا ہے۔ اس کی وضاحت فرما دیجئے۔

جواب: قربانی کا ذکر نماز کے ساتھ آیا ہے کہ نماز ادا کرو اور قربانی دو۔ صحابہ کرامؓ سے منسوب کچھ روایات کے مطابق جس نماز کا ذکر قربانی کے ساتھ آیا ہے، وہ عیدالاضحیٰ کی نماز ہے کہ عید کی نماز ادا کرنے کے بعد قربانی کرو۔ لیکن کچھ روایات کے مطابق اس سے مراد پنج گانہ نماز ہے کہ نمازِ پنج گانہ کی ادائیگی کے بعد قربانی دو۔ قربانی کے بعد کوثر کا ذکر ہے۔

کوثر درحقیقت اُس نہر کا نام ہے جو جنت کے بیچوں بیچ واقع ہے۔ جس کا حال بالکل ویسا ہے جیسے سیپ میں بند موتی کے اندر کا حال۔ اس کے کنارے سبز پتھر کی طرح ہیں جیسے سبز ایمرلڈ ہوتا ہے۔ اس نہر کے کناروں پر جا بجا وسیع و عریض گنبد بنے ہیں اور ہر گنبد کے چار ہزار (4,000) داخلی دروازے ہیں جو سنہرے رنگ کے ہیں۔ اس نہر کا کیچڑ خالص مُشک کی طرح خوشبودار ہے۔ اس کی کنکریاں یاقوت کی طرح ہیں۔ شبِ معراج میں جب آپ صلی اللہ علیہ وسلم کو یہ نہر دکھائی گئی تو اس کے کناروں پر موجود گنبدوں کے بارے میں آپ صلی اللہ علیہ وسلم نے حضرت جبرائیل علیہ السلام سے استفسار کیا۔ اُنھوں نے عرض کیا یا رسول اللہ صلی اللہ علیہ وسلم یہ آپ صلی اللہ علیہ وسلم کی ازواجِ مطہرات کی رہائش گاہیں ہیں۔

اِسی کوثر سے وہ چار نہریں پھوٹتی ہیں جن کا ذکر سورۂ محمد (صلی اللہ علیہ وسلم) میں ہے۔ ان میں سے پھوٹنے والی ایک نہر دودھ کی، دوسری شراب کی اور تیسری نہر شہد کی ہے۔ اس نہر کے پانی میں تندی اور روانی ہے۔ یہ وہی نہر ہے جس کا وعدہ اللہ نے آپ صلی اللہ علیہ وسلم سے فرمایا تھا کہ ہم نے آپ صلی اللہ علیہ وسلم کو حوضِ کوثر عطا کر دیا۔ یوں یہ نہر آپ صلی اللہ علیہ وسلم کو عطا فرما دی گئی ہے۔ اس کا پس منظر یہ ہے کہ ایک بار آپ صلی اللہ علیہ وسلم مسجد الحرام کے اندر تشریف لے گئے۔ وہاں جا کر دیکھا کہ کچھ اہل قریش بیٹھے ہیں۔ آپ صلی اللہ علیہ وسلم اُنہی قدموں دوسرے دروازے "باب صفا" سے باہر تشریف لے آئے۔ اُن اہلِ قریش نے آپ صلی اللہ علیہ وسلم کو مسجد حرام میں داخل ہوتے ہوئے تو نہ دیکھا لیکن باہر جاتے ہوئے اُن کی نظر آپ صلی اللہ علیہ وسلم پر پڑ گئی۔ اِسی اثناء میں ایک قریشی عاص بن وائل مسجد حرام میں داخل ہوا تو اُنھوں نے اُس سے پوچھا "یہ صاحب کون تھے؟" اُس قریشی نے جواب دیا "ابتر"۔ عربی میں "ابتر" اُس شخص کو کہتے ہیں جس کا بیٹا اس دنیا میں نہ رہا ہو۔ دراصل اُنہی دنوں آپ صلی اللہ علیہ وسلم کے بڑے صاحبزادے عبداللہ کا

انتقال ہوا تھا۔ (نوٹ:۔ کچھ روایات میں آپ صلی اللہ علیہ وسلم کے صاحبزادے عبداللہ کی جگہ ''قاسم'' کا نام ہے۔)

اس لیے اہل قریش نے آپ صلی اللہ علیہ وسلم کے لیے لفظ ''ابتر'' استعمال کیا۔ جس پر آپ صلی اللہ علیہ وسلم رنجیدہ ہوئے۔ تب اللہ نے آپ صلی اللہ علیہ وسلم پر وحی نازل فرمائی کہ ابتر تو آپ صلی اللہ علیہ وسلم کے دشمن ہوں گے اور ہم نے آپ صلی اللہ علیہ وسلم کو کوثر عطا کر دی۔ یہ وہ موقع تھا جب آپ صلی اللہ علیہ وسلم سے یہ وعدہ بھی کیا گیا کہ ہم آپ صلی اللہ علیہ وسلم کا نام لوگوں میں بلند کر دیں گے۔

آپ دیکھ لیجیے کہ رب تعالیٰ اپنے وعدہ میں کس قدر سچا ہے۔ اُس نے آپ صلی اللہ علیہ وسلم کا نام اس طرح بلند کر دیا کہ آپ دنیا کے طول وعرض میں گھوم جایئے، ہر لحہ کہیں نہ کہیں اذان ہو رہی ہوتی ہے اور اس میں آپ صلی اللہ علیہ وسلم کا نام لیا جارہا ہوتا ہے۔ دنیا میں سب سے زیادہ پڑھی جانے والی کتاب قرآن پاک ہے اور اس میں آپ صلی اللہ علیہ وسلم کا ذکر ہے۔ دنیا میں جس جس کونے میں مسلمان بستے ہیں وہاں آپ صلی اللہ علیہ وسلم پر درود وسلام بھیجا جاتا ہے۔ یوں اللہ نے اپنے حبیب صلی اللہ علیہ وسلم کا نام اپنے وعدہ کے مطابق بلند کر دیا اور یہ یوں ہی بلند سے بلند تر ہوتا چلا جائے گا حتیٰ کہ قیامت برپا ہو جائے گی۔

قربانی کے سلسلے میں ایک اور بات یاد رکھنے کی ہے کہ قربانی صرف جانور کی قربانی تک محدود نہیں ہے۔ اللہ کو راضی کرنے کے لیے اپنی مرضی کی پروا نہ کرنا بھی قربانی ہے۔ آپ اپنی خواہشات، ضروریات، آرام اور تمناؤں کو دوسروں کی خواہشات، ضروریات، آرام اور تمناؤں پر قربان کر دیجیے۔ یہ بھی قربانی ہے اور اس کا انعام اللہ کی دوستی کی شکل میں ملتا ہے۔ اور جو اللہ کا دوست ہے اُسے دنیا وآخرت میں عافیت عطا ہوتی ہے اور غم اُس کے قریب نہیں آتا۔ جیسا کہ حدیث میں ہے کہ جو شخص اس دنیا میں اللہ کے لیے دُکھ اُٹھاتا ہے۔ اس کو بروزِ قیامت امن ہے اور جس نے اس دنیا میں میں امن کی خواہش کی اُس کے لیے روزِ قیامت زیادہ آسان نہیں ہے۔

اللہ کو دو قطرے بہت عزیز ہیں۔ ایک وہ قطرہ جو اللہ کے خوف میں آنکھ سے بطور آنسو ٹپکا اور دوسرا خون کا قطرہ جو اللہ کی راہ میں کسی مسلمان نے بہایا۔ اللہ کی راہ میں جو لوگ جان کی قربانی دیتے ہیں اُن کے لیے قرآن میں وعید ہے کہ وہ زندہ ہیں۔ اُنھیں مُردہ نہ کہو۔ جو شخص بھی رب تعالیٰ کی راہ میں قربانی دیتا ہے رب اُسے اس کا انعام ضرور دیتا ہے۔

ایک قربانی وہ ہے جو ہم سنتِ ابراہیم کی شکل میں عیدالاضحیٰ کو دیتے ہیں۔ اس سلسلے میں ایک بات جو بہت آزمودہ ہے، تجربہ کی بنیاد پر کہہ رہا ہوں کہ بسا اوقات انسان اپنے الفاظ کے باعث اللہ کی پکڑ میں آجاتا ہے، اس کے الفاظ میں تکبر کا عنصر نمایاں ہوتا ہے یا وہ کسی بڑے پیمانے پر دل آزاری کا باعث بن جاتے ہیں۔ یوں وہ شخص کسی آزمائش کا شکار ہو جاتا ہے اور رزق اُس پر تنگ کر دیا جاتا ہے۔ لہٰذا جب اُس رزق کو وسیع کرنے میں دعائیں اور صدقہ وخیرات ناکام ہو جائے تو وہ شخص خواہ مالی لحاظ سے کتنا ہی تنگ کیوں نہ ہو اُسے بغیر یہ بتائے کہ قربانی کا فائدہ کیا ہوگا، ہدایت کی جائے کہ وہ عیدالاضحیٰ کو اللہ کی راہ میں ایک جانور قربان کر دے۔ بھلے اس کے لیے اُسے مزید تنگ دست ہی کیوں نہ ہونا پڑے۔ یہ بڑی آزمودہ چیز ہے۔ میری ملاقات

ایسے بہت سے لوگوں سے ہوئی جو مالی مشکلات کا شکار تھے اور کسی طور وہ مالی مشکل آسان نہ ہو رہی تھی۔ ان میں سے جس جس نے اللہ کی راہ میں خلوصِ نیت سے قربانی کی، اُس کے حالات ایک ڈیڑھ ماہ میں ٹھیک ہونے لگے......لیکن خدا کے لیے عیدالاضحیٰ پر قربانی اس نیت سے نہ کریں کہ رزق وسیع ہو جائے گا۔ نیت قربانی کی رکھیئے۔ اللہ تعالیٰ قبول فرمانے والا ہے اور اس کے نتیجے میں بہت سے انعامات عطا فرماتا ہے۔

سوال: مختلف ممالک میں چاند کی تاریخ مختلف ہوتی ہے۔ کیا شب قدر پوری دنیا میں ایک ہی مخصوص رات میں آتی ہے؟

جواب: اسلامی کیلنڈر چاند کے ساتھ منسلک ہے اور پوری زمین پر چاند ایک وقت میں دکھائی نہیں دیتا۔ قرآن کی زبان میں بات کریں اجرامِ فلکی اللہ نے گردش میں ڈالے ہیں جو اپنے اپنے مقررہ راستوں پر محوِ گردش ہیں اور ایک دوسرے سے ٹکراتے نہیں۔

ہر مقام کے Longitude (طول بلد) اور Latitude (عرض بلد) کی نسبت سے چاند مختلف مقامات پر مختلف اوقات میں دکھائی دیتا ہے۔ رب تعالیٰ نے جتنی بھی چیزیں پیدا فرمائی ہیں وہ پورے نظامِ کائنات کو سامنے رکھ کر بنائی ہیں۔ جب مسلمانوں کو یہ حکم ہے کہ چاند دیکھ کر روزے شروع کرو اور چاند دیکھ کر ختم کرو۔ اگر مطلع صاف نہ ہو، بادل ہوں تو تیس (30) روزے پورے کر لو۔ اس حساب سے زمین کا وہ حصہ جہاں ایک ہی وقت میں چاند دکھائی دے گا وہاں شب قدر کی برکات اور انعامات اُسی وقت برسیں گے جب وہاں شبِ قدر ہو گئی۔

یہ بالکل اسی طرح ہے جیسے مسلمانوں کے لیے نماز کے اوقات سورج کی مختلف Positions کے ساتھ ساتھ منسلک کر دیئے گئے۔ دنیا کے مختلف ممالک مختلف Longitude (طول بلد) اور Latitude (عرض بلد) پر واقع ہیں۔ سورج کا طلوع وغروب اور نصف النہار کا وقت مختلف ممالک میں مختلف ہے۔ نماز کی ادائیگی کے وقت ہم جس مقام پر موجود ہوتے ہیں وہاں سورج کی Position کے مطابق نماز کے اوقات کا تعین کر کے نماز ادا کرتے ہیں اور کہتے ہیں کہ ہم نے نماز بروقت ادا کی، قضا نہیں کی۔ مثال کے طور پر جب ہم عمرہ یا حج کے لیے سعودی عرب جاتے ہیں تو تمام عمر پاکستانی وقت کے مطابق نماز پڑھتے ہیں لیکن سعودی عرب جا کر اُس کے وقت جو GMT سے 3 hours + ہے کے مطابق نمازیں ادا کرتے ہیں۔ اب پاکستانی وقت کے مطابق تو یہ ہماری نماز قضا ہوتی ہے لیکن سعودی عرب میں قضا نہیں ہوتی۔

اللہ کا تمام نظام پورے نظامِ کائنات کو پیشِ نظر رکھ کر بنا ہے۔ اِسی طرح شبِ قدر اُن ممالک میں جو ایک ہی Longitude (طول بلد) اور Latitude (عرض بلد) کی Range میں ہیں وہاں جو چاند نظر آئے گا اُسی حساب سے جو Odd (طاق) راتیں آئیں گی ان میں شبِ قدر پوشیدہ ہو گی جو اُسی خطہ کی مناسبت اور مطابقت سے ہو گی۔ شبِ قدر کے فیض و برکات اُسی مخصوص رات میں اُس خطہ میں برسیں گی۔

اس میں ابہام مختلف تاویلات کے باعث پیدا ہو گیا لیکن اللہ کے نظام کے مطابق یہ بات بالکل Clear (واضح) ہے۔ زمین بہت وسیع ہے اور پوری دنیا میں ایک ہی وقت میں چاند کا نظر آنا ممکن نہیں اس لیے مختلف علاقوں کو Localize کر دیا گیا ہے

سوال: گزشتہ رمضان میں شب قدر کب تھی؟ نیز طاق راتوں میں عبادت کے پیچھے کیا حکمت ہے؟

جواب: جو چیز آپ صلی اللہ علیہ وسلم نے اُمت پر Disclose نہیں کی، اُسے کوئی بھی شخص Disclose کرنے کا مجاز نہیں۔

ہم سارا سال گناہ کرتے رہتے ہیں اس اُمید پر کہ اگر شبِ قدر مل جائے تو نامۂ اعمال میں سے گناہ مٹ جائیں۔ دراصل شبِ قدر کو مخفی رکھنے میں مصلحت یہ ہے کہ اگر اُمت کو صرف ایک مخصوص رات بتا دی جاتی تو وہ صرف اُسی ایک رات کی عبادت پر اکتفا کرتی۔ لہٰذا پانچ طاق راتیں بتا کر کہا گیا کہ ان میں شبِ قدر تلاش کرو۔

شب قدر کی نشانیاں بہت نمایاں ہوتی ہیں۔ اِس بار میں کراچی میں تھا اکثر لوگوں نے مجھے آ کر بتایا کہ اُنھوں نے اس رات کو اس بار پہچان لیا۔ اللہ تعالیٰ ہمیں ایک موقع دیتا ہے کہ ہم شب بیدار ہو جائیں کیوں کہ اللہ تعالیٰ کو شب بیدار لوگ بے حد پسند ہیں۔ اُس نے اُن کے لیے بہت سے انعامات رکھے ہیں۔ اِسی لیے کہا جاتا ہے کہ ولی اللہ کی تین خاصیتیں ہیں۔

1۔ کم کھانا

2۔ کم بولنا

3۔ کم سونا

امامِ طریقت حضرت علیؑ نے ساری عمر کبھی رات کو اپنی پشت بستر سے نہیں لگائی۔ شب بیداری کے انعامات بے پناہ ہیں۔ شبِ قدر کی پانچ راتوں میں جاگنے سے یہ عادت ہو جاتی ہے

عبادت کے لیے طاق راتیں مخصوص کرنے کے پیچھے بھی ایک منطق اور مصلحت ہے جیسا کہ حضرت نظام الدین اولیاء بلا ناغہ مسلسل روزے رکھتے تھے۔ ایک روز خیال آیا کہ مسلسل روزوں کے باعث میرا جسم اور نفس عادی ہو گیا ہے اور مجھے اب روزہ محسوس ہی نہیں ہوتا۔ یوں اُنھوں نے ایک دن چھوڑ کر روزہ رکھنا شروع کر دیا تاکہ روزہ کی مشقت اور شدت جسم کو محسوس ہو۔

لہٰذا اگر بلا ناغہ شب بیداری ہم کریں تو یہ ہمارا Routine (معمول) بن جائے گا بالکل اُسی طرح جس طرح Night Duty کرنے والے رات کو جاگنے کے عادی ہو جاتے ہیں۔ لیکن اگر ہم نے ایک دن ناغہ کر کے شب بیداری کی تو نیند سے محرومی کی شدت ہمیں Pinch کرے گی اور یہی چیز ہمارے اجر کو بڑھانے کے لیے کافی ہے۔ ماہِ رمضان کے آخری عشرے کی طاق راتوں میں عبادت کے پیچھے یہی حکمت پوشیدہ ہے۔

نشست نمبر 22

ماہِ ذی الحجہ اور یومِ عرفہ کی اہمیت وفضیلت

جس طرح ماہِ رمضان کے بارے میں روایت ہے کہ یہ مہینہ تمام مہینوں کا سردار ہے اِسی طرح آپ ﷺ کے فرمان کے مطابق ماہ ذی الحجہ کے ابتدائی دس دن تمام دنوں کے سردار ہیں۔ ان دس دنوں میں کی گئی عبادت ایک سال کی عبادت اور ہر روزہ ایک ایک سال کے روزوں کے برابر ہے۔ جو مسلمان ذی الحجہ کے پہلے عشرے میں روزہ رکھتا ہے۔ ہر روزہ کے بدلے میں رب تعالیٰ اُسے ایک سال کے روزوں کے برابر ثواب بخش دیتا ہے۔ اِسی طرح پہلے عشرے کی راتوں میں کی گئی عبادت کا اجر بھی بے حساب ہے ہر رات کی عبادت کا ثواب ایک سال کی عبادت کے برابر ہے یہ وہی دس دن ہیں جن میں حضرت آدم علیہ السلام نے اپنی خطا کا اقرار کیا تھا اور اللہ سے معافی کے طلب گار ہوئے تھے۔ اِنھی دس دنوں میں حضرت ابراہیم علیہ السلام نے اپنے توکل کا اظہار یوں فرمایا تھا کہ اپنے عزیز ترین بیٹے کو اللہ کی راہ میں قربانی کے لیے پیش کر دیا تھا۔ اِنھی دس دنوں میں حضرت ابراہیم علیہ السلام اور حضرت اسماعیل علیہ السلام نے خانہ کعبہ کی تعمیر شروع کی تھی۔ ایک روایت کے مطابق قرآن پاک کا نزول اِنھی دس دنوں میں پہلی بار شروع ہوا تھا۔ خود آپ ﷺ اِن دس ایام میں عبادت کی طرف بے پناہ راغب ہوتے۔ ذی الحجہ کے پہلے عشرے کی فضیلت کا اندازہ اس بات سے لگایا جا سکتا ہے کہ آپ ﷺ کی خدمت میں ایک شخص حاضر کیا گیا جس میں بہت سی کوتاہیاں تھیں لیکن وہ ذی الحجہ کے ابتدائی عشرے میں روزے رکھتا تھا۔ آپ ﷺ نے اُس سے اس کی وجہ دریافت فرمائی تو اُس شخص نے عرض کیا ''یارسول اللہ ﷺ! مجھ میں بے پناہ خامیاں ہیں اور کوئی نیک عمل تو میں کر نہیں سکتا لیکن چونکہ یہ حج کے دس دن ہیں ان میں یہ سوچ کر میں روزے رکھتا اور عبادت کرتا ہوں تاکہ اللہ تعالیٰ مجھے بھی ان عبادت گزار حاجیوں کی دعا اور ثواب میں شریک کر لے۔'' آپ ﷺ نے فرمایا اگر تمھاری یہ نیت ہے تو یاد رکھو کہ رب تعالیٰ تمھارے ایک روزے کا ثواب ایک سال کے روزوں کے برابر عطا فرمائے گا اور ایک رات کی عبادت کا اجر ایک سال کی عبادت کے اجر کے برابر ہے۔''

آپ ﷺ ماہ ذی الحجہ کی ابتدائی دس راتوں میں بالخصوص شب بیداری فرماتے حتیٰ کہ اپنے خادمین کو بھی ان راتوں میں عبادت کے لیے بیدار رکھتے تھے۔

یہاں یہ بات یاد رکھنا ضروری ہے کہ جب ہم ذی الحجہ کے پہلے عشرے کی عبادت کا ذکر کرتے ہیں تو اس سے مراد ابتدائی نو دن اور دس راتیں ہیں۔

آٹھ دن تو ایک سال کی عبادت کے برابر ہیں ہی لیکن عرفہ کا دن خاص اہمیت کا حامل ہے۔ عرفہ کے دن روزہ کا ثواب دو سال کے روزوں کے اور عرفہ کی رات کی عبادت کا ثواب دو سال کی شب بیداری کے برابر ہے۔ جن لوگوں کو اللہ توفیق دے وہ اگر عرفہ کی شب اللہ کے حضور سجدہ ریزہ ہیں اور اُس کی حمد وثنا کرتے رہیں تو پوری اُمید ہے کہ رب تعالیٰ اپنی رحمتیں نازل فرمائے گا اور وہ لوگ اللہ کے قریب ہو جائیں گے۔

قربانی کے سلسلہ میں ایک نکتہ بیان کردوں۔ آپ ﷺ ہمیشہ تین جانوروں کی قربانی کرتے تھے۔ یہ جانور عموماً دنبہ یا بکرا ہوتے۔ آپ ﷺ ایک قربانی اپنے والدین اور اُن تمام مسلمانوں کی طرف سے کرتے، جو انتقال کر چکے ہوتے۔ ایک قربانی خود اپنی طرف سے اور ایک اپنی اُمت کے اُن لوگوں کی طرف سے جو صاحب استطاعت نہ ہونے کی وجہ سے قربانی کرنے سے محروم رہ جاتے۔ لہٰذا ہم میں سے جو صاحبانِ استطاعت ہیں وہ آپ ﷺ کے نقشِ قدم پر چلتے ہوئے تین قربانیاں کرلیں۔ ایک آپ ﷺ، اہل بیت اور اُن تمام مسلمانوں کی طرف سے جو انتقال کر چکے ہیں، ایک اپنی طرف سے اور ایک اُن مسلمانوں کی طرف سے جو قربانی کی استطاعت نہیں رکھتے۔ اس طرح قربانی کا ثواب کئی گُنا بڑھ جائے گا۔ ایک تو قربانی کا ثواب مل جائے گا، دوسرا سنت پر عمل کرنے کا اور تیسرا اُن مسلمان بھائیوں کا خیال رکھنے کا جو مالی استطاعت نہ رکھنے کے باعث قربانی نہیں کرسکتے۔ لیکن یہ اِسی صورت میں ہے کہ اگر ہم استطاعت رکھتے ہیں۔ آپ جانتے ہیں عبادات کی Priorities ہیں۔ سب سے اوّلین حیثیت فرض کی ہے۔ فرائض سب سے پہلے ادا ہونے چاہییں۔ فرائض میں محض عبادات نہیں ہیں۔ ہم نے دین کو Compartmentalise کردیا ہے اور یہ سمجھ بیٹھے ہیں کہ اسلام شاید صرف عبادات کا نام ہے۔ ورنہ حقیقت تو یہ ہے کہ اسلام انسان کی زندگی کے تمام پہلوؤں پر محیط ہے۔

فرض سے مراد محض فرض عبادات ہی نہیں بلکہ وہ تمام ذمہ داریاں بھی ہیں جو رب تعالیٰ کی طرف سے ہم پر عائد کی گئی ہیں۔ دوسروں کے جو حقوق ہم پر واجب الادا ہیں وہ بھی فرض کے زمرے میں آتے ہیں۔ ہم پر اپنی Immediate family کو Look after کرنا بھی فرض ہے اور اس کے لیے ہم اللہ کے حضور جواب دہ ہوں گے کہ کیا ہم نے اپنے خاندان کی صحیح طریقے سے کفالت کی۔ اِسی طرح والدین کی اطاعت کرنا اور بہن بھائیوں کی Welfare دیکھنا ہم پر فرض ہے ہر مشکل اور کڑے وقت میں اُن کے ساتھ کھڑے ہونا، پڑوسیوں کا خیال رکھنا...... یہ سب ہمارے فرائض کی چند مثالیں ہیں۔ فرائض کی ادائیگی کے حوالے سے ہمیں اللہ کو جواب دہ ہونا پڑے گا۔ فرائض کو اوّلین حیثیت حاصل ہے۔ فرائض کے بعد وہ چیزیں ہمیں ادا کرنی ہیں جو ہم پر واجب ہیں۔ نفلی عبادات آخر میں آتی ہیں۔ یاد رکھیں کہ نفل کے لیے ہم فرض کو قربان نہیں کرسکتے۔ اگرچہ نفل

عبادت کی بھی بہت اہمیت ہے اور وہ باعث ثواب بھی ہے۔لیکن نفلی عبادت کی غیر ادائیگی کی صورت میں پوچھ گچھ نہیں ہوگی جب کہ فرض ادا نہ کرنے کی صورت میں ہمیں ہر حالت میں اللہ کے حضور جواب دینا پڑے گا۔ اس لیے میں نے استطاعت پر زور دیا ہے کہ کہیں ایسا نہ ہو کہ قربانی کے شوق میں اپنے Dependents (منحصرین) کے سلسلے میں جو فرائض ہم پر عائد ہوتے ہیں، اُن کو ہم نظر انداز کر دیں اور اُن میں کوئی کوتاہی کر بیٹھیں۔

سوال: ذی الحجہ کی راتوں میں کیا عبادت کی جائے؟

جواب: نوافل پڑھے جائیں۔ اللہ کی حمد و ثناء کی جائے۔ اُس کا ذکر کیا جائے خواہ کسی بھی رنگ میں ہو...... بالخصوص تلاوتِ کلام پاک کی جائے۔

ہم عموماً تلاوت کرتے وقت اُس کے آداب کو ملحوظ خاطر نہیں رکھتے۔ جیسا کہ آپ کو معلوم ہے قرآن کے ہر لفظ کے ماتحت فرشتے ہیں۔ جب ہم قرآن پاک کی تلاوت کرتے ہیں تو فرشتے بہت شوق سے سنتے ہیں۔ جس جگہ باقاعدگی سے کلامِ پاک کی تلاوت کی جاتی ہے وہاں فرشتے یا موکل وقت مقررہ پر شوق سے آجاتے ہیں کہ یہاں ہم تلاوت سنیں گے۔ رُوحیں، فرشتے اور نیک جنات ایسی جگہ پر بہت شوق سے آتے ہیں جہاں خوشبو اور پاکیزگی ہوتی ہے۔ جہاں ناگوار Smell (بو) پھیلی ہو وہاں یہ نہیں آتے۔ جب ہم قرآن پاک کی تلاوت کرتے ہیں تو ایک تو اللہ کے فرمان کے مطابق ہر لفظ کو Clear کر کے پڑھیں۔ ہر لفظ کی مکمل ادائیگی ہو، ٹھہر ٹھہر کر پڑھیں۔ ہم باوضو ہوں اور بہتر ہے کہ اُس جگہ پر خوشبو سلگا لیں۔ اگر الرجی یا کسی اور وجہ سے خوشبو نہیں سلگا سکتے تو اپنے لباس پر خوشبو لگا لیں۔ ایک اور چیز کا دھیان رکھیں کہ ہم خود پاک صاف ہوں اور لباس بھی پاک ہو۔ کوئی ناخوشگوار بو مثلاً پیاز یا لہسن کی بو ہم سے نہ اُٹھ رہی ہو۔

کلامِ پاک کی تلاوت کی فضیلت کا اندازہ اس بات سے لگا لیجیے کہ حضرت امام مالک رحمۃ اللہ علیہ جو انتہائی متقی اور نیک انسان تھے، اپنے وقت کے بہت عظیم فقیہہ اور محدث تھے اُنھوں نے ایک شب خواب میں اللہ تعالیٰ کا دیدار کیا۔ رب تعالیٰ نے پوچھا۔ ''اے مالک! تمھیں کیا چاہیے؟'' اُنھوں نے جواب دیا ''یا باری تعالیٰ! آپ مجھے اپنے تک پہنچنے کا کوئی آسان اور مختصر راستہ بتایئے۔'' تو رب تعالیٰ نے خواب ہی میں فرمایا ''قرآن پاک کی تلاوت کثرت سے کیا کرو۔''

یہ جو ہم تسبیحات اور وظائف کے چکر میں پڑے رہتے ہیں اس کی نسبت تلاوتِ کلام پاک رب تعالیٰ تک پہنچنے کا بہترین ذریعہ ہے۔ حالانکہ ہم قرآن پاک ہی سے وہ وظائف لیتے ہیں۔ قرآن پاک کی کوئی سورۃ یا کوئی حصہ ہم چننے لگتے ہیں لیکن کیسی عجیب بات ہے کہ پورے قرآن پاک کی تلاوت ترتیب سے کرتے ہوئے ہم گھبراتے ہیں یہ بالکل ایسے ہی ہے کہ کوئی شخص پورا والٹ لینے سے گھبرائے اور تھوڑی سی جزوی رقم لے کر خوش ہو جائے گویا اُس نے بہت کچھ لے لیا جب کہ اس والٹ میں سے لی گئی رقم ٹوٹل رقم کا جزو ہے۔ ہم وہ

ایک حصہ لے کر ہی خوش ہو جاتے ہیں...... قرآن پاک کی تلاوت اگر ہم کثرت سے کریں تو اس سے بہت سی برکات حاصل ہوں گی۔ اس سے ملنے والے انعامات، تسبیحات و وظائف سے کہیں زیادہ ہوں گے۔ ان دس راتوں اور خاص طور پر عرفہ کی رات میں تلاوتِ کلام پاک کثرت سے کر لیجئے۔

نشست نمبر 23

سوال: آپ نے اپنے گزشتہ کسی لیکچر میں فرمایا تھا کہ صاحب مزار کا کوئی کمال نہیں ہوتا بلکہ مزار پر کی جانے والی تلاوت اور نوافل کی وجہ سے اُس جگہ کی فضیلت بڑھ جاتی ہے۔ حالانکہ میرے مشاہدے کے مطابق صاحب مزار کی وجہ سے وہاں مانگی گئیں دعائیں قبول ہونے لگتی ہیں اور بگڑے کام سنورنے لگتے ہیں۔ اس پر مزید کچھ روشنی ڈال دیجیے۔

جواب: بات یہ ہے کہ بہت سے مزارات آپ کو ایسے مل جائیں گے جہاں کوئی ولی اللہ دفن نہیں۔ بس مشہور ہو گیا کہ یہاں فلاں ولی اللہ ابدی آرام فرما رہے ہیں تو وہاں جا کر لوگ نوافل پڑھنے لگے اور تلاوت کلامِ پاک کرنے لگے...... یہ حقیقت ہے کہ جس جگہ Round the clock اللہ کا ذکر اور تلاوتِ کلامِ پاک ہو، وہاں لگاتار فرشتوں کا نزول ہوتا ہے۔ مزارات پر جا کر ہم سورۂ فاتحہ اور اخلاص پڑھتے ہیں تب وہاں رحمت کے فرشتے رب کے حضور دعا کرتے ہیں ''اے اللہ پاک! تیرا یہ بندہ یہاں آیا ہے اور اس نے فاتحہ پڑھی ہے، تُو اس کی دعا قبول کر اور اس پر اپنی رحمتیں نازل فرما۔'' تب دیگر فرشتے آمین کہتے ہیں اور یوں دعائیں قبول ہونے لگتی ہیں۔

اگر ہم یہ سمجھیں کہ اس جگہ کی برکت سے دعا قبول ہو رہی ہے تو معنی کچھ اور ہو جائیں گے۔ اگر ہم یہ کہیں کہ دعا اللہ کی رحمت کی وجہ سے قبول ہو رہی ہے تو معنی اور ہو جائیں گے۔ پہلے بھی عرض کیا تھا۔ کہ کسی غیر اللہ کو حاجت روا سمجھنا شرک ہے اور یہ سمجھنا کہ جگہ کی برکت سے ہماری دعا قبول ہوئی...... نامناسب ہے۔ دعا صرف رب تعالیٰ قبول کرتا ہے۔ وہی حاجت روا ہے۔ اُس کی رحمت بے پایاں ہے۔ اُس کی رحمانیت یہ نہیں دیکھتی کہ کون کیا ہے؟ اور کیا مانگ رہا ہے؟ اُس کی رحمت تو بغیر کسی تفریق کے جاری وساری رہتی ہے۔ مشرک، مومن، ملحد، کافر سب کے لیے اس کی رحمانیت کھلی ہے، رواں دواں ہے۔ فرق یہ ہے کہ ہم خود دعا مانگیں اور خود ہی آمین کہیں اور دوسری طرف ہم دعا مانگیں اور فرشتے آمین کہیں تو رب تعالیٰ اس دعا کو خوش ہو کر جلد قبول کر لیتا ہے۔ یاد رکھیے! بہت سی دعائیں مزارات پر بھی قبول نہیں ہوتیں۔ بہت سے ایسے لوگ آپ کو مل جائیں گے یہ کہتے ہوئے کہ ہم نے فلاں دعا کے لیے کوئی مزار نہیں چھوڑا لیکن دعا پھر بھی قبول نہیں ہوئی...... یہ تو رب ہے، مرضی کا مالک ہے جس دعا کو چاہے قبول کرے اور جس کو چاہے رد کر دے۔ جس

دعا کو چاہے جلد پورا کر دے اور جس دعا کو چاہے تاخیر سے پورا کرے۔ یہ تمام معاملہ رب تعالیٰ کی رحمت کا ہے ایک چھوٹے سے فرق کے ساتھ کہ اگر باہر بارش ہو رہی ہے تو میں اس میں کھڑا ہونے سے بھیگ جاؤں گا۔ لیکن اگر میں شیڈ کے نیچے کھڑا ہو جاتا ہوں تو بارش کے پانی سے مجھے حصہ نہیں ملے گا۔ بعینہٖ جہاں کلام پاک پڑھا جاتا ہے وہاں اللہ کی رحمت کی بارش ہوتی ہے وہاں جا کر جب ہم مزید کلام پاک پڑھیں گے تو ہم بھی رحمتیں سمیٹ لیں گے۔

حاجت روائی کے لیے غیر اللہ کے پاس نہ جائیں، غیر اللہ سے توقعات وابستہ نہ کریں کیوں کہ حاجت روا صرف اور صرف رب ہے۔ وہ ہماری ضرورتیں پوری کرتا ہے۔ اسی لیے تو وہ رب ہے۔ وہ ہمیں نہ صرف پالتا بلکہ ہماری تمام ضروریات بھی پوری کرتا ہے۔ کیوں کہ اگر صرف رزق دے تو رازق کہلائے لیکن وہ تو رب ہے۔ اس لیے دعاؤں کی قبولیت میں کسی مزار کو فضیلت نہیں۔ فضیلت صرف رب تعالیٰ کی رحمت کی ہے جس کے صدقے میں وہ دعائیں قبول فرماتا ہے۔

سوال: اللہ رب تعالیٰ کا ذاتی نام ہے۔ آپ اللہ کو اُس کے ذاتی نام ''اللہ'' کی بجائے اکثر و بیشتر اُس کے صفاتی نام ''رب'' سے پکارتے ہیں۔ کیا اس کی کوئی خاص وجہ ہے؟ مزید یہ صفاتی نام ''رب'' اللہ کے 99 ناموں میں بھی کہیں نہیں آیا۔

جواب: پہلی بات یہ ہے کہ میں سمجھتا ہوں کہ میری معصیت اور گناہوں نے مجھے اتنا نیچا کر دیا ہے کہ میں خود کو اس قابل نہیں سمجھتا کہ رب تعالیٰ کو اُس کے ذاتی نام سے پکار سکوں۔ میں اُس کو اللہ ہی سمجھتا اور مانتا ہوں لیکن اپنے گناہوں کی زیادتی اور سیاہی کی وجہ سے میں نہیں سمجھتا کہ میں رب کو اُس بے تکلفی سے پکاروں جس سے اُسے اُس کے ذاتی نام یعنی ''اللہ'' سے پکارا جا سکتا ہے۔

دوسری وجہ کہ کسی دوسرے صفاتی نام کی بجائے میں اُسے ''رب'' ہی کے نام سے کیوں پکارتا ہوں۔ دراصل اُسے ''رب'' پکارنے کے پیچھے صرف اور صرف شکر گزاری اور احسان مندی کا جذبہ ہے کہ اُس کی شانِ ربوبیت ہے کہ وہ مجھ جیسے گناہ گار کو بھی پال رہا ہے۔ وہ مجھ جیسے گناہ گار کی بھی ضروریات مانگنے سے پہلے ہی پوری کر دیتا ہے۔ لہٰذا جس رب کی یہ شان ہے کہ وہ مجھ جیسے گناہ گار کو سینہ سے لگاتا اور پالتا ہے تو میں اُس کو اُس نام سے کیوں نہ پکاروں جس حوالے سے میں نے اُسے جانا ہے۔ اُس کو رب پکارنے سے میری بندگی کا اظہار ہوتا ہے کہ میں اُس کو اپنا رب جانتا ہوں اور اپنے آپ کو اُس کا ایک عاجز بندہ۔ یوں اس میں تینوں چیزیں ہیں:

1۔ میری شکر گزاری کا جذبہ بھی ہے۔

2۔ احسان مندی کا احساس بھی ہے۔

3۔ میری بندگی کا اقرار بھی ہے۔

اس لیے میں اُسے رب پکارتا ہوں کہ بجائے ان تینوں چیزوں کو علیحدہ علیحدہ بیان کروں کیوں نہ اُسے صرف رب کہہ دوں میرے خیال میں یہی کافی ہے۔ ایسا بندہ جو اُس کا محتاج ہے۔ جس کا اپنا کچھ نہیں، سب

کچھ پالنے والے کا عطا کردہ ہے۔ بندہ کلی طور پر دستِ نگر ہے اُس اعلیٰ ترین قوت کا جسے رب کہتے ہیں۔ سوچ اور جذبے کی وجہ سے میں اُسے اللہ نہیں کہتا بلکہ رب کہتا ہوں۔ ہاں کہیں میں رب تعالیٰ کا فرماں بردار، اطاعت گزار بندہ ہوتا۔ نیکی کے راستے پر چل رہا ہوتا تو میں اُسے ''اللہ'' کہتا۔

بدقسمتی سے اپنے گناہوں کے باعث مجھے شرم آتی ہے کہ اُسے اُس کے اسمِ ذات سے پکاروں۔ لہٰذا بہتر ہے کہ میں اُسے وہ مانوں جو وہ ہے۔ وہ ساری کائنات کا پالنے والا اور حاجت روا ہے جہاں تک اس بات کا تعلق ہے کہ اللہ تعالیٰ کے ننانوے ناموں میں ''رب'' شامل نہیں تو ننانوے ناموں میں ایک اسمِ ذات ہے ''اللہ'' اور باقی اٹھانوے صفاتی نام ہیں۔ لیکن ان صفاتی ناموں سے آگے اور نام نکلے ہیں جن کو اگر جمع کیا جائے تو اللہ کے ناموں کی کل تعداد تین سو پچاس (350) بنتی ہے۔

مثال کے طور پر ''یا مستعان'' اور ''یا حفیظ'' وہ نام ہیں جو ان 350 اسماء الحسنٰی کا حصہ ہیں۔

سوال: حروف مقطعات کی کل تعداد 14 ہے۔ قرآن پاک کی 29 سورتوں کا آغاز حرفِ مقطعات سے ہوتا ہے۔ 14 اور 29 کا Figure کس بات کو ظاہر کرتا ہے؟

جواب: حروف مقطعات کی تعداد 14 ہے۔ حروف مقطعات سے شروع ہونے والی سورتوں کی تعداد 29 ہے۔ 29 کا یہ ہندسہ بلا جواز نہیں بلکہ اس کو اگر ہم جمع کریں تو دو جمع نو برابر گیارہ (11=9+2) بنتا ہے۔ رُوحانیت میں گیارہ کے ہندسے کو ایک جمع ایک (1+1) کر کے ایک ہندسے میں تبدیل نہیں کرتے بلکہ گیارہ کا مطلب ہے 1+1 یعنی پہلا ایک اللہ کو اور دوسرا ایک آپ ﷺ کو ظاہر کرتا ہے۔ ایک بنانے والا اور دوسرا بننے والا۔ اِسی طرح چودہ (14) حروفِ مقطعات کا ٹوٹل پانچ (5) بنتا ہے۔ اسلام کے رُکن بھی پانچ ہیں۔ اِسی طرح اس پانچ کے ہندسے کو ہم یوں بھی بیان کرتے ہیں۔

1۔ نور القاء

2۔ نور المروارید

3۔ آپ ﷺ کی رُوحِ مبارک

4۔ کتابِ کُل

5۔ علم کُل یا علم باطن یا علم لدنی

اس لیے حروف مقطعات کے بارے میں کہا جاتا ہے کہ اسلام کا جو Code of Conduct یا Log book ہے، حروف مقطعات اس کی Key ہیں اور یہی وہ اسماء الحسنٰی ہیں جو حضرت آدم علیہ السلام کو سکھائے گئے اور یہی وہ اسماء الحسنٰی ہیں جن کی حفاظت حضرت آدم علیہ السلام سے لے کر آپ ﷺ تک تمام انبیاء نے کی تھی۔ چونکہ آپ ﷺ آخری پیغام لے کر تشریف لائے، پیغام مکمل کر دیا گیا تھا۔ قرآن پاک جامع کتاب تھی جو کُل اسلام کے Total کو بیان کرتی ہے جب کہ پہلے کی تمام الہامی کتابیں اسلام کے ایک حصہ یا جزو کو

بیان کرتی تھیں جب قرآن پاک کُل کو بیان کرتا ہے۔ اِسی لیے اِسے ''کتاب کُل'' بھی کہا جاتا ہے۔ اس کی Key بھی حروفِ مقطعات کی صورت قرآن پاک میں بیان کر دی گئی لیکن اِن کی وضاحت نہیں کی گئی۔ حروفِ مقطعات کا علم اہلِ علم تک محدود ہے اور اُنھیں اس علم کو ظاہر کرنے کی اجازت نہیں۔

علمِ لدنی محیط ہے تمام علوم پر...... تمام علوم اس کے اندر سمٹے ہوئے ہیں۔ اس لیے اسے علمِ کُل بھی کہا جاتا ہے۔ جس شخص کو علمِ لدنی حاصل ہوتا ہے وہ حروفِ مقطعات کی وضاحت بھی جان لیتا ہے۔

یاد رکھیئے کہ حروفِ مقطعات چودہ (14) ہیں اور حروفِ مقطعات سے شروع ہونے والی سورتیں 29 ہیں۔

سوال: کیا حروف مقطعات کا مفہوم سمجھنا ممکن ہے؟ حروف مقطعات سے شروع ہونے والی 29 میں سے 25 سورتوں میں حروف مقطعات کے فوراً بعد قرآن پاک کی فضیلت پر مبنی آیت ہے جس کو پڑھ کر رُوحانی کیفیت عجیب ہو جاتی ہے۔

جواب: حروف مقطعات وہ Key words ہیں جن سے قرآن پاک کے اسرار کھلنے لگتے ہیں۔ قرآن پاک کا Code سمجھ میں آنے لگتا ہے۔ قرآن پاک کے عام مفہوم کے علاوہ اس کے دس مفاہیم ہیں۔ ولائیت کے بھی دس ہی درجے ہیں۔ اگرچہ مختلف سلاسل میں یہ درجے بظاہر دس سے زیادہ نظر آتے ہیں جیسے پچاس یا سو لیکن دراصل یہ دس ہی درجات ہیں۔ مثلاً سو والے سلسلہ میں ایک سے دس تک ایک درجہ، دس سے بیس تک دو درجے، بیس سے تیس تک تین درجے حتیٰ کہ 90 سے 100 تک دس درجے مکمل ہو جاتے ہیں۔ تو یوں درجے دس ہی رہے مگر اُن کی مزید Division کر کے ان درجوں کو بڑھا دیا گیا۔

پہلے درجہ کے ولی اللہ کو قرآن پاک کے پہلے درجہ کے معنی سمجھ آنے لگتے ہیں۔ دوسرے درجے کے ولی اللہ کو قرآن پاک کے دوسرے درجہ کے مخفی معنی اور تیسرے درجے کے ولی اللہ کو تیسرے درجہ کے مخفی معنی سمجھ میں آتے ہیں۔ حتیٰ کہ دسویں درجہ کے ولی اللہ کو قرآن پاک کے دسویں درجے کے مخفی معنی سمجھ آنے لگتے ہیں۔

قرآن پاک کے تمام تر معانی اور اسرار صرف اور صرف ایک ہستی آپ صلی اللہ علیہ وسلم کو معلوم ہیں۔ اولیاء اللہ کو اپنے مقام اور درجہ کے مطابق قرآن پاک کے معنی معلوم ہیں اور ان کا علم وہیں تک محدود ہے۔

جہاں تک تعلق ہے اس بات کا کہ حروف مقطعات سے شروع ہونے والی 29 میں سے 25 سورتوں میں حروفِ مقطعات کے فوراً بعد آنے والی آیت میں قرآن پاک کی فضیلت کا ذکر ہے جس کو پڑھ کر کیفیت عجیب سی ہو جاتی ہے۔

یہ بالکل ایسا ہی ہے جیسے ایک اناڑی آدمی کے ہاتھ چابی لگ جائے تو تالے میں اُسے لگانے سے کچھ Movement محسوس ہونے لگتی ہے خواہ غلط تالے میں غلط چابی ہی کیوں نہ لگائی جائے یہ وہی Movement ہے جس کے بارے میں پوچھا گیا ہے...... ایسی سورتیں پڑھتے ہوئے عجیب کیفیت طاری ہونے کی وجہ بھی یہی ہے کیونکہ جب آپ حروفِ مقطعات پڑھتے ہیں اور اُن کے بعد قرآن پاک کی فضیلت پر مبنی آیت پڑھتے ہیں تو Movement محسوس ہوتی ہے گویا شاید تالا کھل جائے گا لیکن تالا کھلتا نہیں کیونکہ

تالا کھولنے والا بھی اناڑی ہے اور اُس نے چابی بھی غلط تالے میں ڈالی ہے...... یہ تو بالکل ویسا ہی ہے کہ نیا گرا آبشار (Waterfall) سے نکلنے والی پھوار کے آگے ہاتھ رکھیں تو وہاں پر چوٹ محسوس ہوگی۔

قرآن پاک جس میں کل کائنات کا علم چھپا ہے۔علم کی 360 نہریں قرآن پاک میں پوشیدہ ہیں۔لہٰذا قرآن پاک پڑھتے ہوئے ذرا سی بھی Movement محسوس ہوگی تو رُوح پر اس کے بے پناہ اثرات مرتب ہوں گے اور یوں لگے گا کہ جیسے انسان ہلکا پھلکا ہو کر فضا میں اُڑنے لگا ہے۔یہ اصل میں ہلکی سی جھلک ہے۔اس سے اندازہ لگا لیجیے کہ جب انسان کو قرآن پاک کے معنی درجہ بدرجہ سمجھ میں آنے لگیں تو اُس کی رُوحانی کیفیت کیا ہوتی ہوگی۔

سوال: حروف مقطعات سے شروع ہونے والی 29 سورتوں میں سے 20 کا اختتام حرف ''ن'' پر، دو کا ''ب'' پر ،دو کا ''ر'' پر، ایک کا ''ی'' اور ایک کا حرف ''الف'' پر ہوتا ہے۔مخصوص حروف پر ان سورتوں کا اختتام کیا کسی خاص بات کو indicate کرتا ہے؟

جواب: اس سوال کا جواب شاید پابندی کے باعث میں نہ دے سکوں۔ یہ علم اہلِ علم تک محدود ہے اور اسے عیاں نہیں کیا جا سکتا ورنہ جو تھوڑا بہت مجھے معلوم ہے میں اسے آپ کے سامنے Explain کر دیتا۔لیکن ان چیزوں کو ظاہر نہیں کیا جا سکتا۔البتہ ایک طرف آپ کی توجہ دلا دوں 20 سورتوں کا اختتام حرف ''ن'' پر ہوتا ہے۔''ن'' بذاتِ خود حروفِ مقطعات کا حصہ ہے۔اِسی طرح ''ا''، ''ی'' اور ''ر'' بھی حروف مقطعات ہیں۔تو سمجھ لیجئے کہ ایک سورہ کو رب تعالیٰ نے حروف مقطعات کے اندر بریکٹ (Bracket) کیا ہے کہ اس کی ابتداء بھی حروفِ مقطعات سے ہے اور انتہا بھی حروفِ مقطعات پر ہوتی ہے۔اگر پابندی نہ ہوتی تو میں فضیلت بھی بیان کر دیتا کہ ایسی سورتوں کو پڑھنے سے کیا اثرات مرتب ہوتے ہیں اور آپ کو اندازہ ہو جاتا کہ کیسے انسان کی آنکھیں کھل جاتی ہیں۔یہ جان کر کہ قرآن پاک کس قدر Scientific تحریر ہے۔ان سورتوں کی فضیلت سمجھ آنے کے بعد یقین ہو جاتا ہے کہ یہ کسی انسان کی تحریر نہیں بلکہ الہامی کتاب ہے۔کیوں کہ یہ علم کسی انسان کے بس کا نہیں جس طرح اسے Balance کیا گیا ہے......لیکن مجبوری یہ ہے کہ اسے بیان نہیں کیا جا سکتا۔

سوال: حروف مقطعات ''ا''، ''م'' اور ''ع'' سے کیا مراد ہے۔

جواب:۔ ''ا'' سے مراد ہے اللہ۔

''م'' آپ ﷺ کا اسمِ ذات ہے۔

''ع'' سے مراد عبادت اور عبدیت ہے۔

نشست نمبر 24

سوال: اگر خواب میں کوئی بزرگ یا رُوحانی مرشد ایک مخصوص تعداد میں قرآنی آیت، اسماء الحسنیٰ یا درود پاک پڑھنے کی تلقین کریں تو کیا صاحبِ خواب اس پر عمل کر سکتا ہے؟

جواب: کسی زمانہ میں، میں بھی بغیر کسی راہنمائی کے بے تحاشہ وظائف پڑھتا تھا۔ ایک وقت ایسا آیا کہ جونہی میں آنکھیں بند کرتا، ہوا میں ایک آیت لکھی نظر آتی "اِن اللہ علی کل شیءٍ قدیر" اور ساتھ ہی ہدایت ہوتی کہ یہ پڑھا کرو۔ اِسی طرح جب میں آسمان کی طرف دیکھتا یا دیوار کی طرف نظر جاتی تو وہاں بھی یہی آیت لکھی نظر آتی اس تلقین کے ساتھ کہ اسے پڑھو لیکن میں وہ آیت پڑھتا نہیں تھا۔ اس واقعہ سے کچھ عرصہ بعد مرشد صاحب سے میری ملاقات ہوئی۔ ایک بار دورانِ سفر میں نے اُن سے اس بات کا تذکرہ کیا کہ یوں مجھے دیوار اور آسمان پر آیت لکھی دکھائی دیتی تھی، اُسے پڑھنے کی تلقین کے ساتھ لیکن میں اُسے پڑھتا نہ تھا۔ قبلہ مرشد صاحب نے سارا قصہ سننے کے بعد فرمایا "اچھا ہوا تم نے یہ آیت نہیں پڑھی، جنّات تمھیں یہ آیت دکھایا کرتے تھے۔ اگر تم پڑھ لیتے تو مجذوب ہو جاتے۔"

اِسی طرح کا ایک واقعہ میرے ساتھ 1974ء میں پیش آیا۔ میں دس محرم کو پاکپتن گیا۔ وہاں پہنچا تو مزار کی دُھلائی ہو رہی تھی۔ دس محرم کو بابا صاحب کی اولاد اور خاندان کے لوگ مزار والا حصہ خود دھوتے ہیں اور پھر چالیس روز کے لیے دروازہ بند کر دیا جاتا ہے۔ میں وہاں ایک طرف جا کھڑا ہو گیا۔ دیر سے پہنچنے کے باعث میں ہجوم میں سب سے آخر میں تھا۔ ایک صاحب میرے پاس آئے۔ میرے بائیں کندھے کے اُوپر سے جھانک کر بولے "یہ آدمی کہہ رہا ہے کہ میں نے اُس کے جوتے چوری کر لیئے ہیں۔" میں نے نظر اُٹھا کر دیکھا تو وہ ایک فقیر تھا۔ میں نے سوچا کہ شاید یہ اس طریقے سے مجھ سے پیسے مانگ رہا ہے۔ میں اُسے نظر انداز کر کے درود پاک پڑھتا پڑھتا آگے پہنچ گیا لیکن فقیر مسلسل میرے ساتھ چپکا رہا یہاں تک کہ میں کھسکتا ہوا سب سے آگے جا کھڑا ہوا۔ وہاں اُس فقیر نے دفعتاً اپنا ہاتھ بڑھایا اور میرا نچلا ہونٹ مسل کر بولا۔ "واہ، واہ اللہ تمھیں بہت عزت بخشے گا اور تجھے ڈائریکٹر جنرل پاکستان بنا دے گا۔" میں نے دل میں سوچا "یہ اس کا نیا ڈھنگ ہے پیسے مانگنے کا۔" میں نے اُسے ہاتھ سے ایک طرف ہٹا دیا۔ لیکن تھوڑی ہی دیر بعد اُس فقیر نے دوبارہ اپنا ہاتھ بڑھا کر میرا ماتھا رگڑا اور بولا "پڑھے جا پڑھے جا، اللہ تجھے بہت عزت دے گا...... ماں کی

خدمت کیے جا۔'' پھر اچانک میرا بایاں ہاتھ اپنے ہاتھ میں پکڑ کر اور میری اُنگلیوں میں اپنی اُنگلیاں پھنسا کر کہنے لگا ''پڑھو میرے ساتھ......حق اللہ۔'' جب میں نے اُس کے اصرار پر بھی یہ نہیں پڑھا تو اُس نے میرا ہاتھ چھوڑ دیا اور کہنے لگا۔ ''پڑھے جا، پڑھے جا درود شریف۔'' اس کے بعد جب وہ چلا گیا تو مجھے یاد آیا کہ کسی صاحب نے مجھے بتایا تھا کہ ہر دس محرم کو بابا صاحب کے مزار پر ایک مجذوب آیا کرتا ہے۔ اگر مل جائے تو اُس سے دعا ضرور کروالینا۔

جب قبلہ مرشد صاحب سے اس واقعہ کا میں نے ذکر کیا تو اُنھوں نے بتایا کہ وہ اصل مجذوب ہے اگر تم اُس کے ساتھ ''حق اللہ'' پڑھ لیتے تو اُس سے بڑھ کر مجذوب ہو جاتے۔

ان دونوں واقعات سے اندازہ ہو جائے گا کہ تاوقتیکہ آپ کے مرشد جسمانی حالت میں، دنیاوی طور پر سامنے ہوتے ہوئے آپ کو کچھ پڑھنے کی تاکید نہ کریں تب تک میرے خیال کے مطابق کوئی پڑھائی نہیں پڑھنی چاہیے۔

اِسی طرح خوابوں کے معاملات بڑے عجیب وغریب ہوتے ہیں۔ خوابوں کے سلسلے میں اکثر ہم دھوکا کھا جاتے ہیں۔ ان کی تعبیر عموماً وہ نہیں ہوتی جو ہم سمجھ بیٹھے ہیں......معاملات کچھ اور ہوتے ہیں۔ خواب کچھ اور ہوتا ہے، اس کی تعبیر کچھ اور ہوتی ہے۔

جو لوگ پابندی سے نماز پڑھتے ہیں، درود شریف اور ذکر اذکار کثرت سے کرتے ہیں، اگر وہ اپنے معمولات میں کوئی کوتاہی کر بیٹھیں تو ایسے میں وہ اس قسم کے خواب دیکھتے ہیں جن کا مطلب کوتاہی کی نشان دہی کرنا اور اس کو سدھارنا ہوتا ہے لیکن ہم کچھ اور سمجھ بیٹھتے ہیں۔

میں اپنی سرکاری ڈیوٹی پر ایک بار ایسی جگہ گیا جہاں پینے کے لیے پانی بھی موجود نہ تھا چہ جائیکہ وضو اور نہانے کو دستیاب ہوتا......جس بنا پر نماز اور ذکر اذکار کا سلسلہ میں جاری نہ رکھ سکا۔ واپسی پر بڑے شاہ صاحب کے ہاں حاضری دینا تھی۔ حاضری سے پہلے رات کو جب میں سویا تو خواب میں بلیک جرمن شیفرڈ انتہائی خوبصورت پلا ہوا کتا دیکھا۔ اگلے روز جب مرشد صاحب سے اس خواب کا تذکرہ کیا تو وہ چونک کر مجھ سے پوچھنے لگے۔

''تم نے اپنی عبادات کا سلسلہ ختم کیا ہوا ہے کیا؟ کب سے تم نے عبادت نہیں کی؟'' میں نے جواب دیا ''حضور! پانچ چھ دن ہو گئے۔ لیکن مجبوری ایسی تھی۔'' کہنے لگے'' ''خواب میں جو کتا دکھائی دیا ہے۔ یہ دراصل اللہ نے تمھیں تمھارا نفس دکھایا ہے جو پل پل کر اتنا موٹا ہو گیا ہے۔'' فوراً عبادات کا سلسلہ دوبارہ شروع کرو۔''

سوئی گیس ملتان میں جب پہلی بار Posting ہوئی تب ذکر اذکار اور عبادات کا سلسلہ زوروں پر تھا۔ تب ایک رات عبادت سے فارغ ہو کر سویا تو خواب دیکھا کہ میں کہیں جا رہا ہوں......ایک صاحب نے روک کر کہا کہ یہ سامنے جو حویلی ہے اس میں آپ ﷺ تشریف فرما ہیں۔ میں نے سوچا کہ آپ ﷺ کی زیارت کر لوں۔ حویلی کے دروازے پر پہنچا تو وہاں موجود دربان جو یقیناً فرشتہ تھا، نے مجھے روکا۔ میں نے درخواست کی

کہ میں اندر جانا چاہتا ہوں آپ صلی اللہ علیہ وسلم کی زیارت کے لیئے۔ دربان بولا۔ آپ تو نہیں جا سکتے کیونکہ آپ نے داڑھی نہیں رکھی۔'' میں چونکہ اندر جانے کو بے تاب تھا لہٰذا جھوٹ بولا کہ مجھے تو آپ صلی اللہ علیہ وسلم نے داڑھی کے حوالے سے معاف فرما دیا ہے اور میں اندر جا کر آپ کو یہ بات Confirm (تصدیق) بھی کروا دیتا ہوں۔ جب میں اُس کے ساتھ اندر پہنچا تو اُس فرشتہ کے بولنے سے پہلے ہی میں نے آپ صلی اللہ علیہ وسلم کی خدمت میں عرض کیا ''حضور صلی اللہ علیہ وسلم! یہ صاحب مجھے کہہ رہے ہیں کہ میں اندر نہیں آ سکتا کیوں کہ میں نے داڑھی نہیں رکھی ہوئی۔ میں نے ان سے کہا ہے کہ آپ صلی اللہ علیہ وسلم نے مجھے داڑھی معاف فرما دی ہے لیکن یہ مان نہیں رہے۔''

میری اس گزارش پر آپ صلی اللہ علیہ وسلم نے ایک Broad smile دی جس کو فرشتے نے Affirmative sense میں لیا اور وہ لوٹ گیا۔ تب میں آپ صلی اللہ علیہ وسلم کے قدموں میں بیٹھ گیا۔''

بعد ازاں ایک بزرگ سے میں نے اس خواب کا ذکر کیا تو وہ پوچھنے لگے ''کیا آپ درود پاک کثرت سے پڑھتے ہیں؟''

میں نے کہا ''جی۔''

اُنھوں نے دوبارہ دریافت کیا ''کیا اس میں ناغہ ہو گیا ہے؟''

میں نے کہا ''جی تین دن کا ناغہ ہو گیا ہے۔''

اُنھوں نے فرمایا کہ تین دن کا یہ ناغہ تو آپ صلی اللہ علیہ وسلم نے معاف فرما دیا ہے لیکن آیندہ ایسا نہ ہو۔''

اب اس خواب کو دیکھ لیجیے کہ وہ کیا تھا اور تعبیر کیا نکلی۔ تو خواب کے معاملات ایسے ہی ہوتے ہیں۔ خواب میں جب کچھ پڑھنے کے لیے ہمیں بتایا جاتا ہے تو ہم سمجھتے ہیں کہ ہم پہنچے ہوئے ولی اللہ ہو گئے اور اللہ ہمیں براہِ راست تعلیم دے رہا ہے۔ درحقیقت ایسا نہیں ہوتا۔ بلاشبہ یہ سب بھی ممکن ہے لیکن ایک لمبے سفر کے بعد اس سفر میں بہت سے مشکل مقامات آتے ہیں اور انسان لڑکھڑانے لگتا ہے۔

روس ٹوٹ جانے کے بعد بہت سی اسلامی ریاستیں وجود میں آئیں۔ جب روس متحدہ تھا تب سطح کے نیچے اسلام اور عیسائیت کے بارے میں لہریں تو اُٹھی تھیں لیکن حکومتی جبر کی وجہ سے وہ لہریں سطح تک اُبھر نہیں پاتی تھیں۔ اسلامی ریاستوں کے وجود میں آنے کے بعد اب دین اسلام ہی نہیں دوسرے مذاہب پر بھی کام ہو رہا ہے۔ ایک بڑی اکثریت اُن لوگوں کی بھی ہے جن کا تعلق اسلام سے نہیں بلکہ دوسرے مذاہب سے ہے لیکن وہ اسلام کے تصورِ تصوف کو اپنا رہے ہیں۔ جس طرح ہمارے یہاں ذکر اذکار ہیں اور لطائف کو سامنے رکھ کر ہم ذکر کرتے اور ضرب لگاتے ہیں تاکہ ہمارا نفس ہمارے قابو میں آجائے۔ انھی Lines پر یہ غیر مسلم رُوحانی مشقیں کرتے ہیں۔ آج کل جس چیز کو اُنھوں نے اسلامی تصوف میں سے اپنایا ہے، وہ قلب پر ضرب لگانا ہے۔ جس میں وہ یک ضربی، دو ضربی، سہ ضربی، اور چہار ضربی ذکر بھی کرتے ہیں اور کہا یہ جاتا ہے کہ وہ یہ مشقیں کرنے کے بعد بغیر کسی سہارے کے ہوا میں معلق ہو جاتے ہیں، پانی پر چلنے میں مہارت حاصل کر لیتے ہیں اور کرامات میں داخل ہو جاتے ہیں لیکن اس کے آگے اُن کے لیے مکمل اندھیرا ہے۔ وجہ یہ ہے کہ وہ اسی کو

انتہا سمجھ بیٹھتے ہیں حالانکہ اسلامی تصوف میں یہ ابتدا ہے سب سے نچلی سطح کی ترقی یہ رُوحانی کرامات ہیں۔ اگر چہ ہم میں سے لوگوں کی اکثریت بھی کرامات کو انتہا سمجھتی ہے لیکن یقین جانیں کہ اسلامی تصوف میں یہ رُوحانی ترقی کی بالکل ابتدائی شکل اور پہلا زینہ ہے۔ سادھو بھی اس مقام سے آگے نہیں جا پاتا...... ہندو بھی اسے انتہا سمجھ لیتے ہیں۔

اسلامی تصوف میں انتہا کیا ہے؟ اِس بات کا اندازہ آپ کو یوں ہو جائے گا۔ چونکہ حج کا زمانہ آ رہا ہے اور دو چار دن میں ذی الحجہ کا مہینہ شروع ہو جائے گا سو اُسی کا Reference میں Quote کر دیتا ہوں۔ ہم لوگوں کو دیدارِ کعبہ کا بڑا شوق ہے۔ اب عام حالات میں تو دیدارِ کعبہ بڑی سعادت کی بات ہے لیکن اسلامی تصوف میں جو صاحبِ علم گزرے ہیں اُن کا کہنا کچھ اور ہے۔ وہ اس دیدارِ کعبہ کو دیدار مانتے ہی نہیں اگر وہاں پہنچ کر دیدارِ حق نہ ہوا۔ اُن کا کہنا یہ ہے کہ آپ کو اصل مقام تو اُس وقت حاصل ہوتا ہے جب آپ حرم شریف جائیں اور خانہ کعبہ کے سامنے کھڑے ہوں تو آپ کی آنکھوں کے سامنے اندھیرا چھا جائے اور آپ کو اللہ کی ذات کے سوا کچھ دکھائی نہ دے دراصل وہ دیدار ہے۔ ابتدا وہ کرامات و کشف ہے جس کو عام لوگ انتہا سمجھتے ہیں۔ حالانکہ اصل انتہا تو یہ ہے کہ کرنے تو جائیں دیدارِ کعبہ اور وہاں کعبہ دکھائی نہ دے بلکہ ربِ کعبہ دکھائی دے۔

رب تعالیٰ نے ذکر پر زور دیا اور یہ فرمایا کہ میرے ایسے بندے بھی ہیں جو اُٹھتے بیٹھتے، سوتے جاگتے، کھاتے پیتے اور اُونگھتے میرا ذکر کرتے ہیں۔ اِسی طرح اللہ نے آپ صلی اللہ علیہ وسلم کو ’’یا مزمل‘‘ مخاطب کر کے رات کو نصف شب سے کچھ پہلے یا نصف شب کے کچھ بعد جاگنے کی تلقین کی۔ چونکہ قرآن پاک تمام بنی نوع انسان کے لیئے ہے اس لیے اس خطاب کو یہ سمجھ لیا جائے کہ اس میں تمام لوگوں کو مخاطب کیا گیا ہے۔ ایسے لوگوں کی بڑی فضیلت بیان کی گئی ہے جو راتوں کو جاگتے ہیں...... راتوں کو جاگنے کا فائدہ یہ ہے کہ انسان نفسِ امارہ سے نفس مطمئنہ کا سفر بڑی جلدی سے طے کر لیتا ہے۔ شیطان بڑی جلدی قابو میں آتا ہے۔ شب بیدار گناہوں سے بڑی جلدی چھٹکارا حاصل کر لیتا ہے۔ جو انسان رات کو عبادت کرتا اور ذکر میں مشغول رہتا ہے آدھی رات تک یا اُس کے کچھ دیر بعد تک نفس بہت جلد اُس کے قابو میں آ جاتا ہے اور جونہی نفس سے جان چھوٹی، رُوحانیت کی منازل بڑی جلدی سے طے ہونے لگتی ہیں۔ اِسی طرح ذکر صحیح طریقے سے کیا جائے تو نفس بڑی جلدی قابو میں آتا ہے۔ بات لفظ اللہ ہی میں ہے سب کچھ...... اسم ذات ہی میں ہے سب کچھ...... اسم ذات کا ذکر کرنے سے پہلے نفی اور اثبات کی ضرب کی مشق اگر کی جائے (جب لطائف کی بات ہو تو آپ جانتے ہیں کہ لطیفۂ قلب سینہ کے بائیں جانب ہے، لطیفۂ روح سینہ کے دائیں جانب ہے، لطیفۂ سر...... یہ دماغ کا درمیانی حصہ ہے جب کہ لطیفۂ خفیف...... پیشانی ہے۔) نفی و اثبات کی ضرب قلب پر لگائی جاتی ہے اور اس کے بعد ایک مراقبہ کیا جاتا ہے۔ اس مراقبہ میں ہم اپنے قلب کو دیکھنے کی کوشش کرتے ہیں اور قلب آہستہ آہستہ دکھائی دینے لگتا ہے۔ بالکل صحیح اور دھڑکتا ہوا...... حتیٰ کہ دل سینہ اور پسلیوں کے درمیان دھڑکتا اور چمکتا ہوا

نظر آنے لگتا ہے...... جب اس میں کامیابی ہو جائے تو پھر انسان اسمِ ذات کا ذکر شروع کرتا ہے۔ اسم ذات کو سلسلہ چشتیہ اور قادریہ میں ''اللہ ھو'' کے طور پر پڑھا جاتا ہے۔ لیکن اس کی ایک ضرب ایک اور طریقہ سے بھی لگتی ہے جس سے گناہوں سے بڑی جلدی جان چھوٹ جاتی ہے۔ اس میں Repeat کرتے ہیں۔

الله الله ...... هوهو ...... الله الله ...... هوهو

اس انداز میں ذکر سے کیفیت بڑی جلدی بدلتی ہے۔ اس میں بیٹھنے کا Posture بڑا خاص ہے جو تبدیل نہیں کرنا چاہیے کیونکہ جب تک ہم اس مخصوص Posture میں نہیں ہوں گے تب تک ہمارے اعصاب تنے رہیں گے اور تنے ہوئے اعصاب کے ساتھ جب ہم ذکر کرتے ہیں تو اس کے مطلوبہ اثرات مرتب نہیں ہوتے۔ اُردو میں اس Posture کو آلتی پالتی مار کر بیٹھنا کہا جاتا ہے۔ انگریزی میں اسے Crossed-legs کہا جاتا ہے۔ لیکن اس میں کمر بالکل سیدھی ہو۔ اور ٹھوڑی سینہ کے ساتھ Touch کرتی ہو۔ اس Posture میں بیٹھ کر اسم ذات کو پڑھا جاتا ہے......لیکن اسم ذات کو ایک اور طریقہ سے بھی پڑھا جاتا ہے جس کا مجھے بہت دیر بعد پتا چلا۔ (میں بیس پچیس سال تک اِسی جستجو میں رہا کہ اسم ذات کو اس انداز میں کس سلسلہ میں پڑھا جاتا ہے کیونکہ برصغیر میں رائج چاروں سلاسل میں اس کو ''یا اللہ'' پڑھا جاتا ہے۔ افریقہ اور عرب کے شاذلیہ سلسلے میں بھی اس کو ایسے نہیں پڑھا جاتا)......وہ لفظ مجھے کہیں سے عطا ہوا تھا اور میں اس جستجو میں تھا کہ اسے پڑھتا کون ہے ایسے۔ غالباً یہ سن 1999 یا 2000 کی بات ہے کہ جب مجھے یہ معلوم ہوا کہ سلسلہ جنیدیہ میں اسم ذات کو اس انداز میں پڑھا جاتا ہے لیکن اس کے اثرات اتنے تیز ہیں کہ اس طرح سے پڑھنے کے لیے ایک تو وقت کی پابندی اور دوسرا نگرانی بہت ضروری ہے۔ جب تک کوئی بتائے اور ذمہ داری نہ اُٹھائے اس کو پڑھا نہ جائے۔ کیونکہ میں نے اس کا اثر بہت تیز دیکھا ہے۔......البتہ ''اللہ ھو'' جلالی ہے۔ اس ذکر سے جلال پیدا ہو جاتا ہے۔ ''یا اللہ'' جمالی ہو جاتا ہے ''یا'' لگانے سے اس کے ذکر سے عاجزی اور بندگی آتی ہے۔ اِسی طرح نفی واثبات کی ضرب لاالہ الا اللّٰہ ...... لاالہ الا اللّٰہ...... کو احتیاط سے کرنا چاہیے کیونکہ اس سے دل کمزور ہو جاتا ہے۔

ایک صاحب جن کو خلافت بھی عطا ہوئی تھی ڈیرہ غازی خان کے ایک بزرگ مصطفیٰ صاحب تھے جو سلسلہ قادریہ سے تھے۔ وہ ایک کالج کے پرنسپل تھے۔ ریٹائرمنٹ کے بعد خدمتِ خلق کی خاطر ہومیو پیتھک کا کام کرتے تھے۔ میں اُن کے ہاں گیا تو وہ دوائیاں کاغذ پر رکھ کر لٹو گھما رہے تھے۔ میں نے حیرت سے پوچھا۔ ''یہ کیا کر رہے ہیں آپ؟'' بولے ''پروفیسر صاحب بیمار ہیں۔ میں لٹو گھما کر دوائی ڈھونڈ رہا ہوں کہ صحیح دوائی پر آ کر رُک جائے گا۔ میں نے دریافت کیا ''ہوا کیا اُنھیں؟'' وہ بولے ''یہی تو سمجھ نہیں آتی۔ اس لیے تو اس طریقہ سے دوائی ڈھونڈ رہا ہوں۔'' میں نے کشف میں جا کر دیکھا تو سمجھ آ گئی۔ لہٰذا اُن سے پوچھا ''کیا قلب کو تقویت دینے والی کوئی دوا ہے آپ کے پاس؟'' وہ بولے ''ہاں۔'' میں نے کہا ''وہ نکالیے اس پر لٹو رُک جائے گا۔ واقعی ایسا ہی ہوا۔ لہٰذا اُنھوں نے وہ دوا پروفیسر صاحب کو بھجوا دی۔

بعدازاں Test (معائنہ) کرانے کے بعد بھی دل کی کمزوری ثابت ہوگئی۔ قریشی صاحب پوچھنے لگے۔ ''شاہ صاحب! آپ کو بغیر اُن کی بات سنے کیسے پتہ چلا کہ اُن کا دل کمزور ہے؟'' میں نے بتایا کہ ایک بار اُن کے پاس جب میں گیا تو تب اُن کو نفی اثبات کی ضرب لگاتے ہوئے دیکھا تھا۔ اُس وقت پاسِ ادب کے باعث اس عمل سے اُنھیں منع نہیں کرسکا لیکن اُسی روز مجھے یہ اندازہ ہوگیا تھا کہ جس انداز سے یہ ضرب لگا رہے ہیں اس سے اُن کا دل کمزور ہو جائے گا۔

لہٰذا اگر کسی کو ذکر کا زیادہ ہی شوق ہو تو وہ محض یہ کرے کہ ہر فرض نماز کے بعد سلام پھیرنے کے بعد صرف نفی کی ضرب لگائے تین بار...... اس سے زیادہ نہیں۔

الااللہ...... الااللہ...... الا اللہ......

یہ ضرب لگاتے ہوئے قلب کو دیکھیں اس سے بہت فائدہ ہو جائے گا۔

حج کا زمانہ قریب ہے۔ حضرت حسن بصریؒ کو ایک شخص نے اطلاع دی کہ میں حج کر آیا ہوں۔ حضرت حسن بصریؒ نے فرمایا ''بہت خوشی کی بات ہے مگر یہ تو بتاؤ کہ جب حج پر گئے تھے تو کیا گناہوں کو گھر سے نکال کر گئے تھے یا نہیں؟''

وہ شخص بولا ''نہیں۔''

حضرت حسن بصریؒ نے پوچھا ''کیا طواف کے دوران مشاہدہ حق ہوا؟''

وہ بولا ''نہیں۔''

حضرت حسن بصریؒ نے پھر پوچھا ''سعی کے دوران نفسانی خواہشات ماردیں؟''

وہ شخص بولا ''ایسا تو نہیں کرسکا۔''

آپ نے پوچھا ''عرفات کے میدان میں مرادات سے جان چھڑالی؟''

وہ بولا ''یہ تو نہیں ہوا۔''

حضرت حسن بصریؒ نے فرمایا ''تمھارا حج نہیں ہوا...... واپس چلے جاؤ اور حج کر کے آؤ۔''

لہٰذا حج کو اگر ہم جائیں تو محض ایک فرض عبادت سمجھ کر اسے ادا نہ کریں بلکہ دورانِ حج گناہوں سے اس انداز میں توبہ کرلیں کہ دوبارہ گناہ نہ کر پائیں۔ نفسانی خواہشات کو اس انداز میں ختم کردیں کہ وہ دوبارہ کبھی سر نہ اُٹھا پائیں۔ اپنی دنیاوی خواہشات کو Control میں لے آئیں تاکہ وہ خواہشات ہمیں کسی شے پر مجبور نہ کرسکیں اور ہم اللہ کے اس قدر قریب ہو جائیں کہ وہ ہمیں دکھائی دینے لگے۔ پھر وہ حج ایک ولی کا حج ہو جائے گا۔ جب بھی حج کو جائیں، یہ باتیں یاد رکھیں۔ ان پر عمل سے ہی صحیح معنوں میں فریضۂ حج کی ادائیگی ہوگی۔

نشست نمبر 25

آپ ﷺ کے اسمائے مبارکہ اور واقعہ شب معراج

سوال: آپ نے گزشتہ لیکچر میں فرمایا تھا آپ ﷺ کے اسمائے مبارکہ کی تعداد 99 ہے جن میں سے 29 اسماء کا تعلق اُن چیزوں سے ہے جو شبِ معراج آپ ﷺ کو عطا ہوئیں۔ یہ 29 چیزیں کیا ہیں؟

جواب: ۔آپ ﷺ کے 99 میں سے 29 اسمائے مبارکہ وہ ہیں جو اُن 29 احکامات کو Depict (ظاہر) کرتے ہیں جو آپ ﷺ کو شبِ معراج عطا فرمائے گئے تھے۔ یہ وہ احکامات ہیں جن پر عمل انسان کو رُوحانیت کے اعلیٰ ترین مقام تک لے جاتا ہے۔ جب کہ آپ ﷺ کے ننانوے اسمائے مبارکہ میں سے بقیہ 70 کا تعلق اُن القابات سے ہے جن سے شبِ معراج 70 مقامات کی سیر کے دوران آپ ﷺ کو پکارا گیا۔

وہ 70 چیزیں یا احکامات شبِ معراج آپ ﷺ کو اُسی طرح عطا کر دیئے گئے جس طرح حروفِ مقطعات عطا کیے گئے جو قرآن پاک کا حصہ بنے اور 29 سورتوں کا آغاز حروف مقطعات سے ہوا۔

جیسا کہ میں نے عرض کیا تھا کہ اللہ کے پیغام، اُس کے دین کو آپ ﷺ پر مکمل کر دیا گیا تھا اس لیے وہ تمام چیزیں جو حضرت عیسیٰ علیہ السلام تک آنے والے پیغمبروں کے ذریعے پہلے انسانوں تک نہیں پہنچی تھیں، وہ آپ ﷺ کے ذریعے تمام انسانوں تک پہنچا دی گئیں۔ یہ وہ چیزیں ہیں جو آپ ﷺ سے پہلے کے پیغمبروں کو عطا نہیں ہوئی تھیں۔ آپ ﷺ ان 29 احکامات یا چیزوں کے مبلغ بنے۔ آپ ﷺ نے نہ صرف خود ان احکامات پر عمل کیا بلکہ اپنی اُمت تک بھی پہنچایا تا کہ وہ ان پر عمل کرے۔

ایسی چیز جس کی جستجو سبھی لوگوں کو ہے۔ اگر چہ اس میں نیت دینی نہیں بلکہ دنیاوی ہے کہ اگر یہ ہاتھ لگ جائے تو ہم اپنی دنیاوی اغراض پوری کر لیں وہ ہے اسمِ اعظم ...... وہ اسمِ اعظم، اُنہی 29 اسمائے مبارکہ میں سے ایک ہے جو ان چیزوں کو ایک نام میں واضح کرتا ہے۔

یہ 29 احکامات یا چیزیں اپنے اندر ایک ترتیب رکھتی ہیں۔ اِنھیں اِسی ترتیب سے جانا جائے، اِسی ترتیب سے اِن کو Analyze کیا جائے اور تحقیق کی جائے۔

یہ 29 احکامات مندرجہ ذیل ہیں:

1۔ ہم رب کے ساتھ کسی کو شریک نہ ٹھہرائیں۔ اُس کو ایک ہی جانیں۔ صرف Directly (بلاواسطہ) ہی

نہیں بلکہ indirectly (بالواسطہ) بھی اُسے وحدہٗ لاشریک جانیں۔ Direct شرک یہ ہے کہ معاذ اللہ ہم اللہ کے سوا کسی کو رب جاننے لگیں اور Indirect شرک یہ ہے کہ ہم اللہ کے سوا کسی اور کو حاجت روا اور مشکل کشا جاننے لگیں اور یہ سمجھنے لگیں کہ وہ ہمیں مصیبت سے چھٹکارا دلا سکتا ہے۔ شرک سے ہر صورت اجتناب کیا جانا چاہیے۔

2۔ توحید پر قائم رہا جائے۔ ہم بظاہر تو ان دونوں احکامات کو ایک ہی سمجھتے ہیں لیکن اصطلاحی طور پر توحید پر قائم رہنے کا مطلب یہ ہے کہ وہ تمام بنیادی احکامات جو اسلام کو بنیاد فراہم کرتے ہیں، ان کو کسی حالت میں ترک نہ کیا جائے۔ کلمہ، نماز، روزہ، زکوٰۃ، حج ...... اسلام کے پانچوں ارکان پر قائم رہنا توحید پر قائم رہنا ہے۔

3۔ اپنی نیت کو درست رکھا جائے۔ یہ تیسرا حکم ہے۔ نیت کو درست رکھنے سے مراد یہ ہے کہ ہم حق کو حق جانیں اور غیر حق کو غیر حق جانیں۔ نیت پر زور دینے کی وجہ یہ ہے کہ ہمارے کسی بھی عمل کی ابتدا سوچ سے ہوتی ہے۔ کسی بھی کام کو کرنے سے پہلے ہم سوچتے ہیں پھر اُسے کرنے کی نیت یا ارادہ کرتے ہیں، اس کے بعد اس پر عمل ہوتا ہے۔ نیت کو درست رکھنا اس لیے بھی ضروری ہے کیونکہ ہماری نیت درست ہوگی تو اعمال بھی درست ہوں گے۔ اس لیے رب تعالیٰ نے نیت کو درست رکھنے پر زور دیا اور اس کو اُن 29 احکامات میں شامل کر دیا جو انسان کو رُوحانیت کے بلند مقام تک لے جاتے ہیں۔

4۔ ایمان اور ایثار پر قائم رہنا...... اسلام کے لغوی معنی سلامتی کے ہیں لیکن اس کا اصطلاحی مفہوم بہت وسیع ہے۔ اسلام کے تمام ارکان ''جیو اور جینے دو'' سے کہیں آگے کا درس دیتے ہیں اور وہ درس ہے ایثار کا۔ تمام اخلاقی ضابطے تو یہ کہتے ہیں کہ انسان یوں زندہ رہے کہ خود بھی جیئے اور دوسروں کو بھی اُن کی مرضی سے جینے دے۔

پارلیمنٹ کو جمہوریت کی ماں کہنے والے انگریز کا قول ہے ''آپ کی آزادی وہاں ختم ہوتی ہے جہاں دوسرے کی ناک شروع ہو جاتی ہے۔ لیکن اس کے برعکس اسلام یہ درس دیتا ہے کہ تم دوسروں کے لیے زندہ رہو۔ دنیا کے Golden Principle ''جیو اور جینے دو'' کی بجائے اسلام کہتا ہے کہ ''آپ دوسروں کے لیے جیو۔'' اللہ کا فرمان بھی ہے کہ تم میرے بندوں کا کام کرو، تمھارے کام میں خود کروں گا۔ ایک حدیث بھی ہے کہ جو انسان دوسرے لوگوں کے کام کرتا ہے، اُن کے مسائل حل کرتا اور مشکل میں کام آتا ہے، اللہ اُس کے کام خود کر دیتا ہے اور اُس کے مسائل دُور فرما دیتا ہے۔

اسلام کی بنیاد ایثار و قربانی پر ہے۔ فقیر ایثار و قربانی پر یقین رکھتا ہے۔ ولایت اُس کو حاصل ہوتی ہے جو دشمن کے لیے بھی ایثار اور قربانی کرتا ہے۔ لوگوں کے لیے ہم اپنے آرام، آرزوؤں، خواہشات، ضروریات اور حقوق سب کو پس پشت ڈال دیں اور دوسروں کے آرام، آرزوؤں، ضروریات اور خواہشات وحقوق کو ترجیح دیں...... یہ فقیر پر لازم ہے۔ الغرض دوسروں کے لیے زندہ رہنا ایثار ہے۔

5۔ پانچواں حکم حقوق اللہ اور حقوق العباد پر پوری طرح قائم رہنا ہے۔ جو شخص صحیح طریقے سے حقوق اللہ اور حقوق العباد ادا کر دے، وہ اللہ کے احکامات پر پوری طرح عمل کرتا ہے، چاہے وہ احکامات عبادات سے متعلق ہوں، چاہے انسان کی ذاتی زندگی یا اجتماعی معاملات سے متعلق ہوں۔ اسلامی احکامات انسان کی تمام زندگی پر محیط ہیں۔ زندگی کا کوئی پہلو ایسا نہیں جس پر اللہ نے Guidance (رہنمائی) فراہم نہ کی ہو۔ حقوق اللہ اور حقوق العباد انسان کی زندگی کے تمام پہلوؤں کو Cover کرتے ہیں۔ یہ دونوں قسم کے حقوق بہت Rigorously ڈسچارج کیے جانے چاہییں۔ یہ نہیں کہ حقوق اللہ تو ادا کریں اور حقوق العباد میں ڈنڈی ماریں۔ دونوں بالکل اُسی طرح ادا کیے جانے چاہییں جیسے رب تعالیٰ نے حکم دیا ہے۔

6۔ ہم کتاب یعنی قرآن پاک کو تھامے رکھیں۔ قرآن پاک کو تھامنے سے مراد یہ ہے کہ اس میں بیان کردہ احکامات پر انسان پورے خلوص سے عمل کرے۔ قرآن راہِ نجات ہے۔ اس کا تو پڑھنا بھی انتہائی باعث برکت ہے۔ ایک شب حضرت امام احمد بن حنبل رحمۃ اللہ علیہ (ایک روایت میں حضرت امام مالک رحمۃ اللہ علیہ کا نام آیا ہے۔) نے خواب میں رب تعالیٰ کو دیکھا۔ اللہ نے اُن سے پوچھا۔ ''بولو کیا مانگتے ہو؟'' امام احمد حنبل رحمۃ اللہ علیہ نے عرض کی کہ ''یا باری تعالیٰ تو مجھے اپنے تک پہنچنے کو کوئی آسان راستہ بتا دے۔'' اللہ نے فرمایا کہ ''قرآن پاک کی تلاوت کثرت سے کیا کرو۔'' اس سے تلاوت قرآن پاک کی فضیلت کا اندازہ لگایا جا سکتا ہے۔ تلاوت کرنے والا رب تعالیٰ تک جا پہنچتا ہے۔ بدقسمتی سے ہمارے ہاں وظائف کا جو چلن رواج پا گیا ہے اس نے ہمیں قرآن پاک سے دُور کر دیا ہے حالانکہ یہ گھاٹے کا سودا ہے۔ وہ یوں کہ اگر کوئی پورا والٹ (Wallet) ہمیں دے، ہم اُس سے کہیں کہ ہمیں تو بس ایک روپیہ دے دو۔ جو وظیفہ، ذکر یا ورد ہم کرنا چاہتے ہیں، وہ عموماً قرآن کا ایک چھوٹا سا حصہ ہوگا۔ یہ کیسی عجیب بات ہے کہ ہم قرآن کا چھوٹا سا حصہ لے کر خوش ہو جاتے ہیں پورے قرآن کو وظیفہ بنا لیں۔ الم سے سورۃ الناس تک تلاوت کریں۔ مکمل ہو جانے کے بعد ہم اس کا ثواب آپ صلی اللہ علیہ وسلم کی رُوحِ مبارک کی خدمت میں بطور نذرانہ پیش کر دیں۔ یوں یہ وظیفہ بن جائے گا۔ ایسی چیز جس کی کثرت سے تلاوت کے بارے میں رب نے خود فرمایا ہو میرے نزدیک وہ کہیں زیادہ Authentic ہے اُس بندے کی بات سے جو کہتا ہے کہ فلاں وظیفہ کر لو، اس کے بہت فوائد ہیں۔ جب رب تعالیٰ نے امام احمد بن حنبل رحمۃ اللہ علیہ جیسی بلند پایاں شخصیت کو یہ فرما دیا کہ مجھ تک پہنچنے کا آسان ترین Short cut یہ ہے کہ تلاوت کلام پاک کثرت سے کرو تو پھر ہم اللہ کے قرب کے حصول کے لیے وظائف کے پیچھے کیوں بھاگتے ہیں؟

اس ضمن میں ایک اور بات کہ ہم قرآن پاک کے الفاظ، آیات یا سورتوں کو مختلف دنیاوی مقاصد کے حصول کے لیے پڑھتے ہیں کہ فلاں آیت پڑھنے سے ہمارا فلاں دنیاوی کام ہو جائے گا۔ میرے خیال

میں یہ زیادہ اچھی بات نہیں کیونکہ قرآن پاک تو رب تعالیٰ نے اس لیے اُتارا کہ ہم اس کے احکامات پر عمل کے ذریعے نجات پا جائیں۔ اللہ تعالیٰ قرآن پاک کے ذریعے ہمارے دلوں کو اُس راہ کی طرف موڑنا چاہتا ہے جس پر چل کر ہم رب کے ہو جائیں۔ جب انسان رب کا ہو جاتا ہے تو دنیا کی محبت اس کے دل سے کم ہو کر صرف اُتنی رہ جاتی ہے جتنی ہونی چاہیے...... تو وہ قرآن جو دنیاوی محبت ختم کرنے کے لیے اُتارا گیا اُسی قرآن پاک کو ہم دنیاوی مقاصد کے حصول کے لیے استعمال کرنا چاہتے ہیں۔

تسبیح پھیرنے کا تصور دنیا کے تمام مذاہب میں موجود ہے۔ اس تسبیح کا صرف ایک فائدہ یہ ہے کہ ایک انسان کسی ایک خاص نکتہ پر اپنی توجہ مرکوز کرنا سیکھ جاتا ہے۔ تسبیح پھیرنے سے Concentration Span وسیع ہو جاتا ہے۔ جب یکسوئی بڑھتی ہے تو ہم غور و فکر میں ڈوبنا سیکھ لیتے ہیں اور جب ہم غور و فکر میں ڈوبتے ہیں تو نکتہ ہائے راز حل کرنا سیکھ لیتے ہیں۔ جب ہم نکتہ ہائے دروں حل کرنا سیکھ لیتے ہیں تو رب کی قدرت کا مشاہدہ کرنے لگتے ہیں اور رب کی قدرت کا مشاہدہ کرتے کرتے ہم رب تک جا پہنچتے ہیں۔

تسبیح وہ راستہ ہے جس سے رب تک پہنچنے کا راستہ تلاش کیا جاتا ہے کیونکہ اس سے ہمارا یکسوئی کا دورانیہ بہت بڑھ جاتا ہے۔ زیادہ دیر تک ہم ایک خاص نکتے پر اپنی توجہ مرکوز کر کے اس نکتہ میں پوشیدہ تمام راز حل کرنے لگتے ہیں اور جب اُس نکتہ میں چھپے راز ہم پر عیاں ہوں گے تو قدرت کے راز کھلنے لگیں گے اور جب قدرت کے راز کھلنے لگتے ہیں تو قدرت کا مشاہدہ شروع ہوتا ہے اور قدرت کا مشاہدہ شروع کرنے سے رب پر ایمان پختہ ہونے لگتا ہے اور رب پر ایمان پختہ ہونے کا مطلب ہے کہ ہم رب کے قریب جا پہنچے...... پھر وہاں وہ بات سمجھ میں آنے لگتی ہے کہ جو بندہ میری طرف ایک قدم آتا ہے میں دس قدم اُس کی طرف جاتا ہوں۔ جب ہم رب کے قریب ہوتے ہیں تو رب ہمیں گلے سے لگا لیتا ہے۔ یوں ہمیں رب ملتا ہے۔ یہی تسبیح کا مطلب ہے۔ تسبیح کا مطلب یہ نہیں کہ میرا بچہ امتحان میں پاس ہو جائے۔ میری ٹرانسفر میری مرضی کی جگہ پر ہو جائے۔ یہ بے وقوفی ہم سبھی لوگ کرتے ہیں۔ ہم اپنی زبان سے جب یہ کہتے ہیں کہ میرا رب جو کرتا ہے بہتر کرتا ہے...... ہم یہ بھی کہتے ہیں کہ رب اپنی مصلحتیں خود جانتا ہے...... یہ سب اگر ہمارا ایمان ہے کہ رب بہتر جانتا ہے کہ میرے لیے کیا بہتر ہے تو پھر میں کیوں تڑپتا ہوں کہ ٹرانسفر میری پسند کی جگہ پر ہو جائے۔ مجھے یہ کیسے معلوم ہے کہ جس جگہ میں اپنی ٹرانسفر کرانا چاہتا ہوں وہ میرے لیے بہتر ہی ہوگی۔ میں یہ کیوں نہ کروں کہ جہاں میرے رب نے مجھے بھیجنا چاہا چلا جاؤں۔ اسی طرح اگر میں نے محنت اور دیانت داری سے کام کیا اپنے employer (آجر) کو شکایت کا موقع نہیں دیا۔ اس کے باوجود اُس نے مجھے نوکری سے جواب دے دیا تو میں اس کو رب کا فیصلہ سمجھ کر قبول کر لوں اور کسی دوسری جگہ جاب ڈھونڈ لوں یہ سوچ کر کہ ہو سکتا ہے کہ اُس ادارے میں میرے لیے کوئی پریشانی آنے والی تھی یا ہو سکتا ہے اللہ مجھے زیادہ بہتر جاب دینا چاہتا ہے۔

تو رب کی طرف سے آنے والی ہر چیز خواہ وہ اچھی ہے یا بُری اُسے میں قدرت کا فیصلہ سمجھ کر خندہ پیشانی سے قبول کرلوں اور بہتری کے لیے کوشش کرتا رہوں۔ جب میں زندگی میں یہ رویہ رکھ لوں گا تو پھر مجھے نہ تو کسی جوتشی یا نجومی کی تلاش ہوگی نہ ہی میں کسی صاحب دعا اور وظیفے کے پیچھے بھاگوں گا...... یہی مومن کا انداز ہے۔

-۷ انتیس احکامات میں سے ساتواں حکم یہ ہے کہ ہر وقت رب تعالیٰ کی طرف رُجوع کیا جائے۔ رُجوع کرنے سے مراد صرف یہی نہیں کہ ہم ہر وقت رب کے حضور اپنی عرضیاں بھیجتے جائیں بلکہ یہ ہے کہ ہر وقت اللہ کی عبادت کی جائے اور اُس کا نام جپا جائے۔ اس لیے نہیں کہ وہ ہمارے مسائل حل کر دے بلکہ اس لیے کہ وہ رب ہے لائق عبادت ہے۔ وہ اتنا مہربان اور ایسا پالنے والا ہے کہ کوئی اُس جیسا نہیں۔ وہ یکتا ہے۔ وہ پالتے ہوئے یہ نہیں دیکھتا کہ کون مومن، مشرک، کافر یا مسلمان ہے۔ وہ عظیم الشان رب ہے کیونکہ اُس کے پالنے کی صفت بے پایاں ہے جس کی کوئی حد ہے نہ مثال۔ وہ اتنی عظمت والا ہے کہ صرف وہی لائق عبادت ہے۔ اُس کی بڑائی کو بیان کرنا بھی عبادت ہے۔ اُس کی شان کا ذکر کرنا بھی ذکر ہے۔ ذکر سے اکثر مراد یہ لیتے ہیں کہ اللہ کا زبان سے نام لیا جائے خواہ وہ اسماء الحسنٰی یا آیت کے ورد کی صورت میں ہی ہو۔

رب تعالیٰ کے ذکر کا زیادہ مفید اور بہتر انداز یہ ہوگا کہ ہم ہر لمحہ جو بات زبان سے نکال رہے ہیں، جو عمل کر رہے ہیں جو قدم اُٹھا رہے ہیں، اس میں اللہ کے احکامات کو نہ صرف یاد رکھیں بلکہ ہماری زبان سے نکلنے والے الفاظ، سرزد ہونے والا ہر عمل اور ہمارا اُٹھتا ہوا ہر قدم اللہ کے احکامات کے تابع ہو۔ یہ بذاتِ خود ایک عبادت ہے۔ لہٰذا زبان اور عمل سے ہر وقت اللہ کی طرف رُجوع کرنے سے مراد یہی ہے کہ میں اپنا مالک اور حاجت روا رب کو جانوں۔ ایسا نہ ہو کہ میں دینے والا تو رب کو جانوں لیکن دعا کے لیے کسی پیر صاحب کے پاس چلا جاؤں کہ میری فلاں مشکل حل کر دیں...... یہ طرزِ عمل نہ صرف دعا سے غفلت ہے بلکہ شرک ہے۔

یہ جو ہم پیروں فقیروں کے پاس دعا کروانے کے لیے جاتے ہیں، اُنھیں دعاؤں کی مشین سمجھتے ہیں۔ یہ عبادت سے غفلت ہے۔ اللہ تو سب کی سنتا ہے۔ اُن کی بھی سنتا ہے جو اُسے مانتے ہی نہیں۔ مشرکوں کی بھی سنتا ہے۔ گناہ گاروں کی بھی دعائیں قبول کرتا ہے...... پھر یہ پیر فقیر کا کیا قصہ ہے؟ ہم رب تعالیٰ کے حضور خود کیوں نہ گڑگڑائیں؟

فرق صرف یہ ہے کہ جب مجھے اپنے رب پر نہ صرف یقین ہے بلکہ میں اس پر پورا بھروسہ بھی کرتا ہوں کہ جو اُس نے وعدہ کیا، جو اُس نے فرمایا وہ اُس نے سچ کر دکھایا ہے۔ اللہ سے بڑھ کر وعدہ پورا کرنے والا اور اپنے قول کا سچا کوئی نہیں۔ پھر میں یہ کیا کر رہا ہوں کہ میں غیر اللہ کے پاس جا کر اپنی حاجت اور ضرورتیں بیان کرتا ہوں...... کیا مجھے یقین نہیں کہ میرا رب مجھے پالنے والا ہے۔ وہ مجھے تنہا نہیں

چھوڑے گا۔ وہ میری پکار سنتا ہے۔

اگر میں کسی فقیر کے پاس جاؤں گا دعا کے لیے تو اس کا مطلب یہ ہے کہ مجھے اپنے رب پر بھروسہ نہیں رہا۔ فقیر کے پاس ضرور جایئے لیکن دعا کرانے کے لیے نہیں بلکہ وہ چیز لینے جایئے جس کے باعث وہ مستجاب الدعوات، صاحب امر اور صاحب کرامات بن گیا۔ اس چیز اور علم کے حصول کے لیے جائیں گے تو رب سے قریب ہو جائیں گے۔

8۔ آٹھواں حکم یہ ہے کہ شرک اور کفر کو آپس میں مدغم نہ کیا جائے۔ یہ جو ہم اپنی Convenience کو Suit کرتی ہوئی چیزیں اپنا لیتے ہیں، ایسا نہ کیا جائے۔ جن باتوں سے اُس نے منع کیا، اُن سے ہم رُک جائیں۔

ہم کفر کو کفر اور شرک کو شرک جان کر ان سے دُور رہیں کیونکہ جب ہم ان دونوں کو Mix (مدغم) کر دیتے ہیں تو Confuse ہونے کی وجہ سے ان سے دُور رہنا ہمارے لیے مشکل ہو جائے گا۔

9۔ عدل سے کام لیں اور اس کو قائم رکھیں۔ ہمارے ہاتھ سے انصاف کا پلڑا کسی ایک طرف نہ جھکنے پائے۔

یہ عدل اس معنی میں نہیں ہے کہ کوئی شخص ہمارے پاس مقدمہ لے کر آیا اور ہم نے مبنی بر انصاف فیصلہ کر دیا۔ بلکہ عدل تو ہماری زندگی میں قدم قدم پر ہونا چاہیے۔ حتیٰ کہ ہم دشمن کے بارے میں اپنی رائے کا اظہار کرتے ہوئے بھی عدل پر قائم رہیں۔ اس میں افراط و تفریط نہ کریں۔ دشمنی میں ہم حد سے تجاوز نہ کریں۔ یہ عدل ہمیں ہر جگہ کرنا ہوگا۔

10۔ حلال اور حرام کو ایک دوسرے سے Mix نہ کیا جائے۔ ہم حلال کو حلال اور حرام کو حرام جانیں۔ یہ نہ ہو کہ ہم اپنی ضروریات کے تحت حرام کو حلال اور حلال کو حرام جاننے لگیں اور نہ ہی یہ ہو کہ ہم کسی حلال چیز کو اپنے اُوپر حرام قرار دے دیں۔

ایک واقعہ یاد آ گیا۔ ہمارے جاننے والے ایک صاحب نے بڑے شاہ صاحب سے ملاقات کی خواہش کا اظہار کیا ہم وہاں پہنچے تو بڑے شاہ صاحب نے ازراہِ شفقت ہمارے لیے گوشت بھونا، بازار سے روٹیاں منگوائیں اور کھانا ہمارے سامنے رکھ دیا۔ کھانا کھاتے ہوئے میرے ساتھ گئے اُن صاحب نے بڑے شاہ صاحب سے ایک چبھتا ہوا سوال کیا

''حضور! فقیروں کا ایک دستور یہ ہے کہ وہ مہمان کو تو بھنا ہوا گوشت کھلاتے ہیں لیکن خود مرچیں گھول کر کھانا کھا لیتے ہیں۔''

بڑے شاہ صاحب نے فرمایا ''میاں! میں تو صرف ایک بات جانتا ہوں کہ جب اللہ مجھے اپنی نعمتیں عطا فرما رہا ہے تو میں اُن سے منہ کیوں موڑوں۔ جب اللہ مجھے بھنا ہوا گوشت کھلانا چاہتا ہے تو میں مرچوں سے روٹی کھا کر اللہ کا ناشکر گزار بندہ کیوں بنوں۔''

کچھ لوگ سادگی کے نام پر اللہ کی نعمتوں کو اپنے لیے شجر ممنوعہ بنا لیتے ہیں۔ یہ ناشکر گزاری ہے۔ ایسا نہیں کرنا چاہیے۔ جو کچھ اللہ ہمیں عطا فرما رہا ہے اُس سے استفادہ کرنا چاہیے۔ جس طرح حضرت عمر فاروقؓ نے ایک صحابی جو خوشحال ہونے کے باوجود آپؓ کے پاس غریبانہ حالت میں آئے، کو واپس گھر بھجوا دیا اور فرمایا کہ اپنا لباس تبدیل کر کے آؤ۔ اللہ نے جو نعمتیں تمھیں عطا فرمائی ہیں اُن کا اظہار تمھارے ظاہر سے بھی ہونا چاہیے۔ سادگی بہت اچھی چیز ہے۔ اسراف شیطانی صفت ہے لیکن اگر اللہ نے ہم پر نعمتوں کی بارش کی ہے تو اس کی عطا کردہ نعمتوں کا اعلان ہمارے ظاہر سے بھی ہونا چاہیے۔

11۔ گیارھواں حکم یہ ہے کہ حسد، کینہ اور بغض نہ رکھا جائے۔ فقر اور درویشی کی Prerequisite اور اوّلین شرط یہ ہے کہ انسان کا دل آئینہ کی طرح صاف و شفاف ہو اور ہر وقت چمکتا دکھائی دے۔ اس میں کسی کے لیے بھی کینہ، بغض یا حسد نہ ہو کیونکہ جس دل میں یہ منفی جذبات ہوں، وہاں علم نہیں اُترتا۔ جیسے دودھ سے بھرے گلاس میں کسی اور چیز کی گنجائش نہیں رہتی۔ اِسی طرح اپنے دل کو خلقِ خدا کی محبت سے بھرا رکھیے، تا کہ اس میں کینہ، بغض اور حسد جیسی مہلک چیز داخل نہ ہو سکے۔ یہ چیزیں نیکی سے دور لے جاتی ہیں اور نیکی ہی وہ چیز ہے جو رب تعالیٰ کے نزدیک لے آتی ہے کیونکہ عبادات سے تو انسان پارسا ہوتا ہے لیکن نیکی سے رب ملتا ہے اور انسان نیکی تب تک نہیں کر سکتا جب تک اُس کا دل صاف نہ ہو۔

12۔ یہ حکم بہت عجیب و غریب ہے کہ زمین پر سیدھے ہو کر چلا جائے ناز و انداز اور لٹک مٹک کر نہ چلیں کیونکہ اس سے انسان میں غرور، تکبر اور کینہ پیدا ہوتا ہے۔

13۔ اللہ نے جو حقوق ہم پر لازم کیے ہیں ہم وہ حقوق ادا کرتے رہیں بغیر یہ سوچے کہ لوگ ہمارے حقوق ادا کر رہے ہیں یا نہیں۔ ہم اپنے ذمہ تمام حقوق کو To the letter and spirit (اُن کی رُوح کے مطابق) ادا کرتے رہیں۔ یہ حقوق اس قدر وسیع ہیں کہ ہمیں زمین کا حق بھی ادا کرنا ہے کہ اُس پر نرمی سے چلیں۔

ہمارے ذمہ جو کچھ بھی Due ہے...... نماز پڑھنا، روزہ رکھنا، زکوۃ دینا۔ لوگوں کی خدمت کرنا...... یہ تمام چیزیں ہم بروقت ادا کر دیں۔ اس میں کسی قسم کی سستی یا کاہلی سے کام نہ لیں۔ یاد رکھیں کہ رب تعالیٰ سست لوگوں کو پسند نہیں کرتا۔ رب تو اُن لوگوں کو پسند کرتا ہے جو مجاہدوں کی طرح ہر وقت عمل کے لیے کمر کس کے رکھتے ہیں۔ لہٰذا سُستی اور کاہلی سے دُور رہیے ورنہ یہ آپ کو فقر تک نہیں جانے دے گی۔

14۔ چودھواں حکم یہ ہے کہ اپنی اور دوسروں کی آبرو کی حفاظت کیجیے۔ اپنی شرم گاہوں کی حفاظت کیجیے بُرائیوں میں ملوث نہ ہوں۔

15۔ ماں باپ کی فرماں برادی، اطاعت اور عزت کی جائے۔ اُن کے سامنے اُف تک نہ کی جائے۔ اُن سے اُونچی آواز میں بات نہ کی جائے کیونکہ اس سے اُن کی دل آزاری ہو گی اور وہ سمجھیں گے کہ شاید اولاد ہم سے عاجز آ گئی ہے۔ والدین سے بہت دھیمے اور عاجزانہ انداز میں مخاطب ہوں۔ یہ اُن کا حق

ہے جو ہمیں ادا کرنا ہے۔

16۔ زیادہ بلند آواز میں گفتگو نہ کی جائے۔ آپ صلی اللہ علیہ وسلم نے اُونچی آواز کو گدھے کی آواز سے مشابہ قرار دیا ہے۔ ایسی آواز میں گفتگو کی جائے جو نہ تو اتنی دھیمی ہو کہ مخاطب کو سمجھنے میں دقت پیش آئے اور نہ اتنی اُونچی کہ مخاطب کو ناگوار محسوس ہو۔ آواز کو ایسی Pitch پر رکھیں جو سامع کے لیے باعث راحت ہو۔

17۔ انتیس احکامات میں سے سترھواں یہ ہے کہ اپنے ہوش و حواس کو درست رکھیں یعنی سوچ کو پاکیزہ رکھیں۔ اپنی راہ، اپنے چلن کو درست رکھیں۔

اس ضمن میں ایک بات قابل غور ہے کہ یہ جو اللہ نے ہوش وحواس کو درست رکھنے پر زور دیا......وہ کیوں؟

دراصل ہر عمل کی اساس سوچ یا خیال ہے۔ ہم ایک چیز کو سوچتے ہیں۔ ہمارے دل میں اچھا یا بُرا خیال آتا ہے تو اس سے اگلا قدم یہ ہوتا ہے کہ ہم ارادہ باندھتے ہیں۔ ارادے سے اگلا قدم عمل ہوتا ہے جب ہم کام کرگزرتے ہیں تو جیسا عمل ہے ویسا ہی اُس کا اجر ہوتا ہے۔ لہٰذا اگر ہماری سوچ درست ہے تو ہمارا ارادہ اور عمل بھی ٹھیک ہوگا......اس لیے سوچ کی پاکیزگی پر زور دیا گیا ہے تاکہ ہماری راہ ٹھیک رہے۔

18۔ آپس میں اتفاق سے رہیے۔ بدترین حالات میں بھی Courtesy (تواضع) کو ہاتھ سے نہ جانے دیں۔ یاد رکھیں کہ اللہ بہت وضع دار اور متواضع ہے۔ یہ خدائی صفت ہے کہ انسان دشمنی میں بھی وضع داری کو ہاتھ سے جانے نہ دے۔ لڑائی جھگڑے اور بدزبانی سے کام لینا تو بہت دُور کی بات ہے۔

ہمارے درمیان محبت اور بھائی چارہ کا رشتہ ہونا چاہیے۔ دوسروں کی کوتاہیوں کو نظرانداز کر دیا جائے۔ اُن کی غلطیوں کو صرف نظر کر دیا جائے۔ ہمیں دوسروں کو خطا کا پُتلا سمجھ کر اُن کی خامیوں کے ساتھ اُنھیں قبول کر لینا چاہیے۔ یہ سوچ کر کہ وہ بھی ہماری طرح خامیوں بھرا انسان ہے۔ یہ رویہ اپنانے کے بعد دل میں گلہ شکوہ پیدا نہیں ہوگا، دل صاف رہے گا، اس میں نفاق پیدا نہیں ہوگا اور جب دل صاف ہو تو اتفاق قائم رہتا ہے اور فساد پیدا نہیں ہوتا۔

19۔ خرافات اور حرمیات سے بچنا۔ سود خوری، لحم الخنزیر سے بچنا اور لغو کاموں سے دُور رہنا......

ایسی تمام چیزیں جو اللہ کو ناپسند ہیں اور انسان کو بُرائی کی راہ پر لگا سکتی ہیں ان سے دُور رہا جائے۔

20۔ علم حاصل کرنا۔ جتنا علم مل جائے اُس پر حتی الامکان عمل کرنا، دوسروں کو بھی علم سکھانا اور سوچ سمجھ کر بات کرنا۔ یہ بیسواں حکم ہے۔ آپ صلی اللہ علیہ وسلم نے فرمایا ''ہر مسلمان مرد و عورت پر علم کا حاصل کرنا فرض ہے۔''

علم حاصل کرنے کے لیے ادب پہلا قرینہ ہے۔ علم صرف حاصل ہی نہ کریں بلکہ اُس پر عمل بھی کریں اور اُسے دوسروں تک بھی پہنچائیں۔ قرآن پاک کے بارے میں ایک بات قابلِ غور ہے کہ ہم اکثر قرآن پاک حفظ کرنے پر زور دیتے ہیں۔ ہم میں سے ہر ایک کی خواہش ہوتی ہے کہ ہمارا کوئی نہ کوئی بچہ قرآن پاک حفظ کر کے ہمیں جنت میں لے جانے کا سبب بن جائے کیونکہ ہمارے ذہن میں وہ

حدیث ہوتی ہے کہ جس کے ایک بچہ نے بھی قرآن پاک حفظ کیا وہ جنت میں جائے گا لیکن ہم یہ نہیں سوچتے کہ اگر بچہ نے قرآن پاک حفظ تو کرلیا لیکن اس پر عمل نہ کیا تو اس کی مثال ایسی ہو جائے گی کہ جیسے سی ڈی پلیئر (CD Player) جس پر صبح سے شام تک بھی تلاوت کلامِ پاک پر مشتمل CD چلاتے رہیں تب بھی CD Player پر کوئی اثر نہیں ہوگا۔ لہٰذا سی ڈی پلیئر کی طرح قرآن پاک حفظ کر کے فرفر لوگوں کو سنانے کی بجائے اگر ہم یہ کرلیں کہ روز کا ایک لفظ یا آیت سیکھیں اور اس پر عمل کرلیں تو یہ زیادہ بہتر ہو جائے گا۔

21۔ امانت میں خیانت نہ کی جائے اور منافقت سے اجتناب کیا جائے۔ افراط وتفریط سے دُور رہا جائے۔

ہم اکثر امانت کو مادی لحاظ سے لیتے ہیں حالانکہ ایمان داری کے معانی بہت وسیع ہیں۔ ایک تو یہ کہ کوئی شخص اپنی کوئی چیز میرے پاس رکھوا گیا۔ جب وہ چیز لینے آئے میں As it is اُسے واپس کردوں۔ یہ تو امانت کا عام مفہوم ہے۔ لیکن کوئی شخص میرے پاس آیا اپنی کوئی بات کر گیا تو اُس کی بات بھی میرے پاس امانت ہے۔ اگر اُس کی اجازت کے بغیر میں نے بات آگے کردی تو یہ خیانت ہے۔ یہ خیانت اکثر ہم سے ہو جاتی ہے اور ہمیں پتہ بھی نہیں چلتا۔ اس طرح ہم Intellectual Dishonesty کے مرتکب ہو جاتے ہیں۔

Physical Honesty کے بارے میں تو ہم محتاط ہوتے ہیں کہ ہم چوری نہ کریں۔ امانت میں خیانت نہ کریں، بے ایمانی نہ کریں لیکن Intellectual Honesty کے بارے میں ہم غیر محتاط ہوتے ہیں۔ ہم اکثر دوسروں کے بارے میں بات کرتے ہوئے غیر محتاط ہو جاتے ہیں اور اس میں غیر ارادی طور پر Alteration اور Addition کر جاتے ہیں۔ ہم بے دھڑک ذکر کردیتے ہیں کہ فلاں صاحب میرے پاس آئے تھے اور اتنی دیر تک میرے پاس بیٹھے رہے۔ یہ خیانت ہے۔ فرض کریں کہ ایک صاحب اسلام آباد سے لاہور میرے پاس آتے ہیں، کچھ وقت میرے ساتھ گزارنے کے بعد وہ ائیرپورٹ روانہ ہو جاتے ہیں۔ وقت کی کمی کے باعث وہ لاہور ہی میں رہائش پذیر اپنے بھائی سے نہیں مل پاتے۔ میرے پاس کچھ دیر بعد ایک صاحب آتے ہیں اور میں اُنھیں بتاتا ہوں کہ فلاں صاحب باوجود مصروفیات کے مجھ سے ملنے آئے۔ اب اس بات کی خبر جب اُن کے بھائی تک پہنچے گی تو وہ آزردہ ہوں گے، ساتھ ہی بھائی کے حوالے سے اُن کے دل میں بدگمانی پیدا ہوگی کہ وہ شاہ صاحب سے تو ملے، مجھ سے ملنے نہیں آئے یوں اُن کے دل میں فرق آجائے گا......اب ذرا سوچیں کہ اگر میں دومنٹ کا چسکا نہ لیتا تو اس گناہ سے بچ جاتا۔ درحقیقت Indirectly ہم اپنی Importance واضح کرنے کے لیے لوگوں کو بتاتے ہیں کہ فلاں صاحب باوجود انتہائی مصروف ہونے کے ہم سے ملنے آئے۔ یوں ہم گناہ کما لیتے ہیں۔ خاموش رہ کر اس گناہ سے بچا جا سکتا ہے۔ اِسی طرح جب میں کسی سے کہوں گا کہ فلاں صاحب نے تو میرے ساتھ بہت زیادتی کی، مجھے گالیاں دیں تو وہاں بھی میں Dishonest ہو رہا ہوں کیونکہ یک طرفہ صورت حال بیان کر رہا ہوں۔ حالانکہ مجھے

کہنا چاہیے کہ میں نے یہ بات کی تھی جس کے جواب میں اُس نے مجھے یوں کہا۔ لیکن میں واقعات کو اس انداز میں ترتیب دوں گا کہ میری بے گناہی ثابت ہو سکے۔ رب تعالیٰ اس بات کو پسند نہیں فرماتا۔

جب میں گورنمنٹ آف پاکستان کے لیے کام کر رہا تھا تو ہمارے باس تبدیل ہو گئے۔ نئے باس اپنی عادات، مزاج اور کام کے سٹائل میں انگریزوں سے بڑھ کر انگریز تھے۔ تمام افسروں کو جمع کر کے اپنا تعارف کروایا اور واضح کیا کہ Department تمام افسروں سے کیا چاہتا ہے۔ تب اُنھوں نے ایک جملہ کہا جس کا ہمیں بعد میں پتا چلا کہ اس میں کس قدر Wisdom پوشیدہ تھی۔

"I can tolerate the person who is physically dishonest but I'll not tolerate an officer who is intellectually dishonest."

یہ تو بعد میں ہمیں احساس ہوا کہ جو شخص ذہنی طور پر Dishonest (بے ایمان) نہیں وہ جسمانی طور پر بھی بے ایمانی نہیں کرے گا کیونکہ عمل کی ابتدا سوچ ہے۔ Intellectual Honesty فقر کی Prerequisites میں سے ہے۔

فقیر کو کسی بھی کسوٹی پر پرکھ لیں وہ Intellectually Honest ہوتا ہے۔ اللہ کے ساتھ انسان Honest ہو ہی نہیں سکتا جب تک وہ Intellectually Honest نہ ہو۔ روزہ کیا ہے؟ وہ آپ کی Intellectually Honesty پرکھتا ہے۔ جو معاملہ بھی کلیتاً بندہ اور رب کے درمیان ہے وہاں بندہ کی Intellectual Honesty کا امتحان ہے۔

ایک Saying (قول) ہے کہ گناہ وہاں کر جہاں رب نہ ہو۔

حضرت علیؓ کا فرمان ہے کہ مومن کی جلوت ہی نہیں خلوت بھی پاکیزہ ہوتی ہے۔ یہ بھی Mental Honesty ہے کہ انسان تنہائی میں بھی پاکیزگی اختیار کرے اور اپنی سوچ کو Purify کرے۔

22۔ انتیس احکامات میں سے بائیسواں حکم یہ ہے کہ منافقت سے دُور رہا جائے۔ ہم نہ صرف حق کو حق کہیں بلکہ حق پر کاربند بھی ہوں۔ ہمارے قول و فعل میں تضاد نہ ہو۔ جو ہمارا ظاہر دکھا رہا ہے وہی ہمارا باطن ہونا چاہیے۔

23۔ نفس کی پیروی نہ کرنا کہ یہ شیطان کی چال چلتا ہے۔ کسی بھی بدعت سے بچنا اور ہر بُری بات سے بچنا۔

نفس کو کنٹرول کرنے کا آسان طریقہ یہ ہے کہ اس کی مخالفت کر لی جائے۔ جب تک نفس کے ساتھ سختی نہ کی جائے تب تک کام نہیں بنتا۔ دوسروں کے ساتھ جمہوری ہونے کے لیے ضروری ہے کہ آپ اپنے ساتھ ڈکٹیٹر ہوں۔ نفس کی یوں مخالفت کریں کہ جو نفس کہہ دے، آپ اس کے اُلٹ کریں یوں شیطان کے وار سے بچ جائیں گے۔

ایک فقیر کے دل میں حلوائی کی دکان کے سامنے سے گزرتے ہوئے بڑی شدت سے جلیبی کھانے کی خواہش پیدا ہوئی۔ فقر کے باعث رقم نہ ہونے کے باعث وہ جلیبیاں نہ خرید سکے لیکن نفس کی یہ خواہش پوری کرنے کے لیے اُنھوں نے صبح سے شام تک اینٹیں اُٹھانے کا کام کیا۔ شام کو دو روپے مزدوری ملی، اُس کی جلیبیاں خریدیں لیکن جیسے ہی جلیبی ہونٹوں تک گئی، دل میں خیال آیا کہ یہ تو میرے نفس کی خواہش تھی۔ اب نفس کا علاج یوں کیا کہ وہ جلیبی پکڑتے ہونٹوں تک لے جاتے اور کہتے لے اور کھا، اس کے بعد جلیبی نالی میں پھینک دیتے۔ یوں اُنھوں نے اپنے نفس کو سزا دی۔ فقراء کا یہ چلن رہا ہے کہ وہ حتی الامکان نفس کی مخالفت کرتے ہیں۔

24۔ ظاہری و باطنی پاکیزگی وصفائی کو قائم رکھنا بالخصوص باطن پاکیزہ رہے اور یہ اُسی صورت میں ہوگا جب ہماری سوچ پاکیزہ ہوگی۔ اِسی طرح ظاہری پاکیزگی کا بھی خیال رکھا جائے۔ ہمارا جسم اور ہمارے کپڑے پاکیزہ ہوں۔

25۔ ہم کسی بھی شخص کو بُرے نام سے نہ پکاریں۔ ایسے نام سے نہ پکاریں جو اُسے بُرا لگے اور پسند نہ آئے۔ کسی کو بُرے القابات سے نوازنا بھی شرک اور شراکت میں دوئی ہے۔ رب دوئی نہیں یکجائی کو پسند کرتا ہے۔

26۔ ہم تاک جھانک اور محفل میں سرگوشیوں سے باز رہیں کیونکہ اس سے کینہ اور حسد پیدا ہوتا ہے۔ ہم اس کرید میں نہ رہیں کہ کون کیا کررہا ہے۔

27۔ ہم جب بھی بات کریں بلاخوف حق کی بات کریں۔ اس کو توڑ موڑ کر اپنی Favour میں استعمال نہ کریں۔ ہم طنز و تضحیک سے اجتناب کریں۔

28۔ وعدہ وعید کی پابندی کی جائے کیونکہ یہ سچے ایمان کی نشانی ہے۔ آپ ﷺ ہمیشہ اپنے وعدہ کی بے حد پابندی کرتے تھے۔

29۔ بہت دشوار ہے اس حکم پر عمل کرنا۔ حکم یہ ہے کہ ''ہر ایک کی پردہ داری کی جائے۔'' رب کے حکم کے مطابق ہم دوسروں کے عیب ڈھکے چھپے رہنے دیں کیونکہ بے عیب تو صرف رب تعالیٰ کی ذات ہے۔ دوسروں کے عیب اگر ہم ڈھانپیں گے تو رب ہمارے عیب ڈھانپے گا۔

کسی کو گناہ کرتا دیکھیں تو منہ پھیر لیں۔ ایک تو اس لیے کہ وہ شرمندہ نہ ہو اور دوسرا اس لیے کہ ہم اُس کے گناہ پر گواہ نہ بن سکیں۔

یہ وہ انتیس (29) احکامات ہیں جو شب معراج آپ ﷺ کو عطا ہوئے۔ جن پر آپ ﷺ نے نہ صرف خود عمل فرمایا بلکہ ان کی تبلیغ بھی کی...... اس پر عمل ہی ہمارے لیے باعث نجات ہے۔ آپ ﷺ زیادہ محنت کر گئے اور ہمارے لیے آسانیاں کر گئے۔

نشست نمبر 26

عید......انعام اور شکر گزاری کا دن

عید ہر اُمت اور ہر قوم مناتی ہے خواہ اُسے کسی بھی طریقہ یا نام کے تحت منائے۔ تاہم مسلمان اور دیگر مذاہب کے ماننے والوں کی عیدوں میں فرق یہ ہے کہ اہلِ ایمان تمام تر آداب کی پابندی کرتے ہوئے روزے رکھتا ہے۔ روزوں کے ختم ہونے پر رب تعالیٰ اُس اہلِ ایمان کو اُس کی مشقت کی مزدوری عطا کرتا ہے۔ لہٰذا جب وہ عید گاہ کی طرف چلتا ہے تو اُس کے سر پر ایمان کی چادر، کمر پر بندگی کا پٹکا، آنکھوں میں شرم و حیا کی لالی اور زبان پر رب کی بزرگی و بڑائی کا وِرد ہوتا ہے۔ اہل ایمان کے ہاں عید شکر گزاری کا ذریعہ بنتی ہے ۔اس کے برعکس Non-believers کی عید شیطان کی بندگی کی عید ہے۔ اُن کے گلے میں نافرمانی اور انکار کا طوق ہوتا ہے۔ اہلِ ایمان اپنی نمازِ عید کے لیے جامع مسجد اور عید گاہ کا رُخ کرتے ہیں جہاں اپنے رب کے حضور سجدہ شکر بجالاتے ہیں لیکن Non-believers عیش وعشرت اور نشاط کی جگہ پر عید منانے جاتے ہیں۔ مومن کی عید اُس کے گناہوں ،کوتاہیوں اور خطاؤں سے نجات کا دن ہے کیونکہ اس روز وہ ان گناہوں، کوتاہیوں اور خطاؤں کا بوجھ اپنے رب تعالیٰ کی رحمت کے صدقہ اُتار پھینکتا ہے۔ لیکن غیر مسلموں کی عید اُن کے لیے مزید گناہوں کا سبب بن جاتی ہے کیونکہ وہ ایسے کام کرتے ہیں جن سے رب تعالیٰ نے منع فرمایا ہے۔

ہر قوم اپنے انداز میں عید مناتی رہی ہے۔ حضرت ابراہیم علیہ السلام نے بھی ایک عید منائی تھی۔ جس قوم میں حضرت ابراہیم علیہ السلام پیدا ہوئے جب اُس قوم کا عید کا دن آیا تو اُنھوں نے حضرت ابراہیم علیہ اسلام کو بستی سے باہر چلنے کی دعوت دی کیونکہ وہ لوگ عید بستی سے باہر مناتے تھے۔ حضرت ابراہیم علیہ السلام نے بیماری کا بہانہ بنایا اور اُن کے ساتھ عید منانے نہیں گئے کیونکہ اُن کی قوم کا مذہب حضرت ابراہیم علیہ السلام کے ایمان کے بالکل برعکس تھا۔ وہ قوم بتوں کی پوجا کرتی تھی جب کہ حضرت ابراہیم علیہ السلام اپنے رب کی عبادت کرتے تھے۔

جب قوم کے لوگ بستی سے باہر چلے گئے تو حضرت ابراہیم علیہ السلام نے تبرّ (کلہاڑا) اُٹھایا اور تمام بت توڑ ڈالے اور تبرّ (کلہاڑا) سب سے بڑے بُت کے اُوپر رکھ دیا گویا کہ اُس نے سارے بت توڑے ہوں۔ جب قوم کے لوگ واپس آئے اور دیکھا کہ ان کے تو معبود ٹوٹے پڑے ہیں تب ایک ہنگامہ برپا ہو گیا کہ ہمارے معبودوں کے ساتھ یہ حرکت کس نے کی ہے؟ حضرت ابراہیم علیہ السلام نے اقرار کرلیا کہ ایسا

اُنھوں نے کیا ہے اور فرمایا کہ جب یہ بُت فائدہ و نقصان نہیں دے سکتے حتیٰ کہ خود اپنی حفاظت نہیں کر سکتے تو پھر معبود کیوں کر ہوئے؟ یوں حضرت ابراہیم علیہ السلام نے بتوں کو توڑ کر عید منائی اور اپنی قوم کو رب تعالیٰ کی طرف بلایا۔

اسی طرح حضرت موسیٰ علیہ السلام نے بھی عید منائی تھی۔ انھوں نے فرعون کے جادوگروں کا Challenge قبول کر لیا تھا (یہاں ایک اہم نکتہ ہمیں یاد رکھنا چاہیے کہ یہ Challenge حضرت موسیٰ علیہ السلام نے اللہ کے حکم پر قبول کیا تھا۔ اللہ تعالیٰ نے بذریعہ وحی انھیں اس کی تلقین فرمائی تھی۔)

سخت گرمی کا دن تھا۔ کھلے میدان میں فرعون، جادوگر اور اُن کا سردار شمعون اکٹھے ہو چکے تھے۔ انھوں نے لاٹھیوں میں پارہ (Mercury) بھر دیا اور ان پر اس طرح رسیاں لپیٹیں کہ وہ دُور سے سانپ نظر آنے لگیں۔ صحرا کی تپتی ریت اور آگ برساتا سورج جب ایسے موسم میں اُنھوں نے لاٹھیاں جلتی ریت پر پھینکیں تو تھوڑی دیر بعد ریت اور سورج کی حدّت نے مل کر پارہ کو بالکل Liquidify (مائع حالت میں تبدیل) کر دیا۔ مرکری کی ایک صفت یہ ہے کہ وہ Shift ہوتا رہتا ہے۔ لہٰذا مرکری کے Shift ہونے کی وجہ سے لاٹھیوں نے دوڑنا شروع کر دیا اور دُور سے یوں محسوس ہوتا تھا کہ گویا سانپ دوڑ رہے ہوں۔ اللہ نے حضرت موسیٰ علیہ السلام کو حکم دیا کہ اپنا عصا زمین پر ڈال دو۔ جب انھوں نے اپنا عصا زمین پر ڈالا تو وہاں موجود بظاہر سانپ نظر آنے والی تمام لاٹھیاں اُس عصا نے نگل لیں۔ جب جادوگروں نے یہ دیکھا تو سب سجدہ میں گر گئے اور با آواز بلند اعلان کیا کہ ہم موسیٰ علیہ السلام کے رب پر ایمان لائے جو سچا رب ہے۔ یہ حضرت موسیٰ علیہ السلام کی عید کا رنگ تھا۔

حضرت عیسیٰ علیہ السلام کی عید بھی بڑے منفرد رنگ کی عید تھی۔ حضرت عیسیٰ علیہ السلام کو یہ اعزاز حاصل ہے کہ اُن سے اتنے زیادہ معجزات رُونما ہوئے ہیں جو کسی اور پیغمبر سے تعداد کے لحاظ سے رُونما نہیں ہوئے۔ (یاد رکھیں! یہاں معجزات کی Quality کی نہیں بلکہ Quantity کی بات ہو رہی ہے۔) جیسا کہ آپ جانتے ہیں کہ حضرت موسیٰ علیہ السلام کی طرح حضرت عیسیٰ علیہ السلام بھی بنی اسرائیل میں ہی مبعوث کیے گئے لیکن بنی اسرائیل نے اپنی سرکشی کے باعث اُن کو پیغمبر ماننے سے انکار کر دیا۔ جب بھی حضرت عیسیٰ علیہ السلام اُنھیں رب کی طرف بلاتے، بنی اسرائیل اُن سے معجزہ طلب کرتے جیسا کہ اُنھوں نے حضرت عیسیٰ علیہ السلام سے ایک بار فرمائش کی تھی کہ آپ اپنے رب سے ہمارے لیے دسترخوان طلب کریں۔ حضرت عیسیٰ علیہ السلام نے انھیں سمجھانے کی کوشش کی کہ دسترخوان آجانے کی صورت میں تم آزمائش میں پڑ جاؤ گے اور تمھیں ایمان لانا پڑے گا لہٰذا تم یہ فرمائش نہ کرو۔ بعدازاں وہی ہوا۔ جس طرح بنی اسرائیل حضرت موسیٰ علیہ السلام کے دور میں من وسلویٰ کے نزول کے بعد منکر رہے تھے۔ حضرت عیسیٰ علیہ السلام کے دور میں بھی خوان اُترنے کے باوجود منکر ہی رہے۔

حضرت عیسیٰ علیہ السلام کے بارہ جانثار ساتھی تھے۔ وہ حضرت عیسیٰ علیہ السلام کے عید کے دن ساتھی

بنے۔ جب حضرت عیسیٰ علیہ السلام اپنی قوم سے مایوس ہو کر ایک عبادت گاہ کے پاس پہنچے تو اُس وقت وہاں یہ بارہ لوگ موجود تھے۔ اُن کو مخاطب کر کے حضرت عیسیٰ علیہ السلام نے فرمایا ''ہے کوئی ایسا جو حق کے لیے آواز بلند کرنے میں میرا ساتھ دے؟''

تب ان بارہ ساتھیوں نے کہا کہ ہم آپ کا ساتھ دیں گے۔ یہ دراصل کپڑے دھونے والے لوگ تھے جنھیں تاریخ ''حواری'' کے نام سے یاد کرتی ہے کیونکہ حواری کا مطلب ہے ''دھوبی''۔ ان حواریوں نے اپنا پیشہ ترک کر دیا اور حضرت عیسیٰ علیہ السلام کے ساتھ چل پڑے۔ چونکہ ان کے پاس خور و نوش کا کوئی بندوبست نہیں تھا لہٰذا جب بھی کھانے کا وقت ہوتا تو حضرت عیسیٰ علیہ السلام زمین کے اندر اپنا ہاتھ ڈال کر ہر حواری کے لیے دو دو روٹیاں نکال لیتے۔ یوں حضرت عیسیٰ علیہ السلام اور اُن کے حواری اپنا پیٹ بھر لیتے۔ یہ حضرت عیسیٰ علیہ السلام کی عید تھی۔

ہم عموماً آپ ﷺ کے علاوہ کسی اور سچے نبی کی تعریف نہیں کرتے حالانکہ ہم جانتے ہیں کہ ہمارا ایمان مکمل نہیں ہوتا جب تک ہم آپ ﷺ سے پہلے تشریف لانے والے تمام انبیاء پر اور قرآن پاک سے پہلے نازل ہونے والی تمام الہامی کتابوں پر ایمان نہ لے آئیں۔ لہٰذا ایمان کی تکمیل کے لیے ہمیں ماننا پڑے گا کہ حضرت ابراہیم علیہ السلام، حضرت موسیٰ علیہ السلام، حضرت عیسیٰ علیہ السلام اور دیگر تمام انبیاء اللہ کے سچے نبی تھے اور جب ہم اُن کو سچا مانتے ہیں تو پھر اُن کی بڑائی اور عظمت سے انکار کیسے کر سکتے ہیں؟

یو کے میں مجھ سے ایک نوجوان نے عجیب سوال پوچھا کہ کیا یہودی یا عیسائی جنت میں جائیں گے؟

میرا جواب تھا کہ یقیناً جائیں گے۔ میرے اس مبہم جملہ پر وہ حیران رہ گیا۔ پھر میں نے اُسے Explain کیا کہ جب حضرت موسیٰ علیہ السلام پیغام لے کر آئے اور اُن کے دور میں جو لوگ حضرت موسیٰ علیہ السلام اور توریت کے احکامات پر ایمان لے آئے تو وہ لوگ حضرت عیسیٰ علیہ السلام کے اعلانِ نبوت اور انجیل کے نزول سے پہلے تک یقیناً اہلِ ایمان تھے۔ لیکن جب حضرت عیسیٰ علیہ السلام تشریف لے آئے اور انجیل نازل ہو گئی تو تب توریت کا پیغام Revise ہو گیا اور اللہ کی کتاب کا Latest Edition بائبل کی صورت سامنے آیا۔ لہٰذا اُس وقت جو یہودی حضرت عیسیٰ علیہ السلام اور بائبل پر ایمان نہیں لائے وہ اہل ایمان میں شمار نہیں ہوں گے کیونکہ اُنھوں نے اللہ کے حکم سے سرتابی کی اور اُس کا حکم ماننے سے انکار کر دیا۔ جب کہ عیسائی اہلِ ایمان ہو گئے کیونکہ وہ حضرت عیسیٰ علیہ السلام پر ایمان لے آئے، حضرت موسیٰ علیہ السلام اور اُن سے پہلے کے تمام انبیاء پر بھی۔ وہ انجیل اور انجیل سے پہلے کی تمام الہامی کتابوں پر بھی ایمان لے آئے۔ عیسائی تب تک اہلِ ایمان رہے جب تک اُنھوں نے حضرت عیسیٰ علیہ السلام اور انجیل کے احکامات میں Addition and Alteration (ترمیم و تحریف) نہیں کی کیونکہ عیسائیت میں سب سے زیادہ ترمیم و تحریف ہوئی۔ مثال کے طور پر عیسائیوں پر 30 روزے فرض تھے لیکن ترمیم کے بعد اُن کی تعداد پچاس تک پہنچ گئی۔ ترمیم و تحریف کا یہ سلسلہ حضرت عیسیٰ علیہ السلام کے دنیا سے جانے کے ساتھ ہی شروع ہو گیا تھا لہٰذا جب تک Additions and

Alterations نہیں ہوئیں، عیسائی آپ ﷺ کے مبعوث ہونے تک اہلِ ایمان رہے اور جب آپ ﷺ نے نبوت کا اعلان کیا تو اب اُن پر لازم تھا کہ وہ آپ ﷺ کو آخری اور سچا نبی مانیں اور اس کے ساتھ ساتھ قرآن پاک کو الہامی کتاب مانیں۔ جنھوں نے ایسا کیا وہ اہل ایمان کہلائے اور جنھوں نے ایسا نہیں کیا وہ سرکشوں میں شمار ہوئے۔

مسلمان کو یہ حکم ہے کہ دوسروں کے عقیدہ اور مذہب کو بُرا نہ کہو، اُس کا مذاق نہ اُڑاؤ، دوسروں کی عبادت گاہوں کا احترام کرو۔ یاد رکھیے! آپ ﷺ نے کبھی کسی کے عقیدے کا مذاق نہیں اُڑایا۔

بات عید کی ہو رہی تھی۔ مسلمان عید کے حوالے سے آپ ﷺ کے طریقے کو follow کرتے ہیں۔ یہ طریقہ تین چیزوں کو Depict کرتا ہے۔

1۔ رب تعالیٰ کے حضور شکر گزاری

2۔ بندگی

3۔ عاجزی

عید کے روز جب ہم حمد یا تسبیح پڑھتے ہیں۔ الله اکبر 1 الله اکبر 1 لا اله الا اللّٰہ واللّٰہ اکبر 1 الله اکبر 1 وللّٰہ الحمد 1 یہ اللہ کی بزرگی کا اعلان اور اقرار ہے۔ ہم با آوازِ بلند اقرار کر رہے ہوتے ہیں اللہ کی بزرگی کا اور اعلان کر رہے ہوتے ہیں دوسروں کے Benefit کے لیے جو ہمارے آس پاس ہیں۔

مسلمان عید کو اس انداز میں مناتا ہے کہ اس کے انداز سے شکر گزاری کا اظہار ہو کیونکہ اللہ نے اُس پر پورے ماہِ رمضان میں رحمتیں اور نعمتیں نازل کیں اور انعام کے طور پر اُسے عید کا دن بخشا جس میں وہ گناہوں اور دیگر آلائشوں سے پاک ہو گیا۔ عید وہ دن ہے جب اللہ ہماری کوتاہیوں، گناہوں اور خطاؤں کو معاف فرما دیتا ہے اس لیے شکر گزاری کے طور پر، ہم نمازِ عید ادا کرتے ہیں۔ اللہ کی بزرگی کا اقرار کرتے ہیں اور اظہار کرتے ہیں کہ اے اللہ! ہم تیرے عاجز بندے ہیں۔ یوں اپنی بندگی کا اعلان کرتے ہیں۔

الغرض ہماری عید بالکل اُسی انداز میں ہونی چاہیے جس انداز میں یہ آپ ﷺ کے دور میں منائی جاتی رہی۔ ہم عید کے روز اللہ کے عاجز اور شکر گزار بندے نظر آئیں۔

چاندرات، جسے "لیلۃ الجائزہ" بھی کہتے ہیں میں ہم نہ صرف شکرانے کے نوافل ادا کریں بلکہ اللہ کے حضور زبان سے بھی اُس کا شکر ادا کریں۔ اللہ تعالیٰ اس شکر گزاری کے جواب میں ان شاء اللہ رحمتیں نازل فرمائے گا۔

نشست نمبر 27

ماہِ محرم اور حضرت امام حسینؓ

محرم کا مہینہ اسلام کی آمد سے قبل بھی حرمت کا مہینہ جانا جاتا تھا اور معتبر گردانا جاتا تھا۔ اِسی طرح یومِ عاشور یعنی دس محرم کے دن کو اسلام سے پہلے بھی مختلف قوموں کے نزدیک بہت حرمت والا دن گنا جاتا تھا۔ یہودی تو دس محرم کا روزہ بھی رکھتے ہیں۔

سائنس میں جو چیز Big Bang کے نام سے جانی جاتی ہے کہ زمین ایک Big Bang کے نتیجے میں وجود میں آئی۔ اسی کے بارے میں قرآن پاک میں ارشاد ہوا کہ ہم نے اسے چاہا اور چھ دنوں میں زمین و آسمان بن گئے۔ یہ زمین و آسمان یوم عاشور ہی کو تخلیق کیے گئے۔ حضرت آدم علیہ السلام کو یوم عاشور ہی کو جنت میں داخل کیا گیا۔ حضرت ابراہیم علیہ السلام کی پیدائش یومِ عاشور کی ہے۔ جس دن حضرت اسماعیل علیہ السلام کا فدیہ اور قربانی دی گئی وہ بھی یومِ عاشور ہی تھا۔ یوں مسلمانوں سے پہلے والی قوموں کے لیے یوم عاشور اہمیت کا باعث رہا۔

آپ صلی اللہ علیہ وسلم نے یومِ عاشور کی حرمت کو مختلف اوقات میں مختلف طریقوں سے واضح فرمایا۔ آپ صلی اللہ علیہ وسلم نے پورے ماہِ محرم کے بارے میں فرمایا کہ ''جس نے محرم کا ایک روزہ بھی رکھا، اُس کو پورے تیس روزوں کا ثواب ملے گا۔''

دس محرم کے روزے کی فضیلت بے پناہ ہے۔ آپ صلی اللہ علیہ وسلم نے یومِ عاشور کی حرمت بیان کرتے ہوئے فرمایا کہ جس شخص نے دس محرم کے روز کسی یتیم کے سر پر ہاتھ رکھا اُسے اس یتیم کے سر پر موجود تمام بالوں کی تعداد کے برابر ثواب عطا کر دیا جائے گا۔

آپ صلی اللہ علیہ وسلم نے یومِ عاشور کا روزہ افطار کروانے کے اجر کے بارے میں فرمایا کہ جو کسی کو دس محرم کا روزہ افطار کرائے گا اُسے تمام مسلمان قوم کو روزے افطار کرانے کے برابر ثواب عطا کر دیا جائے گا۔ اور اُسے یہ ثواب بھی عطا کر دیا جائے گا کہ گویا اُس نے تمام اُمت محمدیہ صلی اللہ علیہ وسلم کو پیٹ بھر کر کھانا کھلایا۔

آپ صلی اللہ علیہ وسلم کے پردہ فرما جانے کے بعد واقعہ کربلا رُونما ہوا اور مسلمانوں کے لیے اس دن کی اہمیت اور بھی بڑھ گئی۔ اس دن حضرت امام حسینؓ نے بندگی، اطاعت اور صبر کی انتہائی حدوں کو چھو لیا اور ثابت کر دیا کہ کس

طرح سے انسان ہوتے ہوئے بھی انسان فرشتوں سے آگے نکل جاتا ہے۔

ہم میں سے جو لوگ صاحب اولاد ہیں ایک لمحہ کو حضرت امام حسینؓ کو باپ کی حیثیت میں دیکھیں اور پھر خود کو دیکھیں۔ کیا ہم میں سے کسی میں بھی یہ حوصلہ ہے کہ اپنے بیٹے کو اپنے ہاتھوں سے تیار کر کے گھوڑے پر سوار کرے اور میدانِ جنگ میں روانہ کر کے خیمہ کے باہر بیٹھ کر اُسے لڑتا دیکھے۔ جب وہ شہید ہو جائے تو اپنے ہاتھوں سے جوان بیٹے کی لاش اُٹھا کر خیمہ تک لائے۔ میں سمجھتا ہوں کہ کسی باپ کے لیے یہ ممکن نہیں لیکن حضرت امام حسینؓ نے یہ ثابت کر دیا کہ انسان اگر چاہے تو وہ اس مقام پر بھی پہنچ جاتا ہے۔

حضرت امام حسینؓ کی عظمت بحیثیت نواسہ رسول صلی اللہ علیہ وسلم بالکل واضح اور عیاں ہے اور کسی بیان کی محتاج نہیں۔ حضرت امام حسینؓ کس حد تک آپ صلی اللہ علیہ وسلم کے لاڈلے تھے۔ کس طرح سے آپ صلی اللہ علیہ وسلم نے اپنے نواسوں کو سینہ سے لگا کر پالا اور کیسی تربیت کی...... یہ سب ہم پر واضح ہے۔ حضرت امام حسینؓ کو بطور انسان بھی دیکھیں تو وہاں عظمت کے ایسے پہلو نظر آتے ہیں جو عام حالات میں انسانی بس سے باہر دکھائی دیتے ہیں۔ حضرت امام حسینؓ کے علم میں تھا کہ میدانِ کربلا میں شہادت اُن کا انتظار کر رہی ہے۔ مکہ سے تشریف لے چلے تھے تو غالباً ایک دن کی مسافت کے بعد ہی حضرت امام حسینؓ پر واقعۂ کربلا کا پیش آنا واضح ہو گیا تھا۔

ہم جو اکثر یہاں بات کرتے ہیں کہ انسان اپنے ارادوں، اپنی خواہشات اور تمناؤں کو رب کے ارادوں کے ماتحت کر دے تو اُسے رب کی دوستی نصیب ہو جاتی ہے اور وہ مقام مل جاتا ہے جس کو اللہ نے یوں بیان فرمایا کہ ''جو میرا ہو جاتا ہے میں اُس کا ہو جاتا ہوں۔'' حضرت امام حسینؓ کی ذاتِ مبارکہ اس چیز کا عملی نمونہ ہے کہ کس طرح اُنھوں نے اپنے تمام ارادوں اور خواہشات کو اللہ کی مرضی کے ماتحت کر دیا تھا...... آسان لفظوں میں یوں کہہ لیجیے کہ کس طرح حضرت امام حسینؓ نے اپنے آپ کو رب کے حوالے کر دیا تھا کہ رب تعالیٰ جدھر چاہے لگام موڑ دے، اپنی کوئی مرضی نہیں۔ اُنھوں نے وہی کیا جو رب تعالیٰ نے چاہا۔ وہ پسند کیا جو رب نے اُن کے لیے پسند کیا۔

وہ اُس چیز سے دُور ہو گئے جس چیز کو رب نے ان سے دُور کیا نتیجہ یہ نکلا کہ اللہ تعالیٰ نے حضرت امام حسینؓ کو عزت اور عظمت بخشی۔ یہ عزت تب ملتی ہے جب انسان رب کا ہو جاتا ہے پھر رب لوگوں کو دکھاتا ہے کہ جو شخص میرا ہو جاتا ہے دیکھو میں اُس کے ساتھ کیا سلوک کرتا ہوں۔

ہم میں سے بہت سے حضرات ایسے ہوں گے جن کے ماں باپ اس دنیا سے رُخصت ہو چکے ہیں۔ ہم اس بات سے واقف ہیں کہ ہمارے والدین بالخصوص ہماری والدہ کے کس قدر احسانات ہم پر ہے۔ ذرا اُن کے حقوق بھی سوچیں تو ہم میں سے کتنے لوگ پابندی سے اُن کی قبروں پر جاتے اور فاتحہ خوانی کرتے ہیں حالانکہ ہم اُن کی اولاد اور اُن کا خون ہیں۔

لیکن یہ رب کا ہو جانے کا اعجاز ہے کہ کروڑ ہا کروڑ مسلمان حضرت امام حسینؓ کی شہادت کا سوگ مناتے ہیں۔ جگہ جگہ آپؓ کا ذکر ہوتا ہے۔ جگہ جگہ ختم اور قرآن خوانی کا اہتمام ہوتا ہے اور یہ سب اہتمام کرنے والے

وہ لوگ ہیں جن کا حضرت امام حسینؓ سے خون کا رشتہ نہیں ہے۔

اس کے برعکس یزید کے خون کے رشتوں میں یہ جرأت نہیں کہ وہ یہ دعویٰ کر سکیں کہ وہ اُس کی اولاد ہیں جب کہ حضرت امام حسینؓ کی غلامی کا دعویٰ کرنے والے اَن گنت ہیں۔ یہ سب اللہ کا ہو جانے کا ہی اعجاز ہے۔ ہم حضرت امام حسینؓ کو بطور نمونہ اور Role model quote کرتے ہیں کہ اگر یہ دیکھنا ہو کہ جب اپنی جان کا مالک، اپنے مال کا مالک اور اولاد کا مالک اور خود اپنا مالک انسان اپنے رب کو جاننے لگتا ہے، زبان سے نہیں بلکہ دل سے، تو تب اُس کے قول و فعل کیا ہو جاتے ہیں۔ یہ Development انسان کی زندگی میں Overall (مجموعی طور پر) ہونی چاہیے۔ محض Rituals عبادات اور تسبیحات تک محدود نہ رہ جائے۔

میں پھر یاد دلا دوں کہ اسلام عبادات، تسبیحات اور وظائف کا نام نہیں۔ یہ تو ایک Complete package ہے جسے بتدریج ہمیں اپنی زندگی میں داخل کر لینا چاہیے بلکہ ہم پورے اسلام میں داخل ہو جائیں۔ اسلام کو اس طرح اوڑھ لیں جیسے لبادہ اوڑھا جاتا ہے۔

زندگی کا کوئی پہلو ایسا نہ ہو جس میں اسلام کا رنگ نظر نہ آئے۔

ایک مثال اور عرض کر دوں۔ حضرت امام حسینؓ کی زندگی کا ایک اور پہلو بھی واقعہ کربلا سے نمایاں ہوتا ہے۔ نو اور دس محرم کی درمیانی رات جب حضرت امام حسینؓ نے اپنے ساتھیوں سے خطاب کیا۔ یہ خطاب اخلاق کا انتہائی اعلیٰ نمونہ تھا۔ سب کچھ بیان کرنے کے بعد (کہ کیا حالات ہیں اور یزید ان حالات میں حضرت امام حسینؓ اور اُن کے ساتھیوں سے کیا چاہتا ہے) آپ نے اپنے ساتھیوں سے ایک ایسی تاریخی بات کہی کہ جس پر اگر ہم ایک فی صد بھی عمل کر لیں تو انسانیت کے اعلیٰ مقام پر پہنچ جائیں۔

وہ تاریخی جملے یہ تھے۔

"تم میں سے جو واپس جانا چاہے، جا سکتا ہے، مجھے کوئی شکایت نہیں ہوگی...... میں چراغ بجھا دیتا ہوں تا کہ تم میں سے جانے والوں کو شرمندگی نہ ہو۔"

ملاحظہ کیجیے کہ اخلاق و کردار کے کس اعلیٰ درجہ کے غماز ہیں یہ جملے۔ ان حالات میں کہ جب سامنے یقینی شہادت ہے اور معلوم ہے کہ کل طلوع ہونے والا سورج بہت سے ساتھیوں کے بچھڑ جانے کا پیغام لے کر آئے گا۔ اور وہ وقت ایسا تھا کہ جب زیادہ سے زیادہ ساتھیوں کی ضرورت تھی لیکن پھر بھی حضرت امام حسینؓ نے کسی پر جبر نہیں کیا اور ہر ایک کا پردہ یوں رکھا کہ اُس کڑے اور نازک موقع پر بھی فرمایا کہ میں چراغ بجھا دیتا ہوں تا کہ جانے والا شرمندہ نہ ہو۔

یہ ایسا واقعہ ہے کہ جس سے اگر ہم سبق سیکھنا چاہیں تو بہت کچھ سیکھ سکتے ہیں اور انسانیت کے بلند مقام پر پہنچ سکتے ہیں۔ یہ حقیقت ہے کہ انسان کی فطرت کا اندازہ تین مواقع پر لگایا جا سکتا ہے۔

1۔ جب انسان کو کسی دوسرے انسان سے دُکھ پہنچے تو جواب میں اُس کا ری ایکشن (Reaction) اُس کی

اصلیت کو ظاہر کر دیتا ہے۔ اگر کسی شخص کے جان و مال کو کسی دوسرے کی وجہ سے نقصان اور دُکھ پہنچے ایسے میں اُس کا ردعمل ہی اُس کی اصل فطرت کہلائے گا۔

2۔ انسان کے اخلاق کے معیار کا اندازہ اُس وقت ہوگا جس وقت وہ شدید غصہ میں ہوگا کہ وہ کیسے Behave (سلوک) کرتا ہے، کیا لفظ بولتا ہے۔

3۔ جب کوئی شخص شدید دُکھ اور تکلیف میں مبتلا ہو اُس وقت وہ کیسے Behave کرتا ہے؟ یہ اُس کی اصل فطرت ہوتی ہے۔

اس سے بڑھ کر دُکھ اور تکلیف کیا ہوگی کہ شہادت اور تکلیف سامنے نظر آ رہی ہے۔ (رُوحانی اور دنیاوی دونوں اعتبار سے) تو ایسے میں اس کردار کا مظاہرہ کرنا صرف اُسی انسان کے بس میں ہوسکتا ہے جو فطرتاً انسانیت اور کردار کے انتہائی اعلیٰ مقام پر فائز ہو۔

ہم اپنے اسلاف کی ایسی چیزوں پر واہ واہ کرتے ہیں اور پھر اُنھیں بھلا دیتے ہیں حالانکہ ان چیزوں سے تو زندگی کا چلن سیکھا جانا چاہیے۔ اگر ہم یہ کوشش کریں کہ جو کچھ ہم اپنے اسلاف کے بارے میں سنتے، پڑھتے یا جانتے ہیں اس کو تجربتاً ہی اپنی زندگی پر طاری کرلیں تو اس کے حیران کن فوائد و نتائج سامنے آتے ہیں۔

ہمارے اسلاف میں بہت بڑی اور اعلیٰ مثالیں موجود ہیں۔ صحابہ کرامؓ نے ایسے ایسے کردار کا مظاہرہ کیا ہے کہ عقل دنگ رہ جاتی ہے۔

ہم فقیری ڈھونڈتے ہیں۔ دقت ہمیں وہاں پیش آتی ہے جہاں ہم فقیری وظائف و تسبیحات میں ڈھونڈنے لگتے ہیں۔ یقین کیجیے کہ فقیری وظائف تسبیحات میں نہیں ملے گی۔ کیونکہ تسبیحات سے تو محض Concentration Span (یکسوئی کا دورانیہ) بڑھ جاتا ہے۔

انسان زیادہ یکسو ہو جاتا ہے ورنہ تسبیحات ہاتھ میں لے کر پھیرنے کا کوئی فائدہ نہیں...... ہاں ایک دنیاوی فائدہ ضرور ہے کہ میرے ہاتھ میں تسبیح دیکھ کر لوگ مجھے نیک اور عبادت گزار سمجھیں گے اور اپنی سادہ لوحی اور سادگی کے باعث مجھے نیک سمجھ کر سلام کریں گے۔ ورنہ اللہ تعالیٰ تسبیحات کو نہیں دیکھتا کہ کوئی آدمی دن میں کتنی بار تسبیح رول رہا ہے اس سے رب کو کوئی دلچسپی نہیں۔

بہت سی اور چیزیں جو ہندو کلچر سے ہمارے کلچر (Culture) میں در آئیں ان میں سے ایک مالا جپنے کا تصور بھی ہے اور یہ کہ ہر کام کے لیے وظیفہ تلاش کیا جائے۔ جہاں کوئی مشکل پیش آئی وظیفہ پڑھ لیا۔

جو لوگ رب کے قریب ہیں اور جنھیں رب نے اپنا دوست بنالیا ہے اور جن لوگوں کو رب تعالیٰ نے عظمت عطا فرمائی ہے ذرا ان کا رویہ دیکھیں کہ وہ کیا ہے؟

ہمارا کیا خیال ہے کہ اگر حضرت امام حسینؓ ایک بار رب کے حضور دعا کرتے کہ یا اللہ! ہم پر سے اس وقت کو ٹال دے۔ تو کیا رب اپنے دوست کی نہ سنتا؟

کیا حضرت امام حسینؓ کو کسی ولی اللہ سے (اللہ مجھے معاف فرمائے) کم وظائف معلوم تھے؟

لیکن حضرت امام حسینؓ نے اُس وقت کو ٹالنے کے لیے کوئی ایسی دعا نہیں فرمائی...... عین شہادت کے وقت بھی یہ دعا نہیں فرمائی کہ یا اللہ! یہ وقت ٹال دے۔

اُن کا رویہ تو یہ تھا کہ رب کی طرف سے یہ وقت آیا ہے مجھ پر...... اور میں اُس کی مرضی کے مطابق اس میں سے گزر جاؤں...... مجھے تو رب کے حکم پر سرِ تسلیم خم کرنا ہے...... لٰہذا اُنھوں نے رب سے کہا ''جیسا تو چاہے۔''

یہ بھی نہیں کیا کہ چپ چاپ خود کو دشمنوں کے حوالے کر دیا بلکہ باقاعدہ جدوجہد کی۔ تمام دوست ساتھی ایک ایک کر کے شہید ہو گئے۔ آپؓ اکیلے رہ گئے تب بھی Surrender (ہتھیار ڈالنا) نہیں کیا۔ جدوجہد جاری رکھی حتیٰ کہ شہید ہو گئے۔ یہی صحیح طریقہ ہے۔ نہ کسی نے دیکھا کہ وہ میدانِ جنگ کی طرف جاتے ہوئے وظیفہ پڑھ رہے ہیں نہ تسبیح پھیرتے اُنھیں دیکھا۔ پھر ہم کیا ڈھونڈتے ہیں تسبیحات و وظائف میں؟

یہ وہ ہستیاں ہیں جن کے نقشِ قدم پر ہمیں چلنا چاہیے۔

آپ کو یاد ہوگا کہ غزوۂ بدر مسلمانوں پر تب مسلط کیا گیا جب مسلمان بالکل تہی دست تھے۔ لیکن اس بے سروسامانی کے عالم میں بھی وہ دنیاوی جدوجہد کے لیے آپ صلی اللہ علیہ وسلم کی قیادت میں کھڑے رہے۔ آپ صلی اللہ علیہ وسلم اللہ کے محبوب ہیں اور محبوبیت میں بھی ایسا مقام پایا کہ آپ صلی اللہ علیہ وسلم کے لیے دنیا تخلیق کی گئی اور آپ صلی اللہ علیہ وسلم وہ ہستی ہیں کہ جن پر رب تعالیٰ خود بھی درود بھیجتا ہے اور اُس کے فرشتے بھی درود بھیجتے ہیں۔ جس ہستی کو ایسا بلند مقام حاصل ہوا تو کیا آپ صلی اللہ علیہ وسلم ایک دعا کر کے غزوۂ بدر کو ٹال نہ سکتے تھے لیکن آپ صلی اللہ علیہ وسلم نے ایسی دعا نہیں فرمائی۔

آپ صلی اللہ علیہ وسلم کا رویہ اور کردار تو یہ تھا کہ جو سامان اُس وقت میسر تھا اس کو اور اپنے ساتھیوں کو لے کر Strategically best (حکمتِ عملی کے لحاظ سے بہترین) مقام پر پہنچے جہاں پانی نزدیک تھا۔ وہاں آپ صلی اللہ علیہ وسلم نے بہترین اسٹینڈرڈ کے مطابق صف بندی کی کہ دشمن جب آئے تو مسلمانوں کو تیار پائے۔

ان تمام انتظامات کے بعد آپ صلی اللہ علیہ وسلم نے جانماز بچھایا اور رات بھر اللہ کے حضور دعا کی لیکن اس دعا میں یہ نہیں فرمایا کہ یا اللہ! مجھے فتح دے دے بلکہ یہ دعا فرمائی

''یا اللہ! اگر آج یہ مٹھی بھر مسلمان مٹ گئے تو تیرا نام لیوا کوئی نہ رہے گا۔ تو ان کو فتح نصیب فرما دے۔''

اب یہاں بھی اپنی ذات نہ تھی۔ آپ صلی اللہ علیہ وسلم کیا کوئی وظیفہ نہ کر سکتے تھے اس موقع پر؟ لیکن آپ صلی اللہ علیہ وسلم زندگی کے ہر موڑ کے لیے مسلمانوں کے لیے مثالیں چھوڑ گئے کہ کسی بھی قسم کے مشکل حالات سے نکلنے کے لیے مسلمانوں کو کیا رویہ اختیار کرنا چاہیے۔ ہر Problem اور Situation سے نکلنے کا حل آپ صلی اللہ علیہ وسلم کا اسوۂ حسنہ ہے نواسہ رسول صلی اللہ علیہ وسلم نے بھی اِسی سنت پر عمل کیا ہے۔ لیکن ہم تسبیحات و وظائف میں اُلجھے ہوئے ہیں اور مشکلات میں ان میں پناہ لیتے ہیں۔ یاد رکھیں! اللہ بھی اُن لوگوں کو پسند کرتا ہے جو مجاہدوں کی طرح ہر وقت عمل

کے لیے کمر کس کے رکھتے ہیں Active اور مستعد لوگوں کو وہ پسند کرتا ہے۔ اللہ کاہل اور بے عمل لوگوں کو پسند نہیں کرتا۔ اگر میں رب کو ڈھونڈنا چاہتا ہوں، رب کے قریب جانا چاہتا ہوں تو مجھے چاہیے کہ میں اپنے ہر عمل کو رب کی مرضی کے تابع کرلوں۔ اگر میرا علم زیادہ نہیں تو پھر میرے پاس آپ ﷺ کی حیاتِ طیبہ بطور رول ماڈل موجود ہے کہ اس پر عمل کرلوں۔ لیکن اگر میرے پاس آپ ﷺ کے بارے میں بھی زیادہ علم نہیں ہے تو پھر میں اپنے اسلاف کے بارے میں جو کچھ جانتا ہوں اس کو اپنی زندگی پر منطبق کرلوں۔ تب میں ایسے سانچہ میں ڈھل جاؤں گا جو رب تعالیٰ کو پسند آجائے گا۔ رب مجھے اپنے قریب کرلے گا اور مجھے اپنی دوستی عطا کردے گا۔

نشست نمبر 28

تصوف کی حقیقت

سوال: تصوف کیا ہے؟

جواب: تصوف درحقیقت نام ہے رُوحانی ارتقاء کی منازل طے کرنے کا اور اس ارتقائی عمل کو جاری رکھنے کے سلسلے میں جو کوشش اور جدوجہد کرنا پڑتی ہے اُسے اصطلاحی طور پر تصوف کا نام دیا جاتا ہے۔

یہ تصور عام ہے کہ تصوف شاید کوئی ایسی چیز ہے جو شریعت سے ٹکراؤ رکھتی ہے۔ ایسا نہیں ہے۔ صحیح تصوف وہ ہے جس میں بدعتوں کی آمیزش نہ ہو اور وہ شریعت سے ٹکراؤ نہ رکھتا ہو۔

جو لوگ شریعت پر آسانی سے عمل نہیں کر سکتے تصوف اُنھیں ایسی رُوحانی قوت بخشتا ہے جس کے باعث وہ شریعت کی مشکلوں پر آسانی سے عمل کرنے کے قابل ہو جاتے ہیں۔ تصوف دراصل ایک درمیانی واسطہ ہے جس طرح ایک شخص بلند سیڑھی پر نہیں پہنچ سکتا تو اس کے درمیان میں ایک عارضی Step اور بنا دیا جائے تاکہ وہ آسانی سے سیڑھی چڑھ سکے۔

شیخ عبدالحق محدث دہلوی رحمۃ اللہ علیہ نے تصوف کی ابتدائی منازل طے کرنے کے Process کو بہت مختصر اور سادہ الفاظ میں یوں بیان کیا کہ تصوف چار حروف پر مشتمل ہے۔

ت، ص، و، ف

تصوف چار جہتوں کا مجموعہ ہے۔

'ت' سے مراد ہے توبہ

'ص' سے صفائی

'و' سے وارفتگی

'ف' سے فنافی اللہ

تصوف کی راہ پر جو آدمی چلتا ہے وہ ان چاروں جہتوں سے گزرتا ہے اور اس کی منزل 'فنافی اللہ' ہے۔

سب سے پہلے انسان کو توبہ کرنی چاہیے اپنے اُن گناہوں اور کوتاہیوں سے جو اُس سے سرزد ہو چکی ہیں۔ یہ پہلا قدم ہے۔ پھر پچھلے گناہوں سے توبہ کرنے کے ساتھ ساتھ وہ آیندہ بھی گناہوں سے بچنے کے لیے اپنے

باطن کی پوری طرح صفائی کر لے۔ یوں بالآخر وہ 'فنافی اللہ' کے مقام تک چلا جائے گا۔

سوال: یوم عاشور سے کیا مراد ہے؟ یوم عاشور کی اہمیت وفضیلت کیا ہے؟

جواب: یوم عاشور کے حوالے سے مختلف مفسرین کی مختلف رائے ہے مگر دو چیزوں پر اکثر متفق ہیں۔ ان دونوں مکاتبِ فکر کے مفسرین کا کہنا ہے کہ محرّم کا دسواں دن ہونے کے باعث اس کو عاشورہ کہا جاتا ہے۔ دوسرے مکتبہ فکر کے مطابق چونکہ اس روز 10 پیغمبروں پر مہربانیاں اور عنایات ہوئی تھیں اس لیے اسے یوم عاشور کہا جاتا ہے۔

مسلمانوں سے پہلے بھی یہ دن متبرک جانا جاتا تھا۔ خود اہل مکہ اور قریش 10 محرّم کا روزہ رکھتے تھے حالانکہ اُس وقت تک ابھی اسلام کا ظہور نہیں ہوا تھا۔ یہودی بھی دس محرّم کا روزہ رکھا کرتے تھے۔

آپ ﷺ جب مدینہ تشریف لائے تو یہودیوں سے دریافت فرمایا کہ تم دس محرّم کا روزہ کیوں رکھتے ہو۔ انہوں نے جواب دیا کیونکہ اس روز اللہ تعالیٰ نے حضرت موسیٰ علیہ السلام کو فرعون کے چنگل سے نجات دلائی تھی۔ اس پر آپ ﷺ نے فرمایا کہ حضرت موسیٰ علیہ السلام سے ہمارا تعلق تم سے زیادہ ہے۔

10 محرّم کی فضیلت واہمیت مندرجہ ذیل باتوں سے بھی عیاں ہوتی ہے:۔

1۔ 10 محرّم کو رب تعالیٰ نے یہ زمین وآسمان تخلیق کیے۔
2۔ یہ وہ دن ہے جب رب تعالیٰ عرشِ معلیٰ پر متمکن ہوا۔
3۔ 10 محرّم ہی کو زمین پر پہلی بارش برسی۔
4۔ 10 محرّم ہی کو رب تعالیٰ کی پہلی رحمت زمین پر نازل ہوئی۔
5۔ 10 محرّم ہی کو حضرت آدم علیہ السلام جنت میں داخل ہوئے۔
6۔ حضرت ایوب علیہ السلام کے دُکھ 10 محرّم ہی کو دُور ہوئے۔
7۔ حضرت داؤد علیہ السلام کی لغزش کی معافی اِسی روز ہوئی۔
8۔ حضرت یونس علیہ السلام کو اِسی روز مچھلی کے پیٹ سے آزاد کیا گیا۔
9۔ حضرت سلمان علیہ السلام کو جنوں اور جانوروں پر اِسی دن حکومت عطا کی گئی۔
10۔ قیامت بھی 10 محرّم ہی کو ہو گی۔
11۔ حضرت ادریس علیہ السلام بلند مرتبہ پر اسی روز اٹھائے گئے۔
12۔ حضرت عیسیٰ علیہ السلام کی پیدائش 10 محرّم کو ہوئی۔
13۔ حضرت عیسیٰ علیہ السلام 10 محرّم ہی کو آسمانوں پر اُٹھالیے گئے۔

14۔ فرعون کو 10 محرّم ہی کے دن ڈبو دیا گیا۔

15۔ یہی وہ دن ہے جب حضرت امام حسینؓ کربلا کے میدان میں شہید ہوئے۔

یہ وہ تمام واقعات ہیں جن کی وجہ سے دس محرّم دوسری اُمتوں کے لیے بھی متبرک ہے۔ایک روایت کے مطابق آپ صلی اللہ علیہ وسلم نے حکم فرمایا کہ محرّم کے ابتدائی دس دنوں میں تم لوگ اپنے گھر والوں پر خرچ کو وسعت دے دیا کرو لیکن یوم عاشور کو بالخصوص اپنے گھر والوں پر خرچ کو بڑھا دو۔ جو ایسا کرتا ہے اللہ تعالیٰ اُس پر پورے سال کے لیے رزق وسیع کر دیتا ہے۔

آپ صلی اللہ علیہ وسلم نے دس محرّم کی تاکید بہت زیادہ فرمائی۔

حضرت علی کرم اللہ وجہہ فرماتے ہیں۔

''جس شخص نے ذی الحجہ کا آخری اور محرّم کا پہلا روزہ رکھا اُس نے گویا کہ گزشتہ سال کو روزہ پر ہی ختم کیا اور نئے سال کو روزہ سے ہی شروع کیا۔''

یوم عاشور کو لوگوں کو کھانا کھلانے اور روزہ افطار کرنے کی بہت اہمیت ہے۔

آپ صلی اللہ علیہ وسلم نے فرمایا۔

''جس نے یوم عاشور کو روزہ افطار کرایا گویا کہ اُس نے تمام اُمت محمدیہ صلی اللہ علیہ وسلم کو افطار کرایا۔ اور جس نے اس روز کسی بھوکے کو کھانا کھلایا اُس نے گویا کہ تمام اُمت محمدیہ صلی اللہ علیہ وسلم کا پیٹ بھرا۔''

یوم عاشور کی عبادت کے بارے میں آپ صلی اللہ علیہ وسلم نے بہت تاکید فرمائی کیونکہ اس کا اجر بہت زیادہ ہے۔ آپ صلی اللہ علیہ وسلم نے فرمایا کہ یوم عاشور کو عبادت کرنے کا ثواب دو سال کی عبادت کے برابر ہے۔

یوم عاشور کو ایک نماز پڑھی جاتی ہے جو چار رکعات پر مشتمل ہوتی ہے۔ ہر رکعت میں سورۂ فاتحہ کے بعد پچاس (50) بار سورۂ اخلاص پڑھی جائے اور سلام پھیرنے کے بعد جائز خواہشات کے لیے دعا کیجئے۔ انشاءاللہ دعا قبول ہوگی۔

یوم عاشور کے بارے میں تھوڑا اختلاف پایا جاتا ہے۔ کہ یہ ہے کس دن؟ لفظی معنوں کے مطابق تو اسے 10 محرّم ہی کو ہونا چاہیے۔ لیکن اکثر بزرگانِ دین کے مطابق یہ 9 محرّم ہے۔

حضرت عائشہؓ سے روایت کیا گیا ہے کہ آپ صلی اللہ علیہ وسلم نے فرمایا ''نو (9) محرّم یوم عاشور ہے۔''

میرے خیال میں اگر ہم دونوں ہی دنوں یعنی 9 اور 10 محرّم کو عبادت کر لیں، روزہ رکھ لیں اور نوافل ادا کر لیں تو یوم عاشور Miss ہونے کا احتمال جاتا رہے گا۔

یومِ عاشور کی شب عبادت کرنے والے شخص کو فضیلت کی خوشخبری سنائی گئی ہے۔لہٰذا کوشش کیجیے کہ شب عاشور میں شب بیداری کی جائے اور تلاوت کی جائے۔ انشاءاللہ کی رحمتیں نازل ہوں گی۔

یوم عاشور کو ہم اللہ کے حضور اپنا سر جھکا دیں اور اس سے توفیق مانگیں کہ وہ ہمیں حضرت علیؓ اور حضرت امام حسینؓ جیسی خصوصیات سے نواز دے اور ہمیں توفیق بخش دے کہ ہم ان دونوں بلند مرتبہ باپ بیٹے کے نقش قدم پر چل سکیں۔

_____

نشست نمبر 29

سوال: کیا رُوحانی مشاہدات وواردات سے صحابہ کرامؓ کا بھی واسطہ تھا؟ اگر ایسا تھا تو ایک صحابیؓ کو یہ علم کیوں نہ ہو سکا کہ جو بادل وہ دیکھ رہے ہیں وہ دراصل فرشتے ہیں۔ اگلے روز آپ ﷺ نے اُنھیں بتایا کہ دراصل فرشتے ہیں۔ اگر آپ تلاوت جاری رکھتے تو وہ آپ سے ہاتھ ملاتے۔

جواب: کشف وکرامات، مشاہدات وواردات، رُوحانیت میں یہ سب چیزیں اللہ کے حکم کے ماتحت ہیں۔ عالم الغیب رب ہے ہاں۔ البتہ جب اور جتنا چاہتا ہے وہ اپنے بندوں کو علم عطا فرما دیتا ہے۔ جب وہ اپنے بندوں سے راضی ہوتا ہے تو اپنے جس بندہ کو جس درجہ کی اور جس حد تک چاہے اپنے کارخانہ قدرت کی سیر کرا دیتا ہے۔ انسان ہر معاملہ میں اللہ کی مرضی کا محتاج ہے خواہ وہ رُوحانی معاملات ہوں یا دنیاوی۔ اولیائے کرام کے ہاں بہت سے ایسے واقعات ملتے ہیں کہ اُنھوں نے بیٹھے بیٹھے کوئی مستقبل کی بات بتا دی۔ جیسے بابا فرید صاحب نے بیٹھے بیٹھے فرمایا کہ محبوب الٰہی جناب نظام الدین اولیاء تشریف لا رہے ہیں اور اس کے ساتھ آپ نے اُٹھ کر اُن کا استقبال کیا۔

ہر انسان رب تعالیٰ کی مرضی کا اس حد تک محتاج ہے کہ کوئی ولی اللہ اور صاحب مقام اپنی پشت پر بیٹھی مکھی اُڑانے پر بھی قادر نہیں تاوقتیکہ رب تعالیٰ کی طرف سے اجازت نہ ہو جائے۔ کشف کا بھی یہی معاملہ ہے۔ کشف جاری ہونے پر انسان بہت سی چیزیں دیکھتا ہے، بہت سے مقامات کی سیر کرتا ہے لیکن محض اس حد تک جہاں تک رب چاہے۔ اس کے بعد وہ بالکل Blank (کورا) ہو جاتا ہے۔ وہ اولیائے کرام جو ہر وقت کشف میں جا سکتے ہیں اُن کے ساتھ بھی کبھی کبھار یہ ہوتا ہے کہ کئی کئی روز تک کشف کا سلسلہ رب کی طرف سے اُن پر بند کر دیا جاتا ہے۔ لہٰذا یہ سمجھنا کہ کوئی بھی صاحب حال جب جس چیز کے بارے میں چاہے گا جان لے گا— غلط ہے۔ وہ صرف اُس وقت چیزوں کو سمجھ پائے گا جب رب ایسا چاہے گا اور رحمت فرمائے گا ورنہ صاحب حال بھی ایک عام انسان کی طرح اصل چیزوں سے لاعلم ہی رہے گا۔ لہٰذا کسی صحابی کو اگر بادل صرف بادل ہی دکھائی دیئے جب کہ آپ ﷺ کے فرمان کے مطابق وہ فرشتے تھے تو یہ کوئی اچنبے کی بات نہیں اور ہم اس کو بنیاد بنا کر کسی دوسرے صاحب علم وحال کے مقام کو چیلنج (Challenge) کر سکتے ہیں اور نہ ہی اس سے صحابیؓ کا مقام کم ہوتا ہے۔

سوال: آپ کے بیان کردہ Litmus Test پر جس شخص کو ہم پورا پاتے ہیں وہ بیعت کے حق میں ہی نہیں۔ ہم اُن کی اثر انگیز گفتگو سے متاثر ہونے اور اُن کی وجہ سے اپنی شخصیت میں آنے والی مثبت تبدیلی کے باوجود ایک کسک محسوس کرتے ہیں۔ اُنھیں کس طرح بیعت پر آمادہ کیا جائے؟

جواب: بیعت کا سلسلہ ذاتی طور پر میری سمجھ میں نہیں آتا۔ اگر کوئی ادارہ مجھے آفر (Offer) دے کہ آپ ملازمت کیے بغیر اپنی حسبِ منشا تنخواہ ہم سے لے لیں تو مجھے غلامی کی کیا ضرورت ہے۔ میں آزادی سے سارا مہینہ گھومنے پھرنے کے بعد ہر کیم کو جا کر تنخواہ لے آؤں گا اور اپنے اخراجات پورے کرلوں گا۔ اب اگر کوئی صاحب بیعت نہیں کرتے لیکن وہ آپ کو اپنی محفل میں بیٹھنے اور اپنے ساتھ گفتگو کی اجازت دیتے ہیں آپ اُن سے بہت کچھ سیکھتے ہیں تو آپ بیعت کر کے اُن کے پابند کیوں ہونا چاہتے ہیں۔ ممکن ہے کہ آنے والے کل میں آپ کا واسطہ کسی بہتر ولی اللہ سے پڑ جائے۔ اور آپ اس بیعت کی پابندی کی وجہ سے اُن کی صحبت سے فیض یاب نہ ہوسکیں۔ لہٰذا آپ کے پاس موجود صاحب اگر آپ کو بیعت کیے بغیر علم دینے پر آمادہ ہیں تو علم لے لیجیے اور جو کچھ وہ سکھاتے ہیں سیکھ لیجیے اور جہاں کوئی بہتر انسان ملتا ہے اُس کی بیعت کر لیجیے۔ یوں دونوں جگہوں سے آپ کو فائدہ مل جائے گا کیونکہ بیعت کے بعد تو انسان بہت پابند ہو جاتا ہے۔

بیعت لفظ ''بیع'' سے نکلا ہے جس کا مطلب ہے فروخت کرنا اور مرید اپنے آپ کو مرشد کے ہاتھوں فروخت کر دیتا ہے اور پابند ہو جاتا ہے کہ اُس کا مرشد اُسے جو بھی حکم دے وہ اُس کو فوراً بجالائے۔ بیعت لینے والا خود بھی اپنے مرید کی تربیت کرنے کا پابند ہے اور وہ آپ کو سیدھی راہ پر چلائے رکھنے کا بھی ذمہ دار ہے۔ یہ اور بات ہے کہ دستورِ زمانہ کے مطابق اب عموماً بیعت یک طرفہ ہی ہوتی ہے بیعت کرنے والا تو پابندی کرتا ہے لیکن بیعت لینے والا کم ہی مرید کی تربیت اور اُسے سیدھی راہ پر رکھنے کے حوالے سے اپنا فرض ادا کرے گا۔ لہٰذا کوشش یہ کر لیجیے کہ آزاد رہ کر علم حاصل کر لیں اور جب یہ دیکھیں کہ وہ شخص اپنی آخری حد تک علم آپ کو سکھا چکا تو کسی اور صاحب علم اور صاحب حال کو تلاش کر لیجیے کیونکہ اکتسابِ فیض جتنے زیادہ صاحبانِ علم سے آپ کریں گے اُسی قدر زیادہ علم آپ کو حاصل ہوگا۔ اسی قدر علم میں وسعت ہوگی اور اس کا معیار بلند ہوگا اور انسان اسی قدر بلند مقام پر جائے گا۔ کوشش کریں کہ آزاد رہ کر علم حاصل کر لیں۔

سوال: مرنے کے بعد رُوح عالم برزخ کے جس درجہ میں بھیجی جاتی ہے کیا بعد ازاں وہ درجہ کم یا زیادہ ہوتا ہے؟

جواب: رُوح جب مادی جسم کو چھوڑ دیتی ہے تو اس دنیا سے رُخصت ہونے کے ساتھ ہی اس رُوح کا تعلق نہ صرف جسم سے بلکہ ہر قسم کے عمل سے بھی ختم ہو جاتا ہے۔ عمل کا سلسلہ اس رُوح اور جسم کے رشتہ کے قائم رہنے تک ہوتا ہے۔ یہ رشتہ ختم ہوتے ہی اعمال کا سلسلہ رُک جاتا ہے۔ وفات کے وقت رُوح کو عالم برزخ کے جس درجہ میں داخل کیا گیا وہ وہیں رہتی ہے۔ البتہ یہ ضرور ہے کہ اپنے عزیزوں کے انتقال کے بعد جب ہم اُنھیں ایصالِ ثواب کرتے ہیں تلاوت قرآن پاک، خیرات یا کسی نیک عمل کے ذریعے اُن کے نامہ اعمال میں

ثواب لکھواتے ہیں تو اس سے اس رُوح کی نیکیوں کا پلڑا بھاری ہو جاتا ہے۔ قیامت کے روز تولے جانے والے اعمال میں وہ ایصالِ ثواب بھی شامل ہوگا لہٰذا رُوح کے بلند درجات کے لیے مرحومین کو ثواب پہنچانا مستحسن عمل ہے۔ نہ صرف اپنے بلکہ دشمنوں کے لیے بھی ہمیں مغفرت، نجات اور بلند درجات کی دعا کرتے رہنا چاہیے۔ اس کا فائدہ دراصل ہمیں ہی ہوگا وہ یوں کہ شاید اسی وجہ سے اللہ تعالیٰ ہمیں بھی بخش دے اور معاف فرمادے۔

سوال: من وسلویٰ کیا ہے؟

جواب: بنی اسرائیل پر اللہ کی رحمت ہوئی اور اللہ نے اُنھیں غیب سے کھانا کھلایا۔ مسلسل چالیس برس تک وہ اللہ کی اس رحمت سے مستفیض ہوتے رہے۔

من اور سلویٰ دو الفاظ ہیں۔ ''من'' عربی کا لفظ ہے جس کا مطلب احسان اور انعام ہے۔ جب کہ ''سلویٰ'' بٹیر سے مشابہ ایک پرندہ کا نام ہے۔

''من'' کے بارے میں مختلف روایات ہیں۔ یہ ایک قسم کا پودا ہے جو صحرائے سینا میں کثرت سے ملتا ہے۔ اس میں ایک کیڑا پلتا ہے جو اس کے تنے میں سوراخ کرتا ہے اور اس سوراخ میں سے گوند نکلتی ہے جو بہت میٹھی اور مفرح ہوتی ہے۔

Tematas پودے کی Height کم اور پتے نوکیلے ہوتے ہیں۔ ایک کیڑا Cocus جب اس پودے کے تنے میں سوراخ کرتا ہے تو اس میں سے نکلنے والی گوند صبح تک جم جاتی ہے۔ یہی وہ گوند تھی جسے ''من'' کہا گیا اور جسے اکٹھا کر کے بنی اسرائیل کھایا کرتے تھے۔ اس کے ساتھ بٹیر سے مشابہ پرندے ''سلویٰ'' کو وہ آگ پر بھون کر کھالیتے جس سے اُنھیں پروٹین اور Fats میسر آجاتیں اور Energy level برقرار رکھنے کے لیے اُنھیں شوگر اور گلوکوز بھی مل جاتا۔

اس حوالے سے احادیث بھی موجود ہے۔ آپ ﷺ نے ''الفمع'' لفظ استعمال کیا۔ اس لفظ کے حوالے سے شروع میں ابہام موجود تھا کہ آیا یہ ایک شے ہے یا مختلف اشیاء کا مجموعہ۔ لیکن مختلف احادیث کے اکٹھا ہونے کے بعد یہ ابہام دُور ہوگیا اور معلوم ہوا کہ ''من'' محض گوند نہیں بلکہ کئی چیزوں پر مشتمل تھا۔ آپ ﷺ نے ایک جگہ فرمایا کہ ''مشروم (الفمع) ''من'' میں سے ہے۔

آپ ﷺ کے زمانہ میں عرب میں مشروم کو زمین کی چیچک کہا جاتا تھا تب آپ ﷺ نے اس کی تصحیح فرمائی کہ یہ ''من'' میں سے ہے اور اس سے آنکھوں کو شفا ملتی ہے۔

Logically بھی یہ بات ثابت ہوئی ہے کہ من وسلویٰ رب کی طرف سے نازل ہوتا رہا۔ پرندے بھیج دیئے جاتے اور بنی اسرائیل اُنھیں بھون کر کھالیا کرتے۔ اس سارے عمل میں کاشت یا کسی قسم کی مشقت نہیں تھی۔ اسی طرح مشروم بھی خودرو ہے جیسے ایک انگریزی محاورہ ہے Mushroom Growth۔ یہاں ایک

بات کی وضاحت کر دوں کہ آپ ﷺ نے علاج کے لیے جن چیزوں کو بطور دوا تجویز کیا ان تمام چیزوں میں سوڈیم جو بلڈ پریشر کا سبب بنتا ہے کم ہے اور پوٹاشیم زیادہ ہے۔ پوٹاشیم انسانی جسم میں بہت Delicate Balance پر ہوتا ہے۔ اس کی مقدار اور اس کی Range بہت Narrow ہے۔ اگر پوٹاشیم اپنی حد سے ذرا بھی نیچے چلا جائے تو انسان بہت جلد خود کو Anemic محسوس کرتا ہے اور بہت جلد تھکنے لگتا ہے۔ اُسے اپنی ٹانگوں خصوصاً پنڈلیوں میں درد اور کھنچاؤ کے باعث بے چینی کا احساس ہوتا ہے۔ جوں جوں جسم میں پوٹاشیم کی مقدار کم ہوتی چلی جائے گی انسان مضمحل ہوتا چلا جائے گا اور چار پائی سے لگنے لگے گا۔ انسان کو توانا رہنے کے لیے پوٹاشیم کا استعمال ضرور کرنا چاہیے۔

عجیب بات یہ ہے کہ جتنی دوائیں بلڈ پریشر کے علاج کے لیے متعارف ہوئیں سب کے استعمال سے انسانی جسم میں پوٹاشیم زائل ہوتا ہے۔ اس کمی کو دُور کرنے کے لیے مشروم کا استعمال بہترین ہے جس میں پوٹاشیم خاصی مقدار میں موجود ہوتا ہے۔

احادیث کے مفہوم کے مطابق مشروم کا عرق نکال کر روزانہ آنکھ میں تین یا چار قطرے ڈالے جائیں تو آنکھ کا جالا دُور ہو جاتا ہے۔ مختصراً ''من'' بنی اسرائیل کے لیے احسان کے طور پر استعمال ہوا ہے جو رب کی طرف سے اُن پر کیا گیا اور اللہ نے اس ''من'' میں بہت ورائٹی (Variety) بھی رکھی۔ ''سلویٰ'' بٹیر سے مشابہ ایک پرندہ تھا۔ جس طرح زمین کی ساخت میں ہر 100 میل کے بعد Dilect (بولی) تبدیل ہو جاتی ہے اسی طرح مختلف خطوں کے جانوروں اور پرندوں کی جسامت اور ساخت میں بھی تبدیلی آجاتی ہے۔ جس طرح پہاڑی علاقوں میں بکری اور گائے کا سائز چھوٹا ہوتا ہے کیونکہ اُنھیں پہاڑوں پر چڑھنا ہوتا ہے۔ لٰہذا گمان غالب یہی ہے کہ اس علاقہ کی Climate conditions میں تبدیلی کی وجہ سے پرندوں اور جانوروں کی جسمانی ساخت میں تھوڑی بہت تبدیلی رہی ہوگی۔ یوں تھوڑی سی مختلف شکل و صورت اور جسامت کے ساتھ سلویٰ اصل میں بٹیر ہی تھا۔

نشست نمبر 30

سوال: حضرت بایزید بسطامی رحمۃ اللہ علیہ فرماتے ہیں ''ایک دفعہ میں مکہ معظمہ گیا وہاں مجھے صرف گھر نظر آیا۔ میں نے کہا اس قسم کے پتھر تو میں نے پہلے بھی بہت دیکھے ہیں۔ دوسری دفعہ گھر کو بھی دیکھا اور گھر والے کو بھی۔ میں نے کہا اب بھی حقیقت توحید حاصل نہیں ہوئی۔ تیسری بار گیا تو گھر نظر آیا اور نہ کچھ۔ ہر جگہ وہ ہی وہ نظر آیا۔'' اُس وقت غیب سے آواز آئی کہ بایزید اگر خود کو نہ دیکھتے تو شرک میں مبتلا نہ ہوتے۔ چاہے سارے جہان کو دیکھتے۔ لیکن اگر سارے جہان سے آنکھیں بند کر لی ہیں اور اپنے آپ کو دیکھ رہے ہو تو یہ شرک ہے۔

جواب: تصوف میں ایک مقام ہے یکجائی کا۔ جہاں دوئی مٹ جاتی ہے۔ اور یہ وہ مقام ہے جس کو اکثر فقیروں نے یوں بیان کیا کہ جدھر دیکھتا ہوں تو ہی تو ہے۔ حجر میں شجر میں تو ہی تو ہے۔

یکجائی کا مقام یہ ہے جس کو حدیث قدسی میں یوں بیان کیا گیا کہ جو میرا ہو جاتا ہے میں اُس کا ہو جاتا ہوں۔ اُس کے کان اور آنکھیں بن جاتا ہوں۔ یہ یکجائی کا مقام ہے۔ یہ فنا فی اللہ کی Advance Form ہے۔ یہ وہ مقام ہے جہاں جا کر منصور حلاج ''انا الحق'' کہہ اُٹھے تھے۔ اس کو کسی صاحب نے اس طرح بھی بیان کیا تھا۔

''جس نے اپنے آپ کو پہچان لیا اُس نے رب کو پہچان لیا۔''

تو اس میں یہ مقام آ جاتا ہے ـــــ یکجائی کا مقام ـــــ جو بڑا پُر خطر ہے۔ اور جو اس یکجائی کو کچھ نہ کچھ سمجھ بیٹھتے ہیں اُن کو اپنی ذات نظر آنے لگتی ہے اور اسی مقام پر شرک میں چلے جانے کا خدشہ ہے۔

اسی لیے سالک اور مجذوب میں سالک کا مقام بلند ہے۔ جذب تو دونوں جگہ پر ہے لیکن سالک میں اس مقام کا ''سہہ'' یعنی برداشت ہے۔ وہ اس مقام کو سہہ لیتا ہے۔ سالک بھی بے خود ہوتا ہے لیکن کچھ Constraints (پابندیوں) کے ساتھ جب کہ مجذوب اس بے خودی میں دیوانگی کو چھونے لگتا ہے اور اس دیوانگی میں وہ شرک بولتا ہے کہ میں رب ہوں وہاں وہ یکجائی کے مقام سے بولتا ہے۔

ہم سبھی جانتے ہیں کہ نماز اسلام کا بنیادی رُکن ہے حتیٰ کہ آپ صلی اللہ علیہ وسلم کا فرمان ہے کہ کافر اور مسلمان میں فرق نماز کا ہے۔ یوں کہہ لیجیے کہ نماز ایسی چیز ہے جو کافر اور مسلمان میں تمیز کراتی ہے۔ فقیر چونکہ نصیحت نہیں

کرتا اس لیے وہ زبان سے نہیں کہتا۔ فقیر کے یہاں تربیت اور تعلیم ہے اور وہ بھی ذاتی مثال کے ذریعے۔ وہ مثال قائم کرتا ہے اور اُس کے پاس بیٹھنے والے وہ چیز حاصل کر لیتے ہیں۔ اس لیے فقیر کے یہاں جانے والے رفتہ رفتہ نماز اور دوسرے ارکان کے پابند ہونے لگتے ہیں۔

جب نماز واقعی نماز ہو تو اس میں بے خودی کا عمل ہوتا ہے جیسا کہ آپ ﷺ نے فرمایا تھا کہ میری نماز ایسی ہے جس میں بے اختیار جوش پیدا ہوتا ہے۔ حضرت علی کرم اللہ وجہہ کی نماز ایسی تھی کہ نماز پڑھتے ہوئے تمام رونگٹھے کھڑے ہو جاتے تھے۔ اور بے خودی ایسی کہ جسم میں تیر پیوست ہے جو نماز کے دوران کھینچا گیا اور آپ کو معلوم تک نہ ہوا۔

نماز میں انسان کا ظاہر قبلہ رُو ہو کے جھکتا ہے جب کہ انسان کی رُوح اور دل بے خودی کے عالم میں رب سے ہم کلام ہوتا ہے۔ دیدارِ حق کے شوق میں انسان کا ماتھا زمین پر ٹکتا ہے۔ جب کہ اُس کا دل رب کے حضور جھکتا ہے۔

جسم کی نجاست اور گندگی غسل اور وضو سے دُور ہوتی ہے اور رُوح کا فساد ''عین الحق'' سے دُور ہوتا ہے۔ عین الحق کی اگلی منزل ''عین الیقین'' ہے۔ اور جو شخص ''عین الیقین'' کی منزل پر پہنچے اس میں بے خودی پیدا ہو جاتی ہے۔ جسم کی گندگی ظاہری نجاست ہے۔ رُوح کی گندگی فساد ہے۔ یقین اور بے یقینی کا فساد۔ یقین کی کیفیت اور بے یقینی کی کیفیت کی جنگ —— یہ نجاست ہے۔

رب ہر جگہ موجود ہے۔ خود انسان کی شہ رگ سے زیادہ قریب ہے۔ رب کے سوا کسی کو سجدہ روا نہیں۔ خانہ کعبہ کی طرف منہ کر کے سجدہ کرنے کے معنی کیا ہیں؟ اس کے پیچھے صرف ایک وجہ ہے اور وہ وجہ ہے اس فساد کا خاتمہ۔ یہ انسان کی فطرت میں ہے کہ وہ اَن دیکھی چیزوں پر کم یقین رکھتا ہے۔ دیکھی چیزوں پر زیادہ۔ تو ایک نشان قائم کر دیا کہ انسان کا ظاہر تو جھکے خانہ کعبہ کی طرف اور اُس کی رُوح عرش معلیٰ پر جھکے۔

زمین پر موجود خانہ کعبہ کی طرح عرشِ معلیٰ پر بھی ایک خانہ کعبہ ہے۔ ''بیت المعمور''۔ جسم کے خانہ کعبہ کی طرف اور رُوح کے عرش معلیٰ پر جھکنے سے اس فساد اور یقین و بے یقینی کی کیفیت کا خاتمہ ہوتا ہے۔ اور جب بے یقینی ختم ہو گی تو یکجائی کی کیفیت پیدا ہو گی جس کے بارے میں سوال پوچھا گیا ہے۔ نماز کے ذریعے ''عین الحق'' سے عین الیقین'' تک کا سفر آسان ہو جائے گا۔

جس طرح نماز ایک بنیادی کردار ادا کرتی ہے انسان کے ایمان کی پختگی میں اور رب کے قریب جانے میں۔ اِسی طرح زکوٰۃ بھی مدد کرتی ہے اللہ کی دوستی تک چلے جانے میں۔ یہی وجہ ہے کہ جہاں نماز کا ذکر ہے وہاں کم و بیش زکوٰۃ کا بھی۔ نماز اور زکوٰۃ کو ایک جگہ اکٹھا کر دیا گیا ہے کیونکہ یہ دونوں قربِ الٰہی کا ذریعہ ہیں۔

زکوٰۃ انسان پر واجب کب ہوتی ہے؟

اگر شرعی احکامات کو ہم دیکھیں تو ایک معیار شریعت نے قائم کیا کہ جس شخص کے پاس اتنی دولت ہو جائے وہ زکوٰۃ ادا کرے۔ اس کی وجہ کیا ہے؟ زکوٰۃ کا لازم ہونا مشروط ہے نعمت کے پورا ہو جانے سے۔ تم زکوٰۃ ادا

کرو جب تم پر نعمت پوری کر دی جائے۔ وہ جو ایک حد رکھی ہے وہ یہ ہے کہ تم پر نعمت پوری کر دی گئی۔ اس کے بعد نعمتوں کی جو بارش ہوتی ہے اُس پر انسان زکوٰۃ ادا کرتا ہے۔ یہ ایک قابل غور بات بھی ہے انسان کے لیے اور مقام شکر بھی ہے کہ رب نے یہ فرمایا کہ میری دی ہوئی نعمتوں اور مال سے زکوٰۃ ادا کرو۔

یہ اُس کی مہربانی ہے کہ مال بھی اُس کا اور اُس کے دیئے ہوئے مال میں سے جب ہم کچھ دے دیں تو اجر بھی بے پناہ۔

اور جب ہم قرض دیں تو وہ رب کے ہاں قرض ہے۔ سب رب کی ملکیت ہے اور اُس نے خود کہا ہے کہ میرے دیئے ہوئے مال میں سے خرچ کرو۔ اُس کا مال جو ہمارے تصرف میں ہے۔ اس میں سے کچھ رب کے نام پر دے دیں تو رب کے ہاں قرض ہو گیا۔ یہ سخاوت ہے۔ اس لیے فرمایا گیا کہ سخی جنت کے قریب اور بخیل جنت سے دُور ہے۔

یہ سنت رب ہے۔ اور سنت رسول ﷺ بھی۔ آپ ﷺ عام دنوں میں بے حد سخی تھے۔ رب کے بعد سب سے زیادہ سخی انسان۔ اس کے باوجود رمضان کے مہینہ میں آپ ﷺ کی سخاوت بے پناہ بڑھ جاتی۔ یہ جو ہم سمجھتے ہیں کہ زکوٰۃ صرف روپے پیسے پر لاگو ہوتی ہے فقیر یہ نہیں سمجھتا۔ اس لیے کہ فقیر کو جو کچھ عطا فرمایا رب نے وہ سب کو رب کی نعمتیں سمجھتا ہے۔ وہ ہر چیز پر زکوٰۃ دیتا ہے۔

وہ علم کی زکوٰۃ ادا کرتا ہے کہ یہ رب کی عطا کردہ نعمت ہے۔ وہ صحت پر زکوٰۃ ادا کرتا ہے کہ یہ رب کی نعمت ہے اسی طرح لباس پر۔ وہ مال پر زکوٰۃ ادا کرتا ہے کہ مال رب کی عطا کردہ نعمتوں میں سے ہے اور نعمتوں کا شکر انسان کو رب کے بہت قریب لے جاتا ہے۔

قربانی کے دو مقام ہیں۔

1۔ شہادت

2۔ ایثار

شہادت تین طرح کی ہے۔

1۔ اللہ کی راہ میں اُس کے دین کی سربلندی کے لیے اللہ کے نام پر جان دینا، قوم و ملت کے لیے جان دینا شہادت ہے۔

2۔ بُرائی کے خلاف جہاد کرتے ہوئے، بُرائی کو روکتے ہوئے شہید ہو جانا۔

3۔ کسی ناگہانی آفت یا وبا میں لقمۂ اجل بن جانا۔

یہ جو پہلا درجہ ہے۔ یہ ہے جہاد۔

قربانی کا دوسرا مقام ہے "ایثار"۔ اگر یہ کہا جائے کہ اسلام کی اساس ہی ایثار ہے تو غلط نہ ہو گا۔ اسلام کو ہم ٹکڑوں میں تقسیم نہیں کر سکتے۔ اسلام ایک ٹوٹل پیکج (Total Package) ہے۔ مکمل ضابطہ حیات۔ ہم یہ

نہیں کر سکتے کہ کچھ حصہ تو اختیار کر لیں اور باقی کو چھوڑ دیں۔ اسلام کی عبادات جو خالصتاً رب کے لیۓ ہیں ان کو اگر ہم دیکھیں تو ایثار و قربانی ملے گی۔ وہ عبادات درحقیقت ہمیں ایثار و قربانی سکھاتی ہیں۔ رب ہماری عبادات کا محتاج نہیں۔ اس کے لیۓ فرشتے کافی ہیں۔ کچھ عبادات ہم پر فرض ہیں۔ نفلی عبادات کے فائدے اتنے زیادہ رکھنے کی وجہ یہ ہے کہ ہماری تربیت ہو جائے۔

نماز کیا چیز ہم میں پیدا کرتی ہے؟

1۔ ارادے کی پختگی

2۔ طہارت/ پاکیزگی

3۔ وقت کی پابندی

4۔ اپنے ایمان کی اطاعت

5۔ ڈسپلن

6۔ دوسروں کے لیے ایثار (اپنی جگہ دوسروں کے لیے چھوڑ دینا اور خود سکڑ کر بیٹھ جانا یہ بھی ایثار ہے۔)

7۔ برابری

بڑے سے بڑا آدمی بھی جب مسجد میں داخل ہوتا ہے تو حکم یہ ہے کہ صفیں پھلانگتے ہوئے آگے مت جاؤ۔ مندرجہ بالا تمام صفات کی وجہ سے انسان بُرائی سے بچا رہتا ہے۔

روزہ

یہ انسان کی برداشت کو بڑھاتا ہے اور سب سے بڑی بات یہ ہے کہ برداشت کو صبر کے مقام پر لے جاتا ہے۔ صبر اور برداشت میں فرق ہے۔ برداشت کا کوئی اجر نہیں جب کہ صبر کا سب سے بڑا اجر یہ ہے کہ اللہ صابرین کے ساتھ ہے اور جس کے ساتھ اللہ ہو اُس کو کسی اور شے کی حاجت نہیں رہتی۔ اُس کے لیے اللہ ہی کافی ہوتا ہے۔

برداشت میں انسان جبر کرتا ہے۔ اُس کی زبان سے گلہ شکوہ بیان ہوتا رہتا ہے۔ وہ برداشت جو شکر کے ساتھ کی جاتی ہے وہ صبر ہے۔ خندہ پیشانی کے ساتھ مصائب کو برداشت کرنا صبر ہے۔ ہائے ہائے کر کے مصائب کو سہنا برداشت ہے۔ روزہ بھوک اور پیاس کو سہنا بھی سکھاتا ہے۔ اور ایک وعدہ ہے رب کا کہ شکر کرنے والے پر نعمتیں بڑھا دی جاتی ہیں۔

بات ایثار کی ہو رہی تھی تو اس ضمن میں ایک قصہ بیان کرتا چلوں جس کا تعلق حضرت عثمان غنیؓ سے ہے۔ جب حضرت عثمان غنیؓ کو مسلمانوں نے اپنا خلیفہ چن لیا اور یہ خبر آپؓ کو اُس وقت دی گئی جب آپ ایک بازار میں کسی کام سے موجود تھے۔ آپ بازار میں لوگوں سے یہ خبر سن رہے تھے کہ نماز کا وقت آ گیا۔ نماز کے لیے مسجد نبوی ﷺ کی طرف چلے کہ آپ کی نظر ایک یہودی پر پڑی جو آپ سے آگے جا رہا تھا۔ اُس یہودی کا تعلق

مکہ مکرمہ سے تھا اور آپ ایک زمانہ سے اُسے اور وہ آپ کو جانتا تھا۔ اب چونکہ نماز باجماعت ہاتھ سے جا رہی تھی لہٰذا تیزی سے مسجد نبوی ﷺ کی طرف روانہ ہوئے کہ اچانک خیال آیا کہ اگر میں اسی تیزی سے جاتا ہوں اور اس یہودی کو Cross کرتا ہوں تو کہیں اُس کے ذہن میں یہ نہ آئے کہ چونکہ مسلمانوں نے مجھے خلیفہ بنایا ہے تو مجھ میں غرور آ گیا اور میں اس لیے اس کا حال احوال پوچھے بغیر آگے گزر گیا ہوں۔ نتیجہ یہ نکلا کہ سست قدمی کے باعث حضرت عثمان غنیؓ کی جماعت قضا ہو گئی۔

جب مسجد نبوی ﷺ پہنچے تو لوگوں نے کہا کہ آج ہی آپ خلیفہ مقرر ہوئے اور آج ہی جماعت قضا ہو گئی۔ آپ نے فرمایا کہ نماز ادا کر لوں پھر بتاتا ہوں۔

ادائیگی نماز کے بعد آپ نے صورت حال کی وضاحت کی۔ بات ہوتے ہوتے اُس یہودی تک بھی پہنچی جس پر اُس نے کہا۔

''کون کہتا ہے کہ اسلام جھوٹا دین ہے۔ جس اخلاق کا مظاہرہ حضرت عثمان غنیؓ نے کیا اس سے پتہ چلتا ہے کہ اُن کا دین جھوٹا نہیں۔''

بعد ازاں وہ یہودی مسلمان ہو گیا۔ یوں رب ایثار کرنے والوں کا دوست ہو جایا کرتا ہے۔

اکثر احباب تصوف کی راہ پر چلنے اور رب کا قرب پانے کا طریقہ دریافت کرتے ہیں۔ میں جواب دیا کرتا ہوں کہ آپ خلقِ خدا پر مہربان ہو جایئے وہ آپ پر مہربان ہو جائے گا۔ اپنا قرب عطا کر دے گا۔

اس بات اور جملے کی وضاحت آج میں نے دی ہے کہ نماز اور زکوٰۃ کی جب کوئی شخص پابندی کرتا ہے تو قربانی اور ایثار اس میں پیدا ہو جاتا ہے اور وہ اپنے ساتھیوں کے ساتھ ایثار و قربانی کا رویہ رکھنے لگتا ہے۔

رب نے فرمایا کہ جو شخص میرے بندوں کے کام آتا ہے اُس کے کام میں خود کرتا ہوں۔

یوں ہمارا ایثار رنگ لاتا ہے اور رب تعالیٰ ہماری ضرورتیں اور کام پورے کرنے لگتا ہے۔ بہت سے ایسے لوگ ہیں جو قطعاً نیک ہیں اور جیسے جیسے جہاں جہاں اُنھیں موقع ملے وہ اللہ کے بندوں کے کام آتے ہیں۔ جب اُن پر مشکل وقت آتا ہے تو میں نے اُنھیں بڑا دل شکستہ دیکھا ہے۔ وہ اکثر کہتے ہیں کہ ''کیا بنے گا میرا؟ وسائل ہیں نہیں میرے پاس۔ باوجود کوشش کے معاملات حل نہیں کر پا رہا۔'' میں جواب دیا کرتا ہوں کہ جو لوگ بے لوث ہو کر اللہ کے بندوں کی خدمت کرتے ہیں رب اُنھیں ڈوبنے نہیں دیتا۔ اور ہوتا یہ ہے کہ الحمدللہ وہ لوگ جلدی اُس مشکل وقت اور حالات سے چھٹکارا پا لیتے ہیں۔

وہ بات بھی میں اسی لیے کہا کرتا ہوں کیونکہ مجھے رب کا وعدہ یاد ہے کہ بے لوث خدمت کرنے والوں کو رب ڈوبنے نہیں دیتا۔ ایثار کرتے وقت ایک بات کا خاص خیال رکھیں۔

''نفس کو یہ مت اطلاع ہونے دیں کہ ہم نے کسی کے ساتھ نیکی کی۔ یہ ڈبو دے گا۔ یہ تکبر ہو جائے گا۔ سو نفس کو ایثار کی خبر مت ہونے دیں۔''

دوسرا یہ کہ کسی کو کانوں کان خبر نہ ہونے دیں کہ ہم نے کسی کے لیے ایثار کیا۔ کسی کے کام آئے ہیں۔ ''کسی'' سے مراد ہے۔

Anybody other than your ownself

زبان کو اس معاملے میں تالا لگ جانا چاہیے بلکہ میں تو یوں کہوں گا کہ یہ کہیں ''صاحب! مجھ سے زیادہ خود غرض اور کنجوس انسان روئے زمین پر نہیں پایا جاتا تو میں کسی کی کیا خدمت کروں گا۔''

اس سے نفس ٹھکانے پر رہتا ہے۔ یہ چیز رفتہ رفتہ ہمیں بلندی پر لے جائے گی اور رب تک پہنچا دے گی۔

تنگ دستی اور مشکل میں اُف تک نہ کریں بلکہ شکر کریں۔ یہ چیز آپ کو رب کے قریب لے جائے گی۔

خود بھوکا رہ کر دوسروں کو کھانا کھلانا اور خود پھٹے پُرانے کپڑے پہن کر دوسروں کو نئے کپڑے پہنانا یہ امام طریقت حضرت علیؓ کی سنت ہے۔ اور تمام فقیر اس پر عمل کرتے ہیں۔ میرا کسی فرقے سے کوئی تعلق نہیں۔ واضح کر دوں۔ تمام اولیاء اور بزرگوں نے سب سے پہلے حضرت علی کرم اللہ وجہہ کی دہلیز پکڑی اور اُنھوں نے اُن کے سر پر دست شفقت رکھا اور پھر وہاں سے اُن بزرگوں کو آپ ﷺ کی دہلیز تک پہنچا دیا گیا۔ حضرت علی کرم اللہ وجہہ کے طریقوں کی پیروی کر لیجیے آپ کو آپ ﷺ کی دہلیز تک پہنچا دیا جائے گا۔

نشست نمبر 31

سوال: ہر 100 سال کے آخر میں ایک مجدد آتا ہے۔ اس صدی کا مجدد کون ہے؟

جواب: میں نے پہلے بھی گزارش کی تھی کہ کچھ سوالات کے جوابات نہیں دیئے جاسکتے۔ ایک فقیر باوجود معاملات سے واقف ہونے کے کبھی کسی کا بھید نہیں کھولے گا۔ نہ وہ یہ بتائے گا کہ خود اُس کا اپنا مقام کیا ہے اور وہ کیا فرائض سرانجام دے رہا ہے اور نہ ہی کسی دوسرے فقیر کے فرائض اور مقام سے پردہ اُٹھائے گا۔ کیونکہ رُوحانیت کی راہ میں اس بات کی ممانعت ہے۔ وہ استفسار پر صرف یہ جواب دے گا کہ مجھے یہ تو نہیں معلوم کہ وہ فقیر کس مقام پر ہیں لیکن یہ ضرور پتا ہے کہ وہ مجھ سے بڑے ہیں۔ میں اس راہ میں اُن سے کم تر مقام پر ہوں۔

ایک بادشاہ کو بتایا گیا کہ اُس کے دارالحکومت میں بہت سے فقراء ہیں جن میں وقت کا قطب بھی شامل ہے۔ بادشاہ نے اُن سے ملاقات کا ارادہ کیا اور اُن دس فقراء کو اپنے محل میں کھانے پر مدعو کرلیا۔ کھانے کے بعد بادشاہ ہر ایک سے ہاتھ ملاتا اور وہ فقیر باہر نکل جاتا۔ پہلے فقیر کو رُخصت کرتے وقت بادشاہ نے اُس سے کہا کہ سنا ہے آپ وقت کے حاکم ہیں۔ آپ سے مل کر بہت خوشی ہوئی۔ وہ فقیر بولا۔ میں کہاں کا حاکم اور کہاں کا فقیر یہ تو ڈھونگ ہے البتہ مجھ سے پیچھے آنے والا فقیر حاکم ہے۔ دوسرے فقیر سے بھی بادشاہ نے یہی جملہ کہا۔ اُس نے بھی یہی کہا کہ میں تو حاکم نہیں البتہ راز کی بات تمھیں بتاتا ہوں کہ مجھ سے بعد میں آنے والا فقیر ہی حاکم وقت ہے۔ حتیٰ کہ جب دسویں فقیر کی باری آئی اور بادشاہ نے اُس کے سامنے یہی فقرہ دہرایا تو وہ بولا کہ بھئی میں کیسے حاکم ہوسکتا ہوں۔ وہ سب تمھیں بے وقوف بنا گئے جو شخص سب سے پہلے اس دروازہ سے گیا تھا۔ وہی تو حاکم تھا۔

بات یہ ہے کہ اصل فقیر کبھی نہیں بتائے گا کہ وہ کس مقام پر ہے؟ اُس کے فرائض کیا ہیں؟ اُس کا عہدہ کیا ہے؟ لیکن جو لوگ کچھ بھی نہیں ہوتے، جن کو رُوحانیت کی ابجد کا بھی پتا نہیں ہوتا اور جو علوم باطنی کے ہجوں تک سے واقف نہیں ہوتے وہ عموماً لمبے چوڑے دعوے کرتے دکھائی دیتے ہیں۔

ولائیت یا ولی دو قسم کے جھوٹ کے درمیان پائے جاتے ہیں۔ جو کچھ نہیں ہوتا وہ کہتا ہے میں بہت کچھ ہوں۔ یہ جھوٹ ہے۔ اور جو بہت کچھ ہوتا ہے وہ کہتا ہے کہ میں کچھ نہیں۔ یہ بھی جھوٹ ہے۔ چونکہ مجھے

رُوحانیت کا ایک جھونکا تک چھو کر نہیں گزرا لہٰذا میں کیسے بتا سکتا ہوں کہ اس صدی کا مجدد کون ہے۔

سوال: بلاشبہ رب قادرِ مطلق ہے پھر بھی ایک خیال آتا ہے کہ ہمارا انسان کے روپ میں دنیا میں آنا ہماری اپنی Choice تو نہیں پھر سزا اور جزا کیوں؟ اگر Choice ہوتی تو شاید ہم دنیا میں آنا ہی نہ چاہتے یا پھر Innocent Bird کی شکل میں آنا چاہتے تاکہ سزا نہ ہو۔

جواب: یہ سچ ہے کہ اللہ نے انسان کو تخلیق کیا اور اس دنیا میں بھیجا لیکن ہم یہ بھول جاتے ہیں کہ سزا و جزا کا جو نظام ہے یہ اس لیے Excercise نہیں ہوتا کہ ہم اس دنیا میں آئے۔ دنیا میں آنے کی کوئی سزا نہیں بلکہ جزا و سزا کا تعلق تو اللہ کے احکامات کی فرماں برداری اور نافرمانی سے ہے۔ اگر ہم سزا سے بچنا چاہتے ہیں تو ہمیں کون مجبور کرتا ہے اللہ کے احکامات کی رُوگردانی سے۔ اللہ کے احکامات کی پیروی سے دنیا و آخرت میں انعامات مل جائیں گے۔ دنیا میں انسان کے آنے کا ایک مقصد تو اللہ کا خلیفہ ٹھہرایا جانا بھی ہے۔ یہ بہت بڑا اعزاز ہے جو اللہ تعالیٰ کے مقرب ترین فرشتہ جبرائیل علیہ السلام کو بھی حاصل نہیں بلکہ صرف انسان کو حاصل ہے۔ ہمیں اس اعزاز کے لیے اللہ کا شکر گزار ہونا چاہیے بجائے خوفزدہ ہونے کے کہ کاش ہم دنیا میں نہ آتے یا پھر معصوم پرندہ کی شکل میں آتے۔ معصوم پرندہ کی شکل میں دنیا میں آنے کی خواہش کرتے ہوئے یہ کیوں بھول جاتے ہیں کہ تب ہم کسی شکاری کے جال میں بھی پھنس سکتے تھے۔ اللہ کے عذاب اور خوف سے ہم بچ سکتے ہیں اگر ہم اُس کے احکامات کی پیروی کریں۔

یہ بھی تو اللہ کی مہربانی ہے کہ وہ نادانستہ اور لاعلمی میں سرزد ہونے والی ہماری کوتاہیوں اور غلطیوں پر گرفت نہیں فرماتا۔ سزا صرف دانستہ کی جانے والی غلطیوں اور گناہوں پر ہے۔ اگر گناہوں کا تعلق حقوق اللہ سے ہے تو ماسوائے شرک کے اللہ تعالیٰ جس کے چاہے گا اپنی رحمت کے صدقے تمام گناہ معاف فرمادے گا۔ ضرورت اس امر کی ہے کہ ہم اس دنیا میں آنے پر اللہ کا شکر ادا کریں اور اگر سزا کا خوف ہے تو اللہ کے احکامات سے رُوگردانی نہ کریں۔

سوال: کیا دعا قسمت بدل سکتی ہے؟

جواب: یقیناً دعا قسمت بدل دیتی ہے۔ لیکن ہم دعا کے حوالے سے اپنے Concepts (تصورات) کو Clear (واضح) رکھیں۔ دعا اس طرح کام نہیں کرتی جس طرح عموماً ہم سمجھتے ہیں۔ ہم نے تو دعا کو ہر مسئلہ کا حل بنالیا ہے۔ سارا سال Student کھیلتا رہا۔ جب امتحان آئے تو صاحب دعا کے پاس جا کر درخواست کی کہ دعا کر دیجیے میں پاس ہو جاؤں۔ اسی طرح ایک بیمار شخص علاج نہیں کرواتا صرف دعا پر اکتفا کر رہا ہوتا ہے۔

اگر ہم قدرت کی متعیّن کردہ راہوں کو اپنالیں تو ہماری زندگی آسان ہو جائے گی۔ پہلے ہم مقدور بھر دنیاوی طور پر کوشش کرلیں پھر دعا کریں کہ ''یا باری تعالیٰ! تو نے ہمیں جو بھی ذہنی و جسمانی قوتیں عطا فرمائی ہیں ہم نے مقدور بھر آزمالیں۔ اب تُو ان میں برکت عطا فرما اور اگر یہ ہمارے مفاد میں بہتر ہے تو ہمیں اس

میں کامیابی سے ہم کنار فرمادے۔''

یہ دعا کرنے کے بعد ہم مطمئن ہوجائیں کہ ہم نے ایک ایسے قادر مطلق رب کے سپرد اپنے معاملات کر دیئے ہیں جو رحمٰن ورحیم اور کریم ہے اُس کی طرف سے آنے والا نتیجہ اور پھل یقیناً ہمارے لیے بہترین ہوگا۔ اس اطمینان اور یقین کے بعد اللہ کی طرف سے ہماری کوششوں کا جو بھی نتیجہ سامنے آئے گا ہم اُسے ہنسی خوشی تسلیم کرلیں گے۔ درحقیقت یہی مومن کا راستہ ہے اور یہی راستہ کامیابی کی طرف لے جاتا ہے۔ یہ سوچنا کہ ہر کام وظائف اور دعا سے ہوجائے گا یہ بے عملی کی راہ ہے جس میں انسان ہاتھ پر ہاتھ دھر کے رہنا سیکھتا ہے۔ یاد رکھیں کہ بے عملی، کاہلی اور سُستی اللہ کے ہاں ناپسندیدہ ہیں۔ اللہ کے ہاں تو وہ لوگ پسندیدہ ہیں جو مجاہدوں کی طرح ہر وقت عمل کے لیے کمر کس کے رکھتے ہیں۔ پہلے عملی کوشش اور محنت پھر دعا یہ فارمولا اپنا لیجیے۔ کامیابی ضرور ملے گی اور قسمت بھی بدل جائے گی۔

سوال: رب تعالیٰ کی محبت کا حصول کیوں کر ممکن ہے؟

جواب: رب تعالیٰ سے محبت کے لیے میں تو کسی وظیفہ سے واقف نہیں ہوں۔ میں تو بس یہ جانتا ہوں کہ انسانی فطرت میں ہے کہ جو اُس کی کفالت کرے، اُس کو Look after کرے، مصیبت میں کام آئے انسان اُس سے پیار کرنے لگتا ہے۔

اگر ہم روزانہ رات کو سوتے وقت یاد کریں کہ زندگی میں کتنے موقع آئے اور کب کب آئے کہ ہم نے خود کو لاچار اور بے بس پایا اور جب ہمیں کوئی حل نہ سوجھ رہا تھا اور ہم مایوس ہو رہے تھے تو رب تعالیٰ نے ہماری مدد کی اور ہمیں اُس مایوسی سے بچالیا۔ ایسے مواقع کب کب آئے جب رب تعالیٰ نے ہماری غیبی مدد فرمائی اور وہاں سے ہمیں مالی مدد فراہم کی اور رزق عطا فرمایا جو ہمارے وہم و گمان میں بھی نہ تھا۔

جب ہم اللہ کی یہ نوازشات اور کرم نوازیاں یاد کرتے ہیں تو رب تعالیٰ پر ہمارا یقین اور بھروسا بڑھنے لگتا ہے اور یہی یقین و بھروسا بڑھتے بڑھتے اللہ کے ساتھ پیار اور محبت کی شکل اختیار کرنے لگتا ہے۔ لہٰذا میرے خیال میں تو وہ مواقع یاد رکھے جائیں جب غیر متوقع طور پر اللہ نے ہماری مدد کی۔ اس سے اللہ تعالیٰ سے ہمارا پیار بڑھ جائے گا۔ اصل بات یہ ہے کہ ہم اللہ پر یقین تو کرتے ہیں لیکن بھروسہ نہیں۔

We believe in Allah but we don't trust Him.

یہی وجہ ہے کہ مشکل وقت میں کبھی کسی پیر فقیر تو کبھی عامل کے پاس دوڑے چلے جاتے ہیں۔ اگر ہم اللہ پر بھروسہ کرنے لگیں تو پھر ہم سہارے ڈھونڈنے نہیں نکلیں گے کیونکہ پھر اللہ ہی بندہ کے لیے کافی ہوجاتا ہے۔ اور یہی وہ مقام ہے جب بندہ اپنے رب سے محبت کرنے لگتا ہے۔

سوال: Mirror Image Theory کیا ہے؟ کیا اس کا تعلق تصوف سے ہے؟

جواب: تصوف میں ایسی کوئی Theory نہیں ہے۔ تصوف میں Mirror Image نہیں ہوتا۔ البتہ یہ ضرور

ہے کہ تصوف میں مرید کے طور طریقوں میں اُس کے مرشد کی جھلکیاں ملتی ہیں۔ لیکن کوئی بھی شاگرد اپنے مرشد کا Mirror Image نہیں ہوتا۔ کیونکہ تصوف میں دنیاوی طریقہ پر تربیت نہیں ہوتی۔ مرشد کبھی ہاتھ میں چھڑی لے کر شاگرد کو علم نہیں سکھاتا۔ ہاں وہ سرزنش ضرور کرتا ہے۔ شاگرد چونکہ مرشد کے طور طریقوں کی نقل کرتا ہے اس لیے اُس کی ذات میں مرشد کی جھلک ملتی ہے۔ لیکن ہم اس کو Mirror Image اس لیے نہیں کہہ سکتے کیونکہ ایک فقیر کے طور طریقے، Dealings، دعا کا طریقہ، قبولیت کا Time lap، تصرفات و کرامات سب دوسرے فقیر سے مختلف ہوتے ہیں۔ یہ سب چیزیں شاگرد کی مرشد سے بھی میل نہیں کھاتیں کیونکہ اُس کے Behaviour، طور طریقے، تصرفات و کرامات نہ صرف Influenced ہوتی ہیں بلکہ یہ Direct result ہوتی ہیں اُن پڑھائیوں، وظائف اور اذکار کا جو وہ فقیر کرتا ہے۔ ہوسکتا ہے کہ مرشد جمالی ہوں، مجلسی ہوں، لوگوں میں خوش رہتے ہوں۔ اپنے پاس آکر بیٹھنے والوں کو برداشت کرتے ہوں لیکن مرید لوگوں کا ہجوم زیادہ دیر تک برداشت نہ کرتے ہوں۔ تنہائی پسند ہوں۔ اس لیے مرشد شاگرد کو جو کچھ بھی پڑھنے کے لیے عطا فرمائیں گے وہ شاگرد یا مرید کی Body Chemistry اور رُوح کی کیمسٹری کے عین مطابق ہوگا۔ شاگرد کی رُوح کے Controlling word سے مطابقت رکھتا ہوا ذکر اُسے عطا کیا جائے گا۔ اگر وہ ذکر جلالی ہوا تو اس کے پڑھنے سے شاگرد میں جلال آجائے گا۔ حالانکہ مرشد جمالی ہیں۔ ان پڑھائیوں اور ذکر اذکار کے نتیجے میں مرتب ہونے والے اثرات سے شاگرد مجلسی ہوسکتا ہے اور تنہائی پسند بھی، خلقِ خدا کو برداشت کرنے والا بھی ہوسکتا ہے اور اس قدر جلالی بھی کہ کسی کو خود سے قریب نہ آنے دے۔ یوں تصوف میں مرید اپنے مرشد کا Mirror Image نہیں ہوتا۔ اِسی طرح ایک فقیر کی کرامات دوسرے فقیر سے مختلف ہوتی ہیں کیونکہ ان کا ذکر مختلف ہوتا ہے۔ اور اگر کبھی ذکر یکساں بھی ہو تو ذکر کی تعداد اور اوقات مختلف ہو جائیں گے اور یوں اثرات بھی مختلف ہوں گے۔

الغرض تصوف میں Mirror Image کا کوئی تصور موجود نہیں۔ اس میں تو ہر ایک کا Individual behaviour اور Individual attitude ہوتا ہے جو دوسرے سے یکسر مختلف ہوتا ہے۔

سوال: بعض اوقات کوئی منظر یا مقام دیکھ کر یہ کیوں لگتا ہے کہ ہم یہ پہلے بھی کہیں دیکھ چکے ہیں یا یہ واقعہ پہلے بھی کہیں ہو چکا ہے؟

جواب: ہر انسان کی رُوح سیر کرتی ہے جسے رُوحانی سیر کہا جاتا ہے۔ سیر کی Degree ہر انسان کی رُوح کے لیے مختلف ہوتی ہے۔ کیونکہ اس کا تعلق اس بات سے ہے کہ کسی رُوح کی لطافت کی ڈگری (Degree) کیا ہے۔ جتنی زیادہ کسی شخص کے اندر پاکیزگی ہوگی اُس کی رُوح اتنی ہی لطیف ہوگی اور رُوح جتنی لطیف ہوگی اُس کی پرواز اُتنی ہی بلند ہوگی۔ ہر رُوح اپنی اپنی ہمت و استطاعت کے مطابق پرواز کرتی ہے۔ اس رُوح نے دورانِ سیر اگر کوئی مقام یا واقعہ دیکھا تو وہ ہمیں یاد نہیں رہے گا کیونکہ نہ تو وہ ہمارے شعور کا حصہ ہے اور نہ ہی ہماری Short or long-term memory کا کبھی حصہ بن پائے گا۔ لیکن ہوگا یہ کہ جب کبھی زندگی میں

ہم اُس مقام کی سیر کریں گے یا وہ واقعہ ہماری زندگی میں پیش آئے گا تو ہمارے اندر ایک ہلکا سا احساس جاگے گا کہ یہ جگہ ہم پہلے بھی کہیں دیکھ چکے ہیں اور یہ واقعہ پہلے بھی کہیں ہو چکا ہے۔ کیونکہ رُوح بہرحال ہماری ہے اور ہمارے جسم کے اندر موجود ہے۔ اس تعلق کے باعث ہمیں یوں لگتا ہے کہ جیسے ہم پہلے بھی یہ منظر دیکھ چکے ہیں اور یہ واقعہ پہلے بھی کہیں ہو چکا ہے۔

سوال: ممتاز مفتی نے الکھ نگری میں لکھا تھا کہ کچھ اولیاء اللہ کا تعلق سیکرٹریٹ سے اور کچھ کا تعلق فیلڈ سے ہوتا ہے۔ قدرت اللہ شہاب کا تعلق سیکرٹریٹ سے تھا۔ اس پر روشنی ڈال دیجیے۔

جواب: ابھی کچھ دیر پہلے گزارش کی تھی کہ ان معاملات پر روشنی نہیں ڈالی جا سکتی۔ رُوحانیت میں ان پر سے پردہ اُٹھانے کی ممانعت ہے۔

میرے Case میں اس موضوع پر بات نہ کرنے کی دو وجوہات ہیں۔ بنیادی وجہ یہ ہے کہ رُوحانی علوم مجھے چُھو کر بھی نہیں گزرے۔ ایک آدمی جس نے ساری عمر History (تاریخ) اور جغرافیہ پڑھا ہو آپ اُس سے نیوٹن کا قانون پوچھیں یا پھر یہ دریافت کریں کہ فلاں سرجن دماغ کے کس حصہ کا بہترین آپریشن کرتا ہے تو وہ کیسے کچھ بتا سکتے ہیں۔ تو میں اس سوال کا جواب نہیں دے پاؤں گا۔ اور نہ ہی کوئی دوسرا فقیر آپ کو اس کا جواب دے گا۔ بہتر یہی ہے کہ اس تجسس سے جان چھڑائیے کہ کس فقیر کا کیا مقام ہے اور اہلِ فقر کے جسم سے نکلنے والی vibrations (لہروں) کی Field (حصار) میں آجائیے۔

ہر انسان کی ایک Magnetic Field ہوتی ہے جس طرح ہر برقی تار (Electric wire) کے اردگرد ایک مقناطیسی میدان (Magnetic Field) ہوتا ہے۔ جوں جوں تار کے قریب جاتے جائیں اس کا Magnetic Field طاقتور ہوتا جائے گا۔ 132 KV کا Magnetic Field 6 فٹ Radius تک ہوتا ہے۔

تین فٹ Radius کے اندر تو یہ اتنا Strong ہوتا ہے کہ بندہ اگر اس Radius کے اندر چلا جائے تو جھلس جاتا ہے۔ اِسی طرح فقیر اگر 220V کی تار کی طرح چھوٹا فقیر ہے تو اُس کی Magnetic Field اُتنی ہی کم ہوگی۔ اگر 11KVA کی طرح درمیانہ درجہ کا فقیر ہے تو اُس کی Magnetic Field اتنی ہی دُور تک ہوگی۔ اگر 132KVA جیسا فقیر ہے تو اُس کی Magnetic Field اُتنی ہی وسیع اور Strong ہوگی۔

بس آپ اس فقیر کے Magnetic Field میں کسی طرح داخل ہو جائیے اور اس کے اندر سے علم کی جو Vibrations (لہریں) نکل رہی ہیں ان میں آجائیے تو علم کے اثرات آپ پر مرتب ہونے لگیں گے۔

مقناطیس دو طرح کا ہوتا ہے۔ ایک Permanent Magnet اور دوسرا Electro Magnet۔ الیکٹرو میگنیٹ کا تعلق کرنٹ (Current) سے ہے۔ جیسے پنکھے کے الیکٹرو Magnet اس کو چلاتے ہیں۔ لیکن جو Permanent Magnet ہے اس کے اردگرد اگر لوہے کے ٹکڑے کچھ عرصہ پڑے رہیں تو

رفتہ رفتہ وہ لوہے سے مقناطیس میں بدل جائیں گے۔ لوہے کے جو ٹکڑے مقناطیس سے جس قدر نزدیک ہوں گے اُسی قدر جلدی اور زیادہ اُن میں مقناطیسیت آجائے گی۔ جب کہ قدرے فاصلے پر موجود لوہے کے ٹکڑوں میں مقناطیسی قوت کم ہوگی۔ اِسی طرح آپ جس قدر فقر کے قریب ہیں اُسی قدر جلد اُس کے رنگ میں رنگے جائیں گے اور اگر غلطی سے کہیں آپ اُس کے دل کے قریب آگئے تو پھر وہ حال ہوجائے گا کہ خود تو ڈوبے ہیں صنم تم کو بھی لے ڈوبیں گے۔ نتیجہ یہ نکلے گا کہ آپ کھانے پینے کی لذت سے بھی گئے اور زندگی سے لطف اندوز ہونے کے مزے سے بھی محروم ہوگئے۔

جس درجہ کی آپ کی فقیر سے قربت اور دوستی ہے اُسی درجہ کے آپ فقیر بن جائیں گے۔ جس قدر آپ اُس کے قریب ہوں گے اُسی قدر آپ کے اندر فقر آئے گا۔

لٰہذا یہ کر لیجیے کہ بجائے یہ جاننے کے کہ کون سے ولی اللہ فیلڈ افسر ہیں اور کن کا تعلق سیکرٹریٹ سے ہے آپ خود اس فیلڈ میں داخل ہوجایئے۔ اہلِ فقر کی Vibrations کو وصول کر لیجیے۔ اس سے فائدہ یہ ہوگا کہ آپ خود فقیر ہوجائیں گے۔ از خود آپ کو سوالوں کے جواب ملنے لگیں گے۔ آپ کو علم حاصل ہوجائے گا اور مسائل کی گتھیاں خود بخود سلجھنے لگیں گی۔

جملہ معترضہ کے طور پر عرض کردوں کہ فقیر کے دل کے قریب ہونے کی جو بات کی اس حوالے سے ایک قصہ یاد آگیا۔ پرانے زمانہ میں تین مسافر ایک گاؤں سے گزر رہے تھے۔ مغرب کی نماز ایک مسجد میں ادا کرنے کے بعد اُنھوں نے امام صاحب کو بتایا کہ ہم مسافر ہیں۔ امام صاحب کے اعلان پر گاؤں کے دو اہلِ ثروت حضرات نے دو مسافروں کو اپنا مہمان بنالیا اور اپنے ساتھ گھر لے گئے۔ تیسرے مسافر کو چار و ناچار امام مسجد کو اپنا مہمان بنانا پڑا۔ لٰہذا اُس نے کہا کہ میں گھر جا کر آپ کے لیے کھانا اور بستر بھیجتا ہوں۔ گھر جا کر وہ ایسا کرنا بھول گیا۔ ادھر تیسرا مہمان بے چارہ انتظار کرتے کرتے سخت سردی سے بچنے کے لیے صف میں اپنے آپ کو رول (Roll) کر کے بھوکا پیاسا ہی سوگیا۔ صبح فجر کی نماز کے بعد باقی دو ساتھیوں سے ملاقات ہوئی اور اُنھوں نے اپنے میزبانوں کی میزبانی کی دل کھول کر تعریف کی اور تیسرے ساتھی سے پوچھا کہ ہاں بھئی تمھاری رات کیسے بسر ہوئی۔ وہ بولا۔ ''میرے ساتھ وہی ہوا جو اللہ کے مہمانوں کے ساتھ ہوا کرتا ہے۔ رات بھر سے بھوکا بھی ہوں اور سونے کے لیے سخت جاڑے میں بستر سے بھی محروم رہا ہوں۔'' لٰہذا آپ سے گزارش یہی ہے کہ مرشد کے دل کے قریب آنے سے پہلے یہ سوچ لیجیے گا کہ اس کا انجام ایسا ہی ہوتا ہے۔

نشست نمبر 32

عبادت کا مفہوم

ہم ایک لفظ ''عبادت'' روزانہ کئی بار استعمال کرتے ہیں۔ یہ لفظ ''عبادت'' پانچ حروف سے مل کر بنا ہے۔

ع۔ب۔ا۔د۔ت

ع سے مراد ہے عجز

ب سے مراد ہے بندگی

ا سے مراد ہے اللہ اور یہ اُس کے احد ہونے کی صفت کو ظاہر کرتا ہے۔

د سے مراد ہے درستگی سمت انسان کی

ت سے مراد ہے تقویٰ

پہلے حرف ''ع'' سے مراد جو عجز اور عاجزی ہے وہ دونوں لحاظ سے ہونی چاہیے۔ اوّل تو یہ کہ عبادت عاجزی کے ساتھ کی جائے اور دوم یہ کہ عبادت کے نتیجہ میں انسان کی روزمرہ زندگی میں عجز آ جائے۔

ایک کوتاہی جو اکثر ہم سے سرزد ہوتی ہے وہ یہ کہ ہم عبادت کو ہی منزل سمجھ لیتے ہیں۔ ہم سوچتے ہیں کہ ہم نے رب کی عبادت کر لی یہی کافی ہے۔

صرف عبادت کر لینا ہی کافی نہیں ہوتا۔ کیونکہ انسان محض عبادت سے رب کو راضی نہیں کر سکتا۔ عبادت کے لیے تو ہمہ وقت تسبیح میں مصروف فرشتے بھی کافی ہیں۔

عبادت کا مطلب یہ ہے کہ انسان کے اندر وہ تمام صفات اور Attributes پیدا ہو جائیں جو رب انسان میں دیکھنا چاہتا ہے اور عاجزی کا وصف انہی صفات میں سے ایک ہے۔

رب چونکہ ہمارا خالق ہے۔ ہمارا پالنے والا ہے۔ اس کی بزرگی و عظمت الفاظ میں بیان کیے جانے سے کہیں آگے ہیں۔ ہم اُس کے مقابلے میں انتہائی حقیر اور چھوٹے ہیں۔ جب ہم رب کے حضور کھڑے ہوتے ہیں تو ہمارے (Posture) اندازِ نشست اور طور طریقوں سے اس بات کا اظہار ہونا چاہیے کہ ہم رب کو کتنا بڑا اور خود کو کتنا حقیر سمجھتے ہیں۔ ایسی عبادت میں عاجزی کا رنگ ہوگا۔

لفظ عبادت میں استعمال ہونے والا حرف ''ب'' بندگی کو ظاہر کرتا ہے۔ ہمارا اپنے رب کے ساتھ آقا اور بندگی کا جو رشتہ ہے اس کا تقاضا ہے کہ ہم بہت با ادب ہوں۔ ہماری عبادت میں اس ادب کا اظہار ہونا چاہیے۔ ہماری ایک ایک حرکت سے یہ پتا چلے کہ ہم بندہ حق ہیں۔

لفظ عبادت میں استعمال ہونے والا حرف ''ب'' بندگی کو ظاہر کرتا ہے۔ ہمارا اپنے رب کے ساتھ آقا اور بندگی کا جو رشتہ ہے اس کا تقاضا ہے کہ ہم بہت با ادب ہوں۔ ہماری عبادت میں اس ادب کا اظہار ہونا چاہیے۔ ہماری ایک ایک حرکت سے یہ پتا چلے کہ ہم بندہ حق ہیں۔

لفظ عبادت میں جو حرف ''الف'' استعمال ہوا ہے اس سے مراد یہ ہے کہ ہم اللہ کو ''وحدہٗ لاشریک'' جانیں۔ اس کو یکتا جانیں۔ حقیقت بھی یہی ہے کہ رب تعالیٰ اپنی قوت، عظمت اور بزرگی میں یکتا ہے۔ اس جیسا کوئی نہیں۔ وہ یکتا و واحد ہے۔ خود اپنی ذات میں تنہا ہے۔ اس کا مثل کوئی نہیں ہے۔ لہٰذا بندگی کی بنیادی شرط یہ ہوگی کہ ہم اپنے رب کو یکتا و واحد سمجھ کر اُس کی عبادت کریں۔

حرف ''د'' ہماری درستگی سمت کے بارے میں ہے جب ہم رب تعالیٰ کی عبادت کرتے ہیں تو یہ سمجھتے ہیں کہ عبادت کر لی تو ہم نے گویا فرائض ادا کر لیے۔ ہماری عبادت ایسی ہونی چاہیے اور اس کے ایسے اثرات ہم پر مرتب ہونے چاہئیں جو ہماری سمت کو درست رکھنے میں مددگار ہوں اور ہمارا ہر فعل اللہ کے لیے ہو۔

لفظ عبادت کا اگلا حرف ''ت'' ہے۔ جس سے مراد ہے ''تقویٰ''۔ عبادت کے ذریعے ہمیں تقویٰ حاصل ہوتا ہے۔ ہم عموماً عبادت کو منزل سمجھ کر یہ دیکھنے لگتے ہیں کہ عبادت کے نتیجے میں ہمیں حاصل کیا ہو رہا ہے۔ ہونا تو یہ چاہیے کہ عبادت کے نتیجے میں ہم میں عاجزی آ جائے۔ ہم خود کو حقیر جاننے لگیں۔ ہم میں بندگی کا عنصر نہ صرف پیدا ہو بلکہ یہ سوچ آ جائے کہ ہم اللہ کے بڑے حقیر بندے ہیں۔ رب کی عبادت کرنا ہم پر فرض بھی ہے اور رب کا ہم پر حق بھی۔

اِسی طرح سچے دل سے ہم رب کو یکتا و واحد جانیں کہ وہ خصوصیات وصفات میں یکتا ہے اُس جیسا کوئی نہیں۔

ہم عبادت کے نتیجے میں بُرائیوں اور گناہوں سے دُور ہو جائیں۔ اللہ کو وحدہٗ لاشریک اور آپ ﷺ کو اللہ کا آخری رسول مانیں۔ وہ کام کریں جس کی رب تعالیٰ نے تلقین فرمائی ہے اور ہر اُس کام سے دُور رہیں جس سے اُس نے منع کیا ہے۔ یوں درستگی سمت سے ہوتے ہوئے ہم تقویٰ کے مقام پر پہنچ جائیں گے۔

عبادت کے اصل معنی رب کے سامنے جھکنے اور تعظیم کے ہیں۔ جب ہم صحیح معنوں میں رب کے سامنے جھکتے ہیں تو اس کے نتیجہ میں یہ چیزیں پیدا ہو جانی چاہئیں۔ اگر ایسا نہیں ہوتا تو ہمیں یہ دیکھنا ہے کہ کہاں کوتاہی ہو رہی ہے۔ محض نام کی عبادت کا کیا فائدہ؟

سوال: عبادت میں یکسوئی (Concentration) کا حصول کیسے ممکن ہے؟ ایسی یکسوئی کہ عبادت میں لذت آنا شروع ہو جائے۔

جواب: پہلی گزارش یہ ہے کہ ہم لذت کے حصول کے لیے عبادت نہ کریں۔ عبادت صرف اور صرف اس لیے کریں کہ ہمارا رب لائق عبادت ہے۔ وہ اتنا عظیم ہے اور اس کے ہم پر اتنے زیادہ احسانات ہیں کہ عبادت اُس کا حق ہے۔

رہ گئی بات یکسوئی (Concentration) کی۔ وہ اتنا دشوار کام نہیں ہے۔ اگر ہم صرف عبادت کرتے چلے جائیں بغیر یہ خیال کیے کہ خیالات آ رہے ہیں عبادت کے دوران تو آہستہ آہستہ خیالات ختم ہونے لگتے ہیں۔ دوسرا طریقہ یہ ہے کہ حالت قیام میں اپنے دائیں پاؤں کے انگوٹھے کے ناخن کو غور سے دیکھتے جائیں۔ Concentration یعنی یکسوئی پیدا ہو جائے گی۔

جب ہم اپنے رب کو دل سے بڑا مان کر عبادت کرتے ہیں۔ اُس کو اپنا آقا جانتے ہیں تو پھر عزت، ڈر اور خوف جیسے جذبات پیدا ہوتے ہیں۔ ایسے میں انسان رب کے حضور کھڑا ہو کر کچھ اور سوچ نہیں سکتا۔

نماز میں یکسوئی کے حصول کا طریقہ یہی ہے کہ ہم خیالات کی یلغار کے باوجود عبادت جاری رکھیں۔ آہستہ آہستہ خیالات ختم ہو جائیں گے۔

سوال: شب معراج جو 29 چیزیں آپ ﷺ کو عطا ہوئیں ان میں سے ایک یہ ہے کہ "شرک اور کفر کو مدغم نہ کیا جائے۔" اس سے کیا مراد ہے؟

جواب: شرک اور کفر ——— کفر اور حق کو مدغم نہ کیا جائے۔ ان دونوں کے بارے میں ہمارا ذہن اتنا واضح (Clear) ہو کہ ہم ہر وہ چیز جو بالواسطہ (Indirectly) بھی کہیں شرک کے زمرے میں آئے تو ہم دلائل سے اُسے جائز قرار نہ دیں۔ حرام کو حلال اور حلال کو حرام نہ بنانے لگیں۔ مثلاً شراب کے بارے میں یہ کہا جاتا ہے کہ قرآن میں تو یہ لکھا ہے کہ نشہ آور شے سے دُور رہیں۔

اگر کسی شخص کو شراب پینے سے نشہ ہی نہیں ہوتا اور اُس کے ہوش و حواس قائم رہتے ہیں تو ایسے میں شراب اُس کے لیے حرام نہیں ہے۔

اس قسم کے بے جا جواز پیش کر کے حرام کو حلال بنانے کی کوشش کی جاتی ہے۔ یاد رہے کہ وہ تمام ممنوعات جن سے اجتناب کا حکم ہے اور وہ تمام حلال اُمور جن کے کرنے کا حکم ہے۔ دلائل کے ذریعے ان کو مدغم نہ کیا جائے۔ اور حلال کو حرام اور حرام کو حلال بنانے کی کوشش نہ کی جائے۔

نشست نمبر 33

گناہوں سے توبہ کا راستہ......اللہ کے قرب کا راستہ

انسان کو جب اپنے گناہ یاد آنے لگتے ہیں کہ عمر بھر انسان کیا کرتا رہا تو پھر ان گناہوں سے بچاؤ کے طریقے ڈھونڈتا ہے۔ یہ بات تو سمجھ آتی ہے کہ آئندہ گناہوں سے کیسے بچا جائے لیکن جو گناہ ہو چکے اُن کے لیے کیا کیا جائے؟ تب گناہوں کے ساتھ ایک راستہ نظر آتا ہے۔توبہ کا راستہ۔

توبہ کے لغوی معنی ''لوٹ جانے'' کے ہیں کہ کسی طرف لوٹا جائے۔

اصطلاحی معنوں میں کوئی ایسا کام جو انسان کو رب تعالیٰ سے دُور لے جاتا ہو، اللہ کی خوشنودی سے دُور کر دے اور اُس کی ناراضگی سے قریب تر کردے۔وہ گناہ ہے۔ایسا کام جس سے رب تعالیٰ نے منع کیا وہ کام گناہ کہلائے گا۔

جب ہم گناہوں سے توبہ کرتے ہیں تو سیدھے راستے کی طرف لوٹ جاتے ہیں۔اس لیے گناہوں سے آئندہ کے لیے رُک جانے اور گناہوں سے معافی مانگنے کو توبہ کا نام دیا گیا۔یعنی اُس راہ سے جس سے اللہ تعالیٰ نے منع کیا ہے انسان رُک جاتا ہے تو یہ توبہ ہے۔ایسے کام جو اللہ کو پسند نہیں جو ہمیں اللہ سے دُور لے جاتے ہیں اُن سے اجتناب کرنا توبہ ہے۔

توبہ کا اعلیٰ درجہ ''توبتہ النصوح'' ہے۔یعنی ایسی توبہ کہ جس کو کرتے ہوئے انسان کے دل میں یہ جذبہ اور پختہ ارادہ ہو کہ دوبارہ گناہوں کی طرف نہیں آؤں گا۔کوئی ایسا کام نہیں کروں گا جو اللہ کو ناپسند ہے۔ یہ توبتہ النصوح ہے۔

'النصوح' نصاح سے نکلا ہے جس کا مطلب ہے ''دھاگے''۔ اصطلاح میں مطلب ہے کہ انسان اپنے آپ کو باندھ لے ایسے کام کرنے سے جو اللہ سے دُور لے جاتے ہیں۔

ہماری توبہ لومڑی کی توبہ نہ ہو۔دل میں تو یہ خیال ہو کہ میں توبہ کر کے پچھلے گناہ معاف کروالوں۔اور جب یہ گناہ معاف ہو جائیں گے تو دوبارہ گناہ کرلوں گا اور پھر دوبارہ توبہ کرلوں گا۔ پھر گناہ کروں گا اور توبہ کرلوں گا۔

یہ اللہ تعالیٰ کی صفت ''رحیم'' کا ناجائز فائدہ ہے۔انسان کی یہ حرکت اللہ کے غضب اور ناراضگی کا سبب بن سکتی ہے۔ہمیں ایک بات یاد رکھنی چاہیے کہ قرآن پاک کے مطابق ہم انسان بہت مکار ہیں۔ جب ہم

کہانی کا جال پھینکتے ہیں تو کوئی بچ کر نکل نہیں سکتا۔

رب کی فراست اور نگاہ تو ایسی ہے کہ رب دل کی پوشیدہ چیزوں سے بھی واقف ہے۔ ہم رب سے دھوکا نہیں کر سکتے۔

اس کے برعکس اگر ہم نے سچے دل سے توبہ کی اور باوجود خود کو روکنے کے انسانی فطرت کے باعث ہمارا پاؤں پھسل گیا اور ہم اُس پر شرمندہ ہوئے تو اللہ تعالیٰ معاف فرمانے والا ہے۔ اللہ تعالیٰ کی اس شان کا کہ وہ کس قدر غفور ورحیم ہے، اِس بات سے اندازہ ہو جائے گا کہ اللہ تعالیٰ کو ایسے انسان کی نسبت جس نے ساری زندگی گناہ نہیں کیے وہ شخص زیادہ پسند ہے جس نے گناہ کیے۔ پھر نادم ہوا اور توبہ کر لی۔

اس کا مطلب ہرگز یہ نہیں کہ معاذ اللہ اللہ تعالیٰ کو گناہ پسند ہے۔ اس کے برعکس بات اصل میں یہ ہے کہ وہ شخص جو ساری زندگی معصوم رہا، گناہوں سے بچا رہا اُس کے پاس پارسائی اور نیکی تو ہے لیکن نفس کے ساتھ لڑائی نہیں۔ جب کہ گناہ گار اور تائب شخص نے گناہ اور بُرائی کا مزا چکھا ہے اور اس کے بعد وہ اپنے نفس سے لڑتا ہے کہ دوبارہ کبھی بُرائی کے قریب نہیں جاتا۔ یوں اصل میں وہ جہاد کر رہا ہوتا ہے اپنے نفس کے ساتھ اور مجاہد اللہ کو بہت پسند ہے۔

گناہ دو طرح کے ہیں۔

1۔ صغیرہ گناہ

2۔ کبیرہ گناہ

بعض علماء کے مطابق ایسا گناہ جس سے اللہ تعالیٰ نے منع کیا اور منع کرتے وقت، اُس کے کر لینے کے نتیجہ میں دوزخ کی سزا سُنائی، اگر کر لیے جائیں تو یہ گناہِ کبیرہ ہیں۔

کچھ علماء حضرات کے مطابق وہ تمام گناہ جس کے جواب میں اللہ تعالیٰ نے حدود جاری کی ہیں گناہِ کبیرہ ہیں۔

گناہِ کبیرہ کی تعداد کے بارے میں علماء کے ہاں اختلاف ہے۔ کچھ کے ہاں یہ تین، کچھ کے ہاں سات اور کچھ کے ہاں نو یا گیارہ ہے۔ کچھ علماء نے گناہِ کبیرہ کی تعداد سترہ بتائی ہے۔ جو علماء گناہِ کبیرہ سترہ طرح کے ہونے پر متفق ہیں وہ اس کا (Break Down) بریک ڈاؤن یوں دیتے ہیں

4 گناہِ کبیرہ کا تعلق دماغ، سوچ اور فکر سے ہے۔

4 کا تعلق انسان کی زبان سے ہے۔

2 کا تعلق انسان کے ہاتھوں سے ہے۔

1 کا تعلق پاؤں سے ہے۔

1 کا تعلق تمام تر جسم سے ہے

جھوٹی گواہی دینا۔اس کا تعلق زبان سے ہے۔ یہ بھی گناہِ کبیرہ ہے

تہمت لگانا۔اس کا تعلق بھی گناہِ کبیرہ سے ہے۔

کسی پاک باز خواہ مرد ہو یا عورت پر تہمت لگانا گناہِ کبیرہ ہے۔

چوری کا تعلق گناہِ کبیرہ سے ہے۔

یہ تمام چیزیں میں نے مختصراً بیان کرنے کی کوشش کی ہے۔ یہ وہ گناہ ہیں جو ہم سے صبح سے شام تک بارہا سرزد ہوتے ہیں اور ہمیں احساس تک نہیں ہوتا۔ہم سنی سنائی بات آگے پھیلا دیتے ہیں بغیر یہ سوچے سمجھے کہ ہمارے پاس اس کا کوئی ثبوت نہیں۔ جس شخص نے ہمارے سامنے کوئی قصہ بیان کیا اُس کے پاس بھی کوئی ثبوت موجود ہے یا نہیں۔ ہوسکتا ہے اُس نے اپنے ذاتی Motive یا مقصد کے لیے ایسا کیا ہو اور ہم نے بلا سوچے سمجھے اُسے آگے پھیلا دیا اور یوں ہم گناہِ کبیرہ میں مبتلا ہو جاتے ہیں۔اس بات سے مجھے 1974ء کا ایک واقعہ یاد آ گیا۔تب مجھے گورنمنٹ سروس کرتے ہوئے دو سال ہوئے تھے اور میری عمر 27 سال کے لگ بھگ تھی۔ کسی صاحب نے میرے پاس آ کر آفس کے ایک اور آدمی کے بارے میں بات کی کہ وہ آپ کے متعلق غلط سلط باتیں کرتا ہے۔کم عمری کے باعث میں بھڑک اُٹھا اور بلا سوچے سمجھے میں نے ایک نوٹ بنا دیا اُس شخص کے خلاف۔ میرے باس بہت دھیمے مزاج کے انسان تھے۔اور بہت معاملہ فہم بھی۔ مجھ سے پوچھنے لگے ''یہ بات آپ کو کیسے پتا چلی۔'' میں نے کہا ''فلاں شخص نے مجھے بتائی۔'' بولے ''کیا آپ نے تحقیق کی۔'' میں نے کہا ''نہیں۔'' کہنے لگے ''ہوسکتا ہے وہ شخص خود اصل میں اُس آدمی کے خلاف ہو اور بدلہ لینے کی پوزیشن میں نہ ہو۔آپ کو Strong دیکھ کر آپ کے ذریعے بدلہ لینے کی کوشش کر رہا ہو۔'' یہ وہ وقت تھا جب میرے باس (Boss) نے بڑی خوبصورت بات کہی۔

''جب بھی کوئی شخص کسی کے بارے آپ سے بات کر رہا ہوتا ہے تو یقیناً اس کے پیچھے اس کا کوئی مقصد ہوتا ہے اور وہ آپ کے ذریعے اپنا وہ مقصد حاصل کرنا چاہتا ہے ہوسکتا ہے وہ آپ کو استعمال کر رہا ہو۔ وہ شخص جو آپ سے آ کر کہتا ہے کہ فلاں شخص آپ کو بُرا بھلا کہہ رہا تھا ہوسکتا ہے وہ خود آپ کو بُرا بھلا کہنا چاہ رہا ہو۔لیکن آپ کے Strong ہونے کی وجہ سے وہ براہِ راست ایسا نہیں کر پا رہا ہو اور یوں وہ دوسروں کا نام لیتا ہے۔''

وہ میری زندگی کا آخری دن تھا جب میں نے اس طرح سُنی سنائی بات پر یقین کیا۔غیبت ایسا گناہ ہے جو صبح شام ہم کرتے ہیں اور ہمیں احساس ہی نہیں ہوتا کہ کتنا بڑا گناہ ہم کر رہے ہیں۔اپنی نیکیاں دوسروں کے نامۂ اعمال میں اور دوسروں کے گناہ اپنے اعمال نامے میں لکھواتے رہتے ہیں۔

رب تعالیٰ صرف اُس دل میں بستا ہے جو آئینہ کی طرح صاف ہو۔جس میں نہ کوئی کینہ، بغض اور حسد ہو اور نہ ہی نفرت۔رب ایسے ہی دلوں میں رہتا ہے۔رب تعالیٰ بہت صفائی پسند ہے۔ وہ کسی ایسی جگہ نہیں رہے گا جہاں کسی بھی قسم کی آلائش موجود ہے۔علم صرف اُس دل میں گھر کرتا ہے جو گداز ہو۔جس دل میں کینہ، بغض، رنجش اور دوسرں کے خلاف گلے شکوے ہیں وہ دل نرم نہیں بلکہ سخت ہوگا اور سخت زمین ہمیشہ بنجر ہوتی

ہے۔ وہاں فصل نہیں اُگتی۔ زمین سے اچھی، صحت منداور بارآور فصل لینے کے لیے ہم زمین کو ہرممکن گہرائی تک پھاڑتے ہیں۔ جتنی گہرائی میں ہل چلایا جاسکے، چلاتے ہیں اور جب زمین کا سینہ گہرا پھٹتا ہے اور وہاں بیج پڑتا ہے تو جتنا گہرا Cut زمین میں لگتا ہے اُتنی ہی فصل اچھی ہوتی ہے۔ انسانی دل بھی جب لوگوں کے زخم سہہ سہہ کر گداز ہوجاتا ہے۔ جس طرح زمین بُھربُھری ہوجاتی ہے۔ اِسی طرح وہ دل جو دوسروں کے دیئے زخم خوشی سے سہتا ہے اُس میں گداز پیدا ہوتا ہے اور جس دل میں جتنا زیادہ گداز ہے اُس میں اُتنا ہی زیادہ ''علم لُدنی'' سماتا ہے۔

اپنے دل میں اللہ کو بسانے کے لیے ہمیں اس کو ہر قسم کے کینہ، بغض، رنجش اور شکوے شکایات سے پاک رکھنا ہوگا۔ اگر ہم چاہتے ہیں کہ ہمیں علم لُدنی حاصل ہو اور دل گداز ہو تو ہمیں لوگوں کی طرف سے دیئے گئے دُکھوں اور زیادتیوں کو خندہ پیشانی سے بغیر ماتھے پر شکن لائے ہنس کر سہنا ہوگا۔

جب ہم دوسروں کے لیے قربانیاں کریں گے۔ خود بھوکا رہ کر دوسروں کا پیٹ بھریں گے۔ خود پُرانے کپڑے پہنیں گے اور دوسروں کو نئے کپڑے دیں گے۔ عید کے روز دُھلے ہوئے کپڑے یہ سوچ کر پہن لیں گے کہ میری جگہ کوئی غریب خاندان نئے کپڑے پہن لے۔ اپنے دُکھوں کو مسکراہٹ میں چھپا کر لوگوں سے ملیں گے۔ تو پھر اللہ دوڑ دوڑ کر ہمیں ملتا ہے۔ اور جب اللہ دوڑ دوڑ کر ہمیں ملتا ہے تو بے پناہ علم بھی ہمیں عطا ہوتا ہے اور اگر ہم یہ چاہتے ہیں کہ رب تعالیٰ سے اجر ''سوایا'' ہمیں ملے تو پھر ایک کام اور بھی کر لینا چاہیے کہ جب ہم دوسروں کے لیے مہربان ہوگئے۔ دوسروں کی زیادتیوں کو ہنس کر برداشت کر رہے ہوں تو بھولے سے بھی دل میں یہ خیال نہ آنے دیں کہ اس کا کوئی اجر بھی ہے۔ بس یہ سوچ کر یہ سب کرتے جائیں کہ یہ سنت رسول ﷺ ہے۔ اگر ہم نے یہ سب سنت سمجھ کر کیا تو پھر اس کا اجر ''سوایا'' ہے کیوں کہ تب ہمیں اجر کی تمنا اور تاھنگ نہیں ہوتی۔

سخی کی تعریف یہ نہیں کہ کون کتنا دیتا ہے۔ کیونکہ اس بات کا تعلق تو اس پر ہے کہ ریسورسز (Resources) یا ذرائع کتنے ہیں۔

سخی کی تعریف تو یہ ہے کہ جب وہ کسی کو دے رہا ہو تو دیتے وقت اُس کو زیادہ بھی کم لگے اور جب لے تو کم بھی زیادہ لگے۔ تب وہ سخی ہے۔ یہ کام وہی کرے گا جس کی نیت اور دل چیزوں سے بھرا ہوا ہے۔ دے تو لگے اور بھی دوں۔ اور بھی دوں حتیٰ کہ کل سرمایہ دے دوں اور لیتے وقت راکھ کی چٹکی بھی کوئی ہاتھ پر رکھ دے تو دل میں سوچے اس نے کتنا بڑا مجھ پر احسان کیا۔ میں اس کا احسان مند ہوں۔

ہم سوچتے ہیں کہ دوسروں کو اُن کی توقع کے مطابق دے کر ہم نے بہت کمال کر دیا۔ حضرت عمرؓ کے پاس ایک ضرورت مند آیا اور اپنی حاجت بیان کی۔ حضرت عمرؓ نے اپنے غلام سے کہا کہ 1700 اشرفیوں کی جو واحد تھیلی گھر میں پڑی ہے وہ لے آؤ۔ غلام وہ تھیلی لے آیا تو حضرت عمرؓ نے ساری اشرفیاں اُس ضرورت مند کو

دے دیں۔ وہ شخص شکریہ ادا کر کے چلا۔ تو حضرت عمرؓ نے اُس کو واپس بلایا اور دریافت کیا۔ کہ تمھارے چہرے پر کوئی خوشی نظر نہیں آئی۔ کیا یہ اشرفیاں تمھاری توقع سے کم ہیں؟ وہ شخص بولا۔ مجھے 700 اشرفیوں کی ہی ضرورت تھی وہ آپ نے دے دیں۔ حضرت عمرؓ سمجھ گئے۔ غلام کو بلایا اور ایک صحابیؓ کے پاس بھیجا کہ انھیں جا کر کہو کہ مجھے 700 اشرفیاں بطور قرض درکار ہیں اور یوں حضرت عمرؓ نے مزید 700 اشرفیاں اُس شخص کو دے کر رُخصت کیا۔

اللہ تعالیٰ بندے کو اُس کی توقع سے کہیں بڑھ کر عطا کرتا ہے۔ انسان بھی خدمت کرتے وقت اللہ کی سنت پر عمل کرے اور توقع سے بڑھ کر سوال کرنے والے کو عطا کرے۔ یہ طور طریقے اہلِ فقر کے ہیں۔ ہمیں ذکر اذکار کرنے اور مالا جپنے سے فقر نہیں ملے گا بلکہ یہ تو ایک مخصوص طرزِ زندگی اختیار کرنے سے ملے گا۔ ایسی زندگی جو کلیتاً بے لوث ہے۔ ایسی زندگی جس کا کوئی بھید بھاؤ نہیں۔ جس کے اندر کوئی غرض نہیں چھپی بس ایک Motive اور مقصد ہے زندگی کا کہ میں اللہ کے بندوں کی خدمت کرنے میں کامیاب ہو جاؤں۔ جب کوئی شخص اللہ کی مخلوق کے لیے اتنا بے لوث ہو جائے کہ اس خدمت کی قیمت اور اجر کا اُمیدوار نہ رہے تو اس کے لیے رب کی رحمت کے دروازے کھل جاتے ہیں۔ علم کے دروازے بھی کھل جاتے ہیں۔ وہ رب کی رحمتیں بھی حاصل کرتا ہے۔ اور جس پر رب کی رحمتیں ہو گئیں اُس کے تو دو جہاں سنور گئے۔ اس لیے ذکر اذکار سے زیادہ ہمیں اُس طرزِ زندگی کی فکر کرنی چاہیے اور وہ اُسلوب اپنانا چاہیے جو مبنی ہے اللہ اور اُس کے رسول ﷺ کی سنت پر۔ اگر ہم نے وہ اُسلوب اپنا لیا تو سمجھ لیجیے کہ رب ہمارا ہے۔ ہم تو رب کے ہیں ہی۔ اس دنیا میں آئے تو رب کے تھے۔ جائیں گے تو تب بھی اُس کے۔ کیونکہ وہ ہمارا خالق ہے۔ سوال تو یہ ہے کہ رب ہمارا ہو جائے۔ ضرورت اس بات کی ہے کہ ہم رب تعالیٰ کو اپنا لیں اور جس کا رب ہو جاتا ہے اُس کو کسی اور کی ضرورت نہیں رہتی۔ سارے عالم اُس کے ہو جاتے ہیں۔ پھر رب اُس پر رحمت کے دروزے کھول دیتا ہے۔ یہ وہ مقام ہوتا ہے جہاں زماں و مکان سے انسان آزاد ہو جاتا ہے۔ Time and Space سے Beyond چلا جاتا ہے۔ پھر مدینہ منورہ کی مسجد کے منبر پر کھڑے ہو کر کہیں دُور میدانِ جنگ میں لڑنے والے سپہ سالار کو وہ ہدایات دیتا ہے اور وہ سپہ سالار محض وہ ہدایات وصول ہی نہیں کرتا بلکہ اُن پر عمل بھی کرتا ہے۔ زماں و مکان کی پابندی سے یہ آزادی تب ہی حاصل ہوتی ہے جب وہ اپنے نفس سے لڑتا ہے، اپنے آپ کو مٹاتا ہے۔

اللہ تعالیٰ ہم سب کو توفیق بخش دے۔ شاید ہم اتنے نیک تو کبھی نہ ہو سکیں لیکن اس کا کچھ حصہ ہی عطا ہو جائے اور ہم اس پر عمل کر کے کہیں تو پہنچیں۔

نشست نمبر 34

سوال: انسانی رُوح دنیا سے انتقال کے وقت اِس جسم کو چھوڑ دیتی ہے۔ تو انتقال اور قیامت کے روز اُٹھائے جانے تک کا جو درمیانی عرصہ ہے کیا اُس میں اُسے کوئی اور جسم ملتا ہے؟

جواب: ارشادِ باری تعالیٰ ہے۔ ''لوگ آپ ﷺ سے رُوح کے بارے میں سوال کرتے ہیں۔ تو اے پیغمبر ﷺ کہہ دیجئے کہ روح میرا امر ہے۔''

رُوح اللہ کے نور سے لیے گئے حصے میں سے مزید (Further) ایک حصہ ہے۔ چونکہ نور کا حصہ بھی نور ہوتا ہے اس لیے تو رُوح بذاتِ خود ایک نور ہے۔ جب رب تعالیٰ نے رُوحوں کو تخلیق کیا۔ رُوحِ انسانی کو تخلیق کے بعد اُس آسمان پر اُتارا گیا تھا جہاں فرشتے قیام کرتے ہیں۔ وہاں رُوحِ انسانی کو نور کا غسل دیا گیا تھا۔ اور غسل کے بعد اُس مرحلہ (Stage) پر انسانی رُوح کا نام ''پاک روح'' (The Pious Soul) رکھا گیا تھا۔ پھر اُسے تیسرے آسمان پر اُتارا گیا اور نئے سرے سے ایک بار پھر اُسے غسل دیا گیا۔ تب اس رُوح کا نام ''رُوحِ متحرکہ'' (The Moving Soul) رکھا گیا۔

زمین پر جب کوئی جسم وجود میں آتا ہے تو اُس جسم کے وجود میں آنے کے بعد اُس دن اُس جسم سے متعلقہ رُوح کو آسمانوں پر روانگی کا حکم ہوتا ہے۔ اور فرشتہ اُس رُوح کو اس سے متعلقہ جسم کے دل کے درمیانی حصہ میں رکھ دیتا ہے۔ اور وہ رُوح اُس جسم کی طبعی عمر پوری ہونے تک دل کے اُس درمیانی حصہ میں موجود رہتی ہے۔ جب زندگی کی مہلت ختم ہوتی ہے اور انسان اپنے رب کی طرف لوٹتا ہے۔ اور اِس زمین سے آسمانوں کی طرف انتقال کرتا ہے تو چونکہ یہ جسم فانی اور مادی ہے سو یہ جسم تو یہیں رہتا ہے اور جس خمیر سے اُٹھا ہوتا ہے اُسی خمیر میں جا کر مل جاتا ہے۔ لیکن رُوح اپنے اصل کی طرف لوٹ جاتی ہے۔ چونکہ اس رُوح کے ذمہ جو کچھ اُس نے دنیا میں کیا اُس کا حساب کتاب دینا باقی ہوتا ہے اس لیے اُس رُوح کو عالم برزخ مین رکھ دیا جاتا ہے۔

عالم برزخ کے بھی دو درجے ہیں۔ رُوح اپنی زندگی کے اعمال کی بنیاد پر متعلقہ درجہ میں رہنے لگتی ہے۔ اُس وقت تک کہ جب تک یومِ حساب نہیں آن پہنچتا اور تمام انسان رب کے حضور پیش نہیں ہو جاتے۔

اب رُوح رہتی تو عالم برزخ میں ہے لیکن اگر اُس کے اعمال مناسب (Reasonable) حد تک اچھے

ہیں تو اُسے آزادی اور سہولت حاصل ہو جاتی ہے کہ وہ اپنے مدفن اور اپنے مکان کے ساتھ ایک تعلق قائم رکھ سکے۔اس طرح رُوح جس گھر سے تعلق رکھتی ہے اور جہاں اُس سے متعلقہ جسم دفن کیا جاتا ہے اُس کے ساتھ تعلق قائم رکھتی ہے۔ لیکن یہ بھی ضروری نہیں کہ ہر وقت اُس کا یہ تعلق اپنے مدفن سے قائم رہے اور یہ بھی ضروری نہیں کہ وہ ہر وقت وہاں موجود ہی نہ ہو۔

آپ ﷺ نے جو تعلیمات دیں اُن کے مطابق جب ہم قبرستان کے پاس سے گزرتے ہیں تو حکم ہے کہ السلام علیکم بھی کہیں اور ''وعلیکم السلام'' بھی خود ہی کہہ دیں۔اس کی ایک وجہ تو یہ ہے کہ عام انسان جو وہاں سے گزر رہا ہے اُسے چونکہ ''کشف القبور'' حاصل نہیں وہ نہیں جانتا کہ اُس وقت رُوح قبر میں موجود بھی ہے یا نہیں۔اس لیے سلام کا جواب بھی خود ہی دے دے۔دوسری وجہ یہ ہے کہ چونکہ سلام کا جواب دینا واجب ہے۔رُوح موجود نہیں تو جواب خود ہی دے دیں تاکہ سلام اور اس کا ثواب ضائع نہ جائے۔

زمین سے رُوح کا تعلق تو اتنا ہی رہتا ہے لیکن اِس جہاں سے جانے سے لے کر یومِ حساب تک رُوح کو نیا جسم عطا نہیں کیا جاتا۔

یہ جسم جواب ہمارا ہے اِسی کا ایک Mirror Image آسمانوں پر موجود ہے۔جسے ہم رُوحانی یا مثالی جسم کہتے ہیں۔ہم جو خوراک یہاں کھاتے ہیں اُس سے ہمارا دنیاوی جسم پھلتا پھولتا اور بڑھتا ہے۔جب کہ مثالی جسم کی خوراک ہمارے اعمال اور وہ ذکر اذکار ہیں جو ہم کرتے ہیں۔جیسا کہ آپ سب کو معلوم ہے چار بنیادی عناصر ہیں۔آگ، پانی، مٹی، ہوا۔اِسی طرح ذکر اذکار کے بھی بنیادی عنصر اور اُن کی تاثیر ہے۔جس طرح ہر رُوح کی ایک کیمسٹری (Chemistry) ہے اِسی طرح ہر جسم کی بھی ایک کیمسٹری ہے۔

جب ہم ایسا ذکر اذکار کرتے ہیں جو ہماری رُوح اور جسم کی کیمسٹری سے مطابقت رکھتا ہے تو ہمارا مثالی جسم پھلتا پھولتا ہے۔ہمارے اعمال نیک ہیں تو رُوح میں بالیدگی پیدا ہوتی ہے۔رُوح کی بالیدگی اور لطافت جوں جوں بڑھتی جاتی ہے توں توں ہماری رُوح کی پرواز بھی بڑھتی چلی جاتی ہے۔

اِسی طرح جب ہم موافق (Compatible) ذکر اذکار کرتے ہیں تو ہمارا مثالی جسم صحت مند ہونے لگتا ہے۔جب ہمارا انتقال ہوتا ہے تو ہمارے اعمال کا سلسلہ منقطع ہو جاتا ہے۔گناہ ثواب کا سلسلہ بھی ختم ہو جاتا ہے اور رُوح کی لطافت کا سلسلہ بھی وہیں کا وہیں رُک جاتا ہے۔

قیامت کے روز حکم الٰہی کے تحت تمام انسان دوبارہ جی اُٹھیں گے اور پھر اللہ کے حضور حساب کتاب دیں گے۔اس تمام (Process) عمل کے دوران ہمیں کوئی نیا جسم عطا نہیں ہوگا۔

سوال: کمرے میں نوجوان لڑکے اور لڑکیوں کا کھلاڑیوں یا اداکاروں کی تصاویر لگانا کیا اسلامی نقطۂ نظر سے درست ہے؟

جواب: اسلام میں تصاویر کا لگانا مناسب نہیں ہے۔اِسی طرح مجسمے (Statues) بنانے کی ممانعت ہے۔خواہ

وہ یادگار کے طور پر ہی کیوں نہ بنائے گئے ہوں۔ حکمت اس کے پیچھے یہ ہے کہ جس وقت جزیرہ نما عرب میں اسلام متعارف ہوا تو وہاں آباد زیادہ تر قومیں بت پرست تھیں اور جس جزیرہ عرب میں آپ صلی اللہ علیہ وسلم نے اسلام کی دعوت کا آغاز کیا وہاں تو حالات اور بھی خراب تھے۔ وہ لوگ کلیتاً بت پرست تھے۔ اپنے آباؤ اجداد کے باعث اُن کے لیے پرانی چیزوں کو چھوڑنا خاصا دشوار تھا۔ ایسا نوٹس (Notice) کیا گیا کہ مسلمانوں نے اسلام تو قبول کرلیا پھر بھی وہ بتوں سے صدیوں کا جو پیار تھا اُس کو فراموش نہ کر سکے۔ لوگ نماز کے وقت بغلوں کے نیچے بت چھپا کر لے جاتے۔ اس فتنہ کو ختم کرنے کے لیے ''رفع یدین'' کا حکم ہوا...... اور اِسی فتنے کو کلیتاً ختم کرنے کے لیے یادگار کے طور پر مجسمہ سازی بھی منع کر دی گئی...... تصویر بھی بت کی ایک صورت ہے۔ آپ نے اکثر دیکھا ہوگا کہ وہ والدین جن کی اولاد اُن سے جُدا ہو جاتی ہے اکثر اُس کی تصویر سے باتیں کرتے دکھائی دیتے ہیں۔ کچھ لوگ اُس بچے کی سالگرہ مناتے ہیں، کیک کاٹتے ہیں اور کیک کے ساتھ اُس بچہ کی تصویر رکھتے ہیں۔ اپنی محبت کے اظہار کے طور پر......... یہ مناسب نہیں۔

مجسموں اور تصویروں سے اِسی لیے منع کیا گیا تاکہ بت پرستی کا تصور بھی ختم ہو جائے۔ اِسی طرح جب کسی شخص کو ہم پسند کرتے ہیں یا آئیڈیلائنز کرتے ہیں اُس کی تصویر بھی کمرے میں لگانا کسی طرح مناسب نہیں۔

سوال: حضرت رابعہ بصری رحمۃ اللہ علیہ نے رُتبہ فقر کی خواہش کی تو غیبی آواز آئی کہ فقر ہمارے قہر کے مترادف ہے جس کو ہم نے صرف اُن لوگوں کے لیے مخصوص کر دیا ہے جو ہماری بارگاہ سے اس طرح متصل ہو جاتے ہیں کہ سر مو فرق نہیں رہتا۔ پھر ہم انھیں لذتِ وصال سے محروم کر کے آتشِ فراق میں جھونک دیتے ہیں لیکن اس کے باوجود اُن پر کسی قسم کا حزن وملال نہیں ہوتا بلکہ وہ حصولِ قرب کے لیے از سرِ نو سرگرم ہو جاتے ہیں؟ سوال یہ ہے کیا فقر وصالِ حق کی منزل کے قریب پہنچ کر پھر سے دُور ہو جانے کا نام ہے؟

جواب: قصہ یہ ہے کہ کئی منزلہ عمارت کی 20 ویں منزل کے بننے کا عمل (Process) بیان کرنے کے لیے ضروری ہوگا کہ ہمیں کسی بھی بلڈنگ کے بننے کا جو عمل ہے وہ بنیادوں کی کھدائی سے لے کر آخری منزل بننے تک مرحلہ وار معلوم ہو۔ جب تک ہمیں یہ علم ''الف سے ی'' تک نہیں ہوگا ہم اُس عمارت کی ٹاپ سٹوری کی تعمیر کے عمل کو سمجھ نہیں پائیں گے۔

رابعہ بصری صاحبہ نے جب رُتبۂ فقر کا سوال رب کے حضور کیا تھا تو تب وہ ابھی اُس بلند مقام پر نہیں پہنچی تھیں جہاں وہ بعد میں پہنچ گئیں۔ جب وہ اُس بلند مقام پر پہنچیں تو وہ ایک ہاتھ میں آگ اور دوسرے میں پانی لے کر جنت کو آگ لگانے اور دوزخ کو بجھانے چل پڑی تھیں کہ لوگ جنت کے لالچ اور جہنم کے خوف سے عبادت کرتے ہیں تو میں ان دونوں کو ختم کر دوں تاکہ لوگ اللہ کی عبادت صرف اس لیے کریں کہ اُن کا رب واقعی لائق عبادت ہے۔ یہ مرتبہ تو فقر سے کہیں آگے کا ہے۔ یہ کامل بندگی کی حد ہے جہاں پر رابعہ بصری صاحبہ جا پہنچیں۔

فقر یا رُتبہ فقر حاصل ہو ہی نہیں سکتا جب تک کہ انسان شروع سے ہی اللہ کے بتائے ہوئے Do's اور Do nots پر 100 فیصد عمل نہ کرلے۔ اس راہ اور منزل کا نقطۂ آغاز ہی Do's اور Do nots کی فہرست پر 100 فیصد عمل ہے۔

پھر اس کے بعد اُس کا اگلا قدم اُسے وہاں لے جایا گا جہاں اُس کے تمام ارادے، تمنائیں اور خواہشات اللہ کے ارادوں اور خواہشات کے ماتحت ہو جائیں گے۔ اس کو راضی بہ رضا ہونا کہتے ہیں۔ جب کوئی شخص اللہ کی رضا میں راضی ہو جائے تو یہ دوسرا مقام ہے۔ اور پھر جب کوئی شخص مجاہدہ کرنے لگے اور اللہ کی یاد میں گم ہو جائے تو یہ تیسرا مقام اور تیسرا قدم آ گیا...... اور جب وہ یہ چوتھا قدم اُٹھالے کہ جہاں اُس کے دل و دماغ دونوں سے ہی آواز اُٹھنے لگے کہ بس تو ہی تو ہے میں کچھ نہیں تو سمجھ لیجئے کہ وہ فقر کے مقام تک جا پہنچا۔ یوں اُسے رُتبہ فقر عطا ہو جائے گا۔ اور جب اُس نے یہ سمجھ لیا حقیقت میں محض زبان سے نہیں۔ دل سے جب یہ آواز اُٹھنے لگی کہ بس تو ہی تو ہے میں کچھ نہیں تو سمجھ لیجیے وہ فقر کے دروازے پر دستک دے رہا ہے اور جو شخص اِس مقام پر آن پہنچتا ہے اور اُسے رُتبہ فقر عطا ہو جاتا ہے۔ تو پھر فراق ہو یا وصال اُسے فرق ہی نہیں پڑتا۔ پھر وہ محبوب کے دروازے پر جائے گا اور دستک نہیں دے گا اس خوف سے کہ کہیں میرا محبوب سو نہ رہا ہو۔ آرام نہ کر رہا ہو۔ دستک کہیں اُس کے آرام میں خلل نہ ڈال دے۔ وہ وہاں دروازے کے سامنے بیٹھ جائے گا کہ کب محبوب اپنی مرضی سے دروازہ کھول کر باہر جھانکے اور میں اُس کا دیدار کرلوں۔ وہ اُسی دیدار میں خوش ہو جاتا ہے۔ تو اُسے کیا فرق پڑتا ہے وصال ہو یا فراق۔ وہ تو اپنے دل میں جھانکتا ہے اور محبوب کو دیکھ لیتا ہے۔ محبوب کی تصویر اُس کی آنکھوں میں جمی ہے۔ وہ عکس اُس کی آنکھوں میں منجمد ہے۔ اُسے ضرورت ہی نہیں محبوب کو Physically دیکھنے کی۔ تو اُسے کیا فرق پڑے گا کہ فراق ہو یا وصال۔ فقر کی تمام راہ، جہاں سے گزرتا ہوا بندہ فقر کے مقام تک جا پہنچتا ہے وہاں بی بی رابعہ بصری کا وہ مقام جہاں ندائے غیبی آتی ہے۔ اس کو سمجھنے کے لیے اس تمام راستے کی تفصیل اور مراحل کو جاننا ضروری ہے اور تفصیل جاننے سے بھی کچھ نہ ہوگا جب تک انسان ذاتی طور پر اس کا تجربہ نہ کرلے۔ جب تک وہ اس میں سے گزرا نہ ہو اس کی باریکیوں اور موشگافیوں سے واقف نہیں ہوسکتا اور جب تک وہ اس کی باریکیوں سے واقف نہ ہو اس کو سمجھ ہی نہیں سکتا۔

یہ درست ہے کہ جب انسان رُتبہ فقر پر فائز ہوتا ہے تو اُسے جھٹکے لگتے ہیں۔ وہ جھٹکے یہ ہوتے ہیں کہ وہ یہ سمجھتا ہے کہ میں رب کے قریب پہنچ گیا۔ وہ قربت کی تمام نشانیاں دیکھتا ہے۔ اچانک پتہ چلتا ہے کہ قربت ہونا تو دُور کی بات ہے وہاں تو لامتناہی دوری ہوگئی ہے۔ وہ جھٹکا بڑا خطرناک ہوتا ہے۔ انسان کشف کا عادی ہو جاتا ہے اور اگر کشف اختیاری حاصل ہے تو جب چاہے عجائباتِ الٰہی کی سیر کرتا ہے۔ اچانک معلوم ہوتا ہے کہ وہ کشف بند ہو گیا۔ فقیر کوشش کرتا ہے کشف میں جانے کی...... لیکن پڑھائی کے جواب میں ایک لامتناہی گھپ اندھیرا ملتا ہے۔ Total Blank ہوتا ہے انسان۔ پہلے وہ مزے لوٹتا تھا کہ دعا کرتا تھا تو فوراً رب قبول

کر لیتا تھا۔ اندر ایک عجیب خوشی کا احساس ہوتا کہ میرے رب نے مجھے سینہ سے لگایا ہوا ہے وہ میری بات سنتا ہے اور قبول کرتا ہے۔ میں اُس کا لاڈلا ہوں۔

پھر اچانک یوں ہوتا ہے کہ جو دعا کی نوے ڈگری اُلٹ نتیجہ نکلا تو انسان سر سے پاؤں تک کانپنے لگتا ہے کہ کہاں مجھ سے کوتاہی ہوگئی۔ میں رب سے اتنا دُور کیوں ہو گیا۔ عموماً تین دن بعد کیفیات پھر لوٹ آتی ہیں۔ سب ٹھیک ہو جاتا ہے۔ کشف بھی جاری ہو جاتا ہے۔ دعا بھی قبول ہونے لگتی ہے۔ پھر چلتے چلتے اچانک جھٹکا لگتا ہے۔ بعض اوقات سات، سات دن کے لیے جھٹکا لگتا ہے۔ ایسا نہیں کہ رب سزا دے رہا ہوتا ہے۔ وہ تو اتنا مہربان ہے کہ سزا دیتا ہی نہیں۔ ہمارے تمام گناہ اُس کی رحمت کے احاطے میں آ جاتے ہیں۔ وہ انتہائی غفور و رحیم ہے اور معاف کرنے والا ہے اور میں اپنے رب کو اتنا رحیم و کریم سمجھتا ہوں کہ میں یہ سوچ بھی نہیں سکتا کہ میرا رب سزا دیتا ہے۔ یہ اُس کی شان کریمی ہے کہ وہ معاف کرتا ہے۔ بے حد گناہ گاروں کو بھی سینے سے لگاتا ہے۔

درحقیقت یہ بھی اُس کی رحمت ہے کہ وہ ایک جھٹکا دیتا ہے۔ وصال سے فراق اور فراق سے وصال تک لے جانا...... یہ بھی اُس کی رحمت کا رنگ ہے۔ اگر ہمیشہ کشف رہے اور دعا بھی قبول ہوتی رہے تو انسان میں تکبر آنے لگتا ہے اور اُس کی زبان سے یہ الفاظ ادا ہونے لگتے ہیں کہ میں دعا کرتا ہوں ابھی قبول ہو جائے گی...... یہ تکبر ہے۔

رب اتنا بڑا ہے کہ اُس کو ہم For Granted نہیں لے سکتے۔ سب رب کا ہے۔ قدرت اُس کی، خدائی اُس کی ہے۔ ہم عاجزانہ درخواست کر سکتے ہیں اُس کے حضور...... جہاں ہم بھٹکنے لگتے ہیں وہ ہمیں جھنجھوڑ دیتا ہے کہ تم میری تمام تر دوستی کے باوجود رہو گے میرے عاجز اور حقیر بندے۔ چاہے تم میری دوستی کے کسی بھی مقام پر آ جاؤ تم میرے حقیر بندے ہی رہو گے۔ یہ جھٹکا انسان کو تکبر سے عجز کے مقام پر لے جاتا ہے۔ یہ قہر نہیں اللہ کی رحمت کا رنگ ہے۔ یہ اللہ کا کرم ہے۔

سوال: حضرت شیخ عبدالقادر جیلانی رحمۃ اللہ علیہ کا شمار آقا صلی اللہ علیہ وسلم کی اُمت کے "افراد" میں ہوتا ہے۔ ازراہِ کرم "افراد" کی وضاحت فرما دیجئے۔

جواب: اُمتی تو ہم سب ہیں۔ ہر وہ آدمی جو رب کو ایک جانتا ہے، آقا صلی اللہ علیہ وسلم کو اللہ کا سچا اور آخری رسول مانتا ہے، قرآن کو کتاب الٰہی مانتا ہے وہ آپ صلی اللہ علیہ وسلم کا اُمتی ہے۔

بات یہ ہے کہ رُوحانیت میں 90Expressions فیصد عربی اور 10 فیصد فارسی سے آئے۔ اس کی وجہ یہ ہے کہ ولایت کچھ لوگوں کی میراث نہیں ہے۔ جس شخص نے بھی اللہ کی بندگی کی، آپ صلی اللہ علیہ وسلم سے سچا پیار کیا اور ایک خاص طرزِ زندگی اور اُسلوب زندگی اپنا لیا وہ ولائیت کے کسی مقام پر فائز ہو گیا۔ (بلکہ اس کی وضاحت مجھے کر دینی چاہیے کہ وہ خاص طرزِ زندگی اور اُسلوب زندگی کیا ہے۔)

وہ خاص طرزِ زندگی یہ ہے کہ جب کسی انسان نے اپنے اعمال سنت رسول ﷺ کے تحت کر لیے تو جلد یا بدیر اُسے ولایت حاصل ہوگئی۔ اس میں کوئی شک نہیں کہ ولایت کسی خاص طبقے کے لیے مخصوص نہیں۔ لیکن یہ بھی حقیقت ہے کہ اولیاء اللہ کی اکثریت کا تعلق اہلِ بیت سے ہے۔ اس کی وجہ مجھے تو یہی نظر آتی ہے کہ اہلِ بیت کی تربیت چونکہ آپ ﷺ کے دست مبارک سے ہوئی تھی، اُن کی آپ ﷺ کے ساتھ بہت زیادہ قربت رہی۔ علاوہ ازیں کچھ چیزیں جینیاتی طور پر منتقل ہوتی ہیں۔ اس طرح اہلِ بیت میں کچھ وصف خود بخود آ گئے اور وہ وصف اللہ کے ہاں خاصے پسندیدہ ہیں۔ یوں اولیاء اللہ کی اکثریت اہلِ بیت سے تعلق رکھتی ہے۔

بنو اُمیہ کے زمانے میں واقعہ کربلا کے بعد کچھ عرصہ تو اہلِ بیت مدینہ منورہ اور عرب کے دوسرے حصوں میں مقیم رہے لیکن وہ واقعہ کربلا سے اتنے دل گرفتہ تھے اور وہ یادیں اتنی تلخ تھیں کہ اہلِ بیت میں سے اکثر لوگ عرب سے ہجرت کر گئے۔ بنو عباس نے واقعہ کربلا اور اہلِ بیت کے ساتھ ہونے والے واقعات اور طرزِ سلوک کا فائدہ اُٹھایا۔ مسلمانوں کے جذبات بھڑکائے اور اقتدار میں آ گئے۔ اُن کا دعویٰ یہ تھا کہ اہلِ بیت پر کی گئی زیادتیوں کا مداوا کریں گے اور اُن پر کیے جانے والے مظالم کا بدلہ لیں گے۔ لیکن اُنھوں نے اس کے برعکس کیا۔ بنو عباس نے بنو اُمیہ سے بھی زیادہ مظالم اہلِ بیت پر ڈھائے۔ یوں اہلِ بیت ان مظالم سے تنگ آ کر وہاں سے ہجرت کر گئے۔ یہ پہاڑی سلسلہ جو ترکی سے ہوتا ہوا ایران اور ایران سے افغانستان میں داخل ہوتا ہے تب ہجرت کے لیے اُنھوں نے اس راستہ کو محفوظ تصور کیا۔ یہی وجہ ہے کہ اولیاء کرام کی ایک بڑی تعداد جن کا تعلق اہلِ بیت کی اولاد سے ہے اُن کا اوریجن (Origin) افغانستان اور ایران دکھائی دیتا ہے۔ اُن کی ایک بڑی اکثریت ایران میں قیام پذیر رہی۔ پھر کچھ لوگ افغانستان سے انڈیا میں داخل ہو گئے۔ چونکہ برصغیر میں رُوحانیت انہی بزرگوں کے ذریعے متعارف ہوئی اس لیے تو اس کی زیادہ تر اصطلاحات (Terminologies) عربی میں ہیں جس کی وجہ سے میں الفاظ کے سلسلے میں کنفیوژن (Confusion) ہوتی ہے۔ جیسے لفظ ''افراد''۔

ہم میں سے ہر ایک اُمتی، اُمت محمدیہ ﷺ کا فرد ہے اور فرد کی جمع ''افراد'' ہے۔ یہ تو ہجوں کی کہانی ہے۔ لیکن جن معنوں میں یہ الفاظ استعمال کیے گئے ہیں وہ میں کھول کر تو بیان نہیں کروں گا لیکن جس حد تک مفہوم بتا سکتا ہوں، بتاؤں گا۔ پاکستان میں ہم سولہ کروڑ عوام ہیں۔ ہم میں سے کچھ ایم این اے (MNAs) کہلاتے ہیں۔ ہیں تو وہ بھی عوام میں سے۔ ان میں سے بھی ایک آدمی وزیرِ اعظم اور کچھ لوگ وزیر کہلاتے ہیں۔ ہم میں سے ہونے کے باوجود اُن کو علیحدہ عزت ملتی ہے۔ درجہ بدرجہ اُن کے پروٹوکولز (Protocols) بھی مختلف ہیں۔

یہی معاملہ حضرت شیخ عبدالقادر جیلانی رحمۃ اللہ علیہ کا ہے۔ ہم بس اتنا سمجھ لیں کہ خواہ وہ افراد میں سے ہیں یا عوام میں سے۔ وہ شیخ عبدالقادر جیلانی رحمۃ اللہ علیہ ہیں۔ جن کا اولیائے کرام میں کوئی ثانی نہیں ہے۔

ایک گزارش کر دوں اپنی جان بچانے کا ایک اور آزمودہ اور آسان نسخہ۔ اگر کوئی مجھ سے یہ پوچھے کہ

فلاں نیوروسرجن کیسا ہے تو میں اُس پر تبصرہ (Comment) نہیں کر سکتا کیونکہ میں نے نیوروسرجری کی اے بی سی (ABC) بھی نہیں پڑھ رکھی تو بجائے اس کے کہ میں Comment کردوں کہ فلاں نیوروسرجن تو بے کار ہیں۔ اُن کو کیا معلوم نیوروسرجری کیا ہوتی ہے۔ کل کو اگر مجھ سے سوال کر لیا جائے کہ تم بتاؤ ''نیوروسرجری کیا ہوتی ہے؟'' تو میں پھنس جاؤں گا۔ تبصرہ (Comment) کرنے کے لیے میرا اُس سے زیادہ پروفیشنل (Professional) ہونا ضروری ہے۔ اگر مجھے کچھ معلوم ہی نہیں۔ میں نے سکول کا منہ ہی نہیں دیکھا اور سڑک کے کنارے کھڑے ہو کر گنڈیریاں بیچتا رہا تو میں کیسے کچھ بتا سکتا ہوں نیوروسرجری کے بارے میں۔

یہ اتنے بڑے لوگ ہیں کہ مجھ جیسا انسان ان کے بارے کیا جانے گا۔ اس لیے میں ان کو زیرِ بحث لا کر اپنی شامت کو آواز کیوں دوں۔ کیا بہتر نہیں کہ یہ کہہ دوں کہ بادشاہوں کی بات بادشاہ ہی جانے۔ یوں جان بچ جائے گی۔ بڑا آسان نسخہ ہے۔ ورنہ ہم دو بڑے اولیائے کرام کے دوران تقابل (Comparison) کریں گے تو وہ تو وہیں کے وہیں رہیں گے۔ یاد رکھیے دو ہاتھیوں کی لڑائی میں گھاس کچلی جاتی ہے۔ بہتر یہی ہے کہ ان کو Comment نہ کیا جائے۔ بس دُور سے ہاتھ باندھ کر ادب سے جھک کر سلام کر لیا جائے تو آدمی محفوظ رہتا ہے اور انعام پاتا ہے۔

یہاں اشارۃً بات سمجھا دی گئی ہے کہ کچھ MNAs کہلاتے ہیں۔ ان میں سے ایک وزیرِاعظم اور کچھ وزیر ہوتے ہیں اور ان کو درجہ بدرجہ پروٹوکولز (Protocols) حاصل ہوتے ہیں۔ اتنا جان لینا کافی ہو جانا چاہیے آپ کے لیے بھی اور میرے لیے بھی۔

نشست نمبر 35

سوال: تذکرۂ غوثیہ میں نقل ہے کہ مرشدانِ کامل جب اپنے مریدین کی تربیت کا آغاز کرتے ہیں تو اُن کے کان میں پھونک مارتے ہیں۔اس کی وضاحت فرمادیجئے۔

جواب: بہت سی ایسی چیزیں ہیں جو مثال کے طور پر بیان کی گئی ہیں ان میں مشابہات کا استعمال ہے۔اشارۃً اور تمثیلاً بات کی گئی ہے۔ہم عموماً الفاظ کے پیچھے چلے جاتے ہیں۔ایسا نہیں ہونا چاہیے۔ہمیں الفاظ کی رُوح کو سمجھنا چاہیے۔جیسے اکثر یہ شعر دہرایا جاتا ہے۔

نگاہِ مردِ مومن سے بدل جاتی ہیں تقدیریں

یا کہا جاتا ہے کہ فلاں شخص نے آنے والے صاحب پر نظر ڈالی تو اُن کی کایا ہی پلٹ گئی اور وہ ولی اللہ بن گئے۔ایسی باتیں محاورتاً یا تمثیلاً کہی جاتی ہیں۔ایسا ہی معاملہ کان میں پھونک مارنے کا ہے۔یاد رکھیے کہ کان میں پھونک مارنے یا ایک نگاہ ڈالنے سے ولائیت منتقل نہیں ہوتی۔بارہا یہ ذکر ہو چکا ہے کہ ولایت کا تعلق اعمال کے ساتھ ہے اور اعمال کی بنیاد نیت پر ہے۔اگر ولائیت اِسی طرح تقسیم ہوتی تو تمام مردانِ کامل، جو خلق خدا سے بے پناہ محبت کرتے ہیں، وہ ضرور کوشش کرتے کہ اپنے خطہ کے لوگوں کو کم از کم نگاہ ڈال کر یا کان میں پھونک مار کر ولی اللہ بنا ڈالتے۔

فرض کر لیجئے کہ ولایت کی راہ میں اگر ایک لاکھ لوگ چلے ہیں تو وہ مختلف مراحل (Stages) پر خود بخود سسٹم (System) سے نکلتے چلے جاتے ہیں اور آخر میں کہیں جا کر اُن میں کوئی ایک شخص ولی اللہ بنتا ہے۔وجہ یہ ہے کہ نیت، دل یا ذہن جتنا زیادہ صاف ہوگا، اخلاص جتنا زیادہ ہوگا۔اُس کے اعمال اتنے ہی زیادہ پسندیدہ ہوں گے اللہ کے نزدیک اور جس کے اعمال اللہ کے ہاں پسندیدہ ہیں اُنھیں اللہ اپنا دوست بنا لیتا ہے۔کان میں پھونک مارنے کی یہ روایت یوں بھی ہے کہ جب شرف الدین بو علی قلندر صاحب کی پیدائش ہوئی تو تین دن کی عمر میں مسلسل رونا شروع کر دیا اور کچھ کھانے پینے سے انکار کر دیا۔اُن کے والد خود بھی ولی اللہ تھے۔اُنھوں نے کوشش کی کہ وہ خاموش ہو جائیں اور دودھ پینا شروع کر دیں لیکن بو علی قلندر نے ایسا نہ کیا۔اگلے دن دروازے پر دستک ہوئی۔دروازے پر موجود صاحب نے بو علی کے والد سے کہا ''آپ کے

ہاں جو بیٹا پیدا ہوا ہے وہ کیسا ہے؟''

انھوں نے اصل صورت حال بتائی۔ اُن صاحب نے بچہ کو ایک نظر دیکھنے کی خواہش کا اظہار کیا۔ لہٰذا بچہ اُن کے سامنے لایا گیا۔ اُن ولی اللہ نے بو علی قلندر کے کان میں کچھ کہا۔ جس پر انھوں نے رونا بھی بند کر دیا اور دودھ بھی پینا شروع کر دیا۔

والد صاحب نے پوچھا ''حضور! آپ نے کان میں کیا پھونکا؟''

اُنھوں نے جواب دیا ''تمھارا بیٹا ولی اللہ ہے اور اللہ والوں کے درمیان ہونے والی گفتگو راز ہوتی ہے۔''

یہ بزرگ جمال الدین چرم پوش تھے۔ چونکہ اُن کا سارا لباس چمڑے کا ہوتا تھا اس لیے ''چرم پوش'' کہلاتے تھے۔

یہ جو کان میں پھونک ماری جاتی ہے یہ دراصل نصیحت ہے۔ اس کے پیچھے ایک خیال یہ ہے کہ مرشد نے مرید کے کان میں جو کچھ کہا وہ اُس کے اندر نقش ہو گیا۔

جب یہ ذکر چل ہی نکلا ہے تو نگاہِ مردِ مومن والی بات بھی ذکر کر دوں۔ ولایت میں اپنے نفس کے خلاف ایک لمبی لڑائی اور جہاد ہے اور اس لڑائی کے نتیجے میں انسان اپنے طور طریقے، عادات، اُسلوب اور اعمال سنت نبوی ﷺ کے مطابق ڈھال لیتا ہے جو کہ دنیا کی نظر میں بھی اور رب تعالیٰ کی نظر میں بھی بہت پسندیدہ عمل ہے۔

بات یہ ہے کہ جب کوئی شخص مردِ کامل کی خدمت میں حاضر ہوتا ہے اور اُس کے سامنے گزارش کرتا ہے کہ میں اللہ کی راہ پر چلنا چاہتا ہوں اور وہ مردِ کامل اُس کی درخواست کو قبول کرتے ہوئے اُس کو اپنا شاگرد بنانا قبول کر لیتا ہے تو پھر اُس کے دل پر توجہ کرتا ہے۔ جس کے نتیجہ میں اُس میں اتنی قوتِ ارادی پیدا ہو جاتی ہے جس کی بنا پر شاگرد یہ تہیہ کرتا ہے کہ مجھے خلاف سنت تمام باتیں چھوڑ دینی ہیں اور اچھی باتیں اپنانی ہیں۔ مرد کامل کی نگاہ سے یہ اثر ہوتا ہے۔ باقی جدوجہد اور کوشش شاگرد کی اپنی ہوتی ہے اور جب وہ لمبا عرصہ محنت کر لیتا ہے تو اُس کی تقدیر پلٹتی ہے اور رب اُسے اپنے مقربین اور دوستوں میں شامل کر لیتا ہے اور وہ شاگرد ولی اللہ بن جاتا ہے۔ ایسا نہیں کہ محض نگاہ ڈالنے سے ہی ولی اللہ ہو گیا۔

اِس طرح نگاہ سے کایا یوں پلٹتی ہے کہ وہ گناہ کو رد کرنے لگا اور نیکی کو سوچنے لگا۔ لیکن ولائیت کا یہ مقام ایک طویل جدوجہد کے بعد آتا ہے۔ ایسا بھی نہیں کہ 30 سال کی محنت کے بعد ولی اللہ بن گئے تو جدوجہد ختم ہو گئی۔ یہ تو ایک عملِ پیہم ہے۔ آخری سانس تک جدوجہد اور کوشش کا یہ سفر جاری رہتا ہے۔ جہاں کوشش ترک ہوئی وہیں نفس کو سر اُٹھانے کا موقع مل گیا۔ جہاں نفس نے سر اُٹھایا وہیں سفر کا خاتمہ ہو گیا۔

مردِ مومن کی نگاہ بمعنی ''توجہ'' اور قرب ہمیں اپنی اصلاح میں مدد دیتی ہے۔ ان معنوں میں نگاہِ مردِ مومن اور اسی طرح کان میں پھونک مارنے کا عمل درست ہے۔

سوال: حضرت علیؓ امام طریقت ہیں۔ تمام اولیائے کرام پہلے آپؓ کی دہلیز پکڑتے ہیں پھر وہاں سے انھیں حضرت محمد مصطفیٰ صلی اللہ علیہ وسلم کی دہلیز تک پہنچا دیا جاتا ہے۔ کیا سلسلۂ نقشبندیہ میں بھی ایسا ہی ہوتا ہے؟

جواب: بات یہ ہے کہ جس طرح مسلمانوں میں مختلف ذاتیں بن گئی ہیں کوئی سید ہے، کوئی پٹھان، کوئی مغل۔ یہ ذاتیں کوئی معنی نہیں رکھتیں۔ اسلام میں کہیں ایسا ذکر نہیں ملتا کہ یہ کہا جاتا ہو کہ آپ غیر مسلم ہیں تو آپ نے کون سا مسلمان بننا ہے۔ سید مسلمان، آرائیں مسلمان یا مغل مسلمان۔ وہاں تو صرف ایک بات ہے کہ جب غیر مسلم نے صدقِ دل سے کلمہ پڑھ لیا تو وہ مسلمان ہوگیا۔ کلمہ کے معنی و مفہوم کو سمجھنے اور اُس پر استقامت کے بعد وہ ایمانِ مفصل میں چلا گیا۔ مسلمان بننے کے بعد اُس نے اپنے نام کے ساتھ قبیلے اور ذاتوں کے نام لکھنا شروع کر دیئے حالانکہ ہے وہ مسلمان۔

اِسی طرح رُوحانیت اور طریقت میں یہ سلسلے بالکل وہی معنی رکھتے ہیں جو ذات برادری کے ہیں۔ برصغیر میں چار سلسلے مشہور ہیں جب کہ عرب میں ان سلاسل کی بجائے دیگر زیادہ معروف ہیں۔ یہ کہنا کہ سلسلہ چشتیہ، قادریہ، سہروردیہ کا تعلق حضرت علیؓ سے ہے اور سلسلہ نقشبندیہ اس سے باہر ہے، مناسب نہیں۔

اس میں کوئی شبہ نہیں کہ حضرت ابوبکر صدیقؓ کی بزرگی و عظمت بے پناہ ہے اور سب سے بڑھ کر یہ کہ آپؓ آقائے دوجہاں صلی اللہ علیہ وسلم کے یارِ غار اور انتہائی قریبی دوست ہیں۔ یہی اعزاز اُن کو بلند کرنے کے لیے کافی ہے۔ لیکن جہاں علم کی بات آتی ہے تو شہرِ علم کا دروازہ حضرت علیؓ ہیں۔ دنیا میں رُوحانیت کے تمام سلاسل پہلے حضرت حسن بصریؒ تک ملتے ہیں۔ پھر حضرت علی کرم اللہ وجہہ سے ہوتے ہوئے آپ صلی اللہ علیہ وسلم اور اُس کے بعد رب سے جا ملتے ہیں۔ سلسلۂ نقشبندیہ یا کسی اور سلسلہ کا راستہ مختلف نہیں ہے۔ سلسلوں کی اصلیت بس اتنی ہے کہ مریدین نے اپنے مرشدان کی عظمت، علم کی بلندی اور احترام و عقیدت کے باعث اُن کا نام سلسلہ کے ساتھ لگانا شروع کر دیا۔ جیسے سلسلۂ قادریہ۔ جن لوگوں نے حضرت عبدالقادر جیلانی رحمۃ اللہ علیہ کی لڑی سے فیضان حاصل کیا۔ اُنھوں نے اُن کا نام لگانا شروع کر دیا۔ اِسی طرح سلسلۂ چشتیہ کا سہرا خواجہ غریب نواز کے سر ہے۔ وہاں سے سلسلہ چلا تو اُن کے خلیفۂ اوّل حضرت قطب الدین بختیار کاکی رحمۃ اللہ علیہ، جن کو آپ نے اپنی زندگی ہی میں خلافت عطا کر دی تھی، سے ہوتا ہوا اُن کے خلیفہ حضرت بابا فرید الدین گنج شکر رحمۃ اللہ علیہ تک پہنچا۔ بابا فرید کے ماننے والوں نے اپنے نام کے ساتھ ''فریدیہ'' لگانا شروع کر دیا۔ اِسی طرح حضرت نظام الدین اولیاء سے فیض پانے والوں نے چشتیہ فریدیہ نظامیہ لکھنا شروع کر دیا۔

ایک اور صاحب علاؤ الدین صابر صاحب ہیں اُن سے فیض پانے والوں نے اپنے نام کے ساتھ صابری یا صابریہ لگا لیا۔ تو یہ عقیدت کے اظہار کے طور پر ''نسبتی نام'' لگایا جاتا ہے۔

سلسلہ سہروردیہ میں جناب سہروردی صاحب سے فیض پانے والوں نے سہروردی لگانا شروع کر دیا۔ یہ سب اظہارِ عقیدت کا ایک طریقہ ہے۔ ورنہ رُوحانیت کا قبیلہ ایک ہی ہے اور اس کے امام حضرت علیؓ ہیں۔ کوئی

ولی ہو ہی نہیں سکتا اگر اُس در کو نہیں پکڑتا۔ ولائیت وہیں سے آئے گی۔ یہ تمام سلاسل وہیں جا ملتے ہیں۔

یہ بھی عرض کردوں [ہلکے پھلکے انداز (Light way) میں کہہ رہا ہوں] کہ مسلمانوں کے الزامات کی ماری ایک ذات ہے جسے شیطان کہتے ہیں۔ ہم سارے غلط کام خود کرتے ہیں اور الزام اُسے دے دیتے ہیں۔ یہ لفظ شیطان نکلا ہے عربی کے لفظ ''شطن'' سے جس کے معنی ہیں ''ایک لمبی متحرک رسی'' اور ''دُور ہو جانا''۔ شیطان خیر اور نیکی سے دُور ہے۔ لیکن بُرائی اور شر میں اُس کے ہاتھ بہت دراز ہیں۔ اسی نسبت سے اُسے شیطان کہا جاتا ہے۔ شیطان کے معنی ''سانپ'' اور ''گھوڑے کی گردن کے بالوں'' کے طور پر بھی استعمال ہوتے ہیں۔

انسان جدوجہد تو کرتا ہے اپنے نفس کے خلاف اور یہ جدوجہد شیطان کو دُور رکھتی ہے۔

اس سلسلہ میں مجھے دو باتیں یاد آ گئیں۔ حضرت پیرانِ پیر غوث الاعظم دستگیر کے پاس ایک روز ایک شخص نے آ کر اپنا تعارف یوں کرایا کہ میں رب کا بھیجا ہوا فرشتہ ہوں اور آپ کو مبارک باد دیتا ہوں کہ رب تعالیٰ نے آپ کی عبادات سے خوش ہو کر آپ کو نماز معاف فرما دی ہے۔ حضرت پیرانِ پیر نے بات سنی تو ایک لمحے کے وقفہ سے بولے۔ ''دُور ہو جاؤ مردود! تم شیطان ہو۔ نماز تو آپ ﷺ کو معاف نہیں ہوئی تو مجھے کیسے ہو سکتی ہے؟'' اس پر وہ زور سے ہنسا اور بولا ''شکر کرو تمھیں تمھارے علم نے آج بچا لیا۔'' غوث الاعظم رحمۃ اللہ علیہ نے لاحول پڑھی اور فرمایا ''علم نے نہیں بلکہ میرے رب نے مجھے بچا لیا۔''

شیطان مختلف رنگ و روپ دھارتا ہے جن کو پہچاننا انسان کے لیے مشکل ہو جاتا ہے۔

ایک روز میرے مرشد صاحب نے بڑی عجیب بات مجھے کہی جس پر میں حیران ہوا کیونکہ مجھے تب اُس بات کی سمجھ نہ آئی تھی۔ اُن کی بہت ساری باتیں گھنٹوں غور و فکر کے بعد مجھے سمجھ آتیں اور اکثر باتوں کی سمجھ مجھے اُن کے دنیا سے پردہ فرما جانے کے بعد آئی۔ مرشد صاحب سید یعقوب علی شاہ رحمۃ اللہ علیہ کہنے لگے۔

''میں نے تو شیطان سے دوستی کر لی ہے۔''

میں یہ سن کر بہت حیران ہوا لیکن ادب کے باعث خاموش رہا۔ وہاں سے واپسی پر سارا راستہ اور بعد ازاں رات کے معمولات سے فارغ ہونے کے بعد بھی تنہائی میں اس جملہ پر غور کرتا رہا، لیکن سمجھ نہیں آیا کہ ایک نیک انسان شیطان سے دوستی کیسے کر سکتا ہے۔

اب مرشد صاحب کا احترام بھی تھا ڈانٹ کا خوف بھی۔ میں سوچتا رہا کہ سوچ کو الفاظ میں یوں ڈھال لوں کہ ڈانٹ بھی نہ پڑے اور مسئلہ بھی حل ہو جائے۔ آخر سمجھ آ گئی۔ دو روز کے بعد جب اُن کے پاس چائے پی رہا تھا تو اچانک میں نے سوال پوچھا ''حضور! اگر شیطان مجھ سے دوستی کر لے تو میں نیک تو رہ ہی نہیں پاؤں گا بلکہ مزید بُرا ہو جاؤں گا۔''

مرشد صاحب کہنے لگے۔ ''شیطان تو تیرا دوست نہیں بنے گا۔''

میں نے کہا ''میں نے اُس کا کیا بگاڑا ہے؟''

بولے۔ ''انسان جس کو دوست بناتا ہے اُس کا بُرا نہیں بھلا چاہتا ہے۔ تو شیطان اگر دوستی کرتا ہے تو تمھیں اُلٹا نہیں سیدھا راستہ دکھائے گا۔ حالانکہ اُس کی سرشت میں تو راستہ سے بھٹکانا ہے۔''

یوں مجھے اُس جملہ کی سمجھ آ گئی کہ شیطان سے دوستی کرنے سے مراد یہ ہے کہ اب وہ مجھے بہکا نہیں سکتا۔

اِسی طرح مرشد صاحب ایک روز فرمانے لگے۔

''سرفراز میاں! میں نے تو ایک روز رب تعالیٰ سے کہا۔ اُٹھا یہ سب کچھ۔ لے جا۔ مجھے تیرا کچھ نہیں چاہیے۔ بس اپنا ذکر چھوڑ جا۔''

اب یہ بات سننے کے بعد میں پھر سوچ میں پڑ گیا۔ مغربی تعلیم کے باعث الفاظ میں اُلجھ کر یہ سوچنے لگا کہ یہ تو ناشکرا پن ہے۔ شاہ صاحب ولی اللہ ہیں۔ یہ کیسے کہہ سکتے ہیں کہ سب لے جاؤ۔ بس اپنا ذکر چھوڑ دو۔

یوں آدھی رات تک یہ معمہ حل کرنے کی کوشش کرتا رہا کہ مرشد صاحب نے اتنی بڑی ناشکر گزاری کیسے کر لی؟ آخر فجر کے قریب یہ نکتہ حل ہو گیا کہ یہ تو بہت بڑی بات تھی۔ نکتہ یوں سمجھ میں آیا کہ رب اگر کسی شخص کو اپنا ذکر عطا کر دے کہ لے تو میرا ذکر کیا کر...... نتیجتاً جو رب کا ذکر کرے گا وہ اُسی کو پکارے گا اور رب پکار کا فوراً جواب دیتا ہے۔ جب رب پکارنے والے بندے کی طرف متوجہ ہو گیا اور بندہ پکارتے پکارتے اُس مقام پر چلا گیا جہاں بس تو ہی تو کا مقام آ گیا۔ جہاں دوئی ختم ہو گئی اور رب اور بندہ ایک ہو گئے اور جب دونوں ایک ہو گئے تو پھر سب کچھ اپنا ہے۔

یہ الفاظ کا کھیل بھی عجیب ہے ہم عموماً الفاظ کے ظاہری معنی ہی لیتے ہیں اُس کی گہرائی اور حکمت کو نہیں دیکھتے۔ گفتگو کے تین رنگ ہیں۔

1۔ جھوٹ

2۔ سچ

3۔ حقیقت

اگر میں ایک بات کہتا ہوں تو وہ بات یا جھوٹ ہو گی یا سچ یا پھر میں حقیقت بیان کر رہا ہوں گا۔ جھوٹ کے بارے میں تو وضاحت کی ضرورت نہیں۔ وہ بات جو سچ نہیں...... وہ جھوٹ ہے۔ لیکن سچائی اور حقیقت میں فرق دیکھنا بڑا دشوار ہو جاتا ہے۔

یہ ضروری نہیں کہ جو سچ ہو وہ حقیقت بھی ہو اور یہ بھی ضروری نہیں کہ جو حقیقت ہو وہ سچائی بھی ہو۔ اس کی ایک مثال یہ ہے کہ فرض کریں میں ایک شخص سے ملنے گیا۔ میں نے دیکھا کہ وہ بیٹھا شراب پی رہا ہے۔ واپس آ کر حسب فطرت میں نے لوگوں میں پراپیگنڈہ شروع کر دیا کہ فلاں صاحب تو شراب پیتے ہیں۔ اب اگرچہ یہ سچ ہے لیکن ضروری نہیں کہ حقیقت بھی یہی ہو۔ کوئی آدمی جا کر اُن سے اس بارے استفسار کرے اور وہ

جواب دیں کہ مجھے ایک مرض کے علاج کے لیے ڈاکٹر نے روزانہ مخصوص مقدار میں دوا کے طور پر شراب پینے کی ہدایت کی ہے...... یا پھر وہ جواب دیں کہ وہ اصل میں شراب نہیں بلکہ شراب کا ہم رنگ شربت ہے۔ پھر ہمیں پتا چلے کہ حقیقت کیا تھی اور ہم کیا سمجھتے رہے۔

یوں اگر ہم الفاظ کے پیچھے جائیں گے تو حقیقت کا ادراک نہیں کر پائیں گے۔ ابھی چند روز قبل ہمارے گھر پر ایک فیملی ملاقات کے لیے آئی۔ اس میں تقریباً 26 سال کا ایک نوجوان بھی تھا۔ اچانک گفتگو کا رُخ Gossip یعنی گپ شپ کی طرف مڑ گیا کہ ہم عموماً گپ شپ کے نام پر غیبت کر رہے ہوتے ہیں اور ہمیں اس کا اندازہ تک نہیں ہوتا کہ یہ کتنا بڑا گناہ ہے۔

ایک روز ایک صحابیؓ بہت گھبرائے ہوئے دوسرے صحابہؓ کے پاس آئے زاروقطار روتے ہوئے کہنے لگے۔ آج میں نے اپنی ذات پر بڑا ظلم کیا۔ میں کسی عورت کے پاس چلا گیا۔ یہ سن کر صحابہؓ نے کہا...... ''آپ کی کیفیت دیکھ کر تو ہمیں یہ خدشہ گزرا تھا کہ شاید آپ کسی کی غیبت کر بیٹھے ہیں۔''

ہم لوگ بھی عموماً غیبت کو گپ شپ (Gossip) کے طور پر لیتے ہیں۔ الفاظ سے کھیلنے سے احتراز کرنا چاہیے۔ کیونکہ اس میں نقصان کا احتمال ہے۔ لفظوں کی اصلیت میں اُتر کر ہی حقیقت تک رسائی حاصل کی جا سکتی ہے۔

نشست نمبر 36

دعا کی قبولیت میں تاخیر کی وجہ

سوال: فقیر کی دعا سے تقدیر بدل سکتی ہے تو پھر کسی دعا کی قبولیت میں دیر اور تاخیر کیوں؟

جواب: انسانی تقدیر کے دو حصے ہیں۔

1۔ تقدیرِ مبرم (اسے تقدیرِ معین بھی کہتے ہیں)

2۔ تقدیرِ معلق

تقدیرِ معین کل تقدیر کا پانچ فیصد ہے۔ باقی پچانوے فیصد (95%) تقدیرِ معلق ہے۔

تقدیرِ معین وہ ہے جو رب نے ہمارے لیے لکھ دی ہے اور اس کو تبدیل کرنے کا اختیار صرف رب کو ہے، انسان دخل نہیں دے سکتا۔ جیسے موت کا وقت، رزق، عزت وغیرہ۔

باقی زندگی تقدیرِ معلق کے ماتحت ہے اور یہ تقدیر براہِ راست ہماری نیتوں اور اعمال کے ساتھ منسلک ہے۔ اگر ایک شخص کی نیت صاف ہے اور اعمال صالح ہیں تو یقینی طور پر اُس کی زندگی بہت اچھی ہوگی۔ اس کے برعکس اگر ایک شخص کی نیت و اعمال نیک نہیں ہیں تو اُس کی زندگی بھی ویسی ہی ہوگی۔

یہ سب اپنی جگہ..... لیکن اس کے ساتھ ساتھ رب تعالیٰ کا اپنا ایک نظام ہے۔ رب تعالیٰ قادرِ مطلق ہے۔ وہ ازل سے ابد تک کی تمام ظاہر و پوشیدہ باتوں سے واقف ہے۔ رب تعالیٰ صرف ہماری زمین یعنی دنیا کے معاملات نہیں چلا رہا بلکہ پوری کائنات کا نظام چلا رہا ہے اور یہ نظام اتنا Smoothly چل رہا ہے کہ اس میں کبھی Fraction of a second کا بھی فرق نہیں آیا۔ ہر چیز اپنے مقررہ وقت پر ہوتی ہے۔ اس کائنات کا ہر ذرّہ خواہ کتنا ہی حقیر کیوں نہ ہو اس کا ایک فنکشن اور ذمہ داری ہے جو اسے اپنے حصہ کا پورا کرنا ہے۔

گھڑی کو کھول کر دیکھیں اس میں چھوٹے بڑے پرزے ہوتے ہیں۔ کچھ پرزے (Wheel) مسلسل حرکت میں رہتے ہیں، چند ایک کبھی کبھار حرکت کرتے ہیں اور کچھ پرزے اپنی پوری زندگی میں شاید محض ایک بار حرکت میں آتے ہیں۔ گھڑی کا ہر پرزہ مقررہ وقت پر اپنا کام سرانجام دے رہا ہوتا ہے۔

ایک محاورہ Clock like work بھی اِسی نسبت سے معروف ہے۔

کائنات کے نظام کو ایک اور مثال سے سمجھا جا سکتا ہے۔ بچوں کا ایک کھیل جکسا پزل (Jigsaw

(Puzzle) جس میں مختلف تصویروں کو چھوٹے بڑے ٹکڑوں میں کاٹ دیا جاتا ہے اور پھر بچوں سے ان ٹکڑوں کو جوڑ کر دوبارہ سے تصویر بنانے کو کہا جاتا ہے۔ اگر سوئی برابر حصہ بھی ان ٹکڑوں کا اپنی جگہ پر نہ لگا تو وہ تصویر نامکمل رہ جائے گی۔

اِسی طرح کائنات کا ہر ذرہ اپنی جگہ پر اہم ہے۔ ضروری ہے کہ وہ صحیح جگہ پر، صحیح وقت میں فٹ (fit) ہو جائے۔ اگر ہر انسان کی ہر خواہش واُمید پوری ہو جائے تو کائنات کا نظام درہم برہم ہو جائے گا۔

مثلاً پاکستان میں 16 کروڑ عوام ہیں۔ یہ سب ٹاپ پوزیشن (Top Position) پر جانا چاہتے ہیں۔ اب اگر اللہ تعالیٰ 16 کروڑ عوام کی یہ خواہش پوری کر دے تو سب کے سب وزیرِاعظم بن جائیں گے جو ممکن نہیں۔ اِسی طرح 16 کروڑ عوام کی خواہش امیر ہونے کی ہے اگر ایسا ہو جائے تو پھر امیر کون کہلائے گا؟ یہی وجہ ہے کہ ہر دعا پوری نہیں ہوتی۔

رب بہتر جانتا ہے کہ کائنات کو کیسے چلانا ہے؟ کسی ذرہ کو کب حرکت میں لانا ہے؟ رب کائنات کو اپنے تناظر (Perspective) میں دیکھتا ہے۔ اِسی وجہ سے بعض اوقات دعا سے مطلوبہ اور متوقع نتائج سامنے نہیں آتے۔

اللہ تعالیٰ قادرِ مطلق ہے۔ جہاں وہ دیکھتا ہے کہ دعا کی بعینہٖ قبولیت سے کائنات کے نظام میں خلل کا اندیشہ ہے تو وہاں وہ ویٹو پاور استعمال کرتا ہے لیکن وہ دعا کا پھل دینا نہیں بھولتا۔ وہ پھل ہمیں کہیں نہ کہیں سے، کسی نہ کسی صورت مل جاتا ہے لیکن ہم اکثر سمجھ نہیں پاتے۔ اور ہم یہ سمجھتے رہتے ہیں کہ ہماری دعا قبول نہیں ہوئی۔

جہاں تک دعا کی قبولیت میں تاخیر کا تعلق ہے، جیسا کہ پہلے عرض کیا کہ کائنات کا ہر ذرہ مقررہ وقت پر حرکت میں آتا ہے۔ دنیا میں مختلف واقعات رُونما ہوتے رہتے ہیں۔ کائنات کو سکیل ڈاؤن (Scale Down) کرتے ہوئے دنیا، دنیا سے ملک، ملک سے شہر اور شہر سے گھر پر لے آیئے۔ وہ دعا جو ہم مانگ رہے ہیں ہوسکتا ہے اس کا تعلق کسی اور شخص سے ہو۔ فرض کریں میں دفتر میں اپنی پروموشن کے لیے دعا کر رہا ہوں۔ وہاں اُسی پروموشن کا ایک اور شخص بھی اُمیدوار ہے۔ لہٰذا اگر میری دعا قبول ہو جاتی ہے تو اُس شخص کی قسمت میں جو رزق لکھا ہے وہ اُسے کیسے ملے گا؟

اب ہوگا یہ کہ میری دعا کی قبولیت سے پیشتر یا تو اُس شخص کی پروموشن ہوگی یا پھر کسی اور جگہ اُس کی بہتر جاب کا انتظام ہو جائے گا اور اُس کے بعد میری پروموشن بھی ہو جائے گی۔

دو چیزیں ہم نے دیکھیں۔

1۔ دعا کا قبول ہونا

2۔ دعا کا پورا ہونا

کوئی بھی دعا قبول تو فوری طور پر ہو جاتی ہے۔ مثال کے طور پر کسی شخص نے دعا کی۔ یا باری تعالیٰ! مجھے بیٹا عطا فرما دے۔ اب دعا تو اُسی لمحے قبول ہو گئی لیکن اُس کے پورا ہونے میں ممکن ہے کہ ایک یا دو سال لگ جائیں۔

رب نے یہی فرمایا

''تمھارا رب دعاؤں کو سننے والا ہے۔''

دوسری جگہ فرمایا

''تمھارا رب دعاؤں کو قبول کرنے والا ہے۔''

لفظ ''سمیع'' اور ''استجیب'' استعمال ہوا۔ دعا کے پورا کرنے کے بارے میں خاموشی ہے کیونکہ یہ منسلک ہے رب کی کائنات چلانے کی مصلحتوں کے ساتھ اور رب کی مصلحتیں صرف اُس کے نبی صلی اللہ علیہ وسلم ہی کو معلوم ہیں۔

ملازمت پیشہ افراد جانتے ہیں کہ تمام ممالک میں بجٹ کا مالی سال Fiscal year کہلاتا ہے یا پھر کچھ اداروں میں اسے فنانشنل ائیر (Financial year) کہتے ہیں۔ اِسی طرح گھر بھی ایک بجٹ کے تحت چلتے ہیں۔ جو لوگ اپنی آمدنی کے مطابق گزر بسر کرنا چاہتے ہیں اور مقروض نہیں ہونا چاہتے۔ وہ بھی بجٹ بنا کر چلتے ہیں۔

رب ایک بجٹ بنا کر کائنات چلاتا ہے۔ اس کا بھی ایک Fiscal year ہے۔ شبِ قدر کیا ہے؟ دعائیں کثرت سے قبول ہوتی ہیں۔ شب برات گویا یکم جولائی (1st July) ہے رب کے Fiscal year کی جس میں سارے سال کا بجٹ بن جاتا ہے۔

فرض کریں آپ نے کسی صاحب سے درخواست کی کہ فلاں ادارے کے سربراہ سے میری ترقی کی سفارش کر دیں۔ وہ آپ کو لے کر وہاں گئے۔ سربراہ سے آپ کی سفارش کی۔ اُس نے سفارش قبول کر لی۔ اُن صاحب نے باہر آ کر آپ کو یہ خوشخبری سنائی اور آپ بے فکر ہو گئے۔

دوسری طرف ادارے کے سربراہ نے Personnel Officer کو بلا کر سفارش کردہ شخص کی ترقی کی ہدایت کی۔ Personnel Officer نے ایڈمن آفیسر کو تمام متعلقہ اُمور مکمل کرنے کو کہا۔ جب ساری Formalities پوری ہو گئیں تو Proposal اس اعتراض کے ساتھ رد ہو گئی کہ اس مالی سال کے بجٹ میں اس ترقی کی Provision نہیں ہے۔ تب سربراہ نے کہا کہ ٹھیک ہے اگلے مالی سال کے بجٹ میں اس پوزیشن کی ایک Provision ڈال دو۔

اب اُدھر تو یہ معاملات چل رہے ہیں اور اِدھر آپ روزانہ پروموشن لیٹر (Promotion Letter) کا انتظار کر رہے ہوتے ہیں۔ حتیٰ کہ سفارش کرنے والے صاحب کے پاس جا کر شکوہ بھی کرتے ہیں کہ اتنے ماہ ہو گئے ابھی تک ترقی نہیں ہوئی۔ آپ تو کہتے تھے ترقی ہو جائے گی۔

وہ صاحب جو گاڑی میں بٹھا کر آپ کو لے کر گئے تھے اور آپ کی ترقی کی سفارش کی تھی۔ اُن کے بارے میں دل ہی دل میں آپ سوچ رہے ہوتے ہیں کہ نہ جانے اُنھوں نے باس سے کہا بھی تھا یا نہیں؟

اب ہوتا یوں ہے کہ اگلا مالی سال چند مہینوں کے بعد شروع ہو جاتا ہے اور اُس مالی سال کے ماہِ ستمبر میں ایک پروموشن لیٹر (Promotion Letter) ملتا ہے کہ جولائی سے آپ کی ترقی ہوگئی ہے۔ تب آپ سوچتے ہیں ''سچ ہی کہا تھا اُن صاحب نے کہ ترقی ہو جائے گی۔''

یاد رکھیے تاخیر کا مطلب ہمارے نیک و بد ہونے، اللہ سے دُور و نزدیک ہونے یا پھر پیر صاحب کے کمزور و طاقتور ہونے سے نہیں ...... یہ کلیتاً رب کا اختیار ہے۔ وہ اس کاروبار کائنات کے مطابق ایکشن (Action) لیتا ہے۔

یہ حقیقت ہے کہ دعائیں کبھی رائیگاں نہیں جاتیں۔ اگر دعائیں پوری نہیں ہوتیں تو اس کا مطلب یہ نہیں کہ اللہ تعالیٰ نے ہمیں نوازا نہیں بلکہ اصل میں وہ اُس دعا کے بدلے ہمیں مصیبتوں سے بچا لیتا ہے۔ کچھ اور نعمتیں ہمیں عطا کر دیتا ہے۔

اللہ اپنے بندوں کو بے نیل و مرام نہیں لوٹاتا۔ ہمیشہ کچھ دے کر ہی لوٹاتا ہے۔

سوال: کیا اللہ کے قرب کے لیے احوال، کشف، مجاہدہ، ریاضت وغیرہ ضروری ہیں؟

جواب: ایک صاحب ڈاکٹر بننا چاہتے ہیں تو وہ سائنس پڑھنا شروع کر دیتے ہیں۔ پانچویں کلاس میں سائنس کی صرف ایک کتاب ہے جو ابتدائی معلومات پر مشتمل ہے۔ بنیادی باتیں تک اس میں موجود نہیں۔ آٹھویں کلاس میں بھی سائنس کی ایک ہی کتاب ہے جو Essentials of Science پر مشتمل ہے۔ میٹرک میں سائنس کی تین کتابیں ہیں۔

1۔ فزکس

2۔ کیمسٹری

3۔ بیالوجی

اس مرحلے پر Fundamentals of science کا مطالعہ شروع ہوتا ہے۔ FSc میں Botany بھی شامل ہو جاتی ہے۔ ان سب مضامین کے مطالعہ کے بعد وہ میڈیکل میں داخلہ لیتے ہیں۔

میٹرک کی سائنس میں طلبا نے میڈیکل سائنس بالکل نہیں پڑھی۔ بلکہ Fundamentals of science پڑھے۔ اب FSc کے بعد میڈیکل کالج گئے تو میڈیکل سائنس سے واسطہ پڑتا ہے۔ بعد ازاں جوں جوں آگے بڑھتے گئے ایڈوانس لیول (Advance level) کی سٹڈی (Study) ہوتی چلی گئی حتیٰ کہ MBBS کا Professional Exam پاس کرنے کے بعد مطلوبہ علم (Desired level of knowledge) حاصل ہو گیا۔ اس کے بعد ایک سال تک کتابی علم کو ہاؤس جاب کے دوران استعمال (Apply) کیا جس کا مشاہدہ کرنے کے بعد اِس کے سینئر ڈاکٹرز نے Declare کیا کہ اس نے حقیقتاً کتابی

علم کو بالکل درست استعمال کیا ہے۔ یوں ایک پیشہ ور ڈاکٹر کا ٹائٹل مل گیا۔ اب پروفیشنل ڈاکٹر بن جانے کے بعد وہ بہت مشکل ڈیوٹی سرانجام دیتا ہے۔

اِسی طرح تصوف میں جب کوئی شخص قربِ الٰہی کے حصول کا فیصلہ کرتا ہے تو اُسے تصوف کے بنیادی لوازمات (Essentials of Tasawwuf) پڑھائے جاتے ہیں۔ یہ لوازمات کسی چلّہ، ریاضت یا مجاہدہ پر مشتمل نہیں ہوتے بلکہ اُسے کہا جاتا ہے کہ دو کام کرلو۔

1۔ اپنی انا مارلو

2۔ دل صاف کرلو۔

یہاں ایک فرق ہے اور یہ فرق وہی ہے جو دنیاوی علوم دینے والے اُستاد اور دینی علم تقسیم کرنے والے مرشد میں ہے۔ دنیاوی علوم کا اُستاد بہت محترم ہے۔ رُوحانی باپ ہے۔ وہ 5 یا 6 گھنٹے علم پڑھا کر فارغ ہو جاتا ہے۔ اُس کی ذمہ داری پوری ہو جاتی ہے۔ جب کہ دینی علم تقسیم کرنے والا شخص آپ کو تصوف پڑھا رہا ہے۔ ہے تو وہ بھی اُستاد لیکن اُسے مرشد کہہ دیا گیا۔ اُس کی ذمہ داریاں دوچند ہیں۔ اُسے کتابی علم بھی دینا ہے اور پریکٹیکل یعنی عملی تعلیم بھی دینا ہے۔ میڈیکل کے اُستاد کی مانند۔ تصوف کے مدرسہ میں پریکٹیکل راؤنڈ دی کلاک (Round the clock) اور ہفتہ کے سات دن چلتے ہیں۔

مدرسہ میں سہ ماہی امتحانات ہوتے ہیں جب کہ تصوف میں ہر لحہ امتحان ہوتا ہے۔ کیونکہ مرید مرشد کی Watchful eyes کے نیچے رہتا ہے۔ جہاں کچھ غلط ہوا...... وہاں ڈانٹ پڑی۔ وہ علم دے کر بری الذمہ نہیں ہو جاتا۔ بلکہ وہ پریکٹیکل کراتا ہے۔

ہم غیبت کرتے ہیں۔ کوئی بے عزتی کر دے تو تلملا اُٹھتے ہیں۔ مہمان آ جائے تو انتظار کرتے ہیں کہ وہ چلا جائے تو ہم کھانا کھائیں۔ ایسے میں مرشد کی طرف سے ڈنڈا آتا ہے کہ تمھاری عزت کون سی ہے؟ سب عزتیں تو اللہ ہی کے لیے ہیں۔ پھر مرشد اگلی بات بتاتے ہیں۔

''اور اللہ جسے چاہتا ہے عزت دیتا ہے۔''

اس کے بعد مرشد صاحب بتاتے ہیں کہ تمھیں کوئی ''اوئے'' کہہ کر پکارے تو تم آنکھیں کیوں دکھاتے ہو؟''

اِس طریقے سے مرشد صاحب نے انا بھی کچل دی اور دل بھی صاف کر دیا۔ دل میں کسی کے لیے شکوہ شکایت نہ ہو، محبت ہی محبت ہو۔ یہی رب چاہتا ہے اور مرشد اِسی کی تربیت کرتا ہے۔ وہ آپ کو متواضع کر دیتا ہے۔

تواضع سے متعلق ایک حدیث مبارکہ ہے

''تواضع سے درجات بلند ہوتے ہیں اور عمر طویل ہوتی ہے۔''

جب انسان متواضع ہو جاتا ہے تو اُس کے اخلاق سنت کے تابع ہو جاتے ہیں۔ تواضع سے مراد خاطر مدارت نہیں بلکہ ''خوش اخلاقی'' ہے کہ آپ دوسروں سے مسکرا کر ملیں۔ اُن کی دلجوئی، دلچسپی اور دلجمعی کا خیال

رکھیں۔ آپ کو اتنا متواضع ہونا چاہیے کہ کسی کا آپ کے پاس سے اُٹھ کر جانے کو جی نہ چاہے اور وہ چلا جائے تو واپس آنے کو بے تاب رہے۔

ایک حدیث کا مفہوم ہے کہ ہر شخص سے ایسی خوش اخلاقی سے ملو کہ وہ یہ سمجھے کہ تم سب سے زیادہ اُسی سے محبت کرتے ہو۔ اور سنت بھی یہی ہے۔ یوں مرشد آپ کو متواضع کر دیتا ہے۔ جب تک تصوف کے بنیادی نکات (Fundamentals) نہیں پڑھے جائیں گے ریاضت، مجاہدوں اور چلّوں سے مطلوبہ نتائج حاصل نہیں ہوں گے۔ ان کی حقیقت تو بس یہ ہے کہ یہ آپ کے اندر غور وفکر میں یکسوئی (Concentration) کو بڑھاتے ہیں تا کہ انسان حالتِ غور وفکر میں اپنے گرد وپیش سے بے نیاز ہو جائے۔

تسبیح کیا ہے؟ اس کے استعمال کا مقصد یکسوئی بڑھانے کے ماسوا کیا ہے؟ ہم تسبیح کا دانہ آگے کرنے پر توجہ کر رہے ہوتے ہیں۔ دل اور زبان سے ذکر ہو رہا ہے جب کہ ذہن دانہ آگے کرنے پر لگا ہے۔ جب یکسوئی بڑھ جاتی ہے تو ایک وقت ایسا آتا ہے کہ مولانا حسن کی طرح آپریشن ٹیبل پر Anaesthesia (بے ہوش ہونے کی دوا) نہیں لیتے بلکہ کہتے ہیں میں اللہ کے ذکر میں مشغول ہوتا ہوں آپ ٹانگ کاٹ دیجیے۔ اللہ کے ذکر میں یکسوئی کا یہ عالم ہے کہ اُن کی ٹانگ کٹ جاتی ہے۔ آپریشن ختم ہو جاتا ہے اور اُنھیں تکلیف کا ذرہ برابر بھی احساس نہیں ہوتا۔

جب رب تعالیٰ کے ذکر میں اور رب کی ذات پر غور وفکر میں یکسوئی حاصل ہو گئی تو رب سے تعلق جڑ گیا۔ ایسے میں انسان کو چیزیں دکھائی دینے لگتی ہیں اور ہم کہتے ہیں کہ وہ صاحب کشف ہو گیا۔ درحقیقت وہ زماں و مکان سے Beyond چلا جاتا ہے۔ یہ مجاہدے اور ریاضتیں سب اپنی جگہ پر بجا ہیں لیکن اصل بات یہ ہے کہ انسان اپنے فرائض خوبصورتی سے ادا کرے۔

1۔ حقوق اللہ سے متعلق فرائض

2۔ حقوق العباد سے متعلق فرائض

متوازن رویہ یہ ہو گا کہ دونوں حقوق خوبصورتی سے ادا کر دیں۔ حقوق اللہ کی ادائیگی میں ''فنافی اللہ'' ہو جائیں اور حقوق العباد کی ادائیگی کے وقت بے نیاز ہو جائیں اپنے ارادوں، تمناؤں اور خواہشات سے۔ صرف دوسروں کے لیے زندہ رہیں۔

جب حقوق اللہ اور حقوق العباد سے متعلق اپنے فرائض ہم خلوصِ نیت سے ادا کرنے لگتے ہیں تو قربِ الٰہی خود بخود حاصل ہو جاتا ہے۔

لیکن ہوتا کیا ہے۔ ہم ان حقوق کی ادائیگی Daily Drill کی طرح کرنے لگتے ہیں۔ جسم تو ڈرل (Drill) کر رہا ہے لیکن دل اُس کا ساتھ نہیں دے رہا اور دماغ کاروبار حیات کے نفع ونقصان میں اُلجھا ہوا ہے۔ ایسے میں سوائے ثواب اور جسمانی مشق کے اور کیا ملے گا؟

فرائض اس طرح ادا نہیں کیے جانے چاہییں۔ اِسی طرح حقوق العباد کی ادائیگی کے لیے میں نکلا۔ کسی بھوکے کو دیکھ کر کھانا کھلانے کا سوچا اور ساتھ ہی کہا بھائی جلدی کھاؤ مجھے جانا ہے اور یہ تم خود کیوں نہیں کماتے؟ یہاں تو دیا بجھا دینا چاہیے تا کہ بلا جھجک بھوکا کھانا کھا سکے۔

ضرورت اخلاص کی ہے۔ جب نیت میں اخلاص ہوگا تو رب قریب آ جائے گا۔ جس قدر فرائض کی ادائیگی میں ڈوب جائیں گے اُسی قدر رب قریب ملے گا۔ اس میں ڈوبنے کے لیے ریاضتیں، چلّے، مجاہدے ضروری نہیں۔

نشست نمبر 37

سب سے پہلے وہ سوال جس کا تعلق میری اپنی ذات سے ہے اس کا جواب دینا چاہوں گا۔

لوگوں کی ایک بڑی تعداد کو مجھ پر یہ اعتراض ہے کہ میں داڑھی نہیں رکھتا۔ مجھے اپنی اس کوتاہی کا اعتراف ہے۔ مجھے داڑھی رکھنی چاہیے۔ داڑھی نہ رکھنے کے پیچھے میرے اپنے جذبات ہیں کہ مجھے داڑھی کا احترام بے پناہ ہے کیونکہ یہ آپ ﷺ کی پسندیدہ ترین سنت ہے اور آپ ﷺ نے اس کی تلقین بھی کی۔ لیکن میرے داڑھی نہ رکھنے میں میرے اعمال اور کردار مانع ہے۔ میں یہ سمجھتا ہوں کہ جب آپ ﷺ کی اتباع میں داڑھی رکھتے ہیں تو ہم اپنی شکل آپ ﷺ سے مشابہ کر رہے ہوتے ہیں جہاں انسان اتنا بڑا کام کرتا ہے کہ اپنی شکل آپ ﷺ کے ساتھ داڑھی کے ذریعے مشابہ کرتا ہے تو ایسے میں اُس انسان کے کردار و اعمال آپ ﷺ کا ایک فیصد تو ہو جائیں۔ مجھے شرم آتی ہے کہ میرا کردار اور اعمال ایک عام مسلمان کے شایان شان بھی نہیں چہ جائیکہ آپ ﷺ کے۔

اِسی وجہ سے آج تک داڑھی نہیں رکھ سکا اور کوشش میں لگا ہوں کہ میرا اخلاق و کردار و اعمال آپ ﷺ کے اخلاق و کردار کا ایک فی صد (1%) بھی ہو جائیں تو میں داڑھی رکھ لوں۔

یہ بالکل ایسا ہی ہے کہ جب کوئی شخص فوج میں افسر بننے کے لیے اپلائی (Apply) کرتا ہے تو مختلف اسٹیج پر اُس کا آئی کیو لیول (I.Q. Level)، ٹیم ورک، سپرٹ، لیڈرشپ کی صلاحیتیں اور دیگر Potential کے Test کے ذریعے جب وہ اسے مطلوبہ معیار کے مطابق سمجھتے ہیں تو اُس کی سلیکشن کر لیتے ہیں جہاں وہ دو سال لمبی اور سخت ٹریننگ کرتا ہے۔ اس دوران زیادہ تر زور اُس کے کردار کی تعمیر (Character Building) اور پرسنالیٹی ڈویلپمنٹ (Personality Development) پر ہوتا ہے۔ اُسے ادب آداب سکھائے جاتے ہیں اور ان پر سختی سے عمل کروایا جاتا ہے۔ حالانکہ دشمن کے ساتھ مقابلے میں ادب آداب کام نہیں آتے۔ وجہ یہ ہے کہ اُس آدمی نے فوج کا افسر بننا اور یونیفارم پہننا ہے اگر وہ اخلاق سے گری ہوئی حرکت کرتا ہے یا اخلاق و معیار سے گرا ہوا کام کرتا ہے تو وہ خود نہیں بلکہ اُس کا یونیفارم بدنام ہوتا ہے۔ وردی کی عزت کے لیے اُسے یہ ادب آداب سکھائے جاتے ہیں۔

مسلمان جب داڑھی رکھتا ہے تو یہ بھی وردی ہے کہ وہ آقا ﷺ کے اُمتی ہونے کی وردی پہنے ہوئے ہے۔

میں یہ سمجھتا ہوں اور اس سے کسی کا متفق ہونا ضروری نہیں کہ میرے اخلاق و کردار و اعمال ایسے ہو جائیں کہ میں کم از کم مسلمان کے معیار تک ہی پہنچ جاؤں۔ مومن کا معیار تو بہت دُور کی بات ہے۔ میں کوشش کر رہا ہوں ایسا بننے کی۔ آپ دعا کریں کہ میں ایسا بن جاؤں کہ داڑھی رکھ سکوں تا کہ لوگ یہ نہ کہہ سکیں کہ ویسے تو داڑھی رکھی ہے اور اس کی حرکات دیکھو۔

سوال: نظرِ بد سے کیسے بچا جاسکتا ہے؟

جواب: میں یہ سمجھتا ہوں کہ پابندی سے نماز کی ادائیگی اور تلاوتِ قرآن پاک کرنے والا انسان خود بخود نظرِ بد سے بچا رہتا ہے۔ کلامِ الٰہی میں اتنی طاقت ہے کہ جادو، تعویذ اور نظرِ بد کے اثرات کو خود ہی دفع کرتا رہتا ہے۔ اگر زیادہ ہی اندیشہ ہو نظرِ بد کا تو چاروں قُل شریف پڑھ کر دم کر لیجیے۔ زیادہ خدشہ ہو تو گیارہ مرتبہ سورہ اخلاص اور درود پاک پڑھ کر دم کر لیجیے۔

نظرِ بد کا وجود ہے یہ ٹھیک ہے۔ لیکن جب یہ یقین ہے کہ اللہ قادرِ مطلق ہے سب سے بڑھ کر طاقت والا ہے ماں سے 70 گُنا زیادہ محبت اور حفاظت کرتا ہے تو جس انسان کا محافظ رب ہے اُس انسان کو کوئی چیز کیا نقصان پہنچا سکتی ہے۔

رب پر پختہ یقین رکھیئے کہ وہ کسی بھی طور پر ہمارے نقصان پر خوش نہیں۔ وہ ہمیں مصائب سے بچا لے گا۔ یہ یقین ہو گا تو پھر نظرِ بد کا خدشہ نہیں رہے گا۔

سوال: اپنے آپ کو زیادہ سے زیادہ کس طرح جانا جاسکتا ہے؟

جواب: خود کو جاننے کے معاملات تہ در تہ ہیں۔ مزا یہ ہے کہ جب انسان اپنی پیدائش کا مقصد سمجھ لیتا ہے تو باقی تہیں خود بخود کھلنا شروع ہو جاتی ہیں اور اُس پر واضح ہونے لگتا ہے کہ وہ کیا ہے؟ مثلاً ایک شخص بیٹھ کر سوچنا شروع کرتا ہے کہ رب نے مجھے پیدا کیوں کیا۔ اُسے خیال آئے گا۔ کیا بندگی کے لیے؟ تو بندگی کے لیے فرشتے کم تو نہ تھے؟ اُن سے زیادہ وفاداری (Faithfully) سے اللہ کے احکامات کو ماننے والا کون ہو گا۔

پھر وہ خود سے سوال کرے گا۔ کیا اللہ نے ہمیں عبادت کے لیے پیدا کیا؟ تو جواب ملے گا کہ دنیا کی موجودات و فرشتے رب کی ثنا بیان کرتے اور عبادت کرتے ہیں۔

آخر پھر انسان کی پیدائش کا مقصد کیا ہے۔؟

تو جواب یہ ہے کہ جب کچھ نہ تھا تو رب تھا۔ فرشتے تھے، جنات تھے۔ پھر رب نے چاہا کہ کوئی ایسی مخلوق تخلیق کرے جو اُس کی ذات کی مظہر ہو جس سے اُس کی ذات کا اندازہ ہو سکے۔ یوں انسان وجود میں آیا۔

رب تعالیٰ کے صفاتی نام ہم پڑھتے ہیں۔ ماسوائے اُس کی دو چار صفات کے باقی تمام صفات کا عکس انسان میں موجود ہے۔ رب کی وہ دو چار صفات جن کا عکس انسان میں نہیں وہ یہ ہیں ''شانِ ربوبیت''، ''قادر

مطلق ہونا''، ''رحمٰن ہونا''۔ یہ صفات صرف اور صرف اللہ میں موجود ہیں ان کا عکس انسان میں موجود نہیں۔ میں صفات کی نہیں اُن کے عکس کی بات کر رہا ہوں۔

انسان میں جذبۂ رحم اور سخاوت بھی موجود ہے۔ اِسی طرح اور بھی بہت سی صفات کا عکس انسان میں موجود ہے۔ رب نے تو یہ عکس انسان میں رکھ دیا۔ اب انسان پر فرض کردہ عبادات کو گہرائی سے دیکھیں تو تمام عبادات کی گہرائی میں ایک ہی بات دکھائی دیتی ہے کہ انسان دوسروں کے لیے مہربان ہو جائے، اُن کے کام آئے، اُن کی خدمت کرے۔ مثلاً آداب نماز کیا ہیں؟ اس کے فرائض و شرائط کیا ہیں؟ اس کی بنیادی شرط ارادہ ہے، نیت ہے۔ پھر وضو ہے۔ اب وضو کیا ہے؟ اپنے آپ کی طہارت کرنا۔

آپ ﷺ نے حکم دیا کہ جب مسجد میں جاؤ تو جہاں جگہ ملے وہاں بیٹھ جاؤ۔ صفیں پھلانگتے ہوئے آگے نہ جاؤ۔ یہ کیا ہے؟ یہ آدابِ محفل ہیں کہ دوسروں کو تکلیف نہ ہو۔

ایسی چیزیں جن کے کھانے سے منہ سے بدبو آئے مثلاً لہسن، پیاز، مولی وغیرہ اُن کو کھا کر مسجد میں نہ جائیں تاکہ پاس بیٹھے لوگوں کو ناگوار محسوس نہ ہو۔

پھر حکم ہوا کہ صفوں میں دوسروں کے لیے جگہ بناؤ اور ہم تنگ ہو کر بھی دوسروں کو Accommodate کریں۔

حج دیکھ لیجیے۔ روزہ دیکھ لیجیے۔ کمال کی چیز ہے۔ انسان خود روزہ رکھتا ہے اور اُس کو ثواب مل جاتا ہے۔ لیکن یہ بھی ہے کہ روزے کی مشقت کسی اور نے برداشت کی۔ آپ نے محض اُسے روزہ افطار کرا دیا تو صبح سے شام تک جو مشقت روزے دار نے برداشت کی تھی اُس کے برابر ثواب آپ نے افطار کروا کے حاصل کر لیا۔ افطار میں جو کچھ وہ کھائے گا اُس کا اجر آپ کو مل جائے گا۔ کیونکہ آپ سوچتے ہیں کہ نہ جانے اُس کے پاس روزہ کھولنے کے وسائل ہیں یا نہیں۔ آپ اُسے عزت و احترام کے ساتھ پاس بٹھا کر روزہ کھلوا دیتے ہیں یوں اُس کا بھرم رکھ لیتے ہیں۔

اِسی طرح سحری کے معاملات ہیں۔ پھر لڑائی جھگڑے سے روزے کے دوران منع فرمایا گیا کہ صاف کہہ دو کہ میں روزہ سے ہوں۔

رب تو زکوٰۃ کا محتاج نہیں لیکن فرض کر دی تاکہ آپ اپنے اُن بھائیوں کی مدد کر سکیں جو وسائل کے معاملے میں بہت خوش نصیب نہیں ہیں۔ اس میں ڈسپلن بھی ہے اور ترغیب بھی کہ دوسروں کو Look after کرو۔

اسلام میں دو پہلو ہیں۔

1۔ حقوق اللہ

2۔ حقوق العباد

عبادات ہمارے اندر ڈسپلن اور دوسروں کے لیے کام کرنے کی عادت پیدا کر دیں گی اور ہمارے لیے

حقوق العباد کی ادائیگی آسان ہو جائے گی۔ جب ہمیں ان باتوں کی سمجھ آ جاتی ہے تو اپنی پیدائش کا مقصد بھی سمجھ آنے لگتا ہے۔

رب نے فرمادیا کہ نماز بُرائیوں سے بچاتی ہے۔

جو نماز پڑھتا ہے اُسے چاہیے کہ وہ اس پر بھی نظر رکھے کہ کیا وہ بُرائیوں سے دُور ہو رہا ہے؟ اگر نہیں تو غور کرے کہ نماز کی شرائط پوری ہو رہی ہیں یا نہیں۔

''عبادت اللہ کے لیے کی جائے۔ اور زندہ اللہ کے بندوں کے لیے رہا جائے۔ یہ زندگی اور تخلیق کا مقصد ہے۔''

جب رب کی عبادت اس خلوص کے ساتھ کی کہ میں تو پیدا ہی اس لیے ہوا ہوں کہ اس عبادت کے ذریعے میں رب کی عظمت بیان کروں۔ اس کی شان ربوبیت بیان کروں۔ وہ ایسا مہربان رب ہے کہ میری نافرمانیوں، کوتاہیوں اور سرکشی کو نظر انداز کرتا ہے اور مجھے بہترین طریقے سے پال رہا ہے۔ جب اس جذبہ سے میں نے رب کی عبادت کی تو میں گناہ و ثواب اور جنت کے لالچ اور دوزخ کے خوف سے آزاد ہو گیا۔ جب یہ سوچ کر میں نے رب کی عبادت کی تو یہ خالصتاً رب کے لیے میری عبادت ہے اور ایسی خالص عبادت مجھے رب کے قریب کر دے گی۔ رب میرا ہو جائے گا۔ اُسے میری یہ بات بہت پسند آئے گی۔ اور وہ مجھے اپنے سینے سے لگا لے گا۔ یوں میری تخلیق کا مقصد پورا ہو جائے گا۔ اس لیے کہا جاتا ہے کہ جس نے اپنے آپ کو پہچانا اُس نے رب کو پہچان لیا۔

سوال: اگر کوئی شخص دن رات اللہ سے اُس کے شایان شان مانگتا ہے تو اللہ سے اللہ کو مانگنے والا ''تصورِ شیخ'' یا ''تصورِ مرشد'' کیسے کر سکتا ہے؟

جواب: اصل میں دقت ہمیں وہاں آتی ہے جب ہم کسی بات کو سنتے ہیں اور اُس کے پس منظر کو بھلا دیتے ہیں۔ میں نہیں سمجھتا کہ کوئی بھی شخص کلاس فائیو (Class Five) یا میٹرک پاس کیے بغیر ماسٹرز کی ڈگری حاصل کر لے گا۔ جب کوئی شخص اس بلندی پر جا پہنچے کہ رب سے اُس کی شایانِ شان مانگے تو جو شخص دنیا و آخرت سے اس قدر بے نیاز ہو گیا کہ رب کے سوا کچھ نہیں مانگ رہا تو یہ ''فنا فی اللہ'' کا مقام ہے۔ اور ''فنا فی اللہ'' کے مقام تک پہنچنے کے لیے ''فنا فی الشیخ'' ہونا پڑے گا۔ میٹرک کے بغیر ایم اے نہیں ہو سکے گا۔ اب سوال یہ ہے کہ ''فنا فی الشیخ'' ہے کیا؟

''فنا فی الشیخ'' غیر مشروط اطاعت ہے۔ تصوف میں مرید جب مرشد کی غیر مشروط اطاعت کرتا ہے اور مرشد کے ساتھ اُس کا تعلق جب اُس مقام پر آ جاتا ہے کہ مرید اپنی ڈکشنری سے پانچ ''ک'' نکال دیتا ہے۔ کیوں، کیسے، کب، کس طرح، کس جگہ۔ یہ پانچ ''ک'' نکال دیئے وہ ''فنا فی الشیخ'' ہو گیا۔ مثلاً ''شیخ'' نے کہا کنوئیں میں چھلانگ لگا دو تو مرید یہ نہیں کہے گا کہ ''مجھے تو تیرنا نہیں آتا۔'' مرشد نے آگ پر چلنے کو کہا تو وہ بلا

جھجک چل پڑا۔

یہ ہے غیر مشروط اطاعت۔ جو ڈر اور خوف سے نہیں بلکہ محبت سے آتی ہے۔

اس کی ایک مثال یوں دی جاسکتی ہے کہ ایک صاحب ملازمت کر رہے ہیں اُس کا باس چھٹی سے ایک گھنٹہ قبل اُسے بلا کر کوئی ضروری کام کرنے کو کہتا ہے۔ وہ کمرے میں آکر سوچتا ہے کہ اس کام کی تکمیل میں تو پانچ یا چھ گھنٹے لگ جائیں گے۔ مجھے بھوک بھی لگ رہی ہے۔ کام کرنے بیٹھوں گا تو گھر تاخیر سے پہنچوں گا۔ لہٰذا وہ بہانہ گھڑتا ہے اور باس سے جا کر کہتا ہے کہ متعلقہ صاحب تو کل صبح 10 بجے سے پہلے دستیاب نہیں وہ صاحب اپنے باس کو اس ڈر اور خوف سے صاف انکار نہیں کر پایا کیونکہ باس نے اُس کی ACR لکھنی ہے اور یوں بہانہ بنا کر وہ وقت پر گھر آجاتا ہے۔ جہاں اُسے دیکھتے ہی اُس کا بیٹا فرمائش کرتا ہے کہ کارنر شاپ سے مجھے چیونگم دلا دیں۔ اب وہ شخص اپنی تھکن اور بھوک بھول کر بیٹے کو گود میں اُٹھائے باہر نکل جاتا ہے۔ اپنا رومال سر سے اُتار کر بیٹے کو دھوپ سے بچانے کے لیے اُس کے سر پر رکھتا ہے اُسے ایک کی بجائے دو چیونگم دلاتا ہے اور بیٹے کو چیونگم چباتے دیکھ کر خوش ہو رہا ہے۔ اب دیکھیں کہ باس کا حکم ٹال کر آیا لیکن وہ شخص بیٹے کی فرمائش نہیں ٹال سکا۔ فرق باس کے خوف اور بیٹے سے محبت کا ہے۔

جہاں محبت ہو وہاں فرمائش دل و جان سے پوری ہوتی ہے اور جہاں خوف ہو وہاں بالجبر اطاعت کی جاتی ہے۔ جب مرید مرشد سے محبت کرے گا تو یہ پانچ ''ک'' ختم ہو جائیں گے۔ یہاں وہ غیر مشروط اطاعت کی ٹریننگ حاصل کر لیتا ہے۔

مرشد مرید کو اللہ اور اُس کے رسول ﷺ کی اطاعت کی ٹریننگ دے رہا ہے۔ جب مرید ''فنا فی اللہ'' کے مقام پر پہنچ جاتا ہے تو وہ رب سے ملاقات کا مشتاق ہو جاتا ہے۔ وہ موت کا انتظار کرتا ہے اور انتظار کرتا ہے کہ وہ اپنے دوست، اپنے رب سے ملاقات کر سکے۔ جب رب سے ایسی محبت ہو تو وہ رب سے رب کو مانگتا ہے اس ''فنا فی اللہ'' کے مقام پر پہنچ کر اُسے کسی اور شے کی رب کے سوا ضرورت ہی نہیں رہی۔ وہ تو خود ''شیخ'' بن چکا۔ اب وہ شیخ کا احسان مند تو ہے کہ اُس نے مجھے رب کا راستہ دکھایا اور اس کے باعث میں رب کا دوست کہلایا تو تصورِ شیخ اللہ سے اُس کے شایانِ شان مانگنے میں کوئی رُکاوٹ نہیں بنتا۔

سوال: جب رُوحانی مرشد سے ملاقات میں ''تعطل'' یا ''وقفہ'' آجاتا ہے تو مرید اپنے رویوں اور معاملات میں دوبارہ ''بگاڑ'' محسوس کرتا ہے۔ اگر مرشد سے ملاقات کا امکان بھی نہ ہو تو ایسے میں کیا کیا جائے؟

جواب: انسانی جسم بہت پیچیدہ (Complicated) مشین ہے۔ اس کی پیچیدگی کا یہ عالم ہے کہ میڈیکل سائنس باوجود ترقی کے انسانی جسم کو 40% - 30% سمجھ پائی ہے۔ باقی تمام سسٹم ابھی غیر دریافت یافتہ (Unexplored) ہے۔ انسانی جسم میں بہت سے کیمکلز (Chemicals) ہیں، بہت سے منرلز (Minerals) اور میٹلز (Metals) ہیں۔ یہ سب انسانی جسم میں ایک خاص تناسب (Ratio) سے

موجود ہیں۔ جہاں یہ تناسب ذرا سا ڈسٹرب (Disturb) ہوتا ہے، انسانی جسم بیمار پڑ جاتا ہے۔

ان کیمیکلز، منرلز اور میٹلز کے ساتھ ساتھ انسانی جسم میں غالباً الیکٹرک کرنٹ 3.5 وولٹ موجود ہے۔ اِسی وجہ سے بہت سے لوگ ایسے ملیں گے جن کی کلائی پر دنیا کی سب سے زیادہ درست گھڑی (Accurate Rolex watch) ہی کیوں نہ ہو وہ بھی یا تو وقت کو پیچھے دکھانے لگتی ہے یا تیز چلتی ہے اور دنیا کی یہ مہنگی ترین گھڑی کمپنی کو واپس بھیجنا پڑتی ہے۔ گھڑیوں کا آگے پیچھے جانا دراصل اُسی کرنٹ کا کرشمہ ہے۔ یہ کرنٹ انسان کے اندر ایک مقناطیسی دائرہ (Magnetic Field) پیدا کر رہا ہوتا ہے اس Magnetic Field سے مقناطیسی لہریں (Magnetic Waves) پیدا ہو رہی ہیں ان ویوز یا وائبریشنز (Waves or Vibrations) کو جدید زبان میں Vibes کہتے ہیں۔ اس Magnetic Field کے حلقۂ اثر کا تعلق اس بات سے ہے کہ انسانی رُوح کی لطافت کتنی زیادہ ہے اور اس کی کثافت کتنی کم ہے۔

انسانی جسم اور رُوح کی لطافت و کثافت منسلک ہے براہِ راست اس کے اعمال اور سوچوں سے۔ آپ نے اکثر تجربہ (Experience) کیا ہو گا کہ پہلی ملاقات میں ہی کسی سے بات کرنے کی شدید خواہش پیدا ہوتی ہے ماڈرن لینگویج (Modern Language) میں ہم کہتے ہیں کہ بہت Positive Vibes (مثبت لہریں) اس میں سے نکل رہی ہیں۔ اِسی طرح کچھ لوگوں سے ملنے کو دل ہی نہیں چاہتا۔ دراصل وہ بھی اُس شخص کے جسم سے نکلنے والی لہروں (Vibes) کی وجہ سے ہے۔

پاکیزہ خیالات کے مالک انسان کے اعمال بھی پاکیزہ ہوں گے کیونکہ اعمال کا تعلق نیت سے ہے۔ خیال، نیت، ارادہ ایک ہی چیز کے تین نام ہیں۔ اگر کوئی شخص چوری کا سوچتا نہیں تو چوری کا ارادہ بھی نہیں کرے گا۔ جب ارادہ نہیں کرے گا تو چوری کیسے کرے گا۔

اگر کوئی شخص ہر وقت نیکی کا سوچتا رہتا ہے تو وہ نیک کام ہی کرے گا اور ایسے شخص کے جسم سے نکلنے والی لہروں کا مثبت اثر (Positive Influence) ہی دوسروں پر ہو گا۔

مرشد چونکہ خیالات و اعمال کی پاکیزگی کی بلندی پر ہے اور اُس کی لہریں (Vibes) بہت زیادہ مثبت اور طاقتور ہیں۔ مرشد ہم سے بات نہ بھی کرے تب بھی اُس کے جسم سے نکلنے والی لہریں ہمیں نہ صرف خوشی کے احساس سے ہم کنار کرتی ہیں بلکہ ہماری ذات میں بھی مثبت تبدیلی کا باعث بنتی ہیں اور یوں رفتہ رفتہ ہم اپنے مرشد کو فالو (Follow) کرتے چلتے جاتے ہیں۔

جب ہم اپنے مرشد صاحب کے Footprints (نقش قدم) پر چلنا شروع کرتے ہیں تو لامحالہ ہم وہیں جا پہنچتے ہیں جہاں مرشد گئے تھے۔ جب ہم مرشد سے Regularly (باقاعدگی سے) ملتے ہیں تو ہمارے خیالات و کردار میں تبدیلی آنے لگتی ہے۔ جب مرشد صاحب سے ملاقات میں وقفہ آنے لگتا ہے اور ہم اُن سے دُور ہونے لگتے ہیں تو دراصل ہم مرشد کے Influence (اثر) اور لہروں (Vibes) سے دُور ہو جاتے ہیں اور اپنے اردگرد موجود لوگوں کے Influence (اثر) سے قریب ہو جاتے ہیں۔

جھجک چل پڑا۔

یہ ہے غیر مشروط اطاعت۔ جو ڈر اور خوف سے نہیں بلکہ محبت سے آتی ہے۔

اس کی ایک مثال یوں دی جا سکتی ہے کہ ایک صاحب ملازمت کر رہے ہیں اُس کا باس چھٹی سے ایک گھنٹہ قبل اُسے بلا کر کوئی ضروری کام کرنے کو کہتا ہے۔ وہ کمرے میں آ کر سوچتا ہے کہ اس کام کی تکمیل میں تو پانچ یا چھ گھنٹے لگ جائیں گے۔ مجھے بھوک بھی لگ رہی ہے۔ کام کرنے بیٹھوں گا تو گھر تاخیر سے پہنچوں گا۔ لہٰذا وہ بہانہ گھڑتا ہے اور باس سے جا کر کہتا ہے کہ متعلقہ صاحب تو کل صبح 10 بجے سے پہلے دستیاب نہیں وہ صاحب اپنے باس کو اس ڈر اور خوف سے صاف انکار نہیں کر پایا کیونکہ باس نے اُس کی ACR لکھنی ہے اور یوں بہانہ بنا کر وہ وقت پر گھر آ جاتا ہے۔ جہاں اُسے دیکھتے ہی اُس کا بیٹا فرمائش کرتا ہے کہ کارنر شاپ سے مجھے چیونگم دلا دیں۔ اب وہ شخص اپنی تھکن اور بھوک بھول کر بیٹے کو گود میں اُٹھائے باہر نکل جاتا ہے۔ اپنا رومال سر سے اُتار کر بیٹے کو دھوپ سے بچانے کے لیے اُس کے سر پر رکھتا ہے اُسے ایک کی بجائے دو چیونگم دلاتا ہے اور بیٹے کو چیونگم چباتے دیکھ کر خوش ہو رہا ہے۔ اب دیکھیں کہ باس کا حکم ٹال کر آیا لیکن وہ شخص بیٹے کی فرمائش نہیں ٹال سکا۔ فرق باس کے خوف اور بیٹے سے محبت کا ہے۔

جہاں محبت ہو وہاں فرمائش دل و جان سے پوری ہوتی ہے اور جہاں خوف ہو وہاں بالجبر اطاعت کی جاتی ہے۔ جب مرید مرشد سے محبت کرے گا تو یہ پانچ ''ک'' ختم ہو جائیں گے۔ یہاں وہ غیر مشروط اطاعت کی ٹریننگ حاصل کر لیتا ہے۔

مرشد مرید کو اللہ اور اُس کے رسول ﷺ کی اطاعت کی ٹریننگ دے رہا ہے۔ جب مرید ''فنا فی اللہ'' کے مقام پر پہنچ جاتا ہے تو وہ رب سے ملاقات کا مشتاق ہو جاتا ہے۔ وہ موت کا انتظار کرتا ہے اور انتظار کرتا ہے کہ وہ اپنے دوست، اپنے رب سے ملاقات کر سکے۔ جب رب سے ایسی محبت ہو تو وہ رب سے رب کو مانگتا ہے اس ''فنا فی اللہ'' کے مقام پر پہنچ کر اُسے کسی اور شے کی رب کے سوا ضرورت ہی نہیں رہی۔ وہ تو خود ''شیخ'' بن چکا۔ اب وہ شیخ کا احسان مند تو ہے کہ اُس نے مجھے رب کا راستہ دکھایا اور اس کے باعث میں رب کا دوست کہلایا تو تصورِ شیخ اللہ سے اُس کے شایانِ شان مانگنے میں کوئی رُکاوٹ نہیں بنتا۔

سوال: جب رُوحانی مرشد سے ملاقات میں ''تعطل'' یا ''وقفہ'' آ جاتا ہے تو مرید اپنے رویوں اور معاملات میں دوبارہ ''بگاڑ'' محسوس کرتا ہے۔ اگر مرشد سے ملاقات کا امکان بھی نہ ہو تو ایسے میں کیا کیا جائے؟

جواب: انسانی جسم بہت پیچیدہ (Complicated) مشین ہے۔ اس کی پیچیدگی کا یہ عالم ہے کہ میڈیکل سائنس باوجود ترقی کے انسانی جسم کو 40% - 30% سمجھ پائی ہے۔ باقی تمام سسٹم ابھی غیر دریافت یافتہ (Unexplored) ہے۔ انسانی جسم میں بہت سے کیمکلز (Chemicals) ہیں، بہت سے منرلز (Minerals) اور میٹلز (Metals) ہیں۔ یہ سب انسانی جسم میں ایک خاص تناسب (Ratio) سے

موجود ہیں۔ جہاں یہ تناسب ذرا سا ڈسٹرب (Disturb) ہوتا ہے، انسانی جسم بیمار پڑ جاتا ہے۔

ان کیمیکلز، منرلز اور میٹلز کے ساتھ ساتھ انسانی جسم میں غالباً الیکٹرک کرنٹ 3.5 وولٹ موجود ہے۔ اِسی وجہ سے بہت سے لوگ ایسے ملیں گے جن کی کلائی پر دنیا کی سب سے زیادہ درست گھڑی (Accurate Rolex watch) ہی کیوں نہ ہو وہ بھی یا تو وقت کو پیچھے دکھانے لگتی ہے یا تیز چلتی ہے اور دنیا کی یہ مہنگی ترین گھڑی کمپنی کو واپس بھیجنا پڑتی ہے۔ گھڑیوں کا آگے پیچھے جانا دراصل اُسی کرنٹ کا کرشمہ ہے۔ یہ کرنٹ انسان کے اندر ایک مقناطیسی دائرہ (Magnetic Field) پیدا کر رہا ہوتا ہے اس Magnetic Field سے مقناطیسی لہریں (Magnetic Waves) پیدا ہو رہی ہیں ان ویوز یا وائبریشنز (Waves or Vibrations) کو جدید زبان میں Vibes کہتے ہیں۔ اس Magnetic Field کے حلقۂ اثر کا تعلق اس بات سے ہے کہ انسانی رُوح کی لطافت کتنی زیادہ ہے اور اس کی کثافت کتنی کم ہے۔

انسانی جسم اور رُوح کی لطافت و کثافت منسلک ہے براہِ راست اس کے اعمال اور سوچوں سے۔ آپ نے اکثر تجربہ (Experience) کیا ہوگا کہ پہلی ملاقات میں ہی کسی سے بات کرنے کی شدید خواہش پیدا ہوتی ہے ماڈرن لینگوئج (Modern Language) میں ہم کہتے ہیں کہ بہت Positive Vibes (مثبت لہریں) اس میں سے نکل رہی ہیں۔ اِسی طرح کچھ لوگوں سے ملنے کو دل ہی نہیں چاہتا۔ دراصل وہ بھی اُس شخص کے جسم سے نکلنے والی لہروں (Vibes) کی وجہ سے ہے۔

پاکیزہ خیالات کے مالک انسان کے اعمال بھی پاکیزہ ہوں گے کیونکہ اعمال کا تعلق نیت سے ہے۔ خیال، نیت، ارادہ ایک ہی چیز کے تین نام ہیں۔ اگر کوئی شخص چوری کا سوچتا نہیں تو چوری کا ارادہ بھی نہیں کرے گا۔ جب ارادہ نہیں کرے گا تو چوری کیسے کرے گا۔

اگر کوئی شخص ہر وقت نیکی کا سوچتا رہتا ہے تو وہ نیک کام ہی کرے گا اور ایسے شخص کے جسم سے نکلنے والی لہروں کا مثبت اثر (Positive Influence) ہی دوسروں پر ہوگا۔

مرشد چونکہ خیالات و اعمال کی پاکیزگی کی بلندی پر ہے اور اُس کی لہریں (Vibes) بہت زیادہ مثبت اور طاقتور ہیں۔ مرشد ہم سے بات نہ بھی کرے تب بھی اُس کے جسم سے نکلنے والی لہریں ہمیں نہ صرف خوشی کے احساس سے ہم کنار کرتی ہیں بلکہ ہماری ذات میں بھی مثبت تبدیلی کا باعث بنتی ہیں اور یوں رفتہ رفتہ ہم اپنے مرشد کو فالو (Follow) کرتے چلتے جاتے ہیں۔

جب ہم اپنے مرشد صاحب کے Footprints (نقشِ قدم) پر چلنا شروع کرتے ہیں تو لامحالہ ہم وہیں جا پہنچتے ہیں جہاں مرشد گئے تھے۔ جب ہم مرشد سے Regularly (باقاعدگی سے) ملتے ہیں تو ہمارے خیالات و کردار میں تبدیلی آنے لگتی ہے۔ جب مرشد صاحب سے ملاقات میں وقفہ آنے لگتا ہے اور ہم اُن سے دُور ہونے لگتے ہیں تو دراصل ہم مرشد کے Influence (اثر) اور لہروں (Vibes) سے دُور ہو جاتے ہیں اور اپنے اردگرد موجود لوگوں کے Influence (اثر) سے قریب ہو جاتے ہیں۔

مرشد سے دُوری ایک اٹل حقیقت ہے اور فطری امر بھی۔ مرشد یا مرید میں سے کسی ایک کی بھی وفات کی صورت تعلق ختم ہو جائے گا۔ مرشد یا مرید اگر خود اپنے ہاتھ سے کما کر کھا رہے ہیں تو ٹرانسفر کا امکان ہے۔ اور یوں ملاقات میں وقفہ آ جائے گا۔ لہٰذا بہترین طریقہ یہ ہے کہ مرید اپنے مرشد کے تصور میں گم رہے۔ فارغ اوقات میں شیخ اور اُن کے فرمودات کو یاد کرتا رہے۔

یوں جب آپ اپنے مرشد اور اُن کے فرمودات کو یاد کرتے رہیں گے تو لاشعوری طور پر اُن کے فرمودات پر عمل بھی کریں گے۔ اس طرح سے وہ قوتیں کمزور نہیں ہوں گی بلکہ ہمارے مرشد صاحب کے اثرات باوجود دُوری کے ہم پر قائم رہیں گے۔

———————

نشست نمبر 38

سوال: وضو میں ہر کام تین بار کیوں کرتے ہیں؟

جواب: تین بار ہاتھ دھونا، منہ دھونا، کہنیوں سمیت بازو دھونا اور پاؤں کا دھونا — یہ سب بلا وجہ نہیں ہے۔ پہلی مرتبہ ان اعضا کو جب ہم دھوتے ہیں تو اس سے جسم کی ظاہری صفائی ہوتی ہے۔ دوسری مرتبہ دھونے سے انسان پاکیزہ ہوتا ہے۔ اور تیسری مرتبہ دھونے سے جسم اور رُوح کی تطہیر ہو جاتی ہے۔ صفائی، پاکیزگی اور تطہیر تین درجے ہیں اس لیے وضو میں ہر عضو تین بار دھویا جاتا ہے۔

تطہیر کا ہونا بہت ضروری ہے کہ تطہیر کے بعد ہی صحیح معنوں میں انسان کے جسم اور رُوح میں لطافت پیدا ہو گی۔ وہ بالیدگی آئے گی جو اُسے اُس راہ پر لے جائے گی جو بندہ کو رب کے قریب کر دیتی ہے۔ اِسی سے انسان تقویٰ کی طرف جاتا ہے اور تقویٰ انسان کو اللہ کا پسندیدہ بندہ بنا دیتا ہے۔ یوں وضو میں ہر عمل تین بار دہرایا جاتا ہے۔

سوال: روزہ کیا ہے؟

جواب: روزہ اصل میں ایک لحاظ سے سنت رب بھی ہے کہ اللہ نہ کھاتا ہے نہ پیتا ہے۔ وہ پاک ہے۔ روزہ ایک ایسی صفت ہے جو in a way ہم کہہ سکتے ہیں کہ رب کی سنت ہے۔ اس لیے روزہ رب کو اتنا عزیز ہے کہ کسی اور عمل یا عبادت کے لیے رب نے یہ نہیں کہا کہ اس کا اجر میں خود دوں گا۔ لیکن روزہ کے بارے میں فرمایا کہ روزہ میرے لیے ہے اور میں ہی اس کا اجر دوں گا۔

رُوحانیت میں یہ بات کہی جاتی ہے کہ روزہ توحید کے طرف لے جاتا ہے۔ یہی وجہ ہے کہ روزہ سے انسان کی رُوح میں ایسی پاکیزگی آتی ہے جو نفس پر قابو پانے میں بے حد معاون ثابت ہوتی ہے۔ یہ نفس ہی ہے جس نے بابا آدم کو اُکسایا تھا کہ وہ شیطان کی بات مان لے۔ روزہ کا اجر اِسی لیے زیادہ ہے کیونکہ اس سے انسان اپنے نفس پر قابو پا لیتا ہے۔

تصوف کی راہ پر تیزی سے چلنے کے لیے ضروری ہے کہ روزے رکھے جائیں۔ اس کی وجہ یہ ہے کہ روزہ رکھنے سے انسان کی Willpower (قوت ارادی) مضبوط ہو جاتی ہے۔ جس قدر Will- power

مضبوط ہوگی نفس کو شکست دینا اُسی قدر آسان ہو جائے گا۔

سوال: ۔دعائے مشلول میں ایک جملہ ہے ''اے وہ ذات! جس کے نورِ جلال سے سورج اور چاند روشن، پُرنور ہیں۔'' نورِ جلال سے کیا مراد ہے؟

جواب: ۔رب تعالیٰ کے صفاتی ناموں کو اگر ہم غور سے دیکھیں تو ہمیں اس بات کا اندازہ ہو جائے گا کہ اللہ کی صفات ہر طرح کی ہیں۔ ایک طرف وہ رحمٰن ورحیم اور کریم ہے تو دوسری طرف جبار اور قہار بھی ہے۔ جہاں وہ پیدا کرنے والا ہے وہاں وہ مارنے والا بھی ہے۔ جہاں معاف کرنے والا ہے وہاں سزا دینے والا بھی ہے۔ اگر وہ مارتا ہے تو مار کے دوبارہ زندہ کرنے والا بھی ہے۔ اِسی طرح رب کیا ہے؟ ایک نور ہے۔ اس نور کے اندر ہی اس کی ساری صفات ہیں۔ جہاں اس میں جمال ہے وہاں جلال بھی ہے۔ بجلی جو بلب روشن کرتی ہے اس کا کرنٹ اس کا جلال ہے۔ جو شاک (Shock) ہمیں لگتا ہے وہ اس کا جلال ہے۔ جس طرح بجلی بلب روشن رکھتی ہے اِسی طرح رب کی جلالی صفت سورج کو روشن کیے ہوئے ہے اور وہ اتنا منور ہے کہ سارے جہان اور عالم کو روشن کیے ہوئے ہے۔ چاند بھی وہیں سے روشنی حاصل کرتا ہے۔ یہ سب رب تعالیٰ کے نور کے جلالی پہلو کا اثر ہے کہ کائنات روشن ہے، فصلیں اُگتی ہیں اور پھل پکتا ہے۔ رب تعالیٰ کا یہ جلالی نور جب چاند سے Reflect (منعکس) ہوتا ہے تو اس کے اندر ٹھنڈک کا سبب بنتا ہے۔

اس دعا میں اللہ کے نور کی اس صفت کا ذکر ہے اور رب تعالیٰ کو اِسی نور کا واسطہ دیا گیا ہے جس سے سورج اور چاند روشن ہیں۔ رب کی جلالی صفت سے نکلنے والی جن Vibrations (لہروں) سے سورج اور چاند روشن ہیں۔ اِسی کا اس دعا میں ذکر کیا گیا ہے۔

سوال: سید یعقوب علی شاہ صاحب اور حضرت بابا فرید گنج شکر صاحب کے ہاں حاضری کے لیے آپ کیا Suggest کریں گے؟

جواب: اس سلسلے میں کچھ بھی کہنا خاصا دشوار ہے۔ یہ تو اپنی طبیعت، تعلیم اور تربیت پر منحصر ہے کہ بندہ کس کے ہاں کس انداز میں پیش ہوتا ہے۔ البتہ ایک بات ضرور ہے جو Universally درست ہے کہ تمیزدار، Well-mannered اور Well-ettiquetted انسان سب کو پسند آتا ہے۔ اور فقیر بھی اس سے مستثنیٰ نہیں ہے۔ فقیروں کو بھی ایسے ہی لوگ پسند آئیں گے۔ بزرگوں اور فقیروں کے سامنے جو لوگ جتنے با ادب ہیں اُتنا ہی پھل پاتے ہیں۔ آپ اُن کے پاس جیسے چاہیں جائیں، جن الفاظ میں چاہیں اولیاء اللہ سے گفتگو کریں لیکن یہ خیال رکھیں کہ ادب یہ ہے کہ ہم وہاں خاموشی اختیار کریں۔ قرآن پاک کی تلاوت اتنی آواز میں کریں کہ فاتحہ خوانی میں مشغول لوگ ہماری بلند آواز سے Disturb نہ ہوں۔

یو کے میں دعا کے دوران جہاں مسلم دعا کے لیے تشریف لاتے ہیں وہاں یہودی بھی آتے ہیں۔ ایک خاتون Cancer کے آپریشن کے بعد خاصی تکلیف میں تھی۔ رب تعالیٰ نے اپنی رحمت کے صدقہ اُسے اس

تکلیف سے نجات دلا دی۔ اتنی تکلیف کے بعد چند ہی لمحوں میں جب اُسے افاقہ ہو گیا تو وہ اُس کے لیے ناقابل یقین تھا۔ بار بار ایک جملہ دہرا رہی تھی ۔ یہ تکلیف دوبارہ تو نہیں ہوگی؟ میں نے کہا۔ انشاء اللہ یہ درد دوبارہ نہیں ہوگا۔ بس آپ ایک کام کیجیے کہ جہاں سے آپ تشریف لائی ہیں وہاں قریب ہی حضرت ابراہیم علیہ السلام کا روضۂ مبارک ہے وہاں حاضری دیجیے ۔ فاتحہ پڑھیئے ۔ میرا سلام بھی عرض کیجیے اور اپنا سلام بھی پیش کیجیے۔ انشاء اللہ وہاں آپ کو جواب کا ادراک ہو گا تب میرا جواب مجھے دے دیجیے گا۔ اُس نے پوچھا ''بتایئے! میں کہاں سے آئی ہوں؟'' میں نے کہا'' آپ تل ابیب سے آئی ہیں۔'' تل ابیب سے Abron جہاں حضرت ابراہیم علیہ السلام کا روضہ مبارک ہے وہاں آس پاس کا کچھ علاقہ غیر گنجان ہے۔ لہٰذا وہ خاتون فوجی سکارٹ کے ساتھ Abron چلی گئی۔ جب اُس نے وہاں روضہ ابراہیم علیہ السلام پر حاضری دی تو وہاں ایک رابعی (عالم) بلند آواز میں توریت پڑھ رہا تھا۔ جس کی وجہ سے وہ خاتون کوشش کے باوجود دعا پر Concentrate نہ کر پا رہی تھی۔ مجبوراً اُس نے رابعی (عالم) سے جا کر توریت مدھم آواز میں پڑھنے کی Request کی تب کہیں وہ Concentrate کر پائی۔

مزاروں اور قبروں پر ہماری بلند آواز میں فاتحہ خوانی اور دعا بہت سے لوگوں کی Concentration میں مُخل ہوتی ہے۔ لہٰذا بہتر ہے کہ مزار پر قرآن پاک کی تلاوت یا فاتحہ خوانی ہم مدھم آواز میں کریں۔ اس قسم کی حرکتوں سے ہم بچیں جن سے شرک کا تاثر پیدا ہوتا ہو یا قبر کو پوجنے کا تاثر پیدا ہوتا ہو۔

ایک بات ہمیں یاد رکھنی چاہیے کہ اہلِ مزار رب تعالیٰ کے ہدایت یافتہ بندے تھے۔ اُن کے مزار پر جا کر کوئی ایسی حرکت کرنا جو اسلام کے منافی ہو، اُس سے ہمیں اجتناب کرنا چاہیے۔

جو مانگنا ہے ہم رب سے براہ راست مانگیں کیونکہ وہ تو اُن کی بھی سنتا ہے، قبول کرتا ہے۔ عطا کرتا ہے جو اُسے مانتے ہی نہیں، اُس کے ساتھ شرک کرتے ہیں۔ رب تو ہم جیسے گناہ گاروں کو بھی بڑے کھلے دل کے ساتھ پال رہا ہے۔ تو جس کی شان ربوبیت یہ ہے کہ وہ بن مانگے دیتا اور پالتا ہے۔ نہ وہ ہمارے اعمال کو دیکھتا ہے نہ ہمیں عطا کرتے ہوئے اُسے ہماری نیکی و بدی کا خیال آتا ہے۔ لہٰذا وہ رب جو اتنا مہربان ہے اس سے براہ راست کیوں نہ مانگا جائے۔ ہاں مانگنے کا ایک ڈھنگ ضرور ہے۔ ہم لوگ شاید یہ سمجھتے ہیں کہ پہلے آدھ گھنٹہ رب کی تعریف کی جائے پھر اُس سے مانگا جائے تو رب جلدی عطا کرتا ہے۔ اللہ ان چیزوں سے بے نیاز ہے۔ وہ اتنا بڑا ہے کہ اُس کے نزدیک یہ چیزیں کوئی معنی نہیں رکھتیں کہ کس نے میری تعریف کی اور کس نے نہیں کی۔ وہ الفاظ کو نہیں بلکہ اعمال اور نیتوں کو دیکھتا ہے۔ لہٰذا دیکھنا یہ ہے کہ کس چیز سے وہ خوش ہو گا؟

میرا گمان یہ ہے کہ رب تعالیٰ اس بات سے خوش ہوتا ہے کہ اُس کا کوئی بندہ اُس سے بہت مان بھرے انداز میں سوال کرے۔ اُس کے مانگنے کے انداز سے معلوم ہو کہ اُسے کس قدر مان ہے اپنے رب پر بندہ سمجھتا ہے کہ وہی میرا مالک، میرا رب اور میرا آقا ہے اور اُس آقا کے غلام ہونے کی حیثیت سے میرا یہ حق ہے کہ میں اُس سے اپنی ضروریات بیان کروں کیونکہ میرا پالنے والا ہی وہ ہے۔ جب بندہ اس مان کے ساتھ رب سے

مانگتا ہے کہ کون ہے تیرے سوا مجھے عطا کرنے والا۔ میں تو تیرے در پر آ بیٹھا ہوں تو ہی دینے والا ہے۔ آج تک تو ہی دیتا آیا ہے اور کون ہے تیرے سوا دینے والا۔ جب اس مان کے ساتھ ہم رب سے مانگتے ہیں تو وہ ہمیں ضرور عطا کرتا ہے۔

مزاروں پر جب ہم جائیں تو رب تعالیٰ سے براہ راست مانگیں کیونکہ اہل مزار تو خود وہ لوگ ہیں جنھوں نے رب کے سوا کسی کو کچھ سمجھا ہی نہیں۔ بڑے بڑے شہنشاہ کو بھی حق بات یوں کہتے رہے گویا کہ بادشاہ اور وہ برابر ہیں۔ یہ اعتماد اُن کے اندر اس لیے تھا کیونکہ اُنھیں یقین تھا کہ ہمارا پالنہار اور رب صرف اللہ تعالیٰ ہے۔

جیسا کہ آپ جانتے ہیں کہ انسان سے غلط کام تین حالتوں میں کروایا جاسکتا ہے۔

1۔ یہ دھمکی دی جائے کہ تمھارا رزق بند کرادیں گے۔ تمھاری ملازمت ختم کروادیں گے۔ اس دھمکی کی وجہ سے ہم اپنے افسر کا ہر حکم (جائز و ناجائز) مانتے ہیں کہ کہیں ہمارا باس ہمیں نوکری سے نہ نکال دے۔

2۔ دوسری دھمکی۔ میں تمھیں بدنام کردوں گا۔ تمھاری عزت خاک میں ملادوں گا۔ میرا کام کردو۔

3۔ میں تمھیں جان سے ماردوں گا۔

عجیب بات ہے کہ یہ دھمکیاں جن سے ڈر کر ہم غلط کام کرنے پر مجبور ہوجاتے ہیں ان تینوں کے بارے میں ہمارا ایمان ہے کہ وہ رب کے اختیار میں ہیں۔ ہمارا ایمان ہے کہ ہمارا رازق تو رب ہے۔ وہ پتھر میں بند کیڑے کو بھی رزق عطا فرماتا ہے۔ کوئی شخص مجھے رزق نہیں دلا سکتا جب تک رب نہ چاہے اور کوئی مجھ سے رزق چھین نہیں سکتا جب تک رب کی مرضی نہ ہو۔ اس ایمان کے باوجود جہاں رزق میں کمی کا اندیشہ پیدا ہوتا ہے ہم خوفزدہ ہوجاتے ہیں۔ اِسی طرح ہمارا ایمان ہے کہ عزت و ذلت سب رب کے ہاتھ میں ہے۔ اللہ کے سوا نہ تو کوئی ہمیں عزت دے سکتا ہے اور نہ ہی کوئی ہمیں رُسوا کرسکتا ہے اگر اللہ نہ چاہے۔ بعینہٖ زندگی اور موت بھی رب تعالیٰ کے اختیار میں ہے۔ لیکن یہ ایمان ہونے کے باوجود ہم دھمکیوں سے خوفزدہ ہوکر غلط بات ماننے لگتے ہیں۔

اہل مزار شہنشاہوں کے سامنے بھی حق بات کہتے تھے۔ کیونکہ اُن کا ایمان محض زبان تک محدود نہ تھا بلکہ دل سے تھا۔ بادشاہی مسجد کے قریب صابر شاہ صاحب کا مزار ہے۔ اُن کے والد احمد شاہ ابدالی کے مرشد تھے۔ یہی وہ فقیر تھے جنھوں نے احمد شاہ ابدالی کو اُس وقت یہ خوش خبری دی تھی کہ "تم بادشاہ ہوجاؤ گے" جب وہ ایک معمولی سپاہی تھے۔

تقریباً بیس سال بعد اُن فقیر کی یہ پیش گوئی اور دعا پوری ہوئی اور احمد شاہ ابدالی ترقی کرتے کرتے بادشاہ ہوگئے۔ اُس دور میں پنجاب پر سکھوں کی حکومت تھی اور اُس دور کے سکھ حکمران نے مسلمانوں کا قتل عام کیا تھا۔ یہ فقیر بادشاہ کے دربار میں پہنچا اور کہا تم ظلم کررہے ہو۔ اللہ کے قہر سے ڈرو۔ جس پر سکھ حکمران نے گرم اُبلتی چاندی اُن فقیر پر ڈلوادی جس سے اُن کا انتقال ہوگیا۔ تو یہ وہ لوگ تھے جو حق بات کہنے سے ڈرتے نہ

تھے کیونکہ اُن کا رب پر پختہ ایمان اور یقین تھا۔ اس لیے ان اہل مزار سے مانگنا اُن کی توہین اور شرک ہے۔

اولیاءاللہ کے مزارات پر جا کر ہم فاتحہ خوانی کریں اور اس کا ثواب اہل مزارات کو بخش دیں اور دعا کی صورت رب تعالیٰ سے یوں عرض گزار ہوں کہ یا باری تعالیٰ! اپنے رحمٰن و رحیم ہونے کے صدقے، اپنے پیارے حبیب ﷺ کے صدقے اور اپنے ان بندوں کے صدقے مجھے پر رحم و کرم فرما۔

_____

نشست نمبر 39

سوال:۔آپ نے ایک لیکچر کے دوران فرمایا تھا کہ مرشد سے پیار کرتے جایئے ساری منزلیں خود بخود طے ہو جائیں گی۔یہ کون سی منزلیں ہیں؟ رُوحانی، دنیاوی، یا مرنے کے بعد؟

جواب:۔رُوحانیت، علم لدنی یا علم باطنی ایک ہی چیز کے مختلف نام ہیں۔ یہ علم صرف رُوحانی تربیت نہیں کرتا بلکہ دنیاوی زندگی میں بھی کامیاب انسان بنانے میں مدد کرتا ہے۔مرشد کی ذمہ داری صرف یہ نہیں کہ وہ اپنے مرید کو ذکراذکار، وظائف اور تسبیحات میں گائیڈ کرے کیونکہ وہ زندگی کا تھوڑا سا حصہ ہے۔اسلام تو ساری زندگی پر محیط ہے۔اِسی لیے تو کہا گیا کہ انسان پورے کا پورا اسلام میں داخل ہو جائے۔چونکہ اسلامی تعلیمات انسان کی پوری زندگی کا احاطہ کررہی ہیں۔لہٰذا مرشد کی ذمہ داری یہ ہے کہ وہ اپنے مرید کی پوری زندگی کے تمام پہلوؤں کی اسلام کے مطابق تربیت کردے۔مرشد اپنے مرید کی Training کرتا ہے۔ Responsibilities (فرائض) کو Discharge کرنے کے بارے میں۔مرشد مرید کی Economic angle (معاشی زاویہ) سے تربیت کرتا ہے۔غرض ہر ہر طریقہ سے مرشد اپنے مرید کی تربیت کرتا ہے۔مرشد اپنے مرید کے Attitudes کی تربیت کرتا ہے۔تو جس انسان کی زندگی میں اتنا بڑا انقلاب آئے کہ زندگی کے حوالے سے اُس کے رویے مثبت ہو جائیں، اور اللہ کی قائم کردہ حدود کے مطابق ہو جائیں۔انسان well-mannered ، well- educated اور مجسمہ علم ہو جائے۔دوسرے تمام لوگوں کے حقوق کو نہ صرف پہچانتا ہو بلکہ وہ حقوق حتی الوسع ادا بھی کرتا ہو۔لیکن اس کی اپنی ذات کا دوسروں پر کوئی Claim (دعویٰ) نہ ہو۔تو ایسا شخص ہر کسی کو پسند آئے گا اور جب وہ دوسروں کے دلوں میں گھر کر جائے گا تو کامیاب بھی ہو جائے گا۔

مرشد سے پیار کی صورت منزلیں طے کرنے کی جو بات ہے۔وہ منزلیں دراصل زندگی کے ہر پہلو سے تعلق رکھتی ہیں۔رُوحانی بھی اور مادی بھی۔ہم دنیا میں تین طریقوں سے علم سیکھتے ہیں۔

1۔ سکھائے جانے سے

2۔ پڑھنے سے

3۔ مشاہدہ کرنے سے

رُوحانیت میں مرشد اپنے مرید تک علم بطور خاص لیکچر کے ذریعہ نہیں پہنچاتا۔ وہ اپنے مرید کو پاس بٹھا کر گتھیاں بیان نہیں کرتا بلکہ اس راہ میں تو علم ملتا ہے مشاہدہ اور نقل سے۔ مرید چونکہ اپنے مرشد سے پیار کرتا ہے۔ اس کے ہر فعل اور ہر حرکت پر نظر رکھتا ہے۔ یہ فطری امر ہے کہ انسان جس سے پیار کرتا ہے، جس کو Idealise کرتا ہے اُس کو Copy کرتا ہے۔ جب مرید اپنے مرشد کو Copy کرنے لگتا ہے تو اس کے ساتھ وہی چیزیں پیش آنے لگتی ہیں جو اُس کے مرشد کے ساتھ اس مقام پر پیش آئی تھیں۔ یوں مرید رفتہ رفتہ اپنے مرشد کے پاؤں کے نشان پر پاؤں رکھتے ہوئے آگے بڑھتا چلا جاتا ہے۔ جسے ہم مرشد کے Footprints پر چلنا کہتے ہیں۔ اور یوں وہ لامحالہ اُسی منزل پر جا پہنچتا ہے جہاں مرشد ہوتا ہے۔ اس طرح تمام منزلیں طے ہو جاتی ہیں۔ اگر مرید اپنے مرشد سے پیار نہیں کرے گا تو اُسے Idealise بھی نہیں کرے گا۔ اور جب Idealise نہیں کرے گا تو وہ اس سے دُور بھاگے گا اور جب دُور بھاگے گا تو اس کے اندر وہ چیزیں پیدا نہیں ہوں گی جو اس کے مرشد میں ہیں۔ اس لیے کہا جاتا ہے کہ مرید صرف مرشد سے پیار کرتا جائے تو منزلیں طے ہو جائیں گی۔ کیونکہ تب اس میں مرشد کی طرح عبادات کی پابندی آئے گی۔ مرشد جیسی پاکیزگی و پارسائی آئے گی۔ وہ مرشد کی طرح مجاہدے کرے گا، چلے کاٹے گا اور ریاضتیں کرے گا۔ مرشد کی طرح ہی دوسرں کے کام آئے گا۔ سب کام مرشد کی طرح کرنے کے بعد وہ لامحالہ وہی مقام حاصل کرلے گا جو مرشد کا ہے۔ یوں وہ تمام منزلیں طے کرلیتا ہے۔

سوال: برمودا ٹرائی اینگل کی رُوحانی حقیقت کیا ہے؟

جواب: برمودا ٹرائی اینگل کی کوئی رُوحانی حقیقت نہیں ہے۔ کچھ لوگ بڑی دُور کی کوڑی لاتے ہیں کہ جہنم کے حوالے سے رب تعالیٰ نے جو نشانیاں بیان کی ہیں اُنھوں نے وہ نشانیاں منطبق کرنے کی کوشش کی ہے کہ برمودا ٹرائی اینگل قرآن و حدیث میں بیان کردہ جہنم کی نشانیوں سے ملتی جلتی ہے۔ خیال یہ ہے کہ جس جہنم کا ذکر رب تعالیٰ نے کیا ہے وہ شاید برمودا ٹرائی اینگل ہی ہے۔ اس کی اصل حقیقت کیا ہے ابھی تک اس کا بھید نہیں کھلا۔ لیکن اس کی کچھ نشانیاں جہنم کی بیان کردہ نشانیوں سے مطابقت رکھتی ہیں۔ مثلاً برمودا ٹرائی اینگل کی تہ میں جو درجہ حرارت ہے وہ Almost اُس درجہ حرارت کے قریب چلا جاتا ہے جو جہنم کا بیان کیا گیا۔ اِسی طرح برمودا ٹرائی اینگل کا دہانہ جہنم کے دھانے سے کافی ملتا جلتا ہے۔ لیکن ابھی تک کوئی حتمی رائے اس بارے میں قائم نہیں کی جاسکی۔ صرف اس کی نشانیاں کھینچ تان کر جہنم کی نشانیوں پر منطبق کرنے کی کوشش کی گئی ہے۔ تحقیقات ابھی جاری ہیں۔ دیکھیں کل کیا ہوتا ہے۔ بہر حال اس کی کوئی رُوحانی حقیقت نہیں ہے۔

سوال: مرشد اپنے مرید کو جب کوئی ورد یا پڑھائی بتاتے ہیں تو عموماً پیر بھائی کے علاوہ کسی کو بتانے سے منع کرتے ہیں۔ اس کی کیا وجہ ہے؟

جواب: جب بھی مرشد اپنے مرید کو کوئی پڑھائی بتاتے ہیں تو وہ پڑھائی اس مرید کی Body اور رُوح کی

کیمسٹری کے مطابق ہوتی ہے۔ مرید کی رُوحانی کیفیت اوراس کی رُوح کے Controlling word کو مدنظر رکھتے ہوئے مرشد اُسے کوئی پڑھائی یا ورد بتاتا ہے۔ اس میں انسانی رُوح کی خوشبواور رنگ کو بھی پیش نظر رکھا جاتا ہے۔ یہ بالکل ایسے ہی ہے جیسے کسی دروازہ پر Digital lock ہے اگراس کے پانچ ہندسے ہیں اور ان میں سے 3 یا 4 ہندسے بتادیئے جائیں تو کوڈ (Code) اندازے سے جان لینا آسان ہوجائے گا۔ اور یوں آپ کا گھر Unsafe (غیر محفوظ) ہوجائے گا۔ کوئی بھی اس میں گھس کر چوری کرلے گا۔

اِسی طرح جب کسی کو یہ بتادیا جائے کہ میں یہ ورد پڑھتا ہوں اور وہ شخص اگر تھوڑا سا بھی علم رکھتا ہے تو وہ خود بخود اس ورد کو Further study کرلے گا اور اس کی تہ تک پہنچ جائے گا۔ یوں انسان کے رُوحانی معاملات اس پر وا ہوجائیں گے۔ اور اُس شخص کے لیے آسان ہوجائے گا آپ کے علم کو Trap کرنا اور آپ کی پڑھائی میں خلل واقع کرنا۔ آپ پڑھائی کے نتیجہ میں جو Messages وصول یا Telecast کررہے ہیں ان کو Trap کرنا۔ اس لیے منع کیا جاتا ہے بتانے سے۔ تاکہ آپ کے رُوحانی معاملات دوسروں پر کھل نہ سکیں۔

سوال: ایک مکتبہ فکر کہتا ہے کہ مشکل میں خود دعا مانگیں، کسی سے دعا کے لیے نہ کہیں۔ جب کہ دوسرا مکتبہ فکر کہتا ہے دوسروں کو دعا کے لیے کہیں۔

جواب: کسی کے Belief پر تو میں کوئی Comment نہیں کروں گا۔ لیکن جہاں تک دوسروں سے دعا کروانے کا تعلق ہے تو صحابہ کرامؓ نے آپ ﷺ سے دعا کے لیے درخواست کی ہے۔ اب آپ کے ذہن میں یہ سوال آئے گا کہ بزرگ اور اعلیٰ ترین ہستی سے تو دعا کے لیے کہا جاسکتا ہے لیکن کیا اس کے علاوہ کسی سے ایسا کہنا جائز ہے؟ تو اس کا جواب یہ ہے کہ آپ ﷺ نے حضرت اویس قرنیؓ کو پیغام بھیجا تھا کہ میری اُمت کی بخشش کے لیے دعا کریں۔ ہمیں آنکھیں بند کرکے آپ ﷺ کی سنت کی پیروی کرلینی چاہیے۔ میرے نزدیک کسی سے بھی دعا کی درخواست کرنے میں کوئی قباحت نہیں۔ یہ سنت ہے۔ بس الفاظ کے استعمال میں محتاط رہنا چاہیے۔ مثلاً یہ کہیں کہ آپ اللہ کے حضور میرے لیے دعا کریں کہ میری مشکل آسان فرمادے۔

سوال: کیا Astrology اسلام میں منع ہے؟

جواب: یہ علم الاعداد کی بات ہے۔ اس بارے میں اللہ کے احکامات بالکل واضح ہیں۔ مستقبل کے حالات بتانے والے اور پیشین گوئیاں کرنے والوں کے پاس جانے سے منع کیا گیا ہے۔ اگر آپ علم الاعداد کے ماہرین کے پاس مستقبل کا حال جاننے کے لیے جاتے ہیں تو یہ منع ہے۔ لیکن اگر محض علم کے حصول کے لیے جارہے ہیں اور آپ اس علم کو استعمال میں لانے کا ارادہ نہیں رکھتے تب یہ جائز ہے۔

سوال: قلندرشپ کیا ہے؟

جواب: درحقیقت قلندر کوئی سلسلہ نہیں جیسے تصوف کے دیگر سلاسل ہیں۔ عرب میں شاذلیہ جب کہ برصغیر میں چار سلاسل بہت معروف ہیں۔ اس طرح قلندر کوئی سلسلہ نہیں بلکہ یہ کسی بھی فقیر کے A certain way of life کو Depict کرتا ہے۔ اس کی ابتداء حضرت علی کرم اللہ وجہہ سے ہوئی اور حضرت علیؓ ہی قلندر اعظم ہیں۔ جب انسان ایسے مقام پر جا پہنچتا ہے جب وہ کسی دُکھ یا تکلیف پر رنجیدہ نہیں ہوتا اور کسی Achievement پر خوش نہیں ہوتا، کسی بھی دنیاوی چیز سے قطعی طور پر محبت نہیں پالتا تو وہ قلندرانہ رنگ اپنا لیتا ہے۔ جس نے اس زندگی کو پوری طرح اپنالیا وہ پوری طرح قلندر ہو گیا لیکن یہ بہت مشکل کام ہے۔ کیونکہ کسی نہ کسی طرح، کوئی نہ کوئی دنیاوی محبت باقی رہ جاتی ہے۔ اور کچھ نہیں تو جسم پر پہنا ہوا لباس ہی دوسروں کو دیتے ہوئے ذہن میں یہ خیال اُبھرتا ہے کہ اب میں خود کیا پہنوں گا۔ یہ خیال قلندرانہ Way of life کے خلاف ہے۔ قلندر تو جسم پر موجود اکلوتا کپڑا بھی بخوشی دوسرے کو اُٹھا کر دے گا بغیر یہ سوچے کہ میرا کیا ہوگا۔ ہاں ایک ایمان یہ ہے کہ میری تمام ذمہ داری میرے رب کے ذمہ ہے۔ وہ جانتا ہے کہ میرا سارا جسم برہنہ ہو گیا اور میری حیا یہ گوارا نہیں کرتی کہ اس حال میں کسی کے سامنے چلا جاؤں لٰہذا میرا رب مجھے لباس ضرور عطا کرے گا۔ یہ ہے قلندرانہ رنگ۔ اس رنگ میں رنگے جاتے ہیں لوگ۔ بہت سے فقیر اس رنگ میں ملیں گے لیکن وہ اسے 100 فی صد حاصل نہیں کر پاتے۔ کہیں نہ کہیں کچھ نہ کچھ کمی رہ جاتی ہے۔ اس حوالے سے تین ہی نام مشہور ہیں۔

1۔ شرف الدین بوعلی قلندر رحمۃ اللہ علیہ

2۔ لعل شہباز قلندر رحمۃ اللہ علیہ

3۔ بی بی رابعہ بصری قلندر رحمۃ اللہ علیہ

جب ہم بی بی رابعہ بصری رحمۃ اللہ علیہ کی حیات مبارکہ دیکھتے ہیں تو عجب رنگ نظر آتا ہے کہ چور کو خالی ہاتھ جاتے دیکھا تو بولیں۔ ''بھائی اپنی بہن کے ہاں سے خالی ہاتھ نہیں جاتے۔ گھر میں بس یہ وضو کا لوٹا ہی ہے یہی لے جاؤ۔'' یہ قلندرانہ مقام ہے اور اس تک پہنچنا بہت دشوار ہے۔ اکلوتے جوان بیٹے کی وفات کی خبر ملتی ہے تو دو رکعت نفل نماز ادا کر کے بیٹے کی لاش اُٹھانے جاتے ہیں۔ یہ قلندر ہیں۔

مقامِ قلندر کی ابتدا حضرت علیؓ سے ہوئی اور وہی قلندر اعظم ہیں۔

سوال: کیا سوال نہ کرنے والا طالب فقیر کے در سے خالی ہاتھ لوٹا دیا جاتا ہے؟

جواب: پہلی بات تو یہ ہے کہ فقیر کے در پر حاجت روائی کی نیت سے جانے والا شخص تو ویسے ہی شرک میں مبتلا ہو گیا کیونکہ غیر اللہ سے حاجت روائی کی اُمید رکھنا شرک ہے۔ کسی مسلمان کا دست سوال کبھی غیر اللہ کے

سامنے دراز نہیں ہوتا۔ حاجت روا صرف رب کریم ہے۔ فقیر کی کیا مجال ہے کہ وہ سوچے بھی کہ وہ کسی کی حاجت روائی کر سکتا ہے۔ وہ تو انتہائی عاجز و حقیر بندہ ہے رب کا۔ یہ صرف رب کو سزاوار ہے کہ وہ اپنے بندوں کی حاجت روائی کے لیے اُن کی دعائیں سن لے، اُن کی دعا قبول کرلے اور اُن کی دعائیں پوری کردے۔

فقیر جو خود ہماری طرح رب کا محتاج ہے وہ کسی کو کیا دے سکتا ہے۔ لٰہذا فقیر کے در پر حاجت روائی کی سوچ لے کر جانے والا شخص تو شرک کر رہا ہے۔ آپ فقیر کے پاس ضرور جایئے اس لیے کہ وہ اللہ کا ایک نیک بندہ ہے۔ اُس سے ضرور ملیں۔ اللہ کے حضور دعا بھی کرایئے لیکن یہ مت سمجھیں کہ وہ آپ کی حاجت پوری کر سکتا ہے۔ آپ کی مصیبت دُور کر سکتا ہے۔ آپ کا کوئی سوال پورا کر سکتا ہے۔ ایسا سمجھنا شرک ہے۔

فقیر بھی ہماری طرح رب کی قدرت کے سامنے مجبور ہے اُس کے پاس کوئی اختیار نہیں۔ یہ صرف رب تعالیٰ ہے جس کے پاس تمام اختیارات ہیں جو ہر چیز پر قادر اور ہر چیز کا مالک ہے۔ یہ صرف رب ہے جو وہ چاہتا ہے کر گزرتا ہے۔ کوئی بندہ خواہ کسی بھی مقام پر فائز ہو اُسے کوئی اختیار اور طاقت حاصل نہیں۔ ہاں البتہ وہ رب کے حضور اپنی حاجت روائی کے لیے گڑگڑا ضرور سکتا ہے۔

سوال: صاحب طلب کیسے جان سکتا ہے کہ اُس کے مرشد صاحب استعداد ہیں یا نہیں۔ ایسے میں وہ اپنی طلب کا کاسہ بھرنے کے لیے کیا کرے؟

جواب: پہلی گزارش تو یہ ہے کہ بیعت کے لیے ضروری ہے کہ انسان صرف اُس شخص کے ہاتھ پر بیعت کرے جس سے اُس کا دل مطمئن ہو اور اندر سے آواز اُٹھے کہ ہاں اس شخص کے ہاتھ پر مجھے بیعت کر لینی چاہیے۔

دوسری بات یہ ہے کہ کسی بھی شخص کو پرکھنے کے لیے دو آزمائشیں یا طریقے ہیں۔

1۔ لٹمس ٹیسٹ (Litmus Test)

2۔ Long-term Test (طویل المعیادی آزمائش)

لٹمس ٹیسٹ یہ ہے کہ بیعت کے لیے آپ جس شخص کے پاس گئے ہیں اُس سے مل کر آپ کو ایک عجیب سرشاری اور خوشی کا احساس ہوگا۔ دوسری چیز کشش ہے۔ جو اُس فقیر کے لیے آپ کے دل میں پیدا ہوگی اور آپ کا دل چاہے گا کہ میں اُس شخص سے بار بار ملوں۔ یہ مت سمجھیں کہ یہ اُس فقیر کی کوئی خوبی ہے۔ بلکہ یہ رب تعالیٰ کے اس کلام کا اثر ہے جس کا وہ فقیر باقاعدگی سے ورد کرتا ہے۔ یہ رب تعالیٰ ہی کا کلام ہے جس سے دلوں کو سکون ملتا ہے۔ یاد رکھیں کہ رب تعالیٰ کے کلام میں بہت کشش ہے۔ جو شخص بھی رب تعالیٰ کے کلام کا ورد کرتا ہے اس کے جسم اور بالخصوص ماتھے کے درمیانی حصہ سے (جسے ہندو Mythology میں Third eye کہا جاتا ہے) Vibrations (لہریں) نکلتی ہیں۔ جو شخص ان Vibrations (لہروں) کی Magnetic Field (مقناطیسی حصار) میں آجاتا ہے اُسے سرخوشی اور سرشاری کا احساس ہوگا اور وہ اس شخص میں کشش محسوس کرتا ہے اور چاہتا ہے کہ وہ بار بار اس فقیر سے ملے۔

دوسرا Long-term test ہے۔ ہم اپنی زندگی میں یہ تجربہ اور مشاہدہ کرتے ہیں کہ نصیحت کرنے والے شخص سے کوسوں دُور بھاگتے ہیں۔ ہم اُس سے چڑ جاتے ہیں اور نصیحت پر عمل نہیں کرتے۔ یاد رکھیں کہ فقیر بہترین ماہر نفسیات ہوتا ہے۔ کلام الٰہی کے ذکر اور ورد کے نتیجہ میں اللہ تعالیٰ اُسے علم لدنی عطا کرتا ہے۔ جو تمام علوم کی ماں ہے۔ یہی وجہ ہے کہ فقیر کسی کو نصیحت نہیں کرتا بلکہ اپنی ذات کو اُس مقام پر لے جاتا ہے جہاں وہ دوسروں کے لیے مثال بن جائے۔ وہ Through personal example (ذاتی مثال کا ذریعہ) آپ کو Influence (متاثر) کرتا ہے۔ جس کا اثر یہ ہوتا ہے کہ اُس کے پاس جانے والے لوگ رفتہ رفتہ خلاف اسلام چیزیں ترک کرنے لگتے ہیں اور عبادات کے پابند ہونے لگتے ہیں۔ یہ اُس فقیر کا Long-term test ہے۔ جہاں کوئی فقیر ان دونوں آزمائشوں (Tests) پر پورا اُترتا دکھائی دے تو سمجھ جایئے کہ وہ صاحب علم اور اصلی فقیر ہے۔ ایسے شخص کو صاحب استعداد سمجھ لیجئے۔ کم از کم علم کی حد تک تو وہ صاحب استعداد ہے۔ اختیارات میں اگرچہ نہ سہی۔

سوال: کیا ایک ہی وقت میں ایک سے زیادہ صاحبان دعا سے رُجوع کیا جا سکتا ہے؟

جواب: دعا کے لیے تو آپ سب سے کہتے رہیں۔ اب، یہ دعا کے لیے کہنے والے کی ہمت اور ظرف کی بات ہے کہ وہ کس دعا کے لیے دوسروں سے کہہ رہا ہے۔ مثلاً مجھے صاحبان علم کے پاس جانے کا موقع ملا۔ اُٹھتے ہوئے اُنھوں نے از راہ اخلاق و مروت مجھ سے پوچھا کہ ہمارے لیے کوئی خدمت؟ اب یہاں آ کے میری ہمت اور میرا ظرف آڑے آیا اور میری زبان سے بے ساختہ نکلا کہ دعا کر دیجئے کہ اللہ تعالیٰ مجھے دو چار لاکھ دے دے۔ اس سے زیادہ میں اُن سے کہہ ہی نہ سکا۔ لیکن میں ایسے صاحبان کو بھی جانتا ہوں کہ جن سے فقیر نے کہا کہ میں دعا کر دیتا ہوں کہ تمھیں بادشاہت مل جائے۔ تو وہ کہنے لگے کہ بادشاہت تو میری ٹھوکروں پر پڑی ہے۔ دعا یہ کیجئے کہ رب مجھے دوست بنا لے اور وہ میرا دوست ہو جائے۔ یہ کہہ کر وہ چل دیئے اور میں سارا راستہ اُن کے کان کھاتا آیا کہ رب کی دوستی لے کر کیا کرو گے۔ رب کا دوست تو فاقے کرتا ہے۔ کوئی لاٹری نمبر، کوئی ریس (Race) کے گھوڑوں کا نمبر لیا ہوتا۔ تو یہ دعا کرانے والے کے ظرف اور ہمت کی بات ہے۔

اگر آپ بیعت شدہ ہیں تو پھر رُوحانیت کے سلسلہ کا قانون آپ پر لاگو ہو جائے گا۔ کہ آپ دعا کے لیے اپنے مرشد کے سوا کسی سے نہ کہیں۔ ہم جائیں سب صاحبان کے پاس۔ اُن کی عزت بھی کریں اور خدمت بھی۔ لیکن دعا کے لیے اپنے مرشد سے کہیں۔ لیکن اگر بیعت نہیں کی تو پھر جس سے مرضی دعا کی درخواست کریں۔

سوال: مرشد کے حضور حاضری کے آداب کیا ہیں؟

جواب: مرشد کو غور سے دیکھتے رہیں اور اُن کو نقل کرتے رہیں تو منزل کو پہنچ جائیں گے۔ اگر راستہ میں آپ نے

غلطیاں نہیں کیں تو At least وہاں پہنچ جائیں گے جہاں آپ کے مرشد ہیں۔ مرشد کو Copy (نقل) کرنے کے لیے ضروری ہے کہ ہم بہت باریکی سے اُن کا مشاہدہ کرتے رہیں۔ اُن کے طور طریقوں کا مطالعہ کرتے رہیں۔ اُن کی گفتگو دھیان اور توجہ سے سنیں۔ اور یہ کرنے کے لیے ہمیں مرشد کے پاس خاموشی سے بیٹھنا پڑے گا۔ مختصراً یہ کہ جب آپ مرشد کے حضور حاضر ہوں تو اپنی زبان کو تالا لگالیں اور عقل کو گھر چھوڑ آئیں۔ صرف آنکھیں کھلی رکھیں اور کان کھلے رکھیں۔ البتہ کہیں کہیں بات میں ایسا لقمہ دے دیجئے کہ جس سے مرشد مجبور ہو جائیں کہ وہ بولتے رہیں۔ کیونکہ جس قدر مرشد گفتگو کرتے رہیں گے اُسی قدر وہ اپنے اندر موجود علم کا خزانہ اُگلتے رہیں گے۔ جو کانوں کے ذریعہ آپ کے دل و دماغ میں اُترتا چلا جائے گا اور یوں آپ علم حاصل کرتے جائیں گے۔ جتنا آپ مرشد کے پاس جا کر بولتے رہیں گے اُتنا مرشد خاموش رہے گا اور علم آپ تک نہیں پہنچ پائے گا۔ لہٰذا مرشد کو خاموشی اور توجہ سے سننا اور دیکھنا لازمی امر ہے اگر ہم واقعتاً مرشد سے علم لینا چاہتے ہیں۔

دوسری چیز ادب ہے۔ اگر ہم اپنے آپ کو دیکھیں۔ اگر ہم کہیں بطور مہمان گئے ہیں۔ اگر میز بان اور اُن کے بچے مودّب ہیں۔ ہماری عزت کرتے ہیں، well-mannered اور well-educated ہیں تو ہم اُنھیں پسند کرتے ہیں۔ لیکن جو زیادہ بولیں، اوچھی حرکتیں کریں۔ ہم انھیں عموماً پسند نہیں کرتے۔ مرشد بھی انسان ہے اس لیے جب آپ مرشد کی خدمت میں حاضر ہوں تو وہاں ادب اور آداب دونوں چیزوں کا خیال رکھیں۔ اگر آپ نے مرشد کے پاس حاضری کے وقت ان دونوں چیزوں کا خیال رکھا، خاموش رہے، اپنی آنکھوں اور کانوں کا استعمال خوب کیا تو ہم پھل پالیں گے۔

سوال: حضرت ابراہیم علیہ السلام سے جب قربانی مانگی گئی تو حضرت اسمٰعیل علیہ السلام کی بجائے دنبہ سے بدل دی گئی۔ لیکن حضرت امام حسینؓ کی باری جب آئی تو قربانی لے لی گئی۔ وہاں بھی تو رعایت ہو سکتی تھی۔

جواب: یہاں تھوڑا سا فرق ہے۔ حضرت ابراہیم علیہ السلام سے قربانی مانگی گئی تھی اور وہ حکم کے تحت قربانی کر رہے تھے۔ اُن سے کہا گیا تھا کہ اپنے بیٹے کو قربان کر دو۔ تب حضرت ابراہیم علیہ السلام نے اللہ کے حکم کے تحت اپنے بیٹے کے گلے پر چھری پھیری تھی۔ وہاں اللہ کے حکم کو ماننے کی روایت کے ذریعہ بندوں کو بندگی کی ایک حد دکھانا مقصود تھا۔ اس لیے حضرت ابراہیم علیہ السلام کو بیٹا قربان کرنے کو کہا گیا۔ لیکن اللہ تعالیٰ چونکہ اپنے بندوں کو دُکھی نہیں بلکہ سکھی دیکھنا چاہتا ہے اس لیے ایک باپ کو اس صدمہ سے بچانے کے لیے کہ میں نے اپنے بیٹے کو اپنے ہاتھوں سے ذبح کر ڈالا، اللہ نے دنبہ بھیج دیا۔ قربانی کے لیے یہ اللہ کی صفت رحیمی تھی۔

حضرت امام حسینؓ کا معاملہ قدرے جُدا ہے۔ آپ کو حکم نہیں دیا گیا تھا کہ میدان کربلا چلے جاؤ اور اہل خانہ کو قربان کر دو۔ وہ تو جب حضرت امام حسینؓ نے دیکھا کہ وہ اسلام جس کو اللہ تعالیٰ نے اپنے نبی اکرم ﷺ کے ذریعہ نازل فرمایا، اس کی خلاف ورزی اس انداز میں اور اس حد تک ہو رہی ہے کہ تمام اُمت اس سے متاثر

ہو رہی ہے اور خدشہ ہے کہ کہیں رفتہ رفتہ اسلام کی شکل ہی نہ بدل جائے تو اللہ کے دین کو اپنی اصلی حالت میں قائم رکھنے کے لیے حضرت امام حسینؓ نے ازخود یہ فیصلہ کیا کہ میں اس بُرائی کے خلاف جہاد کروں گا۔ کیونکہ یہ اللہ کا حکم ہے کہ بُرائی کے خلاف جہاد کیا جائے۔ حضرت امام حسینؓ نے یہ فیصلہ اپنی مرضی سے کیا تھا۔ اسلام کی سربلندی کی خاطر اُنھوں نے نہ صرف اپنی جان کا نذرانہ پیش کیا بلکہ اپنے خاندان کو بھی اللہ کی راہ میں قربان کر دیا۔ مقصد صرف دین کو صحیح حالت میں قائم رکھنا تھا۔ تو ان دونوں قربانیوں میں یہ فرق ہے۔ وہ حسب حکم قربانی تھی اور یہ حسب مرضی قربانی تھی۔

سوال:۔ کیا ہم قبر یا جنت میں رُوح کی شکل میں رہیں گے یا جسم کی form میں؟ کیا جنت میں ہماری جسمانی ضروریات دنیاوی جسمانی ضروریات سے مختلف ہوں گی؟

جواب:۔ مرنے کے بعد رُوح جسم سے آزاد ہو جاتی ہے اور عالم برزخ میں چلی جاتی ہے۔ سورہ یٰسین میں بھی ذکر ہے کہ وہ اپنی اپنی آرام گاہوں سے اُٹھائے جائیں گے۔ یہ بحالت جسم اُٹھانے کا ذکر ہے۔ جو پروردگار اس چیز پر قادر ہے کہ ہمیں یہ جسم عطا فرمادے اور اس سے متعلقہ رُوح ہمارے جسم میں داخل کر دے۔ دنیا میں ہم اس حالت میں آئیں کہ ہمارے جسم پر کپڑے کا ایک چیتھڑا تک نہ ہو۔ ہم جسم سے مکھی اُٹھانے تک پر قادر نہ ہوں۔ پھر وہ رب اپنی قدرت سے ہمیں یوں پالے اور پال کر ہمیں اس حال میں پہنچا دے کہ ہم سوچنے لگیں کہ ہم ٹھوکر سے پہاڑ بھی اُلٹ دیں گے۔ پھر قادر مطلق رب ہمیں رفتہ رفتہ وہاں لے جائے جہاں ہم بغیر لاٹھی کے سہارے کے چل بھی نہ سکیں۔ وہی رب ہمیں قبروں سے کھڑا کرنے پر بھی قادر ہے اور اس پر بھی کہ وہ جس حال میں ہمیں چاہے رکھے۔ جن جسمانی اور دنیاوی ضروریات کے ہم غلام ہیں وہ جب چاہے ہمیں ان سے آزاد کر دے۔

اللہ نے ہماری جسمانی ضروریات اس زمین کے وسائل کے مطابق بنائیں۔ وہ اس پر بھی قادر ہے کہ ہمارے جسم کی ضروریات جنت یا جہنم کے ماحول کے مطابق بنا دے۔ یقیناً رب تعالیٰ قادر ہے اور وہ ایسا ہی کرے گا اس لیے ہمیں فکرمند نہیں ہونا چاہیے کہ جنت میں ہماری جسمانی ضروریات کا کیا بنے گا۔

نشست نمبر 40

بچے کی تربیت اور فقیری کی بنیادیں

ایک چیز جو بہت کھٹکتی ہے میں آج اس کی طرف آپ کی توجہ دلانا چاہتا ہوں۔ دیکھا یہ گیا ہے کہ ان جگہوں پر جہاں لوگوں کے لیے دعا کی جاتی ہے ہم اکثر چھوٹے بچوں کو ساتھ لے جاتے ہیں۔ جذبہ ہمارا بڑا نیک ہوتا ہے کہ بچہ ایسے نیک آدمی کے پاس جا کر ہاتھ ملائے گا۔ اس کے اثرات بچہ پر مرتب ہوں گے اور وہ نیکی کی طرف راغب ہو جائے گا۔

میرے خیال میں (جو غلط بھی ہو سکتا ہے) ایسی جگہوں پر بچوں کو لے جا کر اور اُن کے پاس ہونے کی دعا کرا کے ہم بچوں کے ذہن پر تاثر چھوڑ رہے ہوتے ہیں کہ دعا ایک ایسا نسخہ ہے کہ اگر میں محنت نہ بھی کروں تو محض دعا کرا کے میں پاس ہو سکتا ہوں۔ یوں بچہ کے ذہن پر اس ناپختہ عمر میں جو نقش اُبھرا ہے وہ عمر بھر اُس کے ساتھ رہے گا اور یہ چیز اُسے بے عملی کی طرف لے جائے گی۔ وہ محنت سے جی چُرائے گا اور چاہے گا کہ میں دعا کرا کے اپنا کام کرا لوں۔

میں ایسے حضرات جو بچوں کے ساتھ تشریف لاتے ہیں اُن سے ہمیشہ درخواست کرتا ہوں کہ بچوں کو ایسی جگہ پر نہ لے جائیں (مجھے ذاتی طور پر بچوں کے آنے سے کوئی تکلیف نہیں اس میں میرے لیے کوئی زحمت نہیں۔ مگر یہ بچوں کے Greater interest میں نہیں کہ اُنھیں ایسی جگہ لے جا کر اُن کے ذہن پر بے عملی کا ایک تاثر چھوڑ دیا جائے۔)

بچہ کی تربیت بہت نازک بھی ہے اور ضروری معاملہ بھی۔ ایک زمانہ میں میں یورپ گیا تھا۔ اُنہی دنوں اتفاق ایسا ہوا کہ اُس وقت کے برطانوی وزیر اعظم کا بیٹا جو سکول میں پڑھتا تھا۔ وہ ایک ویک اینڈ (Weekend) پر Drunk ہو کر وہاں کے مشہور سرکس کے پارک میں لیٹا ہوا پایا گیا۔ پولیس Round پر آئی۔ اُنھوں نے دیکھا بچہ پارک میں لیٹا ہوا ہے۔ اُنھوں نے اُسے پکڑ لیا۔ دیکھا تو وہ Drunk تھا۔ وہ اُسے پولیس اسٹیشن لے گئے۔ Next Day پتا چلا کہ وہ بچہ تو دراصل وزیر اعظم کا بیٹا ہے۔ پولیس نے وزیر اعظم کو Inform کیا کہ آپ کے بیٹے کو ہم نے Arrest کر لیا ہے۔ بی بی سی (BBC) کا ایک چینل پارلیمنٹ کی کارروائی Live دکھاتا ہے۔ اکثر و بیشتر اس کو میں صرف اس نظر سے دیکھا کرتا ہوں کہ انگریز کا پارلیمنٹرین کس طرح Behave کرتا ہے اور وہ جو مختلف مسائل پر تقریر کر رہے ہوتے ہیں۔ اس اظہارِ خیال سے اُن کی ذہنی

رو کا اندازہ ہوتا ہے کہ مختلف قومی معاملات میں اُن کی سوچ کن Lines پر ہے۔ میں وہ چینل دیکھ رہا تھا تو اس پر وزیراعظم کیمرہ پر Appear ہوئے۔ وہ پندرہ منٹ Late آئے تھے اجلاس میں۔ برطانوی وزیراعظم نے معذرت کی کہ میں پندرہ منٹ لیٹ ہو گیا ہوں لیکن معاملہ کچھ ایسا تھا کہ میں اُسے چھوڑ نہیں پا رہا تھا۔ برطانوی وزیراعظم نے اس معذرت کے دوران ایک جملہ کہا کہ آج مجھے احساس ہوا کہ بچہ کو پالنا وزیراعظم بننے سے کتنا دشوار ہے۔ ٹونی بلیئر کی یہ بات درست تھی۔

میں جب کسی سے ملتا ہوں تو سوال کرتا ہوں کہ پاکستان کا کیا بنے گا؟ آپ بھی محب وطن پاکستانی ہیں اور اس تشویش میں مبتلا رہتے ہیں کہ پاکستان کا کیا بنے گا؟ دوسری بات یہ ہے کہ میں بھی کہتا ہوں اور غالباً آپ بھی کہتے ہوں گے کہ ہمیں لیڈر صحیح نہیں ملے۔ گزشتہ دنوں جب میں انگلینڈ میں تھا تو وہاں ایک ٹی وی چینل پر میرے ایک Live interview میں کسی نے یہ سوال پوچھا تو میں نے وہاں بھی اُن کی خدمت میں گزارش کی تھی کہ صاحب یہ شکایت ہماری کہ ہمیں لیڈر صحیح نہیں ملے میرے نزدیک کوئی زیادہ درست نہیں۔

بات یہ ہے کہ ہم جہاں لاپرواہی کرتے ہیں (یہ خالصتاً میری ذاتی سوچ ہے جو غلط بھی ہو سکتی ہے اور غلط ہو گی بھی۔) انگریز اپنی تمام تر خامیوں کے باوجود حب الوطنی میں بہت آگے ہے۔ اس کی اپنے وطن سے محبت Beyond any doubt ہے۔ جہاں اس کی بہت سی خامیاں ہیں وہاں یہ اس کی بہت بڑی خوبی ہے۔ انگریز بہت زیادہ کنجوس ہے۔ ایک Penny واپس لینے کے لیے وہ پندرہ منٹ انتظار کر لے گا Penny نہیں چھوڑے گا۔ لیکن اسی کنجوس انگریز کو ٹی وی پر اگر ایک اپیل نظر آ جائے کہ ملک کے فلاں کام کے لیے شام تک ایک بلین پاؤنڈ چاہییں تو یقین کیجیے کہ شام ہونے سے پہلے پہلے وہاں ایک بلین تو کیا کئی بلین پاؤنڈ اکٹھے ہو گئے ہوں گے۔ وہ ملک کے لیے بے دریغ عطیات دے دیں گے۔ انگریز اپنے ملک کی خاطر کئی ہزار میل دُور جا کر بڑے نامساعد اور شدید موسمی حالات میں کام بھی کرتا رہا اور لڑتا بھی رہا اپنے ملک کے Interest میں۔ انگریز بھی ہمارے جیسا انسان ہے۔ ہماری طرح دو ہاتھ دو پاؤں اور ایک دماغ ہے۔ بلکہ میں تو یہ کہوں گا کہ کئی معاملات میں ہمارے لوگ اُن سے آگے ہیں۔ ہمارے لوگ ذہین ہیں اور ہم لوگ محنت کر لیتے ہیں لیکن اس کے باوجود انگریز نے آدھی سے زیادہ دنیا پر حکومت کی ہے اور جب اُس کا عروج زوال میں تبدیل ہو گیا تو اس زوال کو بھی اُس نے اس طرح Protect کیا ہے کہ اس قدر زوال میں جانے کے باوجود وہ دنیا میں اپنی چودھراہٹ قائم رکھے ہوئے ہے۔ اُس کا رُعب موجود ہے۔ میں اکثر Study کرتا رہا کہ کیا چیز اس کو قائم رکھے ہوئے ہے؟ جس نتیجہ پر میں پہنچا وہ یہ ہے کہ وہ اس حب الوطنی کی بنیادیں .K.G کلاس سے ہی ڈال دیتا ہے۔ اس کی جو Pre-class education یا پرائمری ایجوکیشن ہے وہیں پر اس کی جڑیں ہیں۔ (یہ موضوع اس لیے میں نے چھیڑا تھا کیونکہ یہی کل کو رُوحانیت کی بنیاد بنے گا۔) انگریز کی Play Group Education کو دیکھیں جو ہمارے ہاں نرسری کہلاتی ہے تو وہاں پر ایک فرق نظر آ جاتا ہے۔ انگریز Play Group Education میں جب بچہ کو Admit کرتے ہیں تو اسے کلاس میں نہیں بٹھایا جاتا بلکہ ٹیچر جو

چائلڈ ایجوکیشن کی خصوصی تربیت حاصل کیے ہوئے ہے۔ دس یا بارہ بچے اس کی زیرِ نگرانی دے دیئے جاتے ہیں۔ جس طرح ہم Play Ground میں بچوں کو لے کر پھرتے ہیں بالکل اِسی طرح وہ ٹیچر اُنھیں سکول میں لیے پھرتی ہیں۔ مختلف کھلونوں اور Games کے ذریعے اُنھیں چیزیں سکھاتی ہیں۔ پھر Suddenly وہ بچوں کو درخت کے پاس لے جاتی ہے اور وہ درخت دکھا کر اُنھیں کہتی ہیں۔

Look! This is a tree. It provides us shade against rain and sun. This tree provides us furniture. It gives us fruit and on top of everything it gives us oxygen. One tree alone keeps 23 children alive because it provides oxygen for 23 children. It is such a useful thing. Then it helps us in making herbal medicine which makes us healthy. It does so much for us. Now let us water this tree. Let us protect it.

(دیکھو! یہ ایک درخت ہے۔ یہ بارش اور دھوپ سے ہمیں بچاتا ہے۔ اس کی لکڑی سے ہم فرنیچر بناتے ہیں۔ یہ ہمیں پھل مہیا کرتا ہے اور سب سے بڑھ کر یہ کہ ایک درخت 23 بچوں کو زندہ رکھتا ہے کیونکہ اس سے 23 بچوں کو آکسیجن ملتی ہے۔ اس درخت کا بہت زیادہ فائدہ ہے۔ اس کی مدد سے ہم جڑی بوٹیوں پر مشتمل ادویات بناتے ہیں جو صحت عطا کرتی ہیں۔ یہ درخت ہمارے لیے اتنا کچھ کرتا ہے تو آؤ اب اس درخت کو پانی دیں۔ آؤ اس کی حفاظت کریں۔)

اِسی طرح ٹیچر بچوں کو Electric pole کے پاس لے جائے گی اور اس کے پاس کھڑے ہو کر اُس کی خوبیاں اور فوائد گنوانے لگیں گی۔ یہ چیزیں بچوں کے ذہن پر نقش ہو جاتی ہیں۔ صبح ہی صبح لندن کی سڑکوں پر آپ دیکھیں گے کہ تین چار ٹیچرز اور اُن کے ساتھ 25،20 بچے ہیں۔ وہ اُن کو قطار میں چلا رہی ہوتی ہیں فٹ پاتھ پر اس انداز میں کہ اُن کا ہاتھ دوسروں کے ساتھ نہ ٹکرائے۔ اُن کا بیگ کسی راہ گیر کے ساتھ نہ ٹکرائے۔ اُن کا پاؤں کسی کے پاؤں پر نہ آئے۔ وہ بہت ہی احتیاط کروا رہی ہوتی ہیں۔ بار بار وہ بچوں کو سڑک کراس کراتی ہیں۔ ایک جگہ سے Cross کراتی ہیں۔ پھر تھوڑا سا چلنے کے بعد زیبرا کراسنگ آیا تو وہاں سے Road دوبارہ Cross کرا دیا۔ اصل میں بغیر بتائے اور Educate کیے یہ بچوں کی Training ہو رہی ہوتی ہے کہ How to cross the road? پھر عام طور پر سگنل (Signal) پر آپ دیکھیں گے کہ ٹیچرز بڑی اُونچی آواز میں بچوں سے کہہ رہی ہوں گی کہ It is going red light off, don't cross۔ یہ بھی ٹریننگ کا حصہ ہے۔ اِسی طرح وہ بچوں کی قطار بنائیں گی پھر اُنھیں بس میں سوار کرائیں گی۔ یہ سب ٹریننگ Play Group Education Level پر ہو رہی ہوتی ہے۔ اس کے برعکس ہمارے یہاں اگر مہمان آئیں گے تو ہم فوراً اپنے چھوٹے بچے سے کہیں گے کہ انکل کو Baba Black Sheep اور Twinkle Twinkle Little Star سناؤ۔ ہماری تمام تربیت Ryhmes (نظموں) کی طرف ہے یوں ہم Civic Sense بچوں

میں پیدا نہیں کر پاتے۔

انگریز بچہ جب آنکھ کھولتا ہے تو باپ کو اپنے گھر کے اندر Weekends پر کبھی Paint کرتے ہوئے دیکھتا ہے تو کبھی دیواروں کی مرمت کرتے ہوئے، کبھی Carpentry تو کبھی Plumbing کرتے ہوئے دیکھتا ہے۔ وہ مشاہدہ کرتا ہے کہ گھر میں کوئی Technician یا مکینک کام کرنے کے لیے نہیں آتے بلکہ اس کے Father خود ہی تمام کام کر لیتے ہیں۔ شام کو انگریز Help کر رہا ہوتا ہے اپنی Wife کی۔ یہ تمام چیزیں بچے کے ذہن میں بچپن ہی میں بیٹھنا شروع ہو جاتی ہیں۔

ہمارے ہاں رویہ اس کے برعکس ہے۔ ہم سوچتے ہیں کہ بچہ چھوٹا ہے اسے کیا معلوم؟ یاد رکھیں کہ بچے کی شخصیت کی بنیادیں اُس وقت سے پڑنا شروع ہو جاتی ہیں جب وہ دنیا میں پہلا سانس لیتا ہے اور اس کی عمر بمشکل ایک منٹ ہوتی ہے۔ بچہ اُس وقت بھی ہر چیز کو Register کر رہا ہوتا ہے۔ دو سال کی عمر تک پہنچتے پہنچتے اُس کی شخصیت کی بنیادیں پڑ چکی ہوتی ہیں۔ پانچ سال کی عمر تک یہ بنیادیں مضبوط ہوتی ہیں اور پانچ سال کی عمر کے بعد ان بنیادوں پر اس کی Personality Building بنتی ہے۔ اگر ہم بچے کی پیدائش کے فوراً بعد تھوڑی سی احتیاط کر لیں اور گھر میں اس طرح Behave کریں جس طرح سنت ہے تو بچہ بہترین شخصیت بن کر سامنے آئے گا۔

مساجد میں ہونے والے واعظ میں ایک پہلو پر تو اکثر بات ہم سنتے رہتے ہیں کہ خاوند پر بیوی کے کیا حقوق ہیں اور بیوی کو خاوند کے ساتھ کیسا سلوک کرنا چاہیے؟ لیکن ایک پہلو جو اکثر ہم نظر انداز کر دیتے ہیں وہ یہ کہ ایک خاوند کو بیوی کے ساتھ کیسے Behave کرنا چاہیے۔ اس کی راہنمائی کے لیے ایک حدیث موجود ہے اگر ہم اس کی تشریح میں جائیں تو بات واضح ہو جائے گی کہ شوہر کو بیوی کے ساتھ کیسا رویہ رکھنا چاہیے۔ حدیث کا مفہوم اور تشریح یہ ہے کہ شوہر کو چاہیے کہ وہ بیوی کی خطاؤں، لغزشوں، تند خوئی، تلخ باتوں اور تلخ رویوں کو خندہ پیشانی سے برداشت کرے۔ مسکراتے ہوئے ان تمام رویوں کو نظر انداز کر دے۔ اگر ہم اس سنت پر عمل کر لیں تو گھر میں پیدا ہونے والی تلخی قطعی طور پر ختم ہو جائے گی۔

یہ جو ہم ہر وقت ڈھنڈورا پیٹتے رہتے ہیں کہ خاوند بیوی کے لیے مجازی خدا ہے اور خدا اپنے بعد کسی کو سجدہ کا حکم دیتا تو بیوی کو حکم دیتا کہ وہ شوہر کو سجدہ کرے۔ یہ سب اپنی جگہ بجا۔ لیکن اگر ہم اپنے ان حقوق کو بھلا دیں اور اپنے اُن فرائض اور حقوق کو یاد رکھیں جو بیوی کے ہیں تو زندگی آسان ہو جائے گی۔ بیوی اگر تلخ مزاج ہے، ترش رو ہے تو ہم آدمی قہقہہ لگا کر ایک طرف ہو جائیں اور سوچیں کہ کوئی بات نہیں۔ مجھے بھی تو بعض اوقات کسی اور بات پر غصہ ہوتا ہے اور میں نکال بیوی پر لیتا ہوں۔ تو یہ بھی میری طرح انسان ہے۔ اس نے بھی کسی اور بات کا غصہ میرے اُوپر اُتار لیا ہے تو کوئی بات نہیں۔ اِسی طرح اگر بیوی لاپرواہ ہے اس سے کچھ نقصانات اور غلطیاں ہو رہی ہیں تو آپ ہنس کر ٹال دیں۔ اس کے اثرات بچے پر بہت اچھے مرتب ہوں گے۔ اس کی شخصیت میں تلخی نہیں آئے گی اور اس کی بہت Balance Personality پروان چڑھے گی۔

سکول میں اگر بچے کی صحیح تعلیم ہو رہی ہے تو Right from Play Group اس کے اندر Civic sense اور حب الوطنی کا جذبہ آئے گا اور تربیت کے ذریعہ اُس کی Personality میں توازن پیدا ہو جائے گا۔ یہی وہ توازن ہے جس کا رُوحانیت میں ذکر کیا جاتا ہے کہ فقیر کا ایک بنیادی اُصول ہے۔ اس کے اپنے دوسروں پر کیا حقوق ہیں وہ اُسے یاد ہی نہیں رہتے۔ لیکن دوسروں کے اس پر کیا حقوق ہیں وہ ہمیشہ اسے نہ صرف یاد رہتے ہیں بلکہ ان حقوق کو ادا کرنے کے لیے وہ بے چین رہتا ہے۔ دوڑ دھوپ کرتا ہے تاکہ روزِ محشر جب اس سے حساب لیا جائے گا اور اُس سے پوچھا جائے گا کہ تم پر تمھارے والدین، بہن بھائیوں، رشتہ داروں، دوستوں، ساتھیوں حتیٰ کہ راہ گیروں کے بھی حقوق تھے جو تم نے ادا نہیں کیے۔ تو فقیر چونکہ اس شرمندگی اور جوابدہی سے بچنا چاہتا ہے اس لیے اسے دوسروں کے حقوق ادا کرنے سے ہی فرصت نہیں ملتی کہ وہ یہ سوچ سکے کہ میرے دوسروں پر کیا حقوق ہیں۔ اس لیے فقیر کسی کے تھپڑ کے جواب میں اس کو بُرا نہیں کہتا۔ مسکرا دیتا ہے۔ اُس کی ایک ہی سوچ ہوتی ہے کہ جو کچھ اس شخص نے میرے ساتھ کیا اس کے لیے وہ اللہ کو خود جواب دہ ہے۔ لیکن میں جو کچھ اس کے ساتھ کروں گا اس کے لیے میں جواب دہ ہوں اور بہتر ہے کہ میں اس جوابدہی سے بچ جاؤں۔ یہ فقیر کا بنیادی اُصول ہے۔ تو بچہ جس کی شخصیت متوازن ہے اور اسے اس بات کا پوری طرح احساس ہے کہ میرے حقوق کیا ہیں؟ اور دوسروں کے حقوق کیا ہیں؟ اور اسے آپ نے یہ بھی باور کرا دیا ہے کہ روزِ قیامت تم سے تمھارے اعمال کے بارے میں پوچھا جائے گا کہ تم نے لوگوں کے ساتھ کیسا سلوک کیا اور ان کے حقوق کس حد تک ادا کیے۔ تو بچہ اس جوابدہی سے بچنے کے لیے اس انداز میں زندگی گزارے گا جس میں وہ اس تگ ودو میں لگا رہے گا کہ میں دوسرے کی آزادی میں دخل نہ دوں۔ دوسرے کے حقوق ادا کردوں۔ دوسرے کو Accommodate کردوں تاکہ رب راضی ہو جائے۔ جب وہ بچہ یہ سب کرنے لگے گا تو اُس کے لیے فقیری کو پالینا بڑا آسان ہو جائے گا۔ انسان رُوحانیت سے دُور اُس وقت ہوتا ہے جب وہ دوسروں کے حقوق بھلا کر اپنے حقوق کے حصول کی کوشش میں لگ جاتا ہے۔ وہیں فقیر کا پاؤں پھسلتا ہے جہاں اُس کی ذات پہلے آجائے اور دوسروں کی ذات پس پشت چلی جائے۔

اِسی لیے میں عرض کر رہا تھا کہ فقیری کی بنیادیں بچپن میں ہی پڑ جاتی ہیں۔ لہٰذا کوشش کیجیے کہ بچوں کو ایسی جگہوں پر نہ لے جائیں جہاں دعائیں ہوتی ہیں تاکہ اُن کا ناپختہ ذہن بے عملی کی طرف راغب نہ ہو سکے۔

سوال: اگر ہم ایسی جگہ پر بچے کو لے کر جانا چاہیں تو اس کی Age Limit کیا ہونی چاہیے؟

جواب: میں تو یہ عرض کروں گا کہ جب تک بچے کی ایجوکیشن مکمل نہیں ہو جاتی تب تک اُسے ایسی جگہ پر لے کر نہ جائیں۔ اس لے کہ وہاں سبھی لوگ دعا کروانے کی غرض سے آئے ہوں گے۔ بچہ بہت زبردست Observant ہوتا ہے۔ اُس کی قوتِ مشاہدہ بہت تیز ہوتی ہے۔ جب وہ یہ دیکھے گا کہ یہاں دو تین سو آدمی ہیں جو مصیبت اور پریشانی سے بچنے اور اپنے مسائل کے حل کے لیے دعا کروانے آئے ہیں تو اُس کے ذہن میں یہ تاثر اُبھرے گا کہ شاید مصیبتوں اور مسائل سے بچنے کا ایک ہی راستہ ہے...... دعا کا راستہ۔ اور بجائے

جدوجہد کرنے کے اگر دعا کرالی جائے تو مسائل سے بچا جا سکتا ہے۔ اور یہ غلط تاثر پھر ہر Stage پر بچے کے ذہن پر رہتا ہے۔ لہٰذا جب تک بچہ پریکٹیکل لائف میں داخل نہیں ہو جاتا ہے اُسے ایسی جگہ پر نہ لے جایا جائے۔

سوال: اگر بچے کو گھر اور سکول میں اچھا ماحول مل رہا ہے لیکن سوسائٹی میں ماحول بالکل مختلف ہے تو کیا بچہ معاشرے میں مار نہیں کھا جائے گا؟

جواب: بچے کو سکول اور گھر میں تقریباً یکساں ماحول مل رہا ہوتا ہے۔ وہ سکول میں ساڑھے پانچ چھ گھنٹے گزار کر آتا ہے۔ گھر میں وہ تقریباً چودہ، پندرہ گھنٹے گزارے گا۔ باقی ڈیڑھ دو گھنٹے وہ باہر گزارتا ہے۔ اب گھر اور سکول میں اگر اُس نے سو(100) اچھی باتیں سیکھی ہیں اور باہر وہ پانچ (5) خراب باتیں سیکھتا ہے تو Nutshell میں کم از کم پچانوے (95) باتیں تو صحیح سیکھتا ہے۔ جہاں پانچ خرابیاں اس میں آئے گی وہاں پچانوے (95) خوبیاں بھی تو اس میں ہوں گی۔ Overall assessment اُسے ایک اچھا شہری اور بہترین شخصیت ظاہر کرے گی۔

خامیاں تو ہر شخص میں ہوتی ہیں۔ Flawless انسان پیدا نہیں کیے جا سکتے کیونکہ انسان Flawless ہو ہی نہیں سکتا۔ البتہ بہتری کی گنجائش ہمیشہ رہتی ہے اور اس کے لیے کوشش ضرور کی جانی چاہیے۔ گھر کے لیول پر بھی اور سکول کے level پر بھی۔

نشست نمبر 41

سوال: ٹورنٹو کی مسجد میں امام صاحب چار لوگوں کے ساتھ کھڑے ہوتے ہیں باقی لوگ اپنی اپنی صف میں ہوتے ہیں۔ ان چاروں کے سوا کسی کو امام صاحب کے ساتھ کھڑے ہونے کی اجازت نہیں۔ کیا یہ عمل درست ہے؟

جواب: ۔ اگر جگہ کی کمی کی وجہ سے لوگ ایک یا آدھا قدم امام کے پیچھے کھڑے ہوتے ہیں تو نماز میں خلل نہیں آتا۔ لیکن اگر کسی شخص کو سماجی یا ذاتی مرتبہ کے باعث امام صاحب کے ساتھ کھڑا کیا جائے تو اس بنا پر مسجد میں رعایت روا رکھنا جائز نہیں۔

اسلام میں کسی قسم کی تفریق روا نہیں رکھی جا سکتی۔ حتیٰ کہ آپ ﷺ اپنے صحابہؓ میں نمایاں ہو کر نہ بیٹھتے تھے۔ اِسی طرح چلتے ہوئے صحابہ کرامؓ کے ساتھ مل کر چلتے نہ کہ آگے۔ لہٰذا کوئی بھی شخص جو معاشرہ میں امتیازی حیثیت کا حامل ہے اس کے لیے اپنی اس حیثیت کی وجہ سے امام کے ساتھ کھڑے ہونا اور خصوصی مقام کا تقاضا کرنا کسی طور پر بھی درست نہیں۔

سوال: کیا زکوٰۃ Saving Tax ہے؟

جواب: زکوٰۃ Saving Tax نہیں ہے کیونکہ یہ صرف ہماری بچت پر ہی لاگو نہیں ہوتی۔ اگر یہ Saving Tax ہوتا تو سال کے اندر جتنی بھی ہماری Savings ہوتیں اس پر زکوٰۃ عائد ہو جاتی۔ لیکن ایسا نہیں ہے بلکہ زکوٰۃ کی ادائیگی کے لیے صاحبِ نصاب ہونے کی شرط ہے۔ جس کے مطابق زیور یا رقم ایک خاص مقدار میں ایک سال تک ہمارے پاس ہو۔ علاوہ ازیں زکوٰۃ نہ صرف ہماری بچت بلکہ ضرورت سے زائد مکان (جو رہائش کے علاوہ ہے) اور کاروبار جس پر ہم نے ذاتی پیسہ لگایا ہے پر بھی لاگو ہوتی ہے۔ اگر کاروبار پر ہم نے قرض کا پیسہ لگا رکھا ہے اور Stock کو ایک سال سے زیادہ ہو گیا ہے تو قرض کی رقم منہا کر کے باقی Stock پر زکوٰۃ دینا ہو گی۔ اِسی طرح مال مویشی پر بھی زکوٰۃ ہے۔ زکوٰۃ بہر حال Saving Tax نہیں ہے۔

سوال: کیا نان ذبح گوشت کھایا جا سکتا ہے؟ ذبح، حلال اور kosher کی وضاحت کر دیجیے۔

جواب: جہاں تک نان ذبح کا تعلق ہے۔ علماء کا مؤقف ہے کہ ماسوائے kosher کے باقی کسی بھی طریقہ

سے ذبح کیا گیا گوشت مسلمان نہیں کھا سکتا۔ اگر جان کو خطرہ ہے تو اس صورت میں بھوک کی شدت سے مجبور ہو کر صرف اتنا کھایا جا سکتا ہے جس سے جان بچ جائے۔ لیکن عام حالات میں حلال یا kosher کے علاوہ ذبح شدہ گوشت نہیں کھانا چاہیے۔

دو طریقے ہیں۔

1۔ ذبح

2۔ حلال

ذبح سے مراد ہے کہ کسی جانور کو ایک خاص طریقہ سے کاٹا جائے۔ اس میں جانور کی شہ رگ کو پہلے کاٹا جائے اور سر کو جسم سے علیحدہ نہ کیا جائے تاکہ اس کے جسم کا سارا نظام کام کرتا رہے اور جسم کا سارا خون Pump out ہو جائے۔ جب دل کام کرنا بند کر دے اور سارا خون نکل جائے تو پھر سر جُدا کرنا چاہیے۔ اس کی وجہ یہ ہے کہ جسم کا نظام کام کرتا رہتا ہے اور خون کو Pump out کرتا رہتا ہے۔ خون دراصل بیکٹریا کا بہت اچھا Carrier ہے۔ اگر جانور کے جسم میں خون رہ جائے تو وہ انسانی جسم کے لیے مضر ہے۔ اس لیے آپ ﷺ نے ہمیں ہدایت فرمائی کہ جانور کو صرف ذبح کر کے کھایا جائے۔ 'حلال' کی تعریف یہ ہے کہ جانور کو آپ ﷺ کے بتائے ہوئے طریقے پر ذبح کیا جائے۔ ذبح کرتے وقت اُس پر اللہ کا نام بھی لیا جائے۔

'Kosher' ذبح ہوتا ہے۔ اسے حلال نہیں کہا جا سکتا کیونکہ اس پر اللہ کا نام نہیں لیا گیا ہوتا۔ لیکن چونکہ ذبح کا طریقہ اسلامی ہے اس لیے اگر حلال گوشت دستیاب نہ ہو تو پھر 'Kosher' کھانے پر علماء کا اتفاق ہے۔

ذبح اور حلال کے علاوہ باقی تمام طریقوں سے کاٹا گیا جانور کھانا درست نہیں کیونکہ اس میں عموماً سر کو تن سے جُدا کر دیا جاتا ہے۔ جسم کا نظام کام کرنا بند کر دیتا ہے۔ خون صحیح طریقہ سے Drain out نہیں ہوتا۔ جس کی وجہ سے جب یہ گوشت پکتا ہے تو زیادہ لذیذ ہوتا ہے۔ کیونکہ اس میں خون موجود ہوتا ہے۔ لیکن اس ذائقہ اور مزہ کے لیے ہم کہیں ایسا گوشت کھانا نہ شروع کر دیں۔ یاد رکھیں کہ اس میں بیکٹیریا پلنے کے امکانات خاصے وسیع ہوتے ہیں جو بہت سی بیماریوں کا سبب بن سکتے ہیں۔

سوال: 'فنافی الشیخ' سے کیا مراد ہے؟

جواب: یہ تصوف کی اصطلاح ہے۔ جب کوئی شخص بیعت کے ذریعے کسی صاحب کو مرشد اور خود کو مرید مان لیتا ہے اور وہ مرید اُس مقام پر پہنچ جاتا ہے جہاں اُس کی تمام خواہشات، ارادے اور افعال مرشد کے ارادوں، خواہشات اور ہدایات کے ماتحت ہو جاتے ہیں۔ تو یہ 'فنافی الشیخ' کا مقام ہے۔ یہی وہ مقام ہے جہاں مرید اپنا ذہن Apply کرنا ختم کر دیتا ہے اور اُس کی لُغت سے پانچ حرف ختم ہو جاتے ہیں ''کہاں، کب، کیوں، کیسے، کیا۔'' جب یہ پانچ ''ک'' اُس کی لغت سے نکل جاتے ہیں تو وہ آنکھیں بند کر کے مرشد کی تائید اور

اطاعت کرتا ہے۔ یہ مقامِ 'فنا فی الشیخ' ہے اور اِسی مقام سے وہ مقام 'فنا فی اللہ' تک جائے گا۔ لیکن اس سے پہلے 'فنا فی الشیخ' کا مقام آنا ضروری ہے۔

سوال: قرآن پاک یہ کہتا ہے کہ بنی اسرائیل کو سزا کے طور پر بن مانس اور بندروں میں تبدیل کر دیا گیا۔ جب کہ سائنس کہتی ہے کہ Through process of evolution انسان بندر سے انسان بنا۔

جواب: اگر ڈارون کی تھیوری کو مان لیا جائے کہ انسان پہلے بندر تھا اور ارتقائی تبدیلیوں کے بعد رفتہ رفتہ موجودہ انسانی شکل تک پہنچا تو پھر مسلمانوں کے لیے سورۂ بقرہ کی اُن آیات کا کیا بنے گا جن میں اللہ نے فرمایا کہ ہم نے حضرت آدم علیہ السلام کو تخلیق کیا، اُس کو علم الاسماء عطا کیا اور پھر فرشتوں سے کہا کہ اُس کو سجدہ کرو۔ انسان کو تخلیق کرنے والا رب تو وہ ہے جس کو عیسائی بھی مانتے ہیں، یہودی بھی یقین رکھتے ہیں کہ رب نے انسان کو تخلیق کیا۔ خود ہندو رب کو خالق مانتے ہیں اور اُسے ''اُوپر والا'' کہتے ہیں تو کبھی بھگوان۔ بدھ مت میں بھی رب کو مانا جاتا ہے۔ دنیا کے تمام مشہور مذاہب میں اللہ کا تصور موجود ہے اور تقریباً سب مذاہب اس بات پر متفق ہیں کہ رب موجود ہے اور اُسی نے دنیا کو تخلیق فرمایا۔ جب رب خود فرما رہا ہے کہ میں نے آدم کو چکنی مٹی سے بنایا پھر اس میں اپنی رُوح پھونکی اور اسے علم الاسماء سکھایا۔ اس کے بعد فرشتوں کو سجدہ کے لیے کہا۔ تو ڈارون کی تھیوری یہاں خود بخود ختم ہو جاتی ہے۔ البتہ یہ ضرور سچ ہے کہ بنی اسرائیل کو سزا کے طور پر بندروں میں تبدیل کر دیا گیا تھا۔ اللہ نے انسان کو انسان کی ہی صورت میں تخلیق کیا اور پھر زمین پر اپنے نائب کی حیثیت سے اُتارا۔ ابتدا میں طبعی حالات کی وجہ سے انسان کی عمر اور قد کاٹھ زیادہ تھے۔ لیکن بعد ازاں فطرت میں تبدیلیوں کے باعث انسانی عمر اور قد کاٹھ گھٹتے چلے گئے۔ بس یہی تبدیلی آئی ہے۔ ورنہ انسان ابتدا ہی سے انسانی شکل میں پیدا ہوا اور آج تک اُسی شکل میں قائم ہے۔

سوال:۔ کیا آپ ﷺ سے پہلے کے تمام انبیاء نے بھی دین اسلام ہی کا پرچار کیا؟

جواب: اسلام صرف ایک پیغمبر یعنی آپ ﷺ پر نازل نہیں ہوا بلکہ اس کی ابتدا حضرت آدم علیہ السلام کے زمانہ سے ہی ہو گئی تھی۔ اللہ کی طرف سے بنی نوع انسان تک آنے والا پہلا پیغام اسلام ہی کا پیغام تھا۔ انسانی ارتقا کا آغاز ہوا اور یہ ارتقائی مدت ہزاروں سال پر محیط ہے۔ اللہ تعالیٰ نے جب جب اپنے پیغامات اور احکامات رسولوں کے ذریعے انسانوں تک پہنچائے تو وہ انسان کی ذہنی سطح اور اُس کی اُس وقت میں عقل و دانش کے مطابق تھے۔ رب کا بھی یہی فرمان ہے اور آپ ﷺ کی سنت بھی ہے کہ مخاطب کی ذہنی سطح کے مطابق گفتگو کی جائے۔ اس حکم کے ہوتے ہوئے یہ کیسے ممکن ہے کہ رب کسی بھی زمانہ کے لوگوں کے ذہنی معیار کو مدنظر نہ رکھتا۔ لہٰذا اُس کا پیغام بالکل اس حکم کے مطابق تھا تاکہ لوگ آسانی سے اس پر عمل پیرا ہو سکیں۔

مختلف زمانوں میں مختلف پیغمبر آتے رہے اور ان پر صحیفے اور کتب نازل ہوتی رہیں۔ حضرت داؤد علیہ السلام، حضرت موسیٰ علیہ السلام، حضرت عیسیٰ علیہ السلام، اور آپ ﷺ کتاب لے کر آئے۔ آج سے ہزار سال

قبل انسان پہیہ اور سٹیل ایجاد کر چکا تھا۔ تمام ایجادات ان دو ایجادات کی مرہونِ منت ہیں۔ اس کے بعد انسان نے تیزی سے ترقی کی کیونکہ اس کا ذہنی ارتقا مکمل ہونے کے بعد پالش (Polish) ہونے کے مراحل میں داخل ہو چکا تھا۔ یہی وہ وقت تھا جب اللہ تعالیٰ نے آپ ﷺ کو مبعوث فرمایا اور دین اسلام کی صورت میں اپنا پیغام مکمل فرما دیا۔ دین مکمل ہونے کے بعد نبی کی ضرورت نہ تھی۔ آپ ﷺ آخری نبی ﷺ ہیں اور آپ ﷺ کے بعد کوئی نبی نہیں آئے گا۔ آپ ﷺ کے بعد یہ کام علماء کا ہے کہ وہ اللہ کے دین کی تبلیغ کرتے رہیں اور اللہ کا پیغام بندوں تک صحیح حالت میں پہنچاتے رہیں۔ بندوں تک اللہ کا حکم پہنچانا اور اس کا پرچار کرنا پہلے رسولوں کے ذمہ تھا اب علماء کے کندھوں پر ڈال دیا گیا ہے۔

سوال: آپ ﷺ سب سے آخر ہی میں کیوں تشریف لائے؟

جواب: اس کی بنیادی مثال اگرچہ زیادہ مناسب تو نہیں لیکن بات Clear (واضح) ہو جائے گی۔ مشاعرہ میں سب سے پہلے اُس شاعر کو دعوتِ کلام دی جاتی ہے جو سب سے کم معروف ہوتا ہے۔ اِسی طرح شعراء کو درجہ بدرجہ بلایا جاتا ہے اور مشاعرہ کے اختتام پر اعلیٰ پائے کے شاعر کو مدعو کیا جاتا ہے۔ اِس طرح کسی بھی جلسہ میں آغاز میں کم شہرت یافتہ شخص کو اظہارِ خیال کی دعوت دی جاتی ہے اور اختتام پر صدرِ مجلس سے درخواست کی جاتی ہے کہ وہ جلسہ کی کارروائی کا اختتام کریں۔

اِسی طرح گھر میں جب بھی کوئی باپ اپنی اولاد سے کسی معاملہ میں مشورہ کرنا چاہتا ہے تو سب سے پہلے چھوٹے بچہ سے پوچھتا ہے اور سب سے آخر میں بڑے بچہ سے رائے لیتا ہے کیونکہ اس کی رائے زیادہ معتبر تصور کی جاتی ہے۔

سب سے پہلے اللہ نے آپ ﷺ کی رُوح تخلیق فرمائی لیکن سب سے پہلے جو پیغمبر دنیا میں بھیجے وہ حضرت آدم علیہ السلام ہیں۔ پھر مختلف پیغمبر اللہ کا پیغام لے کر دنیا میں آتے رہے حتیٰ کہ تمام انبیاء کے آخر میں آپ ﷺ اللہ کے اُس آخری پیغام کے ساتھ تشریف لائے کہ جس سے اللہ کا دین مکمل ہو گیا۔ اللہ کا حتمی پیغام لانے والے پیغمبر ﷺ سب سے آخر میں تشریف لائے لیکن امام الانبیاء کہلائے۔ کیونکہ سب سے زیادہ Complicated (پیچیدہ) حصہ اُس پیغام کا اسلام ہی تھا۔ یہ وہ مقام تھا جہاں انسان کو یہ پیغام سمجھنے کے لیے سب سے زیادہ ذہانت چاہیے تھی۔ اس لیے پیغام کا وہ پیچیدہ حصہ اللہ تعالیٰ نے سب سے آخر میں بھیجا کیونکہ اب انسان اس کے لیے تیار ہو چکا تھا۔

اس سے پہلے جتنے بھی پیغامات آئے وہ اس دور کی نسبت کم ذہین لوگوں کے پاس آئے۔ سب سے زیادہ ذہانت کے حامل افراد تک پیغام پہنچانے کے لیے اُسی نسبت سے ذہین اور بڑا آدمی چاہیے تھا اس لیے اللہ تعالیٰ نے امام الانبیاء ﷺ کو سب انبیاء کے آخر میں اپنے پیغام کا سب سے زیادہ complicated حصہ دے کر مبعوث فرمایا۔ اِسی لیے ہم کہتے ہیں کہ آپ ﷺ سب سے بڑے نبی ہیں اور امام الانبیاء ﷺ ہیں۔

سوال: کیا کسی مجبوری کے تحت رسالت کا سلسلہ منقطع کر دیا گیا؟

جواب: اللہ کی کوئی مجبوری نہیں۔ وہ اپنی مرضی کا مالک ہے قادر مطلق ہے۔ معاذ اللہ اللہ نے کسی مجبوری کے تحت رسالت کا سلسلہ منقطع نہیں کیا بلکہ درحقیقت اس کا دین چونکہ مکمل ہو گیا تھا اس لیے مزید کسی نبی کی ضرورت نہ رہی تھی۔

اللہ تعالیٰ کے لیے الفاظ استعمال کرتے ہوئے بہت محتاط رہنے کی ضرورت ہے۔

سوال:۔ کیا مرشد کے لیے کسی نامحرم خاتون کی آواز سننا گناہ ہے؟

جواب:۔ اسلام میں انتہا پسندی بالکل نہیں۔ نہ اجازت۔ نہ ممانعت۔ ایک اعتدال ہے۔ اِسی طرح اللہ تعالیٰ نے عورت پر جو پردہ فرض کیا اس میں بھی اعتدال ہے کوئی شدت نہیں۔ اگر ایک خاتون گھر پر اکیلی ہے تو وہ اپنی آواز کو سُریلا بنائے بغیر پردے میں رہ کر بتا سکتی ہے کہ صاحب خانہ گھر پر موجود نہیں۔ اسلام میں ایسی کئی مثالیں موجود ہیں جب دورانِ جنگ خواتین نے زخمیوں کی مرہم پٹی کی اور اُن کو پانی پلایا۔ ایک اور قصہ بھی مشہور ہے کہ آپ ﷺ کی پھوپھی صاحبہ جن کا نام صفیہؓ تھا اُنھوں نے ایک یہودی کو اُس وقت حملہ کر کے ہلاک کر دیا تھا جب تمام مسلمان غزوہ کے لیے مدینہ شریف سے باہر تھے۔ صرف معمر صحابی ہی وہاں موجود تھے۔ تب اُس یہودی نے موقع سے فائدہ اُٹھا کر مسلمانوں کو ضرر پہنچانا چاہا۔ حضرت صفیہؓ نے اُس کا ارادہ بھانپ لیا اور اُسے ہلاک کر دیا۔ لہٰذا جہاں ضروری ہو عورت اپنے جسم اور چہرے کو مناسب طور پر ڈھانپ کر، مناسب ستر پوشی اور پردہ کے ساتھ اپنا کام کرے۔ لیکن ایسے میں اس کی آواز تو یقیناً دوسروں تک پہنچے گی۔ اِسی طرح اگر وہ اپنے اُستاد، رہبر یا مرشد کے پاس جاتی ہے تو وہاں بھی اُس کی آواز مرشد کی سماعتوں تک تو پہنچے گی۔ تو صرف آواز کو سننا نامحرم کی آواز کو سننا قرار نہیں دیا جا سکتا۔ یہ حرام نہیں ہے۔ جس طرح عورت کے لیے ستر پوشی کے احکامات ہیں اِسی طرح مرد کو بھی نگاہ نیچی رکھنے کا حکم دیا گیا ہے اور بلا ضرورت عورت کی طرف دیکھنے سے منع کیا گیا ہے۔ لیکن آواز کے سلسلے میں میری معلومات کے مطابق کوئی پابندی نہیں۔

سوال: شرک سے مراد ہے اللہ کے ساتھ کسی کو شریک ٹھہرانا۔ جب اللہ کے نام کے ساتھ آپ ﷺ کا نام لکھا گیا تو کیا یہ شرک کے زمرے میں نہیں آتا؟

جواب: اگر کسی صاحب کا مکان ہے اور اس کے سرکاری کاغذات میں اس کا نام نہیں لکھا ہوا اور میں بطور مالک مکان اس میں اپنا نام لکھ دیتا ہوں تو اب اس کے دو مالک ہو گئے۔ جب میں یہ کہتا ہوں کہ اس کائنات کا مالک رب ہے تو اس کا مقصد ہے کہ وہ ایک ہی ہے۔ جب ہم یہ کہتے ہیں کہ رب قادر مطلق ہے تو اس سے مراد بھی ایک ہی رب ہے۔ اس کا مطلب یہ نہیں کہ معاذ اللہ ایک ہی مقام پر دو رب ہیں۔ جب ہم کہتے ہیں کہ ہمارا رب لائق عبادت ہے اور اس کے سوا کوئی معبود نہیں تو گویا ہم اس کی واحدانیت اور توحید کی گواہی دے رہے ہوتے ہیں۔ اگر کوئی شخص اپنے اُوپر ظلم کر بیٹھے اور اللہ کے سوا کسی اور کو بھی لائق عبادت گردا ننے لگے تو یہ شرک

ہے۔ جو ظلم اور نا قابلِ معافی جُرم ہے۔ ہم رب تعالیٰ کے سوا کسی کو قادرِ مطلق نہیں مانتے۔ لیکن اگر کوئی کہتا ہے کہ فلاں بھی قادرِ مطلق ہے تو یہ بھی شرک ہے۔ یاد رکھیئے کہ جو مقام، حیثیت اور صفات ہم رب تعالیٰ سے منسوب کرتے ہیں اگر ہم رب کے علاوہ کسی اور سے وہی صفات منسلک کر دیں تو یہ رب کے ساتھ شریک ٹھہرانا ہے۔

جب ہم یہ کہیں گے کہ رب ایک ہے۔ صرف وہی لائق عبادت ہے۔ اُس کے سوا کوئی لائق عبادت نہیں۔ صرف وہی قادرِ مطلق ہے۔ تو یہ توحید اور واحدانیت کا اقرار ہے اور اس میں کہیں بھی شرک کا ہلکا سا بھی شائبہ نہیں۔

جہاں تک آپ ﷺ کے نام مبارک کی بات ہے تو دنیاوی مثال ہے۔ کوئی شخص اگر اپنے مکان کے باہر تختی لگاتا ہے اور اس پر اپنا نام تحریر کرتا ہے اور اپنے نام کے نیچے اپنے بیٹے کا نام تحریر کرتا ہے تو ذرا سوچیں اس انداز میں نام تحریر کرنے سے باپ کو سربراہی ملی یا اس کا مرتبہ کم ہوا؟ یہ کیسے ممکن ہے کہ پڑھنے والے کو یہ نہ پتا چلے کہ اُوپر والا نام سربراہ کا ہے اور نیچے والا نام بیٹے کا ہے جو اختیارات وحیثیت میں باپ سے کم ہے۔ تو یہ شرکت نہ ہوئی بلکہ ایک لحاظ سے باپ کے بڑا ہونے کی دلیل ہوگئی اور اس بات کا ثبوت بھی کہ اس گھر میں حکم سرفہرست لکھے جانے والے صاحب کا ہی چلتا ہے۔

اگر کسی جگہ اُوپر اللہ کا نام لکھا ہے اور نیچے لکھا ہے کہ آپ ﷺ اللہ کے رسول ہیں تو یہ رب کی بزرگی ہوگئی نہ کہ شرکت کا معاملہ۔

جیسا کہ آپ جانتے ہیں لوحِ محفوظ پر سب سے پہلے بسم اللہ الرحمٰن الرحیم لکھا ہے...... پھر اللہ کا نام تحریر ہے اور اس کے بعد لکھا ہے۔ محمد ﷺ اللہ کے بندے اور رسول ہیں۔ آپ ﷺ کا وہاں نام دراصل اللہ کی بزرگی کی دلیل ہے۔ آپ ﷺ جیسا نبی تخلیق کرنے والا اللہ خود کتنا بڑا ہوگا...... یہی اللہ کی بزرگی کی دلیل ہے۔

سوال:۔ درود میں سلامتی سے کیا مراد ہے؟

جواب:۔ اصل میں درود اور سلامتی ایک ہی چیز ہے۔ جب سے آپ ﷺ کی تخلیق ہوئی ہے۔ درود وسلام کا سلسلہ جاری ہے۔ اللہ تعالیٰ کوئی کام نہیں کرتا ماسوائے ایک اشارہ کرنے کے۔ وہ "کن" کہتا ہے تو "فیکون" ہو جاتا ہے۔ فرشتے رب تعالیٰ کے احکامات بجالانے پر مامور ہیں۔ رب تو صرف ایک ہی کام کرتا ہے اور وہ یہ کہ وہ اپنے محبوب ﷺ پر درود بھیجتا ہے۔ اس کے فرشتے بھی آپ ﷺ پر درود بھیجتے ہیں۔ یہ کام اُس وقت سے جاری ہے جب سے آپ ﷺ کی رُوح تخلیق ہوئی ہے۔ قرآن پاک میں آپ ﷺ پر درود بھیجنے کی ترغیب اِن الفاظ میں دلائی گئی ہے۔

"بے شک اللہ اور اُس کے فرشتے نبی ﷺ پر درود بھیجتے ہیں۔ اے ایمان والو! تم بھی آپ ﷺ پر درود اور خوب سلام بھیجا کرو۔"

نشست نمبر 42

شکوہ یا شکر گزاری

زندگی میں اگر ہم یہ سمجھ جائیں کہ ایک زندہ شخص کو خوشحالی اور مفلوک الحالی دونوں سے واسطہ پڑے گا، بیماری بھی آئے گی اور تندرستی بھی رہے گی، اچھی چیزوں کا بھی عمل دخل رہے گا اور اس کے برعکس چیزوں کا بھی...... یہ بات آسانی سے اُس وقت سمجھ آجائے گی جب ہمارے ذہن میں اللہ کا یہ فرمان تازہ رہے کہ ہم دِنوں کو لوگوں کے درمیان پھیرتے رہتے ہیں۔ جب دِنوں کے پھیر کی یہ بات سمجھ میں آجاتی ہے تو انسان زندگی میں پیش آنے والی دقتوں اور مشکلوں سے آسانی سے گزر جاتا ہے۔ دِنوں کو پھیرنے کی جو بات ہے اس میں اللہ تعالیٰ بتا رہا ہے کہ انسان کی زندگی میں اچھے وقت کے ساتھ ساتھ کچھ مشکلیں بھی آئیں گی۔ لہٰذا اگر اچھا وقت ہم نے ہنسی خوشی گزارا ہے تو بُرا وقت بھی خندہ پیشانی سے گزارا جانا چاہیے۔

ہمارا ایمان ہے کہ ہم اللہ تعالیٰ کی صفات پر یقین رکھیں۔ ہم صبح سے شام تک بار بار اعادہ کرتے ہیں کہ رب تعالیٰ قادرِ مطلق ہے۔ وہ اپنے بندوں کی بھلائی چاہتا ہے۔ وہ اپنے بندوں پر بے حد مہربان ہے رب کے ہر کام میں کوئی نہ کوئی مصلحت ہوتی ہے جس کی وقتی طور پر ہمیں سمجھ نہیں آتی لیکن کچھ وقت گزرنے کے بعد ہمیں پتا چلتا ہے کہ اگر وہ فیصلہ ہماری مرضی کے مطابق ہو جاتا تو اس میں ہمیں نقصان ہوتا۔ جب ہمارا ان سب باتوں پر یقین ہے جو ہم زبان سے کہتے ہیں تو پھر ہماری زندگی میں جب بھی کوئی مشکل یا مصیبت آتی ہے تو بحیثیت بندۂ رب ہونے کے ہمارے پاس کوئی جواز نہیں رہتا کہ ہم بے صبری کا مظاہرہ کریں۔

مثل مشہور ہے کہ رات جتنی گہری اور تاریک ہوگی طلوع ہونے والی صبح اُتنی ہی زیادہ روشن ہوگی۔ لہٰذا اگر آج ہم میں سے کوئی شخص مشکلات کا شکار ہے تو ہمیں یقین رکھنا چاہیے کہ یہ وقت بھی گزر جائے گا اور آنے والا وقت زیادہ خوشی اور خوشحالی لے کر آئے گا۔

صبر کی مختصر تعریف یہ ہے کہ رب تعالیٰ کی طرف سے آنے والی مشکلات اور مصیبتوں کو مسکراتے ہوئے سہہ لیا جائے۔ اگر ان مشکلات کو رب کو شکوہ کرتے ہوئے ہم سہیں گے تو یہ صبر نہیں بلکہ برداشت ہے۔ برداشت کا اجر نہیں لیکن صبر کا انعام بہت بڑا ہے۔ اللہ نے خود فرما دیا کہ میں صابرین کے ساتھ ہوں۔

اگر ہم زبان سے رب تعالیٰ سے کہتے ہیں کہ یا باری تعالیٰ! تو بڑا مہربان ہے۔ تو عالم الغیب ہے۔ تیرے

ہر کام میں مصلحت وحکمت ہے۔ تو اپنی مخلوق کا بھلا چاہتا ہے۔ لہٰذا ہمارے لیے جائز نہیں کہ ہم مشکل وقت میں اُف بھی کریں۔ 'اُف' کرنا یا مصیبت کا گلہ کرنا صبر نہیں ہے۔

عموماً دیکھا گیا ہے کہ جیسے ہی کوئی صاحب مشکل میں آئے وہ فوراً کسی عامل، کسی صاحب دعا یا لوٹا پھیرنے والے کے پاس گئے اور کہا کہ دعا کر دیجیے کہ رب تعالیٰ اس مشکل کو مجھ سے ٹال دے۔ حالانکہ انصاف کا تقاضا تو یہ ہے کہ اگر ہم مشکل وقت میں یہ تگ ودو کرتے ہیں تو اچھے وقتوں میں بھی ہم عامل یا پیر صاحب کے پاس جا کر کہیں کہ ذرا حساب کتاب کر کے دیکھیں کہ کسی نے مجھ پر جادو تو نہیں کر دیا کہ مجھ پر اتنا اچھا وقت آ گیا ہے۔

اگر ہم اپنے اچھے وقت کو اپنے اچھے اعمال اور تدبیر کا نتیجہ گردانتے ہیں اور سارا کریڈٹ اپنے آپ کو دیتے ہیں تو بُرے وقت میں یہ کیوں نہیں سوچتے کہ یہ بھی ہمارے اعمال ہی کا نتیجہ ہے۔ رب تعالیٰ نے فرمایا ہے کہ انسان پر کوئی مشکل نہیں آتی ماسوائے اُس کے اپنے ہاتھ کے۔

ہم بُرے وقت کی ذمہ داری قبول نہیں کرتے لیکن اچھے وقت اور خوشحالی کا سارا کریڈٹ خود لیتے ہیں۔ شکر گزاری کا تقاضا یہ ہے کہ بُرے وقت کو بھی اتنی ہی خوشی اور خندہ پیشانی سے قبول کر لیا جائے جس قدر اچھے وقت کو انجوائے کرتے ہوئے قبول کیا تھا۔ ہمارے اس رویہ سے ایک تو رب تعالیٰ راضی ہوگا کہ ہم اُس کے شکر گزار بندے ہیں۔ دوسرا ہمارا رویہ آپ صلی اللہ علیہ وسلم کی سنت کے عین مطابق ہوگا اور اس کا تیسرا فائدہ یہ ہوگا کہ ہم دعا اور تعویذ کے سلسلہ میں اُٹھنے والے اخراجات اور وقت کے ضیاع سے بچ جائیں گے۔

میں سمجھتا ہوں کہ یہ انسانیت کی توہین ہے کہ مشکل وقت سے جان چھڑانے کے لیے کوئی شخص غیر اللہ کے قدموں میں جا کر بیٹھے اور اس سے مدد طلب کرے۔ غیر اللہ سے مدد مانگنا شرک ہے۔ یہ انسان اور مومن دونوں کی Dignity (وقار) کے خلاف ہے۔ اِسی طرح ہم چھوٹی چھوٹی دعاؤں کے لیے آستانوں پر حاضری دیتے ہیں۔ حالانکہ اگر ہم حقوق وفرائض کی List (فہرست) پر نظر دوڑائیں تو اندازہ ہوگا کہ جن چھوٹی چھوٹی چیزوں اور مسائل کے لیے دعا کرانے کے لیے ہم دوڑے پھرتے ہیں ان میں سے نوے (90) فی صد تو وہ ہیں جو اپنے حقوق وفرائض سے لاعلمی کے باعث جنم لیتے ہیں۔ مثلاً کہا جاتا ہے کہ میرا بچہ نافرمان ہے دعا کر دیجیے کہ یہ فرماں بردار ہو جائے۔ میرا شوہر غیر عورت کی طرف راغب ہو گیا ہے وغیرہ وغیرہ۔

بات اِتنی سی ہے کہ جو فرائض رب تعالیٰ نے ہم پر عائد کیے ہیں وہ ہمیں خود ہی ادا کرنے ہیں۔ دعا کے ذریعہ ان سے بچا نہیں جا سکتا۔ اگر ہم بچہ کی پرورش تندہی اور ایمان داری سے کریں تو سوال ہی پیدا نہیں ہوتا کہ بچہ سرکش اور نافرمان نکلے۔ خاوند اور بیوی کا رویہ اگر ایک دوسرے کے ساتھ اللہ کے احکامات کے مطابق نہیں ہوگا تو وہ ایک دوسرے سے دُور ہوتے چلے جائیں گے اور یوں بہت سے مسائل پیدا ہوں گے۔ لہٰذا بجائے صاحبانِ دعا اور عاملین کے پاس جانے کے ہم اپنے فرائض اگر صحیح طریقہ سے انجام دیں تو ہمیں دوسروں کی دعا پر انحصار نہیں کرنا پڑے گا۔ یاد رکھیں مومن کبھی غیر اللہ کا سہارا نہیں ڈھونڈتا۔ وہ اس شرک میں

مبتلا نہیں ہوتا۔ وہ اہلِ علم کی محفل میں بیٹھتا ضرور ہے لیکن دعا کے لیے نہیں بلکہ حصولِ علم کے لیے، وہ روشنی حاصل کرنے کے لیے جو اُسے سیدھا راستہ دکھادے اور اُسے رب تعالیٰ سے ملادے۔

جس زمانہ میں میں اپنے مرشد صاحب کی خدمت میں حاضر ہوا کرتا تھا تب اُن کے پاس کچھ اولیائے کرام بھی حصولِ علم کے لیے تشریف لایا کرتے۔ دو بار ایسا ہوکہ میں نے مرشد صاحب سے دعا کی درخواست کردی۔ جب دوسری بار میں نے دعا کی درخواست کی تو وہاں موجود اولیائے کرام میں سے ایک نے مجھے مخاطب کر کے کہا ''شاہ صاحب! آپ دعا کے لیے مرشد صاحب کو کہہ کر کچھ زیادہ اچھا نہیں کررہے۔ ان سے تو آپ علم لیجیے اور ان سے آپ تربیت حاصل کیجیے۔'' الحمدللہ یہ بات میری سمجھ میں آگئی۔ دوبارہ پھر کبھی میں نے مرشد صاحب سے دنیاوی دعا کے لیے نہیں کیا۔ اس واقعہ کو تیس سال سے زائد عرصہ گزر چکا لیکن ابھی بھی میرے دل میں پچھتاوا ہے کہ میں نے ان دو دعاؤں کے لیے بھی اپنے مرشد صاحب سے کیوں کہا۔ پچھتاوے کی وجہ یہ ہے کہ میں ان دو دعاؤں کی بجائے اُن سے دو علمی سوال پوچھ لیتا۔ ہوسکتا ہے ان دو علمی سوالوں کے جواب میں کوئی اعلیٰ درجہ کی چیز میرے ہاتھ لگ جاتی۔

اہلِ علم کا یہ استعمال کہ اُن سے دنیاوی دعا کروائی جائے، بالکل ایسے ہی ہے کہ جیسے آپ ایک توپ سے مکھی مارنے کی کوشش کریں۔ اہل علم سے تو وہ چیز حاصل کریں جو کہیں کتابوں میں نہیں ملتی اور نہ ہی جسے کوشش سے ہم حاصل کرسکتے ہیں۔ یہ علم تو ایسی چیز ہے جو ایک خاص پائے کے اہلِ علم سے ہمیں ملتی ہے۔ جب بھی آپ کسی اہل علم یا فقیر کے پاس جائیں تو اُس سے دنیا کی دعا نہ کروائیں کیونکہ دنیاوی معاملات تو With the passage of time خود ہی حل ہوجائیں گے، مشکل وقت خود ہی گزر جائے گا چاہے کچھ ہو جائے۔ ہر کام اپنے مقررہ وقت پر ہی ہوتا ہے البتہ اہل علم کی دعا سے اتنا سا فائدہ ضرور ہوتا ہے کہ جیسے ایک شخص کی ہڈی ٹوٹ جائے تو وہ آرتھوپیڈک سرجن کے پاس جاتا ہے وہ سرجن اس ٹوٹی ہوئی ہڈی کو Align کر کے جوڑ دیتا ہے اور پلستر لگا دیتا ہے اس کے بعد ہڈی Natural process کے ذریعہ جڑتی ہے۔ اس Natural process کو دنیا کا کوئی ماہر سرجن بھی تیز نہیں کرسکتا کیونکہ ہڈی جڑنے کا جو نظام ہے وہ بھی قدرت کی فن کاری کا منہ بولتا ثبوت ہے۔ ٹوٹی ہڈی کے دونوں اطراف کے کناروں پر ہڈی ٹوٹنے کے ایک گھنٹہ کے اندر ایک خاص قسم کا بیکٹیریا پیدا ہوتا ہے جو ان کناروں کو کھانا شروع کردیتا ہے۔ ان Rough کو کھانے سے یہ بیکٹیریا خود بخود مرجاتا ہے اور Rough edges پر از خود ایک سفوف اور جالا سے جمنا شروع ہوجاتا ہے جسے Technical زبان میں "Callus" کہتے ہیں۔ یہ Callus آہستہ آہستہ Thick ہونا شروع ہوجاتا ہے اور چند ہفتوں بعد ہی وہ Callus جو محض ایک جالا سا دکھائی دیتا تھا بڑھتے بڑھتے اور گاڑھا ہوتے ہوتے ہڈی کی شکل اختیار کرجاتا ہے۔ ہڈی کے اس جوڑ پر اُسی Callus کا Extra ring سا آجاتا ہے اس Extra ring کا فائدہ یہ ہوتا ہے کہ جب تک ہڈی جڑ نہ جائے یہ جوڑ کو سہارا دیئے رکھتا ہے۔ جب ہڈی مکمل طور پر جڑ جاتی ہے تو Callus کا یہ Extra ring خود بخود Dissolve ہوجاتا ہے۔ ہڈی جڑنے کا یہ سارا Process بالکل قدرتی ہوتا ہے۔ دنیا کی کوئی دوائی اسے Speed up نہیں کرسکتی۔

آرتھوپیڈک سرجن نے آپ کو صرف دو Relief دیئے ہیں۔ ایک تو ہڈی کو Align کر دیا ہے۔ دوسرا کام آرتھوپیڈک سرجن نے یہ کیا کہ جو Pain آپ کو ہو رہی ہے اس کے Relief کے لیے Pain-killer کا کوئی انجکشن وہ دے دیتا ہے۔ بالکل یہی کام اہل علم اُس وقت کرتا ہے جب کوئی شخص مشکل میں اُس کے پاس آتا ہے۔

سب کچھ کرنے والی ذات تو صرف اللہ کی ہے۔ اہل علم کے اختیار میں تو کچھ بھی نہیں۔ ہر انسان کی طرح وہ خود بھی رب کا محتاج ہے۔ وہ کسی کو کچھ نہیں دے سکتا کیونکہ اس کے اختیار میں کچھ ہے ہی نہیں۔ سب کچھ صرف رب تعالیٰ کے اختیارات میں ہے۔ کوئی اللہ کو مجبور نہیں کر سکتا کیونکہ اللہ اتنا بڑا ہے کہ اُسے کوئی مجبور نہیں کر سکتا۔ اہل علم تو صرف رب تعالیٰ کے حضور گڑگڑا سکتا ہے۔ اگر اس کے گڑگڑانے سے اللہ کے نظام میں کوئی Interference (مداخلت) نہیں ہو رہی تو رب تعالیٰ اتنا مہربان ہے کہ اس اہل علم کی دعا قبول کر کے اس کا کام کر دیتا ہے ورنہ رب کام مقررہ وقت پر ہی کرے گا۔ اس وقت مقررہ کے آنے تک اہل علم آپ کو دلاسہ دیتا رہتا ہے۔ یہ دلاسہ درحقیقت آپ کے لیے Pain-killer کے طور پر وہ کام کرتا ہے کہ انسان کو اپنے دُکھ کی شدت محسوس نہیں ہوتی اور وہ ہنستے کھیلتے ہوئے اس دُکھ میں سے گزر جاتا ہے۔

بس اتنا سا کام اہل علم کرتا ہے۔ لہٰذا ہم اتنے سے کام کے لیے اپنی Dignity خود اپنے ہاتھوں کیوں گنوائیں اور اللہ کے ہاں ناشکرے بھی کہلائیں اللہ کا شکوہ بیان کر کے۔ کیونکہ جب ہم کسی کے بھی سامنے اپنی مصیبت بیان کرتے ہیں تو درحقیقت یہ رب کا شکوہ ہے کہ دیکھو رب نے ہمارے ساتھ یہ سلوک کیا ہے۔ یہ شکوہ ہے۔ اب یا تو ہم یہ کریں کہ شکوہ بیان کرنے سے پہلے رب تعالیٰ کا شکر ادا کریں کہ صبح سے اب تک رب تعالیٰ نے مجھے Free of cost اتنی آکسیجن فراہم کر دی کہ میں سانس لے سکوں، کھانا کھلایا، میرے ہاتھ پاؤں کو سکت دی تاکہ میں معمولات زندگی سرانجام دے سکوں۔ ایک دن میں عطا ہونے والی اَن گنت نعمتوں کی شکر گزاری کے بیان کے لیے ہمیں کم از کم ایک ہفتہ درکار ہوگا۔ اب نہ تو ہمارے پاس اس شکر گزاری کے اظہار کے لیے وقت ہوگا نہ اُس اہل علم کے پاس سننے کے لیے وقت ہوگا لیکن بہرطور اس شکر گزاری کے بعد ہمیں کہنا چاہیے کہ میرا رب اس قدر مہربان ہے کہ مجھے بے حدوحساب نعمتوں سے اُس نے نواز رکھا ہے لیکن میری کسی کوتاہی یا خطا کے باعث اب مجھ پر ایسا کڑا وقت آ گیا ہے۔ میں اس کے لیے رب کے حضور معافی مانگ رہا ہوں کہ یا اللہ میری خطائیں معاف فرما دے اور مجھے اس مشکل سے نکال دے۔ آپ بھی میرے لیے دعا کیجیے۔ پھر شاید یہ رب کا شکوہ نہ کہلائے۔

کیسی عجیب بات ہے کہ رب تعالیٰ سے ہزار ہا نعمتیں اور عنایات وصول کر کے اور ان کو انجوائے کر کے تو ہم سب بھول گئے لیکن ایک چیز جو کسی وجہ سے ہمیں عطا نہیں ہوئی اور جس کا عطا نہ ہونا یقیناً ہمارے مفاد ہی میں تھا اُس ایک چیز کی محرومی نہ صرف ہمیں یاد رہتی ہے بلکہ ہم اس کا شکوہ بھی کرتے ہیں اور ڈھنڈورا بھی پیٹتے ہیں۔ یہ رویہ شان بندگی کے خلاف ہے۔

میری آپ سے یہ گزارش ہے کہ اللہ کا گلہ اور شکوہ بیان کرنے کی بجائے ہم غور کریں کہ جس کو ہم مصیبت اور مشکل سمجھ رہے ہیں کہیں اس کا سبب ہماری فرائض کی ادائیگی میں کوتاہی تو نہیں۔ اگر ایسا ہی ہے تو ہم اللہ سے معافی مانگ لیں اور اپنے فرائض احسن انداز میں انجام دینا شروع کر دیں تو وہ مشکل خود ہی دُور ہو جائے گی اور یوں ہم اُس زحمت سے بھی بچ جائیں گے کہ کسی صاحب دعا کے پاس جا کر گھنٹوں انتظار کے بعد دعا کی درخواست کریں۔ یہ درخواست کرنا بھی ایک طرح سے دست سوال دراز کرنا ہے اور یاد رکھیئے کہ اِسے آپ صلی اللہ علیہ وسلم نے ناپسند فرمایا ہے۔ اللہ تعالیٰ مجھے اور آپ سب کو توفیق بخشے کہ ہم رب تعالیٰ کی نعمتوں کا شکر ادا کر سکیں اور اس کے شکر گزار بندوں میں سے ہو سکیں۔

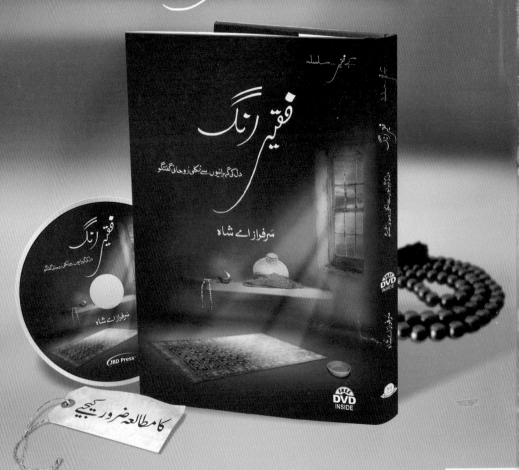

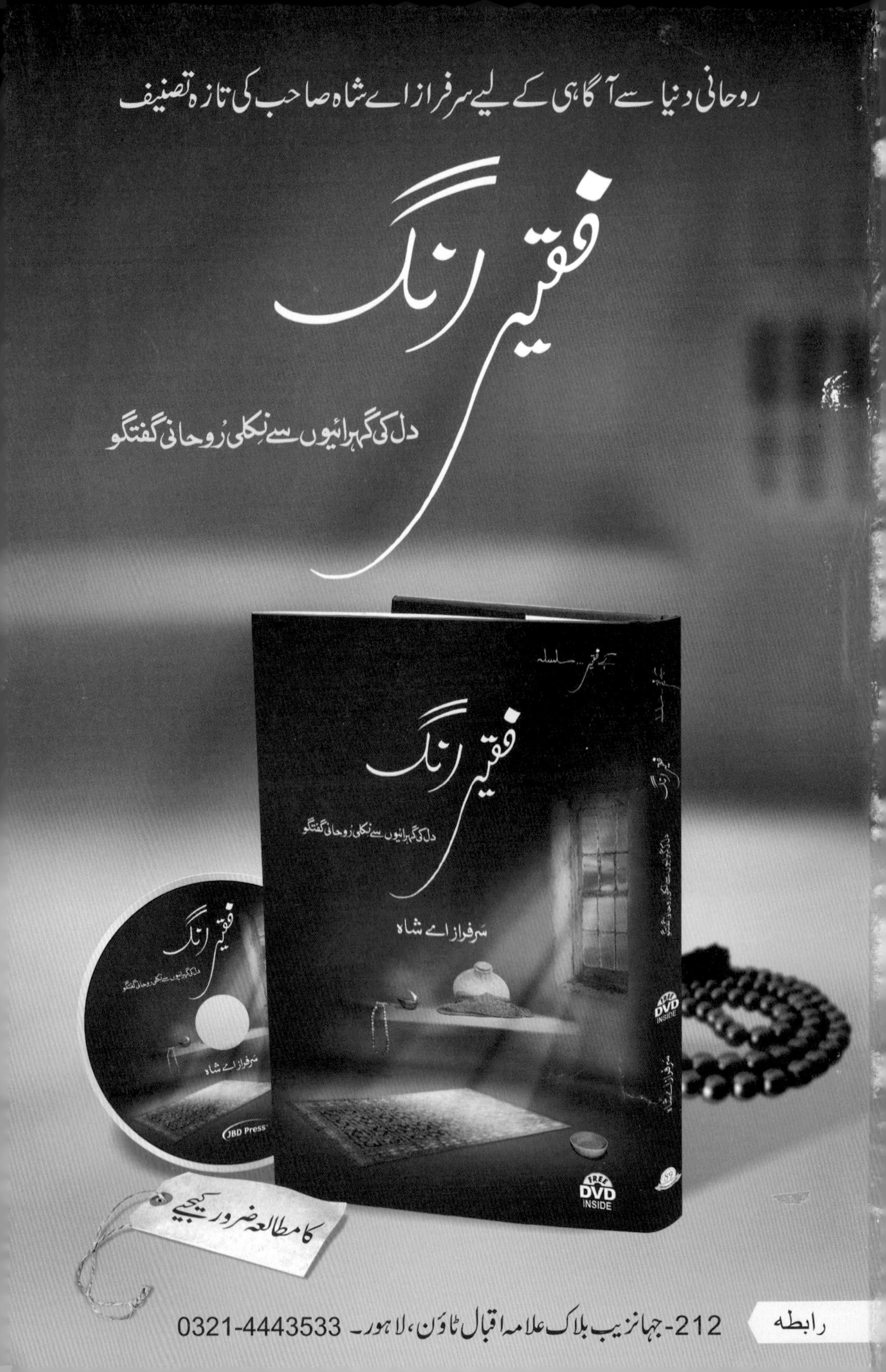